30장면으로 끝내는

스크린 영어회화

스크린 영어회화 – 토이 스토리 4

Screen English - Toy Story 4

초판 발행 · 2019년 7월 30일

해설 · 라이언 강
발행인 · 김경숙
발행처 · 길벗이지톡
출판사 등록일 · 2000년 4월 14일
주소 · 서울시 마포구 월드컵로 10길 56(서교동)
대표 전화 · 02)332-0931 | **팩스** · 02)323-0586
홈페이지 · www.gilbut.co.kr | **이메일** · eztok@gilbut.co.kr

기획 및 책임 편집 · 신혜원 (madonna@gilbut.co.kr) | **표지 디자인** · 최주연 | **본문 디자인** · 조영라
제작 · 이준호, 손일순 | **영업마케팅** · 김학흥, 장봉석 | **웹마케팅** · 이수미, 최소영 | **영업관리** · 심선숙 | **독자지원** · 송혜란

편집진행 및 교정 · 오수민 | **전산편집** · 조영라 | **오디오 녹음 및 편집** · 와이알 미디어
CTP 출력 · 예림인쇄 | **인쇄** · 예림인쇄 | **제본** · 예림제본

ISBN 979-11-5924-229-8 03740 (길벗 도서번호 001019)

▶ 이 도서의 국립중앙도서관 출판예정도서목록(CIP)은 서지정보유통지원시스템 홈페이지(http://seoji.nl.go.kr)와
국가자료종합목록 구축시스템(http://kolis-net.nl.go.kr)에서 이용하실 수 있습니다. (CIP제어번호: CIP2019025607)

정가 18,000원

독자의 1초를 아껴주는 정성 길벗출판사

(주)도서출판 길벗 | IT실용, IT/일반 수험서, 경제경영, 취미실용, 인문교양(더퀘스트) www.gilbut.co.kr
길벗이지톡 | 어학단행본, 어학수험서 www.gilbut.co.kr
길벗스쿨 | 국어학습, 수학학습, 어린이교양, 주니어 어학학습, 교과서 www.gilbutschool.co.kr

페이스북 · www.facebook.com/gilbutzigy
트위터 · www.twitter.com/gilbutzigy

30장면으로 끝내는

스크린 영어회화

해설 **라이언 강**

재미와 효과를 동시에 잡는 최고의 영어 학습법!
30장면만 익히면 영어 왕초보도 영화 주인공처럼 말한다!

재미와 효과를 동시에 잡는 최고의 영어 학습법!

영화로 영어 공부를 하는 것은 이미 많은 영어 고수들에게 검증된 학습법이자, 많은 이들이 입을 모아 추천하는 학습법입니다. 영화가 보장하는 재미는 기본이고, 구어체의 생생한 영어 표현과 자연스러운 발음까지 익힐 수 있기 때문이죠. 잘만 활용한다면, 원어민 과외나 학원 없이도 살아있는 영어를 익힐 수 있는 최고의 학습법입니다. 영어 공부가 지루하게만 느껴진다면 비싼 학원을 끊어놓고 효과를 보지 못했다면, 재미와 실력을 동시에 잡을 수 있는 영화로 영어 공부에 도전해보세요!

영어 학습을 위한 최적의 영화 장르, 애니메이션!

영화로 영어를 공부하기로 했다면 영화 장르를 골라야 합니다. 어떤 영화로 영어 공부를 하는 것이 좋을까요? 슬랭과 욕설이 많이 나오는 영화는 영어 학습에는 별로 도움이 되지 않습니다. 실생활에서 자주 쓰지 않는 용어가 많이 나오는 의학 영화나 법정 영화, SF영화도 마찬가지죠. 영어 고수들이 추천하는 장르는 애니메이션입니다. 애니메이션에는 문장 구조가 복잡하지 않으면서 실용적인 영어 표현이 많이 나옵니다. 또한 성우들의 깨끗한 발음으로 더빙 되어있기 때문에 발음 훈련에도 도움이 되죠. 이 책은 디즈니-픽사의 〈토이 스토리 4〉 대본을 소스로, 현지에서 사용하는 생생한 표현을 배울 수 있습니다.

전체 대본을 공부할 필요 없다! 딱 30장면만 공략한다!

영화 대본도 구해놓고 영화도 준비해놨는데 막상 시작하려니 어떻게 공부를 해야 할 지 막막하다고요? 영화를 통해 영어 공부를 시도하는 사람은 많지만 좋은 결과를 봤다는 사람을 찾기는 쉽지 않습니다. 어떻게 해야 효과적으로 영어를 공부할 수 있을까요? 무조건 많은 영화를 보면 될까요? 아니면 무조건 대본만 달달달 외우면 될까요? 이 책은 시간 대비 최대 효과를 볼 수 있는 학습법을 제시합니다. 전체 영화에서 가장 실용적인 표현이 많이 나오는 30장면을 뽑았습니다. 실용적인 표현이 많이 나오는 대표 장면 30개만 공부해도, 훨씬 적은 노력으로 전체 대본을 학습하는 것만큼의 효과를 얻을 수 있죠. 또한 이 책의 3단계 훈련은 30장면 속 표현을 효과적으로 익히고 활용하는 데 도움을 줍니다. ❶ 핵심 표현 설명을 읽으며 표현에 대한 전반적인 이해를 하고 ❷ 패턴으로 표현을 확장하는 연습을 하고 ❸ 확인학습으로 익힌 표현들을 되짚으며 영화 속 표현을 확실히 익히는 것이죠. 유용한 표현이 가득한 30장면과 체계적인 3단계 훈련으로 영화 속 표현들을 내 것으로 만드세요!

이 책은 스크립트북과 워크북, 전 2권으로 구성되어 있습니다. 이 책은 스크립트북으로 전체 대본과 번역, 주요 단어와 표현 설명이 포함되어 있습니다. 각 Day마다 가장 실용적인 표현이 많이 나오는 장면이 표시되어 있습니다. 이 장면을 워크북에서 집중 훈련합니다.

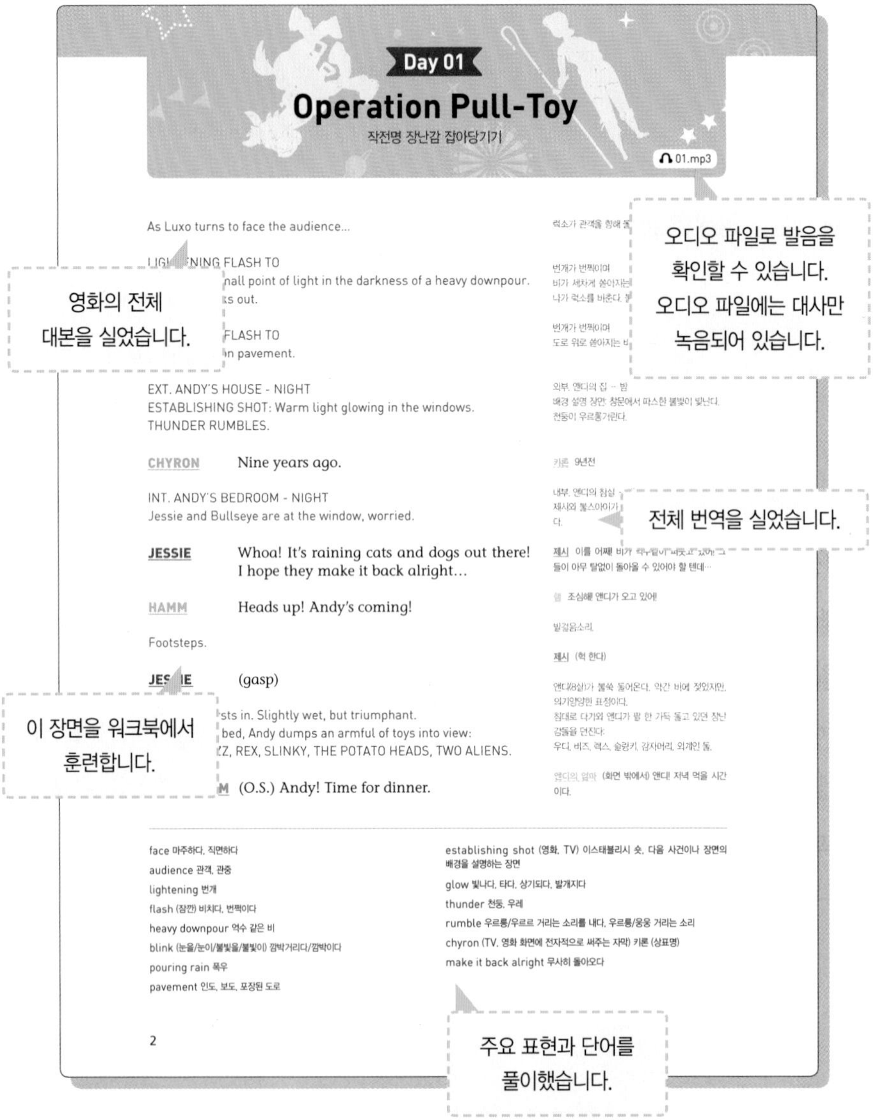

Day 01

Operation Pull-Toy

작전명 장난감 잡아당기기

01.mp3

오디오 파일로 발음을 확인할 수 있습니다. 오디오 파일에는 대사만 녹음되어 있습니다.

영화의 전체 대본을 실었습니다.

As Luxo turns to face the audience...

LIG NING FLASH TO
nall point of light in the darkness of a heavy downpour.
s out.

FLASH TO
n pavement.

EXT. ANDY'S HOUSE - NIGHT
ESTABLISHING SHOT: Warm light glowing in the windows.
THUNDER RUMBLES.

CHYRON Nine years ago.

INT. ANDY'S BEDROOM - NIGHT
Jessie and Bullseye are at the window, worried.

JESSIE Whoa! It's raining cats and dogs out there! I hope they make it back alright...

HAMM Heads up! Andy's coming!

Footsteps.

JES IE (gasp)

sts in. Slightly wet, but triumphant.
bed, Andy dumps an armful of toys into view:
ZZ, REX, SLINKY, THE POTATO HEADS, TWO ALIENS.

M (O.S.) Andy! Time for dinner.

이 장면을 워크북에서 훈련합니다.

럭소가 관객을 향해 돌

번개가 번쩍이며
비가 세차게 쏟아지는
나가 럭소를 비춘다.

번개가 번쩍이며
도로 위로 쏟아지는 비

외부. 앤디의 집 -- 밤
배경 설명 장면: 창문에서 따스한 불빛이 빛난다.
천둥이 우르릉거린다.

카론 9년전

내부. 앤디의 침실 -
제시와 불스아이가
다.

전체 번역을 실었습니다.

제시 이를 어째! 비가 억수같이 쏟아지고 있어! 그들이 아무 탈없이 돌아올 수 있어야 할 텐데…

햄 조심해! 앤디가 오고 있어!

발걸음소리.

제시 (헉 한다)

앤디(8살)가 불쑥 들어온다. 약간 비에 젖었지만, 의기양양한 표정이다.
침대로 다가와 앤디가 팔 한 가득 들고 있던 장난감들을 던진다:
우디, 버즈, 렉스, 슬링키, 감자머리, 외계인 들.

앤디의 엄마 (화면 밖에서) 앤디! 저녁 먹을 시간이다.

face 마주하다, 직면하다
audience 관객, 관중
lightening 번개
flash (잠깐) 비치다, 번쩍이다
heavy downpour 억수 같은 비
blink (눈을/눈이/불빛을/불빛이) 깜박거리다/깜박이다
pouring rain 폭우
pavement 인도, 보도, 포장된 도로
establishing shot (영화, TV) 이스태블리시 숏, 다음 사건이나 장면의 배경을 설명하는 장면
glow 빛나다, 타다, 상기되다, 발개지다
thunder 천둥, 우레
rumble 우르릉/우르르 거리는 소리를 내다, 우르릉/웅웅 거리는 소리
chyron (TV, 영화 화면에 전자적으로 써주는 자막) 카론 (상표명)
make it back alright 무사히 돌아오다

2

주요 표현과 단어를 풀이했습니다.

주인공 소개 Main Characters

우디 Woody

앤디의 사랑을 독차지하다가 새 주인 보니에게 넘겨진 이후로 조금 외로워진 카우보이 인형입니다. 하지만 보니를 즐겁게 해주는 것이 임무라고 생각하며 어떻게 해서든 보니를 도우려 애씁니다.

보핍 Bo Peep

앤디의 집에서 우디와 친하게 지냈던 양치기 소녀 인형입니다. 우연히 우디와 골동품 가게에서 다시 만나 함께 모험을 떠나죠. 예전의 얌전한 느낌은 온데간데없고, 지금은 자유롭고 용감한 탐험가로 변신했습니다.

버즈 Buzz

우주전사 장난감입니다. 이제는 보니가 잘 놀아주지 않는 장난감 중 하나가 되었지만요. 우디의 가장 친한 친구답게, 사라진 우디와 포키를 찾아 세상 밖으로 위험천만한 모험을 불사합니다.

포키 Forky

보니가 쓰레기통 속에 있던 포크 숟가락으로 만든 '핸드 메이드' 장난감입니다. 보니에게는 둘도 없는 장난감이지만, 정작 자신은 장난감의 운명을 거부하고 도망칩니다.

개비개비 Gabby Gabby

골동품 가게에서 대장 노릇을 하는 빈티지 스타일 인형입니다. 자신의 목소리 상자가 고장 나서 아이들이 놀아주지 않는다고 생각하고 우디의 목소리 상자를 빼앗으려 합니다.

보니 Bonnie

앤디의 장난감을 물려받은 여자아이입니다. 이제 유치원에 갈 나이가 되었는데, 수줍은 성격이라 새로운 환경에 적응하는 것이 낯설고 두렵기만 합니다.

차례

C o n t e n t s

Day 01

Operation Pull-Toy

장난감 잡아당기기 작전

01.mp3

As Luxo turns to face the audience...
LIGHTNING FLASH TO. Luxo now a small point of light in the darkness of a **heavy downpour**. The light blinks out. LIGHTNING FLASH TO. Pouring rain on **pavement**.

룩소가 관객을 향해 돌아서며…
번개가 번쩍이며, 비가 세차게 쏟아지는 어둠 속에서 작은 불빛 하나가 룩소를 비춘다. 불빛이 깜박거리며 꺼진다. 번개가 번쩍이며, 도로 위로 쏟아지는 비를 비춘다.

EXT. ANDY'S HOUSE – NIGHT
Warm light glowing in the windows. THUNDER RUMBLES.

외부. 앤디의 집 – 밤
창문에서 따스한 불빛이 빛난다. 천둥이 우르릉 친다.

CHYRON: Nine years ago.

키론: 9년 전

INT. ANDY'S BEDROOM – NIGHT
Jessie and Bullseye are at the window, worried.

내부. 앤디의 침실 – 밤
제시와 불즈 아이가 근심 어린 표정으로 창문에 있다.

JESSIE Whoa! **It's raining cats and dogs out there!**[1] I hope they **make it back alright**...

제시 이를 어째! 비가 억수같이 퍼붓고 있어! 그들이 아무 탈 없이 돌아올 수 있어야 할 텐데…

HAMM **Heads up!**[2] Andy's coming!

햄 조심해! 앤디가 오고 있어!

JESSIE (gasp)

제시 (헉 한다)

ANDY (8) **bursts in**. Slightly wet, but **triumphant**. Close on the bed, Andy dumps **an armful of** toys **into view**: WOODY, BUZZ, REX, SLINKY, THE POTATO HEADS, TWO ALIENS.

앤디(8살)가 불쑥 들어온다. 약간 비에 젖었지만, 의기양양한 표정. 침대로 다가와 앤디가 팔 한가득 들고 있던 장난감들을 던진다: 우디, 버즈, 렉스, 슬링키, 포테토헤드, 외계인 둘.

ANDY'S MOM (O.S.) Andy! Time for dinner.

앤디 엄마 (화면 밖) 앤디! 저녁 먹을 시간이다.

ANDY Yes! I'm starving.

앤디 네! 배고파 죽겠어요.

Andy runs out and closes the door.

앤디가 달려나가며 문을 닫는다.

ANDY'S MOM Don't forget to wash your hands.

앤디 엄마 손 씻는 거 잊지 말고.

---

heavy downpour 억수 같은 비
pavement 인도, 보도, 포장된 도로
chyron (TV, 영화 화면 전자 자막) 키론 (상표명)
make it back alright 무사히 돌아오다
burst in 와락/불쑥 들어가다
triumphant 의기양양한, 크게 성공한
an armful of 한아름의
into view 시야에 들어오는, 보이는, 나타나는

1. **It's raining cats and dogs out there!** 밖에 비가 억수 같이 퍼붓는다!
   고양이와 개가 싸우듯 요란하게 비가 오는 것을 묘사한 표현입니다.
2. **Heads up!** 조심해!
   직역하면 '머리들을 들어!'인데, 머리를 들어 현재 닥친 상황을 보라는 뜻이겠지요. '주의, 경고, 알림'이라는 뜻의 명사로 쓰이기도 합니다.

ANDY Okay, mom!

앤디 알았어요, 엄마!

WOODY (gasps)

우디 (헉 한다)

Woody sits up. He **goes into action**, jumping down from the bed.

우디가 일어나 앉는다. 그가 침대 위에서 뛰어내리며 활동을 개시한다.

REX (scared)

렉스 (겁을 먹고)

Woody's already at the windowsill, searching. Buzz is close behind.

우디가 이미 창틀에 올라, 수색을 펼친다. 버즈가 바로 뒤에 있다.

BUZZ Do you see him?

버즈 그가 보이는가?

WOODY (exhales) No.

우디 (숨을 내쉬며) 아니.

SLINKY DOG Well, **he's done for.**❶

슬링키 독 음, 갠 이제 끝장난 거야.

REX He'll be lost! Forever!

렉스 그는 실종된 거라고! 영원히!

Woody jumps back down to the floor. Jessie follows. Heading out of the room.

우디가 다시 바닥으로 뛰어내린다. 제시가 뒤를 따른다. 방 밖으로 향한다.

WOODY Jessie. Buzz. Slinky. Molly's room. The rest of you **stay put.**

우디 제시, 버즈, 슬링키, 너희들은 몰리의 방으로, 나머지는 그대로 있어.

ON UPSTAIRS HALLWAY. Woody checks to see if **the coast is clear.**❷ Jessie and Buzz wait as Woody runs down the hall to the door of Molly's room.

위층 복도에서, 우디가 둘킬 위험이 없는지 살핀다. 우디가 몰리의 방문을 향해 복도를 내달리는 동안 제시와 버즈가 기다린다.

On the nightstand. BO ON HER **LAMP BASE** IN TOY **MODE**, her **rotating lampshade casting** points of light everywhere. Woody steps forward—

그녀의 침실용 탁자 위, 램프 갓이 돌아가며 사방으로 불빛을 비추고, 램프 밑에 보가 장난감 모드로 놓여있다. 우디가 앞으로 발을 내딛는다—

MOLLY (humming, **singing to self**, etc.)

몰리 (콧노래를 하며 흥얼거린다)

—then back as Molly leaves the room. When the coast is clear, he waves Jessie, Slinky, and Buzz to cross the hallway and runs into the room. Woody climbs Molly's nightstand.

—몰리가 방을 나가자 우디가 뒤로 물러선다. 주변에 장애요소가 모두 사라지자, 그가 제시, 슬링키, 버즈에게 복도를 건너서 방으로 뛰어오라고 손짓을 한다. 우디가 몰리의 침실용 탁자에 오른다.

---

go into action 실행하다, 활동/전투를 개시하다
stay put (자리에서 움직이지 않고) 가만히 있다
lamp base 램프의 받침/대, 전구 꼭지
mode (작업을 하도록 맞추는) 방식/모드/유형
rotate 회전하다, (일을) 교대로 하다
lampshade 전등갓
cast (시선, 미소 등을) 던지다, (빛을) 발하다
sing to self 혼자 흥얼거리며 노래하다

❶ **He's done for.** 그는 이제 끝장이다.
〈be동사 + done for〉는 '이제 죽었다/끝장이다/망했다'라는 의미의 숙어예요.

❷ **The coast is clear.**
주변에 장애/위험요소가 사라졌다.
주변에 지켜보고 있거나 위험한 존재가 있는지 망을 보다가 그러한 요소가 모두 말끔하게 사라졌다는 것을 숨어있는 자신의 팀원들에게 알릴 때 쓰는 표현이에요.

WOODY Bo...!

BO **Situation?**

WOODY (climbing) Lost toy. **Side yard.**

BO PEEP **holds out** her **staff** to **help him up**.

우디 보…!

보 문제가 생겼니?

우디 (오르며) 분실 장난감. 옆 뜰.

보핍이 지팡이를 내밀어 그가 오르는 것을 돕는다.

바로 이 장면!*

BO (**hushed**, **urgent**) Billy. Goat. Gruff. Raise the **blinds**.

SHEEP Baaa!

The sheep **take a** flying **leap** off the nightstand with the cord in their mouths, raising the blinds as they fall.

WOODY They have names?

Bo **smirks**.

WOODY You never told me that.

BO You never asked.

Woody, Bo, Jessie and Buzz at the window, searching.

JESSIE Where is he?

FLASH OF LIGHTNING!!

WOODY There!

It's **RC CAR**. **Stuck** in a **channel drain** in the **driveway**. His wheels **desperately** spinning as **rainwater** rushes past him.

BUZZ How do we reach him?

보 (숨죽여, 다급하게) 빌리. 고트. 그러프. 블라인드를 올려.

양들 매에!

양들이 끈을 입에 물고 침실용 탁자에서 뛰어 내리며, 블라인드를 올라가게 한다.

우디 얘들 이름도 있어?

보가 씩 웃는다.

우디 그런 얘기는 안 해줬잖아.

보 네가 안 물어봤잖아.

우디, 보, 제시, 그리고 버즈가 창문에 올라 탐색하는 중.

제시 그가 어디에 있지?

번개가 번쩍!!

우디 저기다!

RC카다. 차 진입로에 있는 배수로에 걸려, 그것 옆으로 빠른 속도로 빗물이 흐르고 그의 바퀴들이 필사적으로 회전하고 있다.

버즈 어떻게 그에게 다가가지?

---

situation 상황, 처지, 위급 상황
side yard (집의) 옆 뜰
hold something out (손이나 막대기 등을) 내밀다
staff 지팡이
help someone up ~가 위로 오르도록 돕다
hushed 소리를 낮춘, 숨죽인
urgent 긴급한, 시급한
blind (창문에 치는) 블라인드
take a leap 도약하다
smirk 히죽히죽/능글맞게 웃다, 씩/실실 웃다
RC car 리모컨 조종 장난감 자동차 (RC; radio/remote controlled)
stuck (~에 빠져) 움직일 수 없는, 꼼짝 못 하는
channel drain 배수로
driveway (도로에서 집의 차고까지의) 진입로
desperately 절박하게, 필사적으로
rainwater 빗물

Bo and Woody share a look.

BO & WOODY (calling out) **Operation** Pull-Toy!

They **break into action**.

WOODY Slink!

SLINKY DOG You got it, Woody!

BO Barbies!

The Barbies leap and **parkour** up the dresser and get into position. On Molly's bed, an **ARMADILLO** TOY curls up into a ball and hops into a small doll's arms. A row of birthday dolls with **graduated** heights take up a book from their shelf and slide it over to Bo. A small doll's tosses the armadillo up, it uncurls to **lay flat** and Bo lays the book over it, one end up and the other resting on the shelf. Jessie **crouches** on the book edge, **gives Bo a nod**.

BO Go!

보와 우디가 눈빛을 교환한다.

보 & 우디 (외치며) 장난감 잡아당기기 작전!

그들이 행동에 돌입한다.

우디 슬링크!

슬링키 독 알았다, 우디!

보 바비!

바비들이 곡예를 넘듯 서랍장을 뛰어넘으며 위치를 잡는다. 몰리의 침대 위에서 아르마딜로 장난감이 공모양으로 몸을 동그랗게 말아서 작은 인형의 품으로 뛰어든다. 키 순서대로 놓여진 생일 인형들이 각각 책장에서 책을 꺼내어 보에게 밀어서 던져준다. 작은 인형이 아르마딜로를 위로 던지자, 아르마딜로의 몸이 평평하게 펴지고, 보가 그의 몸 위로 책을 내려놓는데, 책의 한쪽은 들려있고 다른 한쪽은 책장에 걸쳐있는 모습으로 내려놓는다. 제시가 책모서리에 쭈그리고 앉아 보에게 고개를 끄덕인다.

보 가!

The Barbies run and leap off the dresser to **land hard** on the book, sending Jessie flying into the air to the TOP OF THE LOWER WINDOW FRAME. She **unlatches** the **catch**.

EXT. ANDY'S HOUSE
BUZZ, Bo, and WOODY raise the window open, **bracing themselves against** the wind as rain sprays in.

BO Flashlight!

Jessie points a flashlight out the window and trains it on RC CAR, **fighting the current**. **Losing ground**. BACK IN THE WINDOW, WOODY turns to BO. She straightens his hat. Looks into his eyes. A small **confident smile**: we can do this.

바비 인형들이 달리며 서랍장에서 뛰어내려 책 위로 세게 쿵 하고 착지하는 힘으로 제시가 하단 창틀의 꼭대기로 날아간다. 그녀가 걸쇠를 풀어서 연다.

외부. 앤디의 집
버즈, 보, 그리고 우디가 창문을 위로 여는데 비가 퍼붓고 거센 바람이 불어 들어와 비바람과 사투를 벌인다.

보 손전등!

제시가 손전등을 창문 밖으로 내밀어 비바람에 맞서며 RC카 위를 비춘다. 더 이상 버티지 못한다. 다시 창문 안쪽에서, 우디가 보에게로 몸을 돌린다. 그녀가 그의 모자를 바로 잡는다. 그와 눈을 맞춘다. 자신감 있는 작은 미소: 우린 할 수 있다.

---

operation (+ 명칭) 군사작전명
break into action 행동을 개시하다
parkour 뛰뛰기나 텀블링 등의 빠른 이동 기술
armadillo 아르마딜로 (가죽이 딱딱한 동물)
graduated 등급/수치/순서를 매긴
lay flat 납작하게 엎드리게 하다
crouch 쭈그리고 앉다
give someone a nod 고개를 끄덕여 긍정의 신호를 주다
land hard 강한 충격과 함께 착지하다
unlatch 걸쇠를 열다, 빗장을 풀다
catch 걸쇠, 죔쇠, 자물쇠
brace oneself against ~에 대항해 완강하게 버티다
train (총, 카메라, 불빛 등을) ~로 향하게 하다
fight the current 흐름/물살 등에 맞서 싸우다
lose ground ~에게 기반을 내주다, 퇴각하다
confident smile 자신감 있는 미소

WOODY **straddles** Slink's front – Bo leans down to **secure** Slinky's **backend** – and hops off the **ledge**.

우디가 슬링키의 등 앞부분에 걸터앉아 – 보가 슬링키의 엉덩이 부분을 단단히 고정하려고 몸을 기울인다 – 선반에서 뛰어내린다.

SIDE DRIVEWAY. WOODY **rappels** down the outside of the house to the driveway and pulls against the tension of Slinky's **coil** toward RC Car.

옆 진입로. 우디가 집 밖에 있는 진입로 쪽으로 라펠 하강을 해서 팽팽한 슬링키의 용수철을 잡아당기며 RC카 쪽으로 다가간다.

WOODY (efforts/straining) Hang on, RC!

우디 (애쓴다/세게 잡아당기며) 잠시만 기다려, RC!

The Car spins its wheels, but the current is strong.

차가 바퀴를 회전시키는데, 물살이 너무 거세다.

WOODY (gasp)

우디 (헉 한다)

WOODY strains harder. WOODY **dismounts** Slinky and grasps a paw in one hand to reach further. A **CLUMP** OF LEAVES flows down the **drain** to RC, **tangling** up under his wheels so he can't find **traction** and pushing the car toward the **gurgling** storm drain at the end of the driveway.

우디가 더 세게 잡아당긴다. 우디가 더 멀리까지 손을 뻗으려고 슬링키의 몸에서 내려와 한쪽 손으로 슬링키의 발을 움켜잡는다. 배수구를 타고 나뭇잎 뭉치가 RC카 쪽으로 흘러내려오며 차의 바퀴를 엉키게 만들자 바퀴가 마찰력을 잃고, 차가 진입로 끝에 있는 콸콸 폭풍 같이 흐르는 배수구 쪽으로 밀려간다.

SLINKY DOG (straining) I ain't got anymore slink!

슬링키 독 (안간힘을 쓰며) 이제 더 이상 내게 남은 스프링이 없어!

Woody reaches behind to grab his **pullstring** ring; Slinky **chomps** down on it.

우디가 자기 등에 있는 끈 고리를 잡으려고 뒤로 손을 뻗는다; 슬링키가 그것을 우적우적 씹는다.

WOODY (reaching)

우디 (다가가며)

WOODY pushes forward the length of it. UP IN THE WINDOW, Bo watches the heavy clump of leaves push RC even further from Woody's grasp.

우디가 그것의 길이만큼 앞으로 민다. 위쪽 창문 안에서, 나뭇잎 뭉치 때문에 RC카가 우디에게서 더 멀어지는 모습을 보가 바라본다.

BO (gasp)

보 (헉 한다)

WOODY (straining)

우디 (안간힘을 쓰며)

IN THE DRAIN. Woody, now at the end of his **outstretched** pullstring, suddenly **LUNGES** forward–

배수구 안. 끝까지 다 빼낸 고리 끝에 걸려 있던 우디가 갑자기 앞쪽으로 돌진한다 –

WOODY (impact)

우디 (충돌)

---

straddle (양쪽으로) 다리를 벌리고 올라앉다
secure 고정시키다/잡아매다
backend (무엇의) 뒷부분, 말미
ledge (창문 아래 벽에 붙인) 선반
rappel 라펠, 하강하다
coil 고리, 용수철, 스프링
dismount (자전거, 오토바이에서) 내리다
clump (촘촘히 붙어 자라는 나무 등의) 무리/무더기
drain 물/액체를 빼내다, 배수구
tangle 헝클어지다, 엉키다
traction (차량 바퀴 등의) 정지 마찰력
gurgling 쏴/콸콸 소리가 나다
pullstring 장난감 뒤에 달린 잡아당기는 끈 (당기면 소리가 나옴)
chomp 쩝쩝 먹다, 우적우적 씹다
outstretched (신체 일부가) 쭉/한껏 뻗은
lunge 달려들다, 돌진하다

–and **grabs hold**! He looks back to the window to see Bo, holding out her **crook**, **a barrel's** worth **of** TOY MONKEYS added to Slinky's line to give Woody more **lead**. After a small nod of thanks to Bo, Woody pulls RC to **safety** out of the drain. BUT THEN– Headlights **LIGHT UP** WOODY, SLINKY, AND RC as a car pulls into the driveway.

–그러고는 움켜 잡는다! 그가 보를 보려고 창문 쪽으로 눈을 돌리자, 보가 지팡이를 뻗고 있는 가운데 슬링키의 몸에 많은 수의 장난감 원숭이들이 더해져서 우디가 더 뻗을 수 있도록 돕고 있다. 살짝 고개를 끄덕여 보에게 감사를 표한 후, 우디가 RC카를 배수구에서 안전하게 빼낸다. 하지만 그 때– 차가 진입로로 들어오며 헤드라이트로 우디, 슬링키, 그리고 RC카를 비춘다.

WOODY (surprised)

우디 (놀라며)

They **SPRING** AWAY AND UP, hitting the side of the house.

그들이 슝 튕겨 올라가며 집의 옆면에 부딪힌다.

SLINKY DOG & WOODY (impact)

슬링키 독 & 우디 (충돌)

The VISTIOR HUSBAND gets out of the car and runs to the front door. AT THE WINDOW. Bo and Buzz pull RC inside.

방문자 남편이 차에서 내려 현관문 쪽으로 달려간다. 창문에서, 보와 버즈가 RC카를 안으로 당긴다.

WOODY POV. Bo, smiling down at Woody. He pauses as he climbs to return the smile– they did it. **BEAT**.

우디의 시점, 보가 우디를 향해 미소 짓고 있다. 그가 미소에 화답하려고 올라가다가 잠시 멈추며– 그들이 해냈다. 잠시 정적.

BO (gasp)

보 (헉 한다)

Bo disappears back into the room as the **overhead light** goes on. Woody **resumes** climbing.

머리맡에 두는 램프가 켜지며 보가 다시 방안으로 사라진다. 우디가 다시 오르려 한다.

WOODY (effort)

우디 (애쓰며)

But then– **SLAM**! THE WINDOW **SHUTS ON** SLINKY! Woody **fumbles** to **regain** his **handhold** on Slinky's coil.

하지만 그때– 쾅! 창문이 슬링키 앞에서 닫혀 버린다! 우디가 더듬거리며 슬링키의 용수철에 잡을 수 있는 곳을 찾는다.

---

grab hold ~을 갑자기 움켜잡다
crook 굽은 것, 손잡이가 구부러진 지팡이
a barrel of 아주 많은 양
add to ~에 더하다/보태다
lead 우세, 우위, 실마리, 단서
safety 안전(함), 안전한 곳
light up ~을 환하게 밝히다
spring 갑자기 뛰어오르다
beat 〈대본 용어〉 잠시 정적
overhead light 머리맡에 두는 전등
resume 재개하다, 하던 일을 다시 하다
slam 쾅 닫다/닫히다
shut on someone ~을 향해 (문/창문 등을) 닫다
fumble 더듬거리다, 공을 놓치다, 헛발질하다
regain 되찾다, 회복하다
handhold (담 등을 기어오를 때) 손으로 잡을 수 있는 곳

Day 02

Farewell With Bo

보와의 이별

02.mp3

VISITOR HUSBAND (O.S.) Oh, it's beautiful…

방문자 남편 (화면 밖) 오, 아름답네요…

ANDY'S MOM …I'm glad to see this old lamp go to a good home.

앤디 엄마 …이 오래된 램프가 좋은 집으로 가게 돼서 정말 기쁘네요.

He **scrambles** back up to **PEEK** INSIDE and see…

그가 안을 몰래 훔쳐보려고 다시 재빨리 올라간다…

ANDY'S MOM We've had it since Molly was a Baby.

앤디 엄마 몰리가 아기였을 때부터 가지고 있던 거예요.

…Bo looking back, eyes wide, then going into toy mode as Mom **picks her up** and **places** her, the **sheep**, and her lamp into a **cardboard box**.

…보가 눈이 휘둥그레진 채 뒤돌아보다가, 앤디 엄마가 그녀와 양들, 그리고 램프를 판지 상자에 넣자 장난감 모드로 바뀐다.

VISITOR HUSBAND Molly, are you sure it's alright?

방문자 남편 몰리, 정말 괜찮겠니?

Woody watches, **helpless**, as Mom hands off the box to the VISITOR HUSBAND as Molly **looks on**.

엄마가 방문자 남편에게 상자를 건네는 모습을 몰리는 그냥 보고 있고, 그 모습을 우디가 무력하게 지켜본다.

MOLLY Yeah, I don't want it anymore.

몰리 네, 이제 전 필요 없어요.

VISITOR HUSBAND (O.S.) Thank you.

방문자 남편 (화면 밖) 고마워요.

Mom, Molly, and the Husband walk out of the room with the box. INSIDE. The toys **get to their feet** and **rush** to open the window together. They pull Slinky up… alone.

엄마, 몰리, 그리고 방문자 남편이 상자를 들고 방을 나간다. 내부. 장난감들이 일어나 창문을 열려고 모두 몰려간다. 그들이 슬링키를 들어올리는데… 혼자다.

BUZZ Where's Woody?

버즈 우디는 어디 갔지?

OUTSIDE. The Husband walks back to the **rear** of the car. He puts the box down and **searches** his pockets for his keys.

외부. 방문자 남편이 다시 차 뒤쪽으로 걸어간다. 그가 상자를 내려놓고 열쇠를 찾으려고 주머니를 뒤적거린다.

VISITOR HUSBAND (frustration)

방문자 남편 (좌절)

---

scramble (힘겹게 지탱하며) 재빨리 움직이다
peek (재빨리) 훔쳐보다, 살짝 엿보다
pick something up ~을 집다, 들어올리다
place 어떤 위치/자리에 놓다, 제자리에 놓다
sheep 양, 양들
cardboard box 판지/마분지 상자
helpless 무력한, 속수무책인
look on (관여하지는 않고) 구경하다, 지켜보다
get to one's feet 일어서다, 일어나다
rush 급히 움직이다/하다, 서두르다
rear (어느 것의) 뒤쪽, 뒤쪽의
search 탐색/수색하다, 찾아보다, 뒤지다
frustration 좌절감, 불만

He jogs back to the house. As he knocks on the door...

그가 다시 집으로 뛰어돌어간다. 그가 문을 두드리고…

VISITOR HUSBAND Yeah, hi, I think I left–

방문자 남편 네, 안녕하세요. 제가 두고 온 것 같아서 –

...BO'S BOX IS DRAGGED under the car. CARDBOARD BOX. Bo is **comforting** her sheep in the darkness. The **flaps** open.

…보의 상자가 차 밑으로 질질 끌린다. 판지 상자. 보가 어둠 속에서 그녀의 양들을 위로하고 있다. 덮개가 열린다.

BO (gasps)

보 (헉 한다)

Woody **is lit up** as LIGHTNING FLASHES.

번개가 치자 우디의 모습이 보인다.

바로 이 장면!*

BO WOODY–!

보 우디 –!

WOODY Quick! We'll **sneak** in the **hedges** before he's back–

우디 서둘러! 그가 돌아오기 전에 울타리 안쪽으로 숨어야 돼 –

BO Woody, it's okay...

보 우디, 괜찮아…

WOODY Wha–? No! No, no. You can't go. What's best for Andy is that you–

우디 뭐라고 –? 안 돼! 안 돼, 안 된다고, 넌 가면 안 돼. 앤디를 위한 최선은 네가 –

BO Woody. I'm not Andy's toy.

보 우디, 난 앤디의 장난감이 아니야.

WOODY Wha–What?

우디 뭐 – 뭐라고?

Woody **stares** at her. She's right.

우디가 그녀를 바라본다. 그녀의 말이 맞다.

BO It's time for the next kid.

보 이제 다음 아이를 맞이해야 할 때야.

Woody and Bo look back at the front door when as they hear...

우디와 보가 소리가 들리는 정문 쪽을 돌아본다…

VISITOR HUSBAND (O.S.) And thank you again for everything. I really **appreciate** it.

방문자 남편 (화면 밖) 다시 한 번 이 모든 것에 감사해요. 정말 고마워요.

ANDY'S MOM Oh, **my pleasure!**❶ I'm glad it all **worked out**.

앤디 엄마 오, 별말씀을요! 모든 게 다 잘돼서 다행이에요.

---

comfort 위로하다, 위안하다
flap (납작한) 덮개
be lit up 불에 비친, 몹시 취한
sneak 살금살금/몰래 가다
hedge 산울타리, 대비책
stare 빤히 쳐다보다, 응시하다
appreciate 진가를 알아보다, 고마워하다
work out 일이 문제없이 잘 풀리다/되다

❶ **My pleasure!**
천만에요.
상대방이 고맙다고 'Thank you!' 라고 말할 때 대답하는 다양한 표현 중 하나예요. You're welcome '천만에요' 말고도, 같은 상황에서 쓸 수 있는 표현은 Sure, No problem, Any time 등 참 많답니다.

Time **running out**. Bo looks back to Woody. **Hesitates**. Begins to speak.

시간이 없다. 보가 우디를 돌아본다. 주저한다. 말하기 시작한다.

BO You know...

보 있잖아…

Woody turns back to her.

우디가 그녀를 향해 몸을 돌린다.

BO ...Kids lose their toys every day. Sometimes they get left in the yard... or put in the wrong box.

보 …아이들은 늘 장난감을 잃어버리잖아. 어떨 때는 마당에 두고 가기도 하고… 다른 상자에 잘못 넣기도 하고 말이야.

BEAT. Woody looks at the box. The sheep **step aside**. **Make room**.

잠시 정적. 우디가 상자를 본다. 양들이 옆으로 비켜준다. 공간을 만든다.

WOODY And that box gets **taken away**...

우디 그리고 그 상자가 버려지기도 하고…

Bo gives a small **hopeful** smile. A tiny **nod**. Woody places his hands on the edge of the box...

보가 기대에 찬 작은 미소를 띤다. 살짝 고개를 끄덕임. 우디가 상자 모서리에 손을 올리며…

ANDY (O.S.) Mom, where's Woody?

앤디 (화면 밖) 엄마, 우디 어디 갔어요?

Woody and Bo turn to see Andy running out the front door.

우디와 보가 돌아서 앤디가 현관으로 뛰쳐나오는 것을 본다.

ANDY'S MOM (O.S.) Andy! Come inside!

앤디 엄마 (화면 밖) 앤디! 집으로 들어와!

ANDY (O.S.) I can't find Woody!

앤디 (화면 밖) 우디를 못 찾겠어요!

Bo looking back at Woody now. Watching his fingers slip from the box as he **takes a step back**. **Realizing** he can't leave. He **looks to** Bo. Bo smiles, **pained**. Bo **reaches out**. Straightens his hat one last time. Touches his face. WIDE ON the car in the **foreground**, the Husband with Andy's Mom at the front door **beyond**.

보가 우디를 돌아본다. 그가 한걸음 뒤로 물러서면서 상자에서 그의 손가락이 미끄러져 내려오는 것을 본다. 그가 떠날 수 없는 것을 깨닫는다. 그가 보를 바라본다. 보가 미소를 짓는다, 마음 아파하며. 보가 손을 뻗는다. 마지막으로 그의 모자를 매만진다. 그의 얼굴을 만진다. 전경에 있는 차가 화면에 크게 나오고, 멀리 정문 쪽에 앤디의 엄마와 방문자 남편이 있다.

VISITOR HUSBAND (O.S.) Well, good night...

방문자 남편 (화면 밖) 자 그럼, 좋은 밤 되세요…

The box **scooting back** out from under the car.

차 밑에서 상자가 다시 빠른 속도로 나온다.

---

run out 고갈되다, 다 떨어지다, 다 쓰다
hesitate 망설이다, 주저하다
step aside 옆으로 비키다, 물러나다
make room 공간을 만들다, 자리를 양보하다
take away 제거하다, 치우다
hopeful 희망에 찬, 기대하는
nod (고개를) 끄덕이다
take a step back 한 걸음 물러서다
realize 깨닫다, 알아차리다, 자각하다
look to someone ~에게 기대하다/의지하다
pained 고통스러워 하는, 괴로운, 고뇌에 찬
reach out (손 등을) 뻗다
foreground 전경, 눈에 잘 띄는 중요한 위치
beyond ~저편에/너머
scoot 〈비격식〉 서둘러가다, 떠나다
back 후진하다

ANDY'S MOM Goodbye! Drive safe.

앤디 엄마 안녕히 가세요! 운전 조심하세요.

The Husband takes up the box. The engine starts. WIDE ON the car backing out of the driveway. CLOSE ON WOODY on the ground in toy mode. Watching the car light **shrink** and disappear in the **driving rain**. **Sagging** as he exhales. Then... **snapping back** into toy mode as...

방문자 남편이 상자를 들어올린다. 시동이 걸린다. 진입로에서 후진으로 빠져나가는 차가 화면에 넓은 각으로 보인다. 장난감 모드로 땅바닥에 놓여있는 우디의 모습이 가까이 보인다. 차의 불빛이 작아지며 휘몰아치는 비속으로 사라지는 것을 보고 있다. 숨을 내쉬며 축 처진다. 그러고는… 다시 급하게 장난감 모드로 전환한다.

ANDY (sigh) **There you are!**❶

앤디 (안도의 한숨) 여기 있었구나!

EXT. ANDY'S HOUSE – NIGHT
Andy runs across the yard through the pouring rain to the warm light of the open front door.

외부. 앤디의 집 – 밤
앤디가 퍼붓는 비를 뚫고 정원을 가로질러 따뜻한 불빛이 흘러나오는 현관으로 뛰어간다.

ANDY Mom, I found him! I found him.

앤디 엄마, 찾았어요! 우디를 찾았다고요.

ANDY'S MOM (chuckles) Oh good. Come on, get inside.

앤디 엄마 (빙그레 웃는다) 오 잘됐구나. 자, 이제 빨리 들어오렴.

The door closes behind them. ANGLE UP TO THE SKY as the rain begins to clear and the sky goes from dark to light until we see... WHITE CLOUDS IN A BLUE SKY that recall Andy's wallpaper.

그의 뒤로 문이 닫힌다. 카메라가 돌며 하늘을 비추자 비가 그치며 어두웠던 하늘이 밝아지는데… 앤디의 벽지를 생각나게 하는 파란 하늘 위의 구름들이 보인다.

TITLE: Disney presents
TITLE **FADES** as Woody **pops into view**.

자막: 디즈니 제공
우디의 모습이 화면에 갑자기 나타나며 제목이 사라진다.

EXT. ANDY'S HOUSE – DAY
PULL BACK to reveal ANDY holding Woody in his hand.

외부. 앤디의 집 – 낮
카메라가 다시 뒤로 당겨지며 앤디가 우디를 손에 들고 있는 모습이 보인다.

TITLE: A Pixar animation studio film

자막: 픽사 애니메이션 스튜디오 필름

WOODY'S VOICEBOX **Reach for the sky!**❷

우디 소리 상자 모두 항복하라!

He **sets down** Woody on the lawn. Andy **gallops** around the yard with Woody. He pulls his string.

그가 우디를 잔디밭에 내려놓는다. 앤디가 우디를 데리고 정원을 뛰어다니며 논다. 그가 우디의 끈을 잡아당긴다.

ANDY Ride 'em cowboy. YEE-HA!

앤디 말을 달려라, 카우보이. 이-햐!

WOODY'S VOICEBOX There's a snake in my boot.

우디 소리 상자 내 부츠 속에 뱀이 들어 있다.

---

shrink 줄어들다, 오그라지다
driving rain 휘몰아치는 비
sag (가운데가) 축 처지다, 약화되다
snap back (용수철 따위가) 튀어 돌아오다
fade 바래다, 희미해지다, 서서히 사라지다
pop into view 갑자기 모습이 보이다
set down ~을 내려놓다
gallop 전속력으로 달리다, 질주하다

❶ **There you are!** 너 거기 있구나!
찾으려고 했던 대상을 찾았을 때 쓰는 안도, 기뻐하며 쓰는 표현이에요. 문맥에 따라서는 상대방이 원하거나 부탁한 것을 주면서 '자, 여기 있어'라는 표현으로도 쓰이고요.

❷ **Reach for the sky!** 모두 항복하라!
직역하면 '하늘을 향해 손을 뻗어!'인데, 총이나 칼과 같은 무기를 든 사람이 상대방을 위협하며 '손들어!'라고 할 때 쓰는 관용표현이랍니다.

Andy swings Woody around his **play structure** and we see ANDY written on his boot.

앤디가 그의 놀이구조물 주변을 돌며 우디를 흔드는데 우디의 부츠에 앤디라고 쓰여 있다.

INT. ANDY'S ROOM – DAY
TIME **WIPE** to Andy flying Jessie and Buzz.

내부. 앤디의 방 – 낮
장면이 사라지며 세월이 흐르고 앤디가 제시와 버즈를 날리는 장면이 나온다.

ANDY (happy laugh)

앤디 (행복한 웃음소리)

EXT. ANDY'S STREET – DAY
TIME WIPE to Andy is flying Woody and Buzz and he runs down the street. We hear Buzz's laser **go off**.

외부. 앤디가 사는 마을 거리 – 낮
장면이 사라지며 세월이 흐르고 앤디가 우디와 버즈를 날리며 거리를 달리고 있다. 버즈의 레이저가 발사되는 소리가 들린다.

ANDY **To infinity and beyond!**❶

앤디 무한한 공간 저 너머로!

ZOOM IN ON Woody as Andy spins. TIME WIPE TO.

앤디가 빙빙 돌고 우디의 모습이 확대된다. 장면이 사라지고 세월이 흐른다.

EXT. BONNIE'S HOUSE – DAY
THE MOMENT IN TOY STORY 3: YOUNG ADULT ANDY hands Woody to BONNIE.

외부. 보니의 집 – 낮
토이 스토리 3에서 나오는 장면: 청소년이 된 앤디가 보니에게 우디를 건넨다.

BONNIE (gasp) My cowboy!

보니 (놀라며) 내 카우보이!

She holds Woody close, just like Andy held him all those years ago at the end of **prologue**. Bonnie **jumps to her feet** and flies Woody around her yard just like Andy used to do.

영화의 도입부가 끝날 무렵, 보니가 우디를 꼭 껴안고 있다. 예전에 앤디가 그랬던 것처럼. 보니가 벌떡 일어나서 정원을 뛰어다니며 우디를 날게 한다. 예전에 앤디가 그랬던 것처럼.

BONNIE Woodie, let's go!

보니 우디, 가자!

ANDY (chuckles)

앤디 (빙그레 웃는다)

CLOSE ON WOODY in Bonnie's hand, held up against a blue sky **dotted** with white clouds, as she pulls Woody's string.

흰구름이 뭉게뭉게 떠있는 파란 하늘을 배경으로 보니의 손에 들려있는 우디의 모습이 클로즈업되어 보이고 보니가 우디의 등에 있는 줄을 잡아당긴다.

BONNIE (laughing)

보니 (웃는다)

WOODY'S VOICEBOX You're my favorite **deputy**.

우디 소리 상자 넌 내가 제일 좋아하는 부하야.

Woody is pulled out of frame.

우디가 화면에서 사라진다.

---

play structure 놀이구조물
wipe (정보, 소리, 영상 등) 지우다
go off 발사되다, 폭발하다, 터지다
infinity 무한대, 무한성, 아득히 먼 곳
prologue 프롤로그, (연극, 책, 영화의) 도입부, 서막
jump to one's feet 벌떡/갑자기 일어서다
dotted 점으로 뒤덮인
deputy (미국에서 한 지역의) 보안관보, ~보/대행/대리인

❶ **To infinity and beyond!**
무한한 공간 저 너머로!
토이 스토리 1편부터 등장하는 우디와 함께 토이 스토리 시리즈의 주인공이라고 할 수 있는 캐릭터, 버즈 라이트이어가 두 팔을 벌리고 하늘을 향해 날아오를 때 외치는 표현이에요.

Day 03

Dusty-Bunny Woody

먼지뭉치 우디

03.mp3

WIPE TO CHIRON: TOY STORY 4
PAN DOWN TO Bonnie in her **backyard** hugging Dolly, Buttercup, Jessie, and Woody.

전자 자막: 토이 스토리 4
화면이 뒷마당에서 돌리, 버터컵, 제시, 그리고 우디를 안고 있는 보니의 모습을 비춘다.

BONNIE (giggle)

보니 (키득거린다)

She hops onto the swing. Woody swings toward camera.

그녀가 그네에 올라탄다. 우디가 그네를 타고 카메라 쪽으로 움직인다.

BONNIE Reach for the sky!

보니 모두 항복하라!

INT. BONNIE'S HOUSE – BONNIE'S ROOM – DAY
TIME WIPE to Bonnie sets Woody down and picks up a **colander loaded with** toys.

내부. 보니의 집 – 보니의 방 – 낮
장면이 사라지며 세월이 흐르고, 보니가 우디를 내려놓고 장난감이 가득 담긴 바구니를 들어올린다.

BONNIE They've **escaped** and they're **headed right for** us.

보니 그들이 탈출해서 우리를 향해 오고 있어.

WIPE TO Bonnie **in full snorkel gear** jumping off her bed with a boat **fashioned** from a box full of her toys. She jumps off the bed–

장난감으로 가득 찬 상자로 만든 배를 들고 스노클 장비로 완장한 보니가 침대에서 뛰어내리는 장면으로 넘어간다. 그녀가 침대에서 뛰어내리는데–

BONNIE (yell) (impact)

보니 (소리치며) (쿵 부딪히는 소리)

And lands on a pile of **pillows**. Woody is **off to the side**.

쌓여있는 베개들 위로 착지한다. 우디가 옆쪽에 놓여있다.

BONNIE (laughing)

보니 (웃으며)

TIME WIPE to Bonnie a little later playing around her room.

장면이 사라지며 시간이 흐르고 보니가 잠시 후 그녀의 방에서 놀고 있다.

BONNIE **Full speed ahead!**

보니 전방을 향해 전속력으로!

Woody, still **sidelined**. PAN DOWN to reveal Bonnie's name in Woody's boot where Andy's used to be.

우디, 여전히 옆에 따로 놓여있다. 앤디의 이름이 새겨져 있던 우디의 부츠에 보니의 이름이 보인다.

BONNIE Yay!

보니 야호!

---

pan down (카메라) 아래로 이동하면서 촬영
backyard 뒷마당, 뒤뜰
giggle 피식 웃다, 키득/킥킥/낄낄거리다
colander (물을 빼는데 쓰는) 도구/체/소쿠리
loaded with ~을 가득 실은, ~으로 가득 채워진
escape 탈출하다
head for ~으로 향하다
right 정확히, 바로, 꼭

in full gear 완전 군장/무장을 한
snorkel 스노클 (잠수 중에 숨을 쉬는데 쓰는 관)
fashion (손으로) 만들다/빚다
yell 소리치다, 고함치다, 외치다
pillow 베개
off to the side 옆쪽으로/한쪽으로 따로 떨어진
full speed ahead 전속력으로, 힘껏
sidelined (부상 때문에) 출전을 못하게 된

BONNIE'S ROOM – BLACK
Then TOY VOICES in the dark. ALL OF THEM:

보니의 방 – 어둠
어둠 속에서 장난감 목소리들이 들린다. 그들 모두의:

SLINKY DOG (cramped **walla**) Can you **move over** a bit please? **I can't believe we have to wait in here.**[1] I'm hiding from Mom next time. Okay, you're still on my foot. Wait, whose foot is that? My aching parts. I can't wait to get out of here. This is the worst. I'd rather be kicked under the bed. Or left in the car.

슬링키 독 (비좁은 웅성거림) 제발 옆으로 좀 비켜줄래? 여기에서 기다려야 한다니 말도 안 돼. 다음에는 엄마 올 때도 숨을 거야. 야, 너 아직도 내 발 밟고 있어. 잠깐, 그거 누구 발이지? 나의 아픈 부위들. 여기에서 당장 벗어나고 싶다. 여긴 최악이야. 차라리 발로 차여 침대 밑으로 들어갔으면 좋겠다고. 아니면 차에 남겨지던지.

TRIXIE (O.S.) It's getting hot in here…

트릭시 (화면 밖) 여기 너무 더워…

MR. POTATO HEAD (O.S.) Where's my ear…

포테토헤드 (화면 밖) 내 귀 어디 갔지…

HAMM (O.S.) You're on my foot…

햄 (화면 밖) 너 내 발 밟고 있어…

BUTTERCUP (O.S.) Ow- Hey, quit shoving.

버터컵 (화면 밖) 아야– 이봐, 그만 좀 밀어.

TRIXIE (O.S.) Sorry. That was my horn.

트릭시 (화면 밖) 미안. 내 뿔이었어.

DOLLY & JESSIE (O.S.) SHHHH!

돌리 & 제시 (화면 밖) 쉬이이!

BUZZ VOICEBOX (O.S.) "To Infinity and Beyond—"

버즈 소리 상자 (화면 밖) "무한한 공간 저 너머로—"

BUZZ (O.S.) I know that was you, Potato Head.

버즈 (화면 밖) 너인 줄 알았다, 포테이트 헤드.

MR. POTATO HEAD (**mischievous chortle**)

포테토헤드 (짓궂은 웃음)

We slowly adjust to the DIM LIGHT, and reveal ALL OF BONNIE'S TOYS are **crammed** INSIDE A CLOSET, like soldiers on a **Higgins boat**, waiting to storm the beach. DOLLY looking over the **squished** toy troops. She addresses them like their **CO**:

보니의 장난감 전부가 옷장 안에 잔뜩 빽빽하게 차 있는 것이 나타난다. 마치 해변 기습작전을 펼치려고 대기하고 있는 수륙양용정에 들어찬 군인들처럼 말이다. 돌리가 서로에게 짓눌려있는 장난감 부대를 바라다본다. 그녀는 마치 지휘관처럼 그들에게 연설한다.

DOLLY Everyone listen, I thought I told you—when Mom quickly cleans the bedroom like that, expect to be put in the closet.

돌리 모두들 들어. 내가 이미 얘기한 것 같은데— 엄마가 침실을 그렇게 빨리 청소할 경우에는, 옷장에 처박힐 것을 예상하라고.

---

walla 여러 사람이 웅성거리는 소리
move over 몸을 움직이다, 자세를 바꾸다
mischievous 짓궂은, 말썽꾸러기의
chortle (재미있어서) 깔깔거리다
cram (좁은 공간 속으로 억지로) 밀어/쑤셔 넣다
Higgins boat 수륙양용으로 쓰인 상륙용 배
squish 으깨지다, 으깨다
CO 부대장, 지휘관 (Commanding Officer)

[1] **I can't wait to get out of here.**
여기에서 나가고 싶어 죽겠어.
〈주어 + can't wait to + 동사〉 패턴은 '~을 너무 하고 싶다/하고 싶어 견딜 수가 없을 지경이다'라는 의미로 쓰이는 표현이에요. 문자 그대로 직역을 해서 '~를 기다릴 수가 없어'라고 하면 오역이 될 수도 있으니 주의하셔야 해요.

REX (anxious **wail**) How much longer?

렉스 (걱정의 울부짖음) 얼마나 더 있어야 하지?

WOODY **Keep it to a dull roar,**❶ Rex.

우디 조용히 있어, 렉스.

He **wanders through** the **ranks**, checking in on his pals. Jessie is freaking out.

그가 장난감들 사이를 돌아다니며 그들을 확인한다. 제시가 기겁한다.

JESSIE (panicked breathing)

제시 (공황 상태에 빠진 숨소리)

WOODY Deep breaths, Jessie. Deep breaths.

우디 심호흡, 제시. 깊게 숨 쉬어.

Slinky is nervously wagging. His slink making noise.

슬링키가 초조하게 꼬리를 흔든다. 그의 몸에서 소음이 난다.

WOODY Settle down, Slinky. Sit, good boy.

우디 진정해, 슬링키. 앉아, 착하지 우리 강아지.

He meets up with Dolly (a head above him on the games.) She's been **clocking** him addressing the toys.

그가 돌리와 만난다 (돌리가 사냥감들 위에 있어서 머리 하나만큼 더 크다). 장난감들에게 연설을 하면서 그녀가 그를 주시하고 있었다.

DOLLY Sheriff, do I need to be worried?

돌리 보안관, 내가 걱정 안 해도 되겠나?

WOODY Nah, nah, nah. My guys are veterans. They'll hang in there.

우디 아, 그럼, 전혀 걱정할 필요 없어. 이 친구들은 다들 베테랑이야. 다들 잘 버틸 거라고.

DOLLY Good. Just keep 'em calm until we **get word**.

돌리 좋았어. 따로 얘기가 있을 때까지 얌전히만 있게 하라고.

WOODY (salutes) Yes, ma'am.

우디 (경례하며) 네, 잘 알겠습니다.

Dolly's attention now on a **SIGHT-LINE** THROUGH THE **SLATS** to a TOY HANGING FROM THE DOORKNOB of Bonnie's bedroom.

이제 돌리의 시선은 창살 너머 보니의 침실 문 손잡이에 매달려 있는 장난감을 향하고 있다.

BONNIE'S TOYS (cramped walla)

보니의 장난감들 (비좁은 웅성거림)

Woody **paces** near BUZZ.

우디가 버즈 근처에서 서성거린다.

BUZZ How are you, uh... feeling about today?

버즈 오늘은 어… 네 기분이 어때?

WOODY Uh, good, good. Yeah... good. I'm good.

우디 어, 좋아, 좋아. 그래… 좋지, 좋다고.

---

wail 울부짖다, 통곡하다
wander through ~속을 방황하다/헤매다
ranks (집단 소속) 사람들, 병사/사병들, 대열
clock (사람을) 주시하다/알아보다, (속도를) 재다/측정하다
get word 통지/명령을 받다, 기별을 듣다
sight-line 시선이 향하는 방향, 눈길
slat 널, 조각
pace (초조해서) 서성거리다

❶ **Keep it to a dull roar.**
조용히/얌전히 있어.

dull은 '따분한, 둔한, 둔탁한' 의미의 형용사이고, roar는 사자나 호랑이처럼 큰 짐승이 으르렁거리거나, 기계 등이 크고 깊은 소리로 울리는 것을 묘사할 때 쓰는 단어예요. dull roar라고 하면 낮은 볼륨의 소음을 뜻해요. 곧 '조용히 해라'라는 뜻이 되죠.

BUZZ Uh... good.

버즈 어… 다행이네.

The TOY HANGING FROM THE DOOR KICKS HIS LEGS, bells **chime**.

문에 매달려 있는 장난감이 발길질을 하자, 종이 울린다.

DOLLY (**reporting to** the toys) **We're on,**❶ Bonnie's done with breakfast!

돌리 (장난감들에게 보고하며) 이제 시작한다. 보니가 아침식사를 다 마쳤다!

SLINKY DOG (excited walla) Oh, finally. Bonnie's on her way. She said she's done with breakfast. She's coming, we're gonna get played with. Ha ha, here we go. I've been waiting for this all morning. We are finally going to get out of here and back in the room where we belong.

슬링키 독 (신난 웅성거림) 오, 마침내. 보니가 오고 있구나. 아침 다 먹었대. 그녀가 오고 있어. 이제 우리를 데리고 놀겠지. 하하, 자 이제 시작이야. 오전 내내 이 순간을 기다렸지. 우리가 드디어 나가서 우리가 원래 있어야 할 곳으로 다시 가는 거야.

HAMM (excited walla)

햄 (신난 웅성거림)

DOLLY **Any minute now–!**

돌리 이제 곧-!

WOODY Ya hear that? Any minute now. Wind 'em if you got 'em. **Keep** your batteries **clean**. Your **joints** unlocked.

우디 들었니? 이제 곧 이라잖아. 태엽 있는 친구들은 태엽 감고. 건전지 깨끗하게 해. 관절을 풀어 놓고.

DOLLY Thanks, Woody. I got it.

돌리 고마워, 우디. 내가 알아서 할게.

WOODY Yes, I'm sorry. You're right, you're right—

우디 아, 미안. 네 말이 맞네. 맞아—

FOOTSTEPS! The toys drop. Suddenly the CLOSET DOOR **flies open**, revealing... BONNIE.

발걸음 소리! 장난감들이 푹 주저앉는다. 갑자기 옷장 문이 확 열리고, 모습이 보인다… 보니다.

BONNIE The town is open!

보니 마을이 열렸어!

QUICK CUTS to individual toys picked up, and placed around a **MAKE-SHIFT** TOWN for playtime:

빠른 장면 전환과 함께 각각의 장난감들이 올려지고, 놀이 시간을 위한 임시로 만들어 놓은 마을 주변에 놓인다:

BONNIE Hi, **Mayor**!

보니 안녕, 시장님!

She grabs Dolly...

그녀가 돌리를 잡는다…

---

chime (종이나 시계가) 울리다
report to ~에게 보고/신고하다
Any minute now! 목전에! 이제 곧! 금방!
keep something clean ~을 깨끗한 상태로 유지하다
joint 관절
fly open 휙 갑자기 열리다
makeshift 임시로 만든, 임시변통의
mayor (시, 군 등의) 시장/군수

❶ **We're on.**
이제 우리가 나설 때다.
방송이 진행 중일 때나, 시합이 시작되었거나, 기계 등이 켜진 것을 표현할 때 전치사 on을 쓰는데요. 위의 상황에서처럼 주어가 사람인 상황에서 뒤에 on이 붙으면 그 사람이 어떤 일에 착수하거나 활발히 참여한다는 의미로 해석이 가능하답니다.

BONNIE ...Banker... ...Hamm... ...Hi, Ice Cream Man... ...Slinky Dog... –Hi, Hat Shop Owner– ... Trixie... –Mail Man– ...Buzz... AND the sheriff!

보니 …은행원… …햄… …안녕, 아이스크림 아저씨… …슬링키 독… –안녕, 모자 가게 주인– …트릭시… –우편배달부– …버즈… 그리고 보안관!

Bonnie **leans** down and picks up Woody. She **plucks** his badge from his shirt. Drops him on the floor.

보니가 몸을 숙여 우디를 집어 든다. 그녀가 그의 옷에 달린 배지를 뗀다. 그를 바닥에 떨어뜨린다.

BONNIE Okay, bye toys.

보니 그럼, 잘 있어 얘들아.

Doors close. From his **slumped-over position**, Woody can see THRU THE SLATS-Bonnie playing with Jessie wearing the badge.

문이 닫힌다. 꼬꾸라져 있는 자세로 우디가 창살 사이로 보니, 보니가 배지를 단 제시와 같이 놀고 있는 모습이 보인다.

BONNIE YEE-HA! Sheriff Jessie! **Giddy-up** Bullseye! (horse gallop noises)

보니 이–햐! 보안관 제시! 이랏 불즈 아이! (말 달리는 소리)

Woody sits up. The pain of **being left behind** in his eyes.

우디가 일어서 앉는다. 그의 눈빛에 선택받지 못한 아픔이 보인다.

BONNIE (O.S.) They went that way!

보니 (화면 밖) 그들이 저쪽으로 갔다!

Woody feels the eyes of the **TODDLER** TOYS that Bonnie has **outgrown** on him. **Awkward silence**.

우디는 보니가 이제 커서 더 이상 놀아주지 않는 유아용 장난감들의 눈빛을 느낀다. 어색한 침묵.

WOODY (clearing throat)

우디 (헛기침한다)

A little too **nonchalant**...

너무 티 나게 태연한 느낌…

WOODY (stretching)

우디 (기지개를 켠다)

Woody starts playing cards.

우디가 카드놀이를 시작한다.

BONNIE (O.S.) What a beautiful hat shop. You have so many hats **for sale**!

보니 (화면 밖) 오 정말 멋진 모자 가게예요. 파는 모자가 정말 많네요!

The toddler toy's attention **shifts** to Bonnie's play outside. They **shuffle** over to THE DOOR SLATS to watch.

유아용 장난감들의 시선이 밖에서 놀고 있는 보니에게로 향한다. 그들이 그 모습을 보려고 창살 쪽으로 발을 질질 끌며 간다.

---

lean 기울다, 숙이다/굽히다
pluck (머리카락, 눈썹 등을) 뽑다
slumped-over position ~위로 고꾸라져 있는 자세
Giddy-up! (말 속력을 높일 때 소리) 이랴!
be left behind 뒤에 남게 되다, 뒤처지다
toddler 걸음마를 배우는 아이, 유아
outgrow 나이가 들면서 ~에 흥미를 잃다
awkward 어색한, 불편한
silence 정적, 고요, 적막, 침묵
clear (one's) throat 목청을 가다듬다, 헛기침하다
nonchalant 태연한, 무심한, 차분한
stretch 기지개를 켜다
for sale 팔려고 내놓은, 판매용인
shift 이동하다, 옮겨가다
shuffle 발을 (질질) 끌며 걷다, 이리저리 움직이다

바로 이 장면!*

MELEPHANT BROOKS Wow... they're doing "hat shop."

멜리펀트 브룩스 우와… '모자 가게' 놀이 하나 봐.

CARL REINEROCEROS When's the last time we ever got to play that?

칼 레이너로소로스 우리가 저 놀이 마지막으로 한 게 언제였더라?

CHAIROL BURNETT Remember when she played house?

의자 버넷 보니가 집 놀이했던 거 기억나?

MELEPHANT BROOKS I liked "House."

멜리펀트 브룩스 '집' 놀이 재미있었는데.

BITEY WHITE **Those were the days.❶**

비티 화이트 좋은 시절이었지.

MELEPHANT BROOKS It was **basic**. You made a house, you lived in it, done.

멜리펀트 브룩스 아주 쉬웠잖아. 집을 짓고, 그 안에 살면, 끝.

ON WOODY AND OLD CLOCK.

우디와 오래된 시계의 모습.

OLD TIMER That's the third time you haven't been picked this week.

올드 타이머 네가 선택받지 못한 게 이번 주만 세 번째네.

WOODY I don't know. I don't **keep count**.

우디 그런가. 따로 세어 보질 않아서.

OLD TIMER Oh, you don't have to. I'll do it for you.

올드 타이머 오, 그럴 필요 없어. 내가 대신해 줄 테니까.

WOODY Okay, okay, okay **I get it**. It's been awhile.

우디 알았다, 알았어, 그래 알아들어. 꽤 됐다고.

OLD TIMER Ooh, **looky** there, you got your first **dust bunny**.

올드 타이머 우우, 여기 좀 봐, 너의 첫 먼지뭉치네.

Woody looks down and pulls a dust bunny out of his **holster**.

우디가 내려보며 자신의 권총집에서 먼지뭉치를 집어 든다.

CHAIROL BURNETT Awww, how **adorable**. **Whatcha gonna name it?❷**

의자 버넷 와아, 정말 사랑스럽다. 얘 이름을 뭐라고 할 거예요?

---

basic 기본/기초/근본적인
keep count ~을 계속 세다, ~의 수를 기억하다
I get it. 알겠어, 이해했어.
looky 〈비격식〉 저것 봐, 자, 보아라
dust bunny 〈비격식〉 먼지뭉치, 먼지덩어리
holster (벨트에 차는 가죽으로 된) 권총집
adorable 사랑스러운

❶ **Those were the days.** 참 좋은 시절이었지.
옛 시절을 회상하며 '그때가 좋았지, 옛날이 좋았는데'라고 할 때 쓸 수 있습니다.

❷ **Whatcha gonna name it?**
이것을 무엇이라 부를 건데?
name은 명사로 '이름'이고, 동사로는 '이름을 붙이다/지어주다'라는 의미입니다. Whatcha gonna는 원래 What are you going to를 발음 나는 대로 쓴 것이에요.

OLD TIMER What about Dusty?

올드 타이머 더스티 어때?

As the baby toys talk **amongst** themselves, Woody struggles to **separate** himself from the **clingy ball of dust**.

아기용 장난감들이 모여서 이야기를 나누는 동안, 우디는 자기 몸에 자꾸 들러붙으려고 하는 먼지를 떼어내려고 애쓴다.

WOODY (**disgusted sigh**)

우디 (넌더리를 내며 한숨을 쉰다)

MELEPHANT BROOKS Francis—

멜리펀트 브룩스 프랜시스—

CHAIROL BURNETT –Harry—

의자 버넷 –해리—

CARL REINEROCEROS –Karen—

칼 레이너로소로스 –캐런—

OLD TIMER –Oh! Fuzzball–

올드 타이머 –오! 퍼즈볼–

BITEY WHITE –LeBron?

비티 화이트 –르브론?

CHAIROL BURNETT –No, **Fluffy**–

의자 버넷 –아냐, 플러피–

MELEPHANT BROOKS –How 'bout Thumper?

멜리펀트 브룩스 –썸퍼 어때?

CHAIROL BURNETT –Tumbleweed?

의자 버넷 –덤불뭉치?

OLD TIMER "Tumbleweed." Oh that's good, that's good.

올드 타이머 "덤불뭉치." 오 그거 좋네, 좋아.

Woody finally shakes the dust bunny from his finger– goes to the door, and **peers** through the slats.

우디가 마침내 손가락에서 먼지뭉치를 털어내며– 문 쪽으로 가서 창살 사이로 유심히 본다.

MELEPHANT BROOKS He's a cowboy, so that **makes** a lot of **sense**.

멜리펀트 브룩스 저 아저씨는 카우보이니까, 저러는 게 당연하지.

BONNIE (O.S.) What can I **getcha**? Little **fry**?

보니 (화면 밖) 뭘 드릴까요? 감자튀김?

BONNIE So many choices. I just can't decide!

보니 종류가 너무 많네요. 도저히 고를 수가 없어요!

---

amongst ~의 가운데에, ~중/사이에 (= among)
separate 분리하다, 나누다
clingy 들러붙어서 떨어지지 않는
ball of dust 먼지뭉치
disgusted 역겨워하는, 혐오감을 느끼는
sigh 한숨
fluffy 솜털의, 솜털로 뒤덮인
peer 자세히 들여다보다, 유심히 보다, 응시하다
make sense 의미가 통하다, 앞뒤가 맞다
getcha 〈비격식〉 get you의 축약형
fry 튀김, 치어 (아주 어린 물고기)

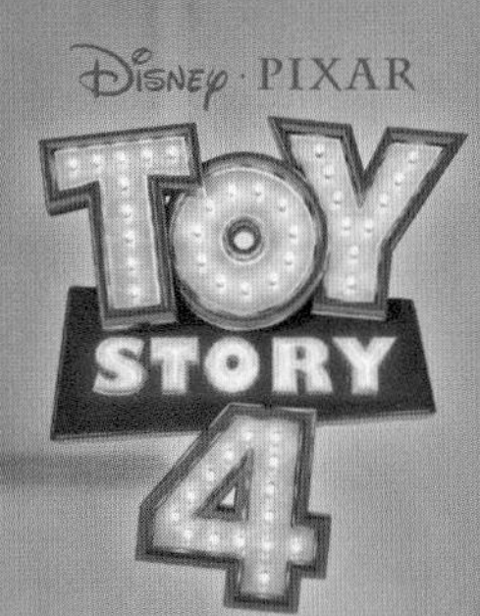
Disney · PIXAR
TOY
STORY
4

Day 04

Kindergarten Orientation Day

유치원 예비 교육 하는 날

04.mp3

BONNIE'S DAD enters.

보니의 아빠가 들어온다.

BONNIE'S DAD Bonnie? Go get your shoes on, **we gotta go.**❶ You don't want to be late for **kindergarten** orientation, do you?

보니 아빠 보니? 어서 가서 신발 신어라. 우리 가야 해. 유치원 예비 교육에 늦고 싶진 않겠지, 그렇지?

Bonnie **deflates**. Eyes **downcast**...

보니가 풀이 죽는다. 눈을 내리깔고…

BONNIE But... I don't want to go.

보니 그런데… 전 가고 싶지 않아요.

BONNIE'S DAD We talked about this. We're going to meet your teachers, see your classroom–

보니 아빠 우리 지난번에 얘기했잖아. 선생님들도 만나고, 교실도 보고 –

BONNIE Can I bring a toy?

보니 장난감 가져가도 돼요?

BONNIE'S DAD Toys don't go to school, that's the rule.

보니 아빠 장난감은 학교에 못 가져가. 그건 규칙이야.

WOODY watches as Dad takes her by the hand and leads her out of the room. Dolly **pops up**. She runs the room like a **frustrated** mother.

아빠가 그녀의 손을 잡고 방에서 데리고 나오는 모습을 우디가 본다. 돌리가 갑자기 튀어나온다. 그녀가 마치 답답해서 짜증이 난 엄마처럼 방을 뛰어다닌다.

DOLLY Freeze! Nobody move! Bonnie always forgets something. She'll be back any second.

돌리 꼼짝 마! 아무도 움직이지 마! 보니는 늘 뭔가를 깜박하지. 금방 돌아올 거야.

Slinky stops **in his tracks along with** the others, but his slinky coil still shakes.

슬링키가 다른 장난감들처럼 움직이다가 멈춘다. 하지만 그의 용수철은 여전히 떨린다.

DOLLY **That goes for you too,**❷ Hamm.

돌리 너에게도 해당되는 얘기야, 햄.

Hamm is reaching for a coin on the ground.

햄이 바닥에 떨어진 동전을 주우려고 한다.

HAMM But it's money.

햄 하지만 이건 돈이잖아.

---

kindergarten 유치원
deflate 기를(풀이) 꺾다/죽다
downcast (눈을) 내리뜬, 풀이 죽은
pop up 튀어나오다, 불쑥 나타나다
frustrated 좌절감을 느끼는, 불만스러워하는
Freeze! 꼼짝 마라!
in one's tracks 그 자리에서, 즉각, 당장
along with ~와 함께, ~와 마찬가지로

❶ **We gotta go.** 우린 가야 해.
상대에게 이제 가봐야 한다고 할 때 쓰는 표현이에요. 주어를 바꿔서 I~, You~, He/She~로 활용할 수 있어요.

❷ **That goes for you too.**
너에게도 해당되는 얘기야.
go for someone/something은 '~에 해당되다'라는 의미의 숙어예요. 어떤 조건에 대해서 말한 후, 그 조건이 '~에게도 해당된다'라고 할 때 씁니다.

Woody opens the closet doors and walks into the room with **determined strides**. Buzz joins him.

우디가 옷장 문을 열고 결연한 발걸음으로 방안으로 들어온다. 버즈가 그와 함께 있다.

BUZZ You alright, Woody? I'm sure she'll pick you next time.

버즈 괜찮아, 우디? 그녀가 다음번엔 분명히 너를 선택할 거야.

WOODY (chuckle) Come on. I'm fine, no problem.

우디 (빙그레 웃는다) 왜 이래. 난 괜찮아. 아무렇지도 않다고.

Jessie **scurries** over and hands Woody back his badge.

제시가 재빠르게 다가와 우디에게 배지를 돌려준다.

JESSIE Hey, Woody. Here.

제시 이봐, 우디. 여기 있어.

WOODY Oh, thanks, Jessie.

우디 오, 고마워, 제시.

BUZZ We're here for you, buddy.

버즈 우리가 있잖아, 친구.

Woody keeps moving. Buzz and Jessie **exchange** a **concerned look**.

우디가 계속 움직인다. 버즈와 제시가 걱정스러운 표정으로 서로를 바라본다.

MR. PRICKLEPANTS I don't want to **play the baker**.

미스터 프릭클팬츠 난 제빵사 역할 하고 싶지 않아.

DOLLY Pricklepants—

돌리 프릭클팬츠—

MR. PRICKLEPANTS The hat shop owner is the role I **was born to** play!

미스터 프릭클팬츠 난 모자 가게 주인 역할을 하기 위해 태어난 인형이란 말이야!

DOLLY Okay. Alright, alright. Pricklepants, back to your **bakery**.

돌리 그래. 알았다, 알았어. 프릭클팬츠, 빵집으로 돌아가.

Woody **taps Dolly's shoulder**.

우디가 돌리의 어깨를 두드린다.

바로 이 장면!*

WOODY **S'cuse** me, Dolly?

우디 잠시만 실례해도 될까, 돌리?

DOLLY Woody, can't you see I'm **threatening** everyone? Go back to the closet!

돌리 우디, 내가 모두를 위협하고 있는 것 안 보여? 다시 옷장으로 돌아가!

---

determined 단단히 결심한, 단호한
stride (성큼성큼 걷는) 걸음
scurry 종종걸음을 치다, 총총/허둥지둥 가다
exchange 맞바꾸다, 교환하다, 나누다
concerned look 근심스러운 표정
play the baker 제빵사 (빵집 주인) 역할을 하다
be born to + 동사 ~하기 위해 태어났다
bakery 빵집, 제과점
tap someone's shoulder 가볍게 ~의 어깨를 두드리다
s'cuse (실수 등을) 용서하다/봐주다 (excuse의 구어체적 표기법)
threaten 협박/위협하다

WOODY Yeah, I know, I know. It's just— I'm worried about Bonnie. A toy should go with her to **orientation**.

우디 그래, 알아, 알아. 그냥 난— 보니가 걱정돼서 그래. 예비 교육에 장난감이 하나라도 따라가야 할 것 같아서.

Dolly **ushers** him back toward the closet.

돌리가 다시 그를 옷장 쪽으로 안내한다.

DOLLY Didn't you hear Dad? You'll **get Bonnie in trouble**.

돌리 아빠 말씀 못 들었니? 네가 그러면 보니가 곤란해진다고.

WOODY Yeah, but kindergarten is so different. It can be **too much for kid**. Having a **buddy** with them to get through it can really **help things**. I remember with Andy, I would go to school with him.

우디 알아, 하지만 유치원은 정말 다른 곳이야. 아이들에겐 너무 힘들 수도 있다고. 그 시간을 잘 견뎌낼 수 있도록 친구가 같이 있으면 정말 도움이 된다고. 예전에 앤디와 있을 때, 내가 학교에 같이 따라가고 그랬거든.

DOLLY Uh huh. I'm sorry, Woody, **I hate to sound like a broken record**❶ but Bonnie's not Andy.

돌리 그래그래. 미안, 우디. 내가 같은 얘기 또 하고 싶지 않지만, 보니는 앤디가 아니라고.

WOODY No, no, no, of course, I get that, but, if you would just hear me—

우디 아니, 아니, 아니, 당연하지. 그거야 나도 알지. 하지만, 내 말을 잘 들어보라고—

SLAM! Dolly closes the closet door.

쾅! 돌리가 옷장 문을 닫아버린다.

DOLLY (loud whisper) **Places** everyone!

돌리 (큰소리로 속삭임) 모두 제자리로!

The toys drop.

장난감들이 풀썩 주저앉는다.

INT. BONNIE'S CLOSET
ON WOODY, in the dark again.

내부. 보니의 옷장
우디의 모습. 다시 어둠 속.

WOODY (sigh)

우디 (한숨을 쉰다)

Bonnie runs into the room. Woody turns at the sound of...

보니가 방으로 뛰어들어온다. 우디가 그 소리를 듣고 고개를 돌린다…

BONNIE (crying)

보니 (울며)

---

orientation 오리엔테이션, 예비 교육
usher 안내하다, 안내원
get someone in trouble ~를 곤란에 처하게 하다
too much for someone ~을 감당할 수 없는
buddy 〈비격식〉 친구
help things 도움이 되다
place 앉다, 놓다, 배치하다

❶ **I hate to sound like a broken record.** 자꾸 했던 말 또 하는 건 나도 싫어.

〈I hate to + 동사〉는 문자 그대로 '~하는 게 싫다'라는 뜻인데, 'I hate to sound like ~' 또는 'I hate to say this'와 같은 조합으로 쓰면 '정말 이런 말 하고 싶진 않은데'라는 의미가 됩니다. 'a broken record'는 마치 고장 난 음반처럼 '같은 말을 자꾸 되풀이하는 사람'이라는 뜻이에요.

He searches the room through the slats. Bonnie is on the floor under the bed. His eyes filled with **nothing but** concern.

그가 옷장의 문살 사이로 방을 살핀다. 보니가 침대 밑바닥에 있다. 우디의 눈이 근심으로 가득하다.

BONNIE'S MOM (O.S.) Bonnie, what are you doing back there? Come on, we have to go.

보니 엄마 (화면 밖) 보니, 거기서 뭐 하는 거니? 이리 오렴. 우리 이제 가야 해.

Woody thinks. Bonnie **wipes away** a tear, **puts on a brave face** and gets up.

우디가 생각한다. 보니가 눈물을 닦고 용감한 표정을 하고 일어선다.

BONNIE'S MOM That's my **big girl**.

보니 엄마 그래 우리 딸 대견하네.

Dad **reaches out a hand**; they **lead the way** out of the room.

아빠가 손을 내민다; 그들이 앞장서며 방 밖으로 향한다.

BONNIE'S DAD Come on. We gotta hurry, okay?

보니 아빠 자 어서, 서둘러야 해, 알았지?

BONNIE (**sniffling**)

보니 (훌쩍이며)

BONNIE'S DAD Don't forget your **backpack**.

보니 아빠 책가방 잊지 말고.

She grabs her backpack as she leaves the room.

그녀가 방을 나오며 책가방을 움켜잡는다.

BONNIE'S MOM (O.S.) You're gonna have so much fun...

보니 엄마 (화면 밖) 정말 재미있을 거야…

They leave, the door closes. INSIDE THE CLOSET Dolly opens the door peers inside.

그들이 떠나고, 문이 닫힌다. 옷장 안에서 돌리가 문을 열며 밖을 살핀다.

DOLLY Alright. Now what was it you were saying, Woody—

돌리 됐어. 자, 아까 무슨 얘기하고 있었더라, 우디—

The **pre-school** toys **look back at** her.

유아용 장난감들이 그녀를 돌아본다.

DOLLY Woody?

돌리 우디?

INT. BONNIE'S FAMILY CAR – DRIVING – DAY
WOODY, inside Bonnie's backpack in the **backseat**, watches an **uncharacteristically** quiet Bonnie, **concerned**.

내부. 보니의 가족 자동차 – 운행 중 – 낮
우디, 뒷좌석에 있는 보니의 책가방 안에서 평소와는 다르게 얌전한 보니를 근심 어린 표정으로 보고 있다.

BONNIE'S MOM (O.S.) Here we are.

보니 엄마 (화면 밖) 다 왔다.

---

nothing but 오직 ~뿐인
wipe something away 먼지, 눈물 등을 닦아내다
put on a brave face 용감한 표정을 짓다
big girl 다 큰 처녀 (위 장면에서는 '대견하다')
reach out a hand 손을 뻗치다
lead the way 앞장서다, 안내하다, 솔선하다
sniffle (계속) 훌쩍거리다
backpack 배낭/책가방, 배낭을 지고 걷다
preschool 유치원
look back at 뒤를 돌아보다
backseat (차량의) 뒷좌석
uncharacteristically 평소답지 않게
concerned 걱정하는

Bonnie looks out her window. **Anxious**.

보니가 창문 밖을 바라본다. 불안해한다.

THE KINDERGARTEN CLASSROOM. Parents and excited kids everywhere. At the **doorway**, Bonnie **shrinks back**. **Clings** to her Mom's leg. Mom places a comforting hand on Bonnie's head.

유치원 교실. 부모들과 흥분한 아이들이 여기저기 모여있다. 출입구에서 보니가 뒷걸음질 친다. 엄마의 다리에 매달린다. 엄마가 보니의 머리에 손을 얹어 위로해준다.

BONNIE'S MOM Bonnie, honey, it'll be okay.

보니 엄마 보니, 아가, 괜찮을 거야.

KINDERGARTEN TEACHER (O.S.) Hi, are you Bonnie?

유치원 선생님 (화면 밖) 안녕, 네가 보니니?

The KINDERGARTEN TEACHER **bends down** to talk to her.

유치원 선생님이 몸을 숙이며 그녀에게 말한다.

KINDERGARTEN TEACHER My name is Miss Wendy. I'm going to be your kindergarten teacher.

유치원 선생님 내 이름은 웬디 선생님이야. 내가 너의 유치원 선생님이 될 거란다.

Bonnie **burrows** deeper against her mom. Miss Wendy **lowers** her voice, **conspiratorial**.

보니가 엄마 품으로 더 깊이 파고든다. 미스 웬디가 뭔가를 공모하듯이 목소리를 깔고 말한다.

KINDERGARTEN TEACHER We have a special place where you can put your backpack. You want to see?

유치원 선생님 네 책가방을 내려놓을 수 있는 아주 특별한 곳이 있단다. 보러 갈까?

Bonnie **looks up** at her mom, who **gives** her **a gentle push**. Bonnie lets the teacher lead her into the room. Looking back, she returns Mom's wave and smile. Mom closes the door behind her. Bonnie's smile fades. She walks to the back of the classroom while the other students laugh and play with each other, Woody **observing** though the clear plastic window of the backpack.

보니가 엄마를 올려다보자 엄마가 그녀를 살짝 밀어준다. 보니가 선생님이 그녀를 이끌어주도록 허락한다. 뒤돌아보며 그녀가 엄마에게 손을 흔들며 미소 짓는다. 엄마가 문을 닫는다. 보니의 미소가 사라진다. 그녀가 다른 아이들이 웃고 즐기는 동안 교실 뒤쪽으로 걸어가고, 우디가 책가방의 투명 플라스틱 창으로 그 모습을 살핀다.

KINDERGARTEN TEACHER (**encouraging**) Here we are, Bonnie. Just for you.

유치원 선생님 (용기를 북돋아 주며) 자 여기야, 보니. 너만을 위한 장소란다.

Bonnie puts her backpack in a **cubby labeled** with her name as Miss Wendy steps towards the front of the class.

보니가 그녀의 이름이 적힌 보관함에 가방을 내려놓는 동안 미스 웬디가 교실의 앞쪽으로 걸어간다.

KINDERGARTEN TEACHER Okay, class, let's all find a seat at a table so we can start **craft** time.

유치원 선생님 자, 얘들아, 공작 시간을 시작할 수 있도록 각자 자리를 찾아가서 앉자 구나.

---

anxious 불안해하는, 염려하는
doorway 출입구
shrink back (겁을 먹고) 뒷걸음질 치다
cling 매달리다, 꼭 붙잡다
bends down 허리를 굽히다
burrow 굴을 파다, 파고 들다, 파묻다
lower ~을 내리다, 낮추다
conspiratorial 음모의, 공모하는듯한
look up 올려다보다
give a push (문 등을) 밀다
gentle 온화한, 순한, 조심스러운
observe 관찰하다, 주시하다
encourage 격려/고무하다, 용기를 북돋우다
cubby 작은 방, 보관함 (= cubbyhole)
labeled 표를 붙인, 분류한
craft (수)공예

Bonnie takes a seat at the nearby table, she is **all by herself**.

보니가 옆에 있는 책상 앞에 의자에 앉는데 주변에 아무도 없고 혼자만 있다.

KINDERGARTEN TEACHER On the first day of school, you'll need a place to put your pencils. So, today we're going to make pencil holders.

유치원 선생님 학교 첫날에는, 연필들을 넣을 수 있는 장소가 필요할 거야. 그러니까, 오늘은 우리 연필 통을 만들어 보자.

ON BACKPACK. Woody holds the zipper open to **keep an eye on** Bonnie.

책가방 모습. 우디가 보니를 지켜보려고 지퍼를 계속 잡고 있다.

KINDERGARTEN TEACHER Now, everyone take a cup and we'll use the **art supplies** to **decorate** them.

유치원 선생님 자, 모두들 컵 하나를 가져다가 미술용품을 이용해서 꾸며보도록 하자.

As Bonnie reaches for her **caddy** of supplies, a LITTLE BOY carrying an apple runs up to the table. Bonnie **musters up the courage**...

보니가 미술용품이 담긴 상자를 잡으려고 하는 순간, 손에 사과를 들고 있는 작은 남자아이 하나가 책상 앞으로 달려온다. 보니가 용기를 낸다…

BONNIE Hi.

보니 안녕.

Without even **glancing** at Bonnie, the Little Boy **chomps on** the apple, **freeing up** his hand, picks up the caddy, and leaves.

그 남자아이는 보니를 본 척도 하지 않더니, 사과를 입에 베어 물고 자유로워진 손으로 용품 상자를 들고 가버린다.

WOODY (gasp)

우디 (헉 한다)

Bonnie sinks in her chair, **on the verge of** tears.

보니가 의자에 주저앉아 거의 울 지경이다.

BONNIE (sniffles)

보니 (훌쩍거린다)

The Little Boy opens his mouth to drop the apple into a nearby **trashcan**, knocking some of the art supplies into the **garbage on the way down**.

그 작은 남자아이가 근처에 있는 쓰레기통에 입을 벌려 사과를 떨어뜨리며 미술용품도 몇 개 함께 떨어뜨린다.

WOODY (indignant)

우디 (분개하며)

BONNIE (sniffles)

보니 (훌쩍거린다)

Woody **thinks fast**. He sneaks down from the cubby and hides behind a lunchbox on the **lower shelf**. A couple of kids run by.

우디가 신속하게 생각한다. 그가 몰래 보관함에서 빠져나와 선반 하단에 있는 도시락통 뒤로 몸을 숨긴다. 아이 두세 명이 옆으로 뛰어간다.

---

all by oneself 순전히/오로지 홀로
keep an eye on ~을 계속 지켜보다
art supply 미술용품
decorate 장식하다, 꾸미다
caddy 작은 가방, 상자, 용기
muster up courage 용기를 내다
glance 힐끗 보다
chomp on ~을 우적우적 씹다
free up ~을 해방하다/풀어주다
on the verge of ~의 직전에, 막 ~하려는
trashcan 쓰레기통, 휴지통
garbage 쓰레기
on the way down 내려가다가
indignant 분개한, 분개하는
think fast 신속하게 생각하다
lower shelf 아래쪽 선반/칸

KIDS (laughing)

아이들 (웃는다)

When the coast is clear, Woody comes out of the shelf and uses the lunchbox for cover to sneak over to the trash. He dives inside. Peeks out, looks around. Tosses a box of crayons in Bonnie's direction.

아이들이 다 지나가고 난 뒤, 우디가 선반에서 나와 도시락통을 이용해 몸을 숨기며 쓰레기통 쪽으로 몰래 다가간다. 그가 쓰레기통 안으로 뛰어든다. 밖을 살피며, 주위를 돌아본다. 크레용 상자를 보니가 있는 방향으로 던진다.

WOODY (effort)

우디 (애쓴다)

Bonnie turns at the sound. As she bends to pick up the crayons, encouraged, Woody **gathers up** all the supplies he can carry and hops out of the garbage can. Glue, **popsicle sticks**, pencils, **googly eyes**, a **discarded spork**.

보니가 소리를 듣고 고개를 돌린다. 그녀가 크레용을 집으려고 몸을 숙이자, 용기를 얻어, 우디가 자신이 들 수 있는 만큼의 미술용품들을 모아들고 쓰레기통에서 깡충 뛰어나온다. 풀, 막대사탕, 연필, 왕방울 눈알 세트, 버려진 스포크.

With Bonnie still **distracted** by the crayons, Woody sneaks behind her, drops his **haul** on the table, and returns to the backpack. Woody watches as she returns to her seat and sees the supplies. She looks around. Picks up the spork. Woody watches from the backpack as she **gets to work**.

보니가 여전히 크레용에 신경 쓰고 있는 동안, 우디가 그녀의 뒤로 숨어들어 책상 위에 자신이 들고 온 것들을 내려놓고 책가방으로 돌아간다. 보니가 자리로 돌아가서 용품들을 보는 모습을 우디가 바라본다. 그녀가 주위를 돌아본다. 스포크를 집는다. 그녀가 작업하는 것을 우디가 책가방에서 지켜본다.

She smiles as she **considers** her new **creation**- A PLASTIC SPORK WITH GOOGLY EYES. Bonnie makes him wave. She **turns** the spork **over** and writes her name on his feet just like Woody. Woody watches with **pride**. Miss Wendy **approaches** the table and sees Bonnie's project, a pencil in each **pipe cleaner** hand.

그녀가 새로운 창작물에 대해 생각하며 미소 짓는다-- 왕방울 눈알 세트가 달린 플라스틱 스포크. 보니가 그의 손을 흔들어 본다. 그녀가 스포크를 뒤집어서 우디에게 했던 것처럼 그의 발에 자신의 이름을 쓴다. 우디가 뿌듯해하며 바라본다. 미스 웬디가 책상 앞으로 다가와 보니의 작품을 본다. 파이프 클리너가 있는 양 손에 연필을 하나씩 들고.

KINDERGARTEN TEACHER Oh Bonnie. That is so clever.

유치원 선생님 오, 보니. 정말 기발하구나.

Bonnie walks her creation on the table.

보니가 만든 작품을 탁자 위로 걷게 한다.

BONNIE Doc-do-de-doot. Hello, I'm Forky. Nice to meet you.

보니 독도디둣. 안녕, 난 포키라고 해요. 만나서 반가워요.

She holds Forky up to Miss Wendy.

그녀가 미스 웬디를 향해 포키를 들어올린다.

KINDERGARTEN TEACHER Well, hello, Forky, it's nice to meet you. I'm miss Wendy.

유치원 선생님 안녕, 포키, 만나서 반가워. 난 웬디 선생님이라고 해.

Woody relaxes. Zips himself back inside the backpack. **Crisis averted**.

우디가 한시름 놓는다. 다시 책가방 안에 들어가 지퍼를 잠근다. 위기를 피했다.

---

gather up ~을 주워 모으다
popsicle stick (막대용) 빙과류, 아이스캔디
googly eyes 인형 등에 붙이는 플라스틱 눈
discard (불필요한 것을) 버리다, 폐기하다
spork 포크 겸용 스푼
distracted 산만해진, 산란해진
haul (훔치거나 불법적인 것의) 많은 양
get to work 일에 착수하다
consider 생각하다, 사려하다, 숙고하다
creation 창조, 창작, 창작품
turns something over ~을 뒤집다
pride 자랑스러움, 자부심, 긍지
approach 다가가다
pipe cleaner 철사에 천을 입힌 미술용품
crisis 위기, 최악의 고비
avert 방지하다, 피하다

Day 05

Is Forky a Toy or Trash?

포키는 장난감인가 쓰레기인가?

05.mp3

INT. SCHOOL – DAY
Bonnie and the other kids **burst out** of the classroom into the **hall**, where their parents wait for them. Bonnie runs to a waiting Mom and Dad.

내부. 학교 – 낮
보니와 다른 아이들이 교실에서 우르르 뛰어나오고 복도에서 부모들이 기다리고 있다. 보니가 기다리고 있는 엄마와 아빠에게 뛰어간다.

BONNIE Mom! Dad! Look what I made! His name is Forky!

보니 엄마! 아빠! 내가 만든 것 좀 보세요! 얘 이름은 포키예요!

Mom hugs Bonnie.

엄마가 보니를 껴안는다.

BONNIE'S DAD Oh, wow! Look at that!

보니 아빠 오, 우와! 대단한데!

BONNIE'S MOM That is so cool!

보니 엄마 엄청 멋지다!

BONNIE I finished kindergarten!

보니 유치원 끝났어요!

BONNIE'S DAD (inhales)

보니 아빠 (숨을 들이쉰다)

BONNIE'S MOM Um, no. That was just orientation.

보니 엄마 음, 아니야. 이건 그냥 예비 교육이었을 뿐이야.

BONNIE'S DAD But for being **such a brave** girl, we have a surprise for you.

보니 아빠 하지만 오늘 정말 용감했던 우리 딸에게, 우리가 깜짝 선물을 가져왔지.

BONNIE What is it?!

보니 뭔데요?!

INSIDE BONNIE'S BACKPACK. Woody listens.

보니의 책가방 내부. 우디가 귀 기울인다.

BONNIE'S DAD (O.S.) **Since** school doesn't start **for another week**, we are **going on a road trip**!

보니 아빠 (화면 밖) 학교 시작하려면 아직 1주일 남았으니까, 우리 자동차 여행 갈 거야!

BONNIE Can I bring Forky?

보니 포키 데려가도 돼요?

Int. 내부 (= interior)
burst out ~에서 뛰쳐나오다
hall 복도, 현관, 홀
such a + **형용사** + **명사** 완전 ~처럼, 정말 ~같은
brave 용감한, 용기 있는
since ~때문에
for another week 일주일(간) 더
go on a trip 여행을 떠나다
road trip 장거리 자동차 여행

BONNIE'S MOM Of course you can!

보니 엄마 당연하지!

BONNIE Yay!

보니 야호!

Woody smiles. Bonnie **unzips** her backpack, hugs Forky to her **cheek**, and places him inside. ZIIIIP! Woody **peeks out from** the notebook he was hiding behind.

우디가 미소 짓는다. 보니가 책가방의 지퍼를 열고, 포키를 자기 뺨에 대고 안아준 후 가방 안에 넣는다. 지-익! 우디가 공책 뒤에 숨어서 훔쳐본다.

WOODY (to self) And they said I shouldn't go to school with Bonnie. (looks to Forky) We'**ve** got this kindergarten thing **under control**, eh? (chuckles) I can't believe I'm talking to a spork. (chuckles)

우디 (혼잣말로) 이런데도 나보고 보니하고 학교에 같이 가면 안 되다고 하다니. (포키를 보며) 유치원 문제는 다 우리에게 맡기면 된다고, 그지? (싱긋 웃는다) 내가 스포크에게 말을 하고 있다니 이런 말도 안 되는 일이. (빙그레 웃는다)

FORKY SITS UP!

포키가 일어나 앉는다!

FORKY (**huge** gasp)

포키 (엄청 크게 헉 하고 놀란다)

WOODY (surprise)

우디 (놀란다)

Woody jumps back **in alarm**.

우디가 기겁하며 뒤로 뛰어오른다.

INT. BONNIE'S ROOM – AFTERNOON
Bonnie Enters. Throws her backpack down. Runs **back out**.

내부. 보니의 방 - 오후
보니가 들어온다. 책가방을 던져 내려 놓는다. 다시 밖으로 뛰어나간다.

BONNIE Hi, toys! Bye, toys!

보니 안녕, 장난감들아! 잘 있어, 장난감들아!

The backpack unzips. Woody **crawls** out.

책가방의 지퍼가 열린다. 우디가 기어 나온다.

WOODY (struggling)

우디 (발버둥치며)

TRIXIE (gasp) He DID go to kindergarten!

트릭시 (헉 한다) 쟤가 진짜로 유치원에 갔었네!

MR. POTATO HEAD **I knew it!**❶

포테토헤드 내 이럴 줄 알았다니깐!

WOODY No, no, no, guys, listen—

우디 아니, 아니, 아냐, 얘들아, 내 말 좀 들어봐—

BUTTERCUP You tryin' to get Bonnie in trouble?!

버터컵 너 보니를 곤경에 처하게 하려고 한 거야?!

---

unzip 지퍼를 열다
cheek 볼, 뺨
peek out from ~에서 엿보다
have something under control ~을 통제/제어하다
huge 거대한
in alarm (깜짝) 놀라서
back out 빠지다, 물러서다
crawl 기다, 기어가다

❶ **I knew it!**
내 그럴 줄 알았어!
어떤 일에 대한 결과를 보고 나서, 또는 상대방이 어떤 사실에 대해 확인을 해 준 후, 난 이렇게 될 줄 이미 알고 있었다는 뜻으로 쓰는 표현이에요.

WOODY	No, of course not—	우디 아니, 당연히 아니지—
DOLLY	You could have been **confiscated**.	돌리 너 그러다가 압수될 수도 있었어.
REX	(to Hamm) What does that mean?	렉스 (햄에게) 저게 무슨 뜻이니?
HAMM	**Taken away**.	햄 빼앗겨버린다고.
REX	(gasp) No!	렉스 (헉 한다) 오 이런!
JESSIE	Or worse. You could've been lost.	제시 그보다 더 심각한 상황도 가능했어. 실종될 수도 있었다고.
WOODY	No, no, no, guys listen. Bonnie had a great day in class and we're going on a road trip—	우디 아냐, 아냐, 아냐, 얘들아 들어 봐. 보니가 오늘 학교에서 정말 잘 지냈고 우린 자동차 여행을 떠날 거야—
BUZZ	Road trip?!	버즈 자동차 여행?!
BUTTERCUP	Vacation!	버터컵 휴가!
JESSIE	Yee-ha!	제시 이-하!
HAMM	(excited walla)	햄 (신난 웅성거림)
ALIENS	Oooooo!	외계인들 우우우우!
WOODY	...But then something really **weird** happened... Bonnie **made a friend** in class.	우디 …그런데 정말 이상한 일이 있었어… 보니가 교실에서 친구를 만들었어.
BUTTERCUP & SLINKY DOG	Really?... Good for Bonnie!	버터컵 & 슬링키 독 정말?... 잘됐다!
REX	(gasp) Friends!	렉스 (헉 한다) 친구들!
TRIXIE	Really?... **Good for Bonnie!**[1]	트릭시 정말?... 참 잘됐구나!
DOLLY	Oh, she's already making friends.	돌리 오, 그녀에게 벌써 친구들이 생기다니.
WOODY	No, no. She **literally** MADE a new friend.	우디 아니, 아니. 그녀가 말 그대로 새로운 친구를 만들었다고.

---

confiscate 몰수/압수하다
take away 제거하다, 치우다, 줄이다
weird 기이한, 기묘한, 이상한
make a friend 친구를 사귀다
literally 문자/말 그대로, 그야말로/정말로

❶ Good for Bonnie!
(보니를 위해) 잘됐네!
상대방에게 좋은 일이 생겨서 같이 축하해 주며 '잘됐네!'라고 말할 때 'Good for you!'라고 표현해요. 직역하면 '너를 위해 좋아!'이지만, '잘됐네!'라고 번역하는 것이 훨씬 자연스럽지요.

Woody leans toward the **opening** in the backpack and gently **coaxes**.

우디가 책가방의 열린 틈 쪽으로 몸을 숙여 부드럽게 달랜다.

WOODY Hey… it's okay. Come on out. That's it. Come on, there you go…

우디 이봐… 괜찮아. 나와봐. 그래그래. 어서. 그래 그렇지…

FORKY (**shaky whimpers**)

포키 (떨면서 훌쩍인다)

FORKY POV on the toys staring back, stunned.

포키의 시점. 장난감들이 그를 놀란 표정으로 응시하고 있다.

DOLLY & REX (gasp)

돌리 & 렉스 (헉 한다)

JESSIE (gasp)

제시 (헉 한다)

FORKY (uncertain/nervous **mewling**)

포키 (확신이 없는/초조한 잉잉거림)

WOODY Come on, let's get you out of there. You got this. Good, Good.

우디 자 어서. 거기서 나와 보라고. 넌 할 수 있어. 좋아. 좋아.

FORKY (uncertain)

포키 (확신이 없는)

The toys take a step back as Woody gently sets Forky on his feet.

우디가 부드럽게 포키를 일으켜 세우니 장난감들이 한걸음 뒤로 물러선다.

WOODY Everyone, **I want you to meet… Forky!**❶

우디 모두들 인사해. 여기 이 친구는… 포키야!

The toys react with **curiosity** and **fascination**.

장난감들이 호기심과 강한 흥미를 일으키며 반응한다.

SLINKY DOG **Golly**… Bob… Howdy…

슬링키 독 쟤… 도대체… 뭐냐…

JESSIE Wow!

제시 우와!

MR. POTATO HEAD Look at that!

포테토헤드 쟤 좀 봐!

REX Look how long his arms are!

렉스 쟤 팔 긴 것 좀 봐!

Forky stares back at the toys.

포키가 장난감들을 응시한다.

FORKY Trash?

포키 쓰레기?

---

opening 구멍, 틈, 열린 곳
coax 구슬리다, 달래다
shaky 불안한, 떨리는/휘청거리는
whimper 훌쩍이다
mewl 가냘프게 울다
curiosity 호기심
fascination 매료됨, 매혹, 매력
golly 〈비격식〉 야, 와 (놀람을 나타냄)

❶ **I want you to meet Forky!**
포키와 인사해.
처음 만난 지인들을 소개시켜 줄 때 많이 쓰는 표현이에요. 〈I want you to meet + 이름〉의 형식으로 '이쪽은 ~라고 해. 인사해라'라는 뜻으로 쓰여요.

WOODY (laughing) No... (**over pronounces**) "TOYS." They're all toys.

우디 (웃으며) 아냐… (과장되게 발음한다) '장난감들.' 얘네들은 모두 장난감들이야.

FORKY T-t-to... trash.

포키 자-자-장… 쓰레기.

Woody **indicates** Bonnie's trash can.

우디가 보니의 쓰레기통을 가리킨다.

WOODY No, no, no –THAT's the trash. There are your friends!

우디 아니, 아니, 아니 –저게 쓰레기고, 여기는 네 친구들이야!

The gang **steps forward** to welcome him.

장난감들이 그를 환영하려고 앞으로 나아온다.

BUTTERCUP & HAMM & JESSIE & TRIXIE Hey!

버터컵 & 햄 & 제시 & 트릭시 안녕!

DOLLY Hi!

돌리 안녕!

FORKY (scared) Aaaah!

포키 (무서워하며) 아아아!

Startled, Forky **falls over**, the impact sending one of his googly eyes flying.

놀라며, 포키가 쓰러지고, 그 충격으로 그의 왕방울 눈 한쪽이 날아간다.

WOODY (gasp)

우디 (헉 한다)

FORKY Trash!

포키 쓰레기!

Woody picks up the eye, **helps** Forky **to his feet**.

우디가 눈을 집어 들면서, 포키를 일으켜 준다.

WOODY (to Forky) Shhh, no, no, it's okay.

우디 (포키에게) 쉬이, 아냐, 아냐, 괜찮아.

In his **haste** to run to the garbage can, Forky **trips over** his popsicle sticks and **faceplants**.

쓰레기통으로 급히 달려가려다, 포키가 막대사탕 막대기에 걸려 넘어지며 얼굴을 바닥에 박는다.

FORKY Trash!

포키 쓰레기!

WOODY (**lurching** forward)

우디 (앞 쪽으로 휘청거리며)

Woody **reaches down** to **right** Forky again.

우디가 다시 포키를 바로 잡으려고 손을 뻗는다.

FORKY Trash... trash...

포키 쓰레기… 쓰레기…

---

over-pronounce 과장해서 발음하다
indicate 가리키다, 나타내다, 보여주다
step forward 앞으로 나가다/나서다
startle 깜짝 놀라게 하다
fall over ~에 걸려 넘어지다, 쓰러지다
help someone to his/her feet ~을 일으켜주다
haste 서두름, 급함
trip over ~에 발이 걸려 넘어지다
faceplant (스키나 보드를 타다가) 넘어질/떨어질 때 얼굴이 먼저 바닥에 닿다
lurch 휘청거리다, 요동치다
reach down 몸/손/팔 등을 아래로 뻗다
right (정상적인 위치가 되도록) 바로 세우다/잡다

바로 이장면!*

TRIXIE Woody, I have a question. Um, well actually, not just one, I have all of them. I have all the questions.

트릭시 우디, 물어볼 게 하나 있어. 음, 근데 실은, 하나가 아니고, 엄청 많아. 질문이 산더미같이 많다고.

BUTTERCUP Uh... why does he want to go to the trash?

버터컵 어… 재가 왜 쓰레기통으로 가고 싶어 하는 거지?

WOODY Because he was **made from** trash. Look, I know this is a little strange, but you gotta trust me on this – Forky is THE most important toy to Bonnie right now.

우디 왜냐하면 얘는 쓰레기를 가지고 만든 것이라서 그래. 그래, 이게 좀 이상하게 들릴 거라는 건 나도 아는데, 그래도 내 얘기를 좀 믿었으면 해 – 포키가 보니에게 있어서는 지금 가장 중요한 장난감이라는 거야.

FORKY Trash. Trash! Trash?

포키 쓰레기. 쓰레기! 쓰레기?

MR. PRICKLEPANTS Important? He's a spork!

미스터 프릭클팬츠 중요하다고? 얘는 스포크잖아!

Woody holds **squirming** Forky as he **reattaches** his eye.

우디가 꼼지락대는 포키를 잡고 눈을 다시 붙인다.

WOODY Yes, yeah, I know, but this spork- this toy- is **crucial** to Bonnie getting **adjusted** to kindergarten.

우디 그래, 그래, 알아, 하지만 이 스포크– 이 장난감이 보니가 유치원에 적응하는데 아주 중대한 역할을 맡고 있다고.

Forky's pipe-cleaner arms **slide down** his body to **rest on** his feet. Woody reaches down to move Forky's arms **back in place**.

포키의 파이프클리너 팔들이 미끄러져 내려오며 그의 발 위에 놓인다. 우디가 다시 포키의 팔들을 제자리에 돌려놓으려고 팔을 뻗는다.

DOLLY Woody, aren't you being a little **dramatic** about all this?

돌리 우디, 이 일에 대해서 네가 좀 너무 오버하는 거 아니니?

Woody picks up Forky and carries him back to the **gang**.

우디가 포키를 집어 들고 다시 장난감들에게로 다가간다.

WOODY I know this is new to everybody, but you should see how much this little guy means to Bonnie. (chuckle) When she started playing with him, she had the biggest smile on her face, I wish you could have seen it—

우디 이런 일이 모두에게 아주 생소한 일이라는 건 나도 알아. 하지만 이 아이가 보니에게 얼마나 큰 의미가 있는지 너희들이 알아야만 해. (빙그레 웃는다) 그녀가 얘하고 놀기 시작했을 때 그녀의 얼굴이 정말 얼마나 행복해 보였다고, 너희들이 그 표정을 봤어야 했는데—

---

make from ~로 만들다
squirm 꿈틀/꼼지락대다, 몹시 당혹해하다
reattach 다시 달다, 재장착하다
crucial 중대한, 결정적인
adjust 적응하다
slide down 미끄러져 내려가다
rest on ~에 기대다/얹히다, ~에서 쉬다
back in place 제자리에 돌려 (놓다)
dramatic 오버하는, 과장된, 감격적인
gang 모여있는 집단/사람들, 패거리, 무리

Woody **sets Forky down**.

우디가 포키를 내려 놓는다.

WOODY Bonnie was really **upset**, and I **swear**, **once** she made Forky it was a complete **transformation**.

우디 보니가 정말 많이 속상했었는데, 진짜 말이지, 포키를 만들고 나서는 완전히 다른 애가 되었다니까.

JESSIE Uh, Woody...?

제시 어, 우디…?

WOODY Just a second Jessie. So we all have to make sure nothing happens to him.

우디 잠깐만 제시. 그러니까 얘한테 아무 일도 없도록 모두 협조해 주길 바랄게.

JESSIE Something happened to him.

제시 재한테 무슨 일이 생긴 것 같은데.

Jessie points. Woody turns to see Forky jumping into the trashcan.

제시가 가리킨다. 우디가 돌아보니 포키가 쓰레기통으로 뛰어들고 있다.

FORKY (O.S.) (happy laugh)

포키 (화면 밖) (행복한 웃음)

WOODY (**under his breath**) **Chutes and Ladders**.

우디 (낮은 목소리로) 슈츠 앤 래더스 게임하는 거야.

FORKY (O.S.) (**content**) Oh, trash. Home.

포키 (화면 밖) (만족스러워하며) 오, 쓰레기. 집.

Woody rushes over to the **wastebasket** and hops in. The gang **gathers around** and watches as Woody struggles to pull Forky out.

우디가 잽싸게 쓰레기통 쪽으로 가서 그 안으로 뛰어든다. 장난감들이 모여서 우디가 허우적대며 포키를 꺼내려고 하는 모습을 지켜본다.

FORKY (O.S.) (struggling) Trash! Trash!

포키 (화면 밖) (허우적대며) 쓰레기! 쓰레기!

WOODY (struggling) No, no, no—no, no, no, you're a toy now Forky! Stop! Stop—it! Hey- no, no, no! Come on!

우디 (허우적대며) 아냐, 아냐, 안 돼—안 돼, 안 돼, 안 돼, 넌 이제 장난감이라고, 포키! 그만해! 그만하라고—! 이봐— 아냐, 아냐, 안 돼! 제발 좀!

FORKY (O.S.) (straining)

포키 (화면 밖) (안간힘을 쓰며)

WOODY (sigh) (to the toys) Well, I guess I'll... just **babysit** him until he's **used to** the room.

우디 (한숨을 쉰다) (장난감들에게) 뭐, 그냥, 내가… 여기에 익숙해질 때까지 얘를 아기 돌보듯이 돌봐줘야겠네.

---

set something down ~을 내려 놓다, 내려 주다
upset 속상하게 하다, 마음이 상한
swear 맹세하다
once ~할 때, ~하자마자, 일단
transformation 변화, 변신, 탈바꿈
under his breath 작은 소리로, 속삭이며
chute 활송 장치
ladder 사다리

Chutes and Ladders 미끄럼틀과 사다리가 그려져 있는 판 위에서 하는 아동 보드게임
content 만족하는, 사족하는
wastebasket 쓰레기통, 휴지통
gather around 주위에 모여들다
babysit 아이를 돌봐주다
be used to ~에 익숙하다

Day 06

Going on a Road Trip

캠핑카 여행

06.mp3

BONNIE (O.S.) (laughing)

보니 (화면 밖) (웃으며)

All the toys go into toy mode (Woody and Forky still in the trashcan) as BONNIE ENTERS, climbs on her bed and **searches through** her backpack.

모든 장난감이 장난감 모드로 돌아가고 (우디와 포키는 여전히 쓰레기통에 있다) 보니가 들어와 침대에 올라 책가방을 뒤진다.

BONNIE (sigh) Forky? Where are you, Forky?

보니 (한숨을 쉰다) 포키? 어디에 있니, 포키?

Behind Bonnie, Forky is suddenly **LAUNCHED** out of the trashcan and onto the bed. Bonnie turns.

보니 뒤편에서, 포키가 갑자기 쓰레기통에서 발사되어 침대로 떨어진다. 보니가 돌아선다.

BONNIE There you are! I thought I'd lost you, **silly**.

보니 거기 있었구나! 널 잃어버린 줄 알았잖아, 바보야.

As she turns back to her backpack, Forky jumps back into the trashcan. Forky **sails** back out of the trashcan and onto the bed. He jumps back in...

그녀가 다시 몸을 돌려 가방을 보는 동안, 포키가 쓰레기통으로 뛰어들어간다. 포키가 다시 쓰레기통에서 나와 미끄러지듯 침대 위로 던져진다. 그가 다시 점프해서 돌아오고...

EXT. BONNIE'S BEDROOM – NIGHT
Sleeping, Bonnie's **relaxes** her hold on Forky. Forky jumps into the trashcan... Right into Woody's arms.

외부. 보니의 침실 – 밤
자고 있던 보니가 꼭 쥐고 있던 포키를 스르로 놓는다. 포키가 다시 쓰레기통으로 점프해서 들어온다… 바로 우디의 양팔 안으로.

WOODY (tired sigh)

우디 (지친 한숨)

FORKY (hushed) No, no, no, no—

포키 (쉬잇 하며) 아니, 아니, 아니, 안 돼—

Woody climbs back out and **puts** Forky **against** the pillow **next to** Bonnie.

우디가 다시 쓰레기통을 기어올라 나오며 포키를 보니 옆의 베개에 눕힌다.

FORKY Big girl **scary**.

포키 난 큰 소녀가 무섭다고.

---

search through ~을 철저히(꼼꼼히) 살피다
launch 시작/착수/개시하다, 발사하다
silly 어리석은, 바보 같은
sail 나아가다, 기세 좋게 가다, 항해하다
relax (움켜쥔 손 등을) 풀다
put against ~을 (세워) 놓다
next to ~의 바로 옆에
scary 무서운, 겁나는

WOODY (hushed and **exhausted**) Like I said before, Bonnie's not scary. She loves you and you need to— (gasp)

우디 (쉬잇 하며 지친 말투로) 전에도 말했듯이, 보니는 무서운 애가 아니야. 그녀는 너를 사랑해 그러니까 너는— (헉 한다)

BONNIE (**stirring**)

보니 (약간 움직인다)

Bonnie suddenly **rolls over**, pulling Woody into her arms. Woody grabs Forky with one hand.

보니가 갑자기 돌아누우며, 우디를 팔로 끌어안는다. 우디가 한 손으로 포키를 잡는다.

BONNIE (sleeping)

보니 (자는 중)

He smiles to himself and relaxes into her **embrace**.

그가 혼자 미소 지으며 그녀의 품 안에서 편히 쉰다.

INT. BONNIE'S ROOM – MORNING
Woody wakes up. Bonnie's still **asleep**, but Forky is gone! He sits up in a panic, crawls to the edge of the bed.

내부. 보니의 방 – 오전
우디가 잠에서 깬다. 보니는 아직 자고 있는데, 포키가 사라졌다! 그가 당혹해하며 일어나 앉아, 침대 모서리 쪽으로 기어간다.

WOODY (gasp, loud whisper) Forky?!

우디 (헉 한다, 큰소리로 속삭인다) 포키?!

BONNIE (**restless**)

보니 (뒤척인다)

Woody peers over the side of the bed... into the trash can.

우디가 침대의 옆쪽을 유심히 살피다⋯ 쓰레기통 안을 들여다본다.

FORKY (sigh)

포키 (한숨을 쉰다)

Inside, Forky is sleeping like a baby, using a **crumpled** piece of paper for a **blanket**. But before Woody can **fish him out**—

쓰레기통 안에서, 포키가 구겨진 종이를 담요처럼 덮고 아기처럼 자고 있다. 하지만 우디가 그를 빼내기 전에—

BONNIE'S DAD (O.S.) Bonnie!

보니 아빠 (화면 밖) 보니!

WOODY (gasp)

우디 (헉 한다)

Woody goes into toy mode, falling off the bed and hitting the edge of the trashcan. It **tips over**, **spilling** Forky out onto the floor.

우디가 장난감 모드로 돌아가려다, 침대에서 떨어져 쓰레기통 모서리에 부딪친다. 쓰레기통이 엎어지며, 포키가 바닥으로 쏟아져 나온다.

---

exhausted 기진맥진한, 진이 다 빠진
stir 자극하다, 마음을 흔들다/동요시키다
roll over 뒹굴다, 구르다
embrace 껴안다, 포옹하다, 포옹
asleep 잠이 든, 자고 있는
restless 제대로 쉬지/잠들지 못하는
crumpled 구겨진
blanket 담요
fish something out (~에서) ~을 꺼내다/빼내다
tip over 넘어지다, (아래위가) 뒤집히다
spill 흐르다, 쏟아져 나오다

바로 이 장면!*

BONNIE'S DAD (O.S.) Let's go!

보니 아빠 (화면 밖) 가자!

Dad opens the door.

아빠가 문을 연다.

BONNIE'S DAD (O.S.) (loud) **Rise and shine!**❶

보니 아빠 (화면 밖) (큰소리로) 정신 차리고 일어나야지!

BONNIE (sleepy groan)

보니 (졸릴 때 내는 신음)

Dad steps on Woody as he **makes his way to** the bed.

아빠가 침대 쪽으로 가다가 우디를 밟는다.

BONNIE'S DAD Who wants to go on a road trip?

보니 아빠 자동차 여행 가고 싶은 사람은 누구?

BONNIE (gasp) Me!

보니 (헉 한다) 저요!

Bonnie sits up with **excitement**.

보니가 신나서 일어나 앉는다.

BONNIE I'm gonna bring Dolly, and Buttercup, and Forky, and....

보니 돌리하고, 버터컵, 그리고 포키 데려갈 거예요. 그리고…

Bonnie looks down. Realizes...

보니가 아래를 내려다본다. 알아차리는데…

BONNIE Forky? Where are you?

보니 포키? 어디 갔니?

BONNIE'S DAD **He's gotta be here somewhere...**❷

보니 아빠 이 안에 어딘가 있을 텐데…

At Dad's feet, Woody grabs Forky as he tries to run and tosses him up to the bed.

아빠의 발밑에서, 우디가 달아나려고 하는 포키를 집어서 침대 위로 내던진다.

BONNIE Forky? Forky!

보니 포키? 포키!

Bonnie turns to find him beside her.

보니가 돌아보니 그녀의 옆에 포키가 있다.

BONNIE'S DAD (O.S.) Come on!

보니 아빠 (화면 밖) 어서!

He **holds out** his **arms**. Holding Forky, Bonnie **leaps** into them.

그가 팔을 뻗는다. 포키를 들고 보니가 그들에게 뛰어든다.

---

sleepy 졸리는, 졸음이 오는
groan 신음, 끙 하는 소리
make one's way to ~로 나아가다
excitement 흥분, 신남
hold out arms 양팔을 뻗다
leap 뛰어오르다

❶ **Rise and shine!** 정신 차리고 일어나!
아침에 일어나야 할 시간인데 단잠에 빠져 깨어나지 못하는 사람을 깨울 때 외치는 표현이에요. 직역하면 '일어나 빛을 발하라!'인데, '기상!'이라는 의미로 주로 쓰인답니다.

❷ **He's gotta be here somewhere.**
그가 분명 여기 어딘가에 있을 거야.
He's gotta는 He has got to를 구어체에서 축약형으로 표현한 거예요.

BONNIE'S DAD **Let's** eat some breakfast and **hit the road.**❶

보니 아빠 아침 먹고 출발하자.

He steps on Woody's head **on his way out**.

아빠가 나가면서 우디의 머리를 밟는다.

BONNIE (O.S.) Let's go, Forky!

보니 (화면 밖) 가자, 포키!

Door shuts.

문이 닫힌다.

WOODY (pained)

우디 (고통스러워하며)

Woody sits up, his head **caved in** from Dad's foot. He crawls over to Buzz.

우디가 일어나 앉는데, 그의 머리가 아빠의 발로 인해 함몰되었다. 그가 버즈에게로 기어간다.

BUZZ Whoa. He's **quite a handful**, Woody. You need help with him on the road trip?

버즈 워. 손이 꽤 많이 가는 아이군, 우디. 너 여행 가서 도움 줘야 하는 거 아니니?

Woody gets to his feet.

우디가 일어선다.

WOODY No, no, no. I got it, I got it.

우디 아냐, 아냐, 아냐. 내가 알아서 할게, 괜찮다고.

He holds his nose and **puffs out** his cheeks—

우디가 자신의 코를 잡고 뺨을 불룩하게 부풀린다—

WOODY (inhale) (popping ears)

우디 (숨을 들이마신다) (귀가 뻥하며 튀어나온다)

—his head pops **back into shape**.

—그의 머리가 다시 제 모습으로 돌아온다.

WOODY We'll **just be stuck** in an **RV**, he can't get far. I got this! I got it.

우디 우린 그냥 캠핑카 안에 갇혀 있을 테니, 그가 멀리 가진 못할 거야. 내가 알아서 할게! 문제없다고.

EXT./INT. RV TRAILER - VARIOUS LOCATIONS
As Bonnie's family travel West, A SHORT SERIES OF MOMENTS PLAY. Bonnie sits in her **booster seat** at the table. Woody and Forky sit next to her as she colors. She looks at the drawing, then crumples it.

외부/내부 캠핑카 – 다양한 장소
보니의 가족이 서부로 여행하면서 시리즈처럼 순간순간의 장면이 지나간다. 보니가 탁자에 부스터 의자에 앉는다. 그녀가 색칠놀이를 하는 동안 우디와 포키가 그녀의 옆에 앉아있다. 그녀가 그림을 보다가, 종이를 구겨버린다.

BONNIE (disgust)

보니 (넌더리 내며)

---

on one's way out 나가는 도중에, 나가면서
cave in 무너지다, 함몰되다, 내려앉다, 패이다
quite a handful 다루기 힘든, 골치 아픈, 버거운
puff something out (공기로) ~을 불룩하게 부풀리다
back into shape 제대로 원래 모양대로 돌아온
just be stuck 움직일 수 없는, 꼼짝 못 하는
RV 레저용 자동차 (= recreational vehicle)
booster seat (자동차, 식탁) 어린이용 보조 의자

❶ **Let's hit the road!**
자, 떠나자!
hit the road는 직역하면 '도로를 때리자'인데, 이 표현은 '자동차 여행을 떠나다'라는 의미의 관용적인 표현이에요. 꼭 자동차 여행이 아니더라도 길을 나서는 것을 표현할 때 자주 쓰인답니다.

She tosses it into a small trashcan by the door.

그녀가 문 옆의 작은 쓰레기통에 종이를 던져버린다.

BONNIE Yesss!

보니 좋았어!

Forky **perks up at the sight of** the trash can. As Bonnie turns to grab more paper, Woody stops Forky **just in time** to **keep him from running away** before Bonnie **turns** back **around**.

포키가 쓰레기통을 보더니 활기를 찾는다. 보니가 종이를 더 집으려고 돌아서고, 우디가 도망가려고 하는 포키를 보니가 다시 돌아서기 전에 겨우 시간에 맞춰 막아 선다.

Bonnie turns back to reach for more art supplies. Forky tries again. Woody grabs him with his feet. Bonnie turns again, **puts a pen away**. Forky lunges, Woody tackles him. Woody grabs him. Bonnie pulls Forky out of Woody's arms and flies him around on her **paper airplane**.

보니가 미술용품을 가져오려고 다시 몸을 돌린다. 포키가 다시 탈출 시도. 우디가 그의 발로 그를 잡는다. 보니가 다시 돌아서서 펜을 치운다. 포키가 돌진하고 우디가 태클을 건다. 우디가 그를 잡는다. 보니가 우디의 팔에서 포키를 빼내어 그것을 종이 비행기 위에 올려 비행놀이를 한다.

BONNIE (**flying** sounds)

보니 (비행 소리)

EXT. **GAS STATION** – DAY
Dad is **filling up** at the **pump**.

외부. 주유소 – 낮
아빠가 주유한다.

EXT. RV – DAY
Bonnie runs out with Mom. Inside, Woody sits up. Forky is running.

외부. 캠핑카 – 낮
보니가 엄마와 달려나간다. 안에서 우디가 일어나 앉는다. 포키가 달린다.

FORKY (laughing)

포키 (웃는다)

INT. RV
Forky dives **headfirst** into the RV trashcan. Woody hops down from the table to drag him out and **restrains** him from jumping back in.

내부. 캠핑카
포키가 캠핑카에 있는 쓰레기통 속으로 머리부터 들어가는 다이빙을 한다. 우디가 그가 점프해서 다시 들어가지 못하게 그를 잡아 저지시키려고 탁자에서 뛰어내린다.

FORKY (struggling)

포키 (발버둥친다)

---

perk up (질병, 슬픔 등을 겪은 후) 기운을 차리다, 생기를 되찾다
at the sight of ~을 보고
just in time 때마침, 겨우 시간에 맞춰
keep someone from ~ing ~을 못하게 하다/막다
run away 달아나다, 도망치다
turn around 돌아서다, 몸을 돌리다
put something away ~을 집어넣다, 치우다
fly 비행하다, 운항하다, 날리다
paper airplane 종이비행기
gas station 주유소
fill up ~을 가득 채우다
pump 펌프, 주유기
headfirst 거꾸로, 곤두박질로, 머리부터 먼저
restrain 저지/제지/억제하다

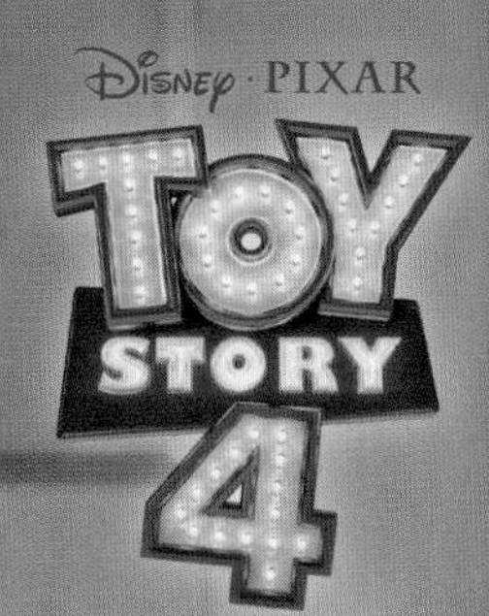
Disney · PIXAR
TOY
STORY
4

Day 07

Keeping an Eye on Forky

포키 사수하기

07.mp3

EXT. GAS STATION – DAY
As the RV drives away, the RV trashcan **soars** out of the back window.

외부. 주유소 – 낮
캠핑카가 출발하면서, 쓰레기통이 뒷창문 쪽으로 날아간다.

EXT. **POULTRY PALACE** – DAY
Bonnie plays with Woody, wearing **sauce packets** on his feet, and Forky. She sets them down to run to eat with her parents. Woody trips over his **bulky** sauce shoes **chasing after** Forky as he **bolts** for the trashcan.

외부. 가금류 궁전 – 낮
보니가 발에 소스통이 끼어 있는 우디와 포키를 가지고 놀고 있다. 그녀가 부모님과 식사를 하러 가면서 그들을 내려놓는다. 포키가 쓰레기통을 향해 질주하고 그를 추격하는 우디가 자기 발에 낀 큰 소스통에 걸려 넘어진다.

FORKY (laughing)

포키 (웃는다)

Woody **tackles** him **just in time**.

우디가 그를 딱 맞춰 태클한다.

EXT. MOUNTAIN ROAD **LOCK-OUT** – AFTERNOON
Bonnie runs out with her camera. Forky launches himself at the door and **dangles** from it. He follows her out the door.

외부. 산길 폐쇄 – 오후
보니가 카메라를 들고 뛰어나간다. 포키가 문으로 날아가서 거기에 달랑거리며 매달린다. 그가 그녀를 따라 나간다.

FORKY (laughing)

포키 (웃는다)

Just as he drops– Woody pulls him back in. Bonnie returns.

떨어지려는 찰나– 우디가 다시 그를 안으로 잡아당긴다. 보니가 돌아온다.

FORKY No, no, no—

포키 아니, 아니, 안 돼—

INT. RV – **DUSK**
Jessie and Buzz lay on the RV table as Woody chases Forky outside.

내부. 캠핑카 – 황혼
제시와 버즈가 캠핑카 탁자에 놓여있고 우디가 밖에서 포키를 쫓는다.

FORKY (yelling) No! No!

포키 (소리친다) 안 돼! 안 돼!

Bonnie **pops up** from under the table to **search through** the toys. Behind her, Woody struggles with Forky. She turns around and sees them. Picks up Forky. There he is!

보니가 장난감들을 뒤지려고 탁자 밑에서 튀어나온다. 그녀 뒤에서 우디가 포키와 씨름하고 있다. 그녀가 돌아서서 그들을 본다. 포키를 들어올린다. 여기 있었네!

EXT. 외부 (= exterior)
soar 치솟다, 급등/급증하다
poultry 가금류의 고기
palace 궁전
sauce packet 소스 통
bulky 덩치가 큰, 부피가 큰
chase after ~을 뒤쫓다, 추격/추적하다
bolt 갑자기 달아나다, (음식을) 급히 먹다
tackle 태클하다, 씨름하다, (럭비 등) 공을 뺏다
just in time 때마침, 겨우 시간에 맞춰
lock-out 잠금, (고용주에 의한) 사무실/공장 폐쇄
dangle 매달리다, 달랑거리다
dusk 황혼, 땅거미
pop up 불쑥 나타나다
search through ~을 철저하게 조사하다

EXT. HIGHWAY – NIGHT
The RV passes signs for **Grand Basin** and an **upcoming rest stop**.

외부. 고속도로 – 밤
캠핑카 거대한 분지와 휴게소를 알리는 표지판을 지난다.

EXT. REST STOP – SUNSET
RV **pulls into a parking space**. Mom and Bonnie, wearing her backpack, **head to** the bathroom. In the window of the RV, Woody looks out, searching for Forky. His eyes **widen** when he sees Forky clinging to the outside of the backpack. Forky jumps down and **makes a run for** a nearby trashcan.

외부. 휴게소 – 일몰
캠핑카가 주차장에 들어선다. 엄마와 책가방을 메고 있는 보니가 화장실로 향한다. 캠핑카 창문으로 우디가 밖을 바라보며 포키를 찾는다. 포키가 책가방 밖에 매달려 있는 것을 본 우디의 눈이 커진다. 포키가 뛰어내려 근처에 있는 쓰레기통으로 돌진한다.

FORKY (laughing)

포키 (웃는다)

Woody runs out of the RV, swinging his pullstring ring like a **lasso**.

우디가 캠핑카에서 뛰어나가, 그의 풀스트링을 올가미 밧줄처럼 흔든다.

FORKY Trash, here I come!

포키 쓰레기, 내가 간다!

Woody ropes Forky.

우디가 포키를 밧줄로 묶는다.

FORKY Ahhh! Come on!

포키 아아아! 왜 이래!

Covering Forky's mouth, Woody **ducks** into the shadow of the trashcan as Bonnie and Mom head back to the RV.

보니와 엄마가 다시 캠핑카 쪽으로 향해오자 우디가 포키의 입을 막으며 쓰레기통 그림자 속으로 몸을 숙여 숨는다.

FORKY (**muffled** struggling)

포키 (입이 막힌 상태로 발버둥친다)

INT. RV – NIGHT
Bonnie **frantically** searches, upset, toys on the floor, **cupboards** open.

내부. 캠핑카 – 밤
보니가 미친 듯이 찾다가, 속상해하고, 바닥에 장난감들이 늘어져있고, 찬장은 열려있다.

FORKY I don't—want to be— a toy!

포키 난 싫다고—장난감이 되는 게!

Woody gets himself and Forky outside the RV door when the family's backs are turned. Bonnie's mom **spots** them. Mom holds Woody and Forky out to Bonnie. Bonnie takes Forky and hugs him.

가족들의 돌아섰을 때 우디가 자기와 포키를 캠핑카 문 밖으로 나오게 한다. 보니의 엄마가 그들을 발견한다. 엄마가 보니에게 우디와 포키를 내민다. 보니가 포키를 들고 품에 안는다.

EXT. RV – NIGHT
The RV driving down a **wooded** highway.

외부. 캠핑카 – 밤
캠핑카가 숲이 우거진 고속도로를 운행하고 있다.

---

grand 웅장한, 웅대한, 위엄 있는
basin 양푼같이 생긴 그릇, 대야, 세면대
upcoming 다가오는, 곧 있을
rest stop 휴게소
pull into a parking space 주차를 위해 주차장으로 들어가다
head to ~을 향해서 가다
widen 넓히다/넓어지다, 확대하다
make a run for 필사적으로/급히 도망치다

lasso 올가미 밧줄
cover one's mouth 입을 막다
duck (머리나 몸을) 휙/쑥 수그리다
muffled (소리가 잘 들리지 않게) 낮춘, 죽인
frantically 미친 듯이, 극도로 흥분하여
cupboard 찬장, 벽장
spot 발견하다, 찾다, 알아채다
wooded 수목이 울창한, 나무가 우거진

BONNIE (sleepy)

보니 (졸린다)

Fighting sleep, Bonnie holds Forky at the kitchen table. Forky **unhappy** to be **trapped**. From the RV floor, Woody **keeps watch**.

보니가 잠들지 않으려고 애쓰며 식탁에서 포키를 들고 있다. 포키는 잡혀있는 것이 불만이다. 캠핑카 바닥에서 우디가 계속 지켜본다.

BONNIE (sleeping)

보니 (자는 중)

INT. RV – NIGHT
ON WOODY, **gaze fixed on** FORKY, struggling to **stay awake**. Buzz sneaks his way over.

내부. 캠핑카 – 밤
우디의 모습. 포키를 뚫어져라 지켜보며 잠들지 않으려고 발버둥친다. 버즈가 슬며시 다가온다.

BUZZ (O.S.) Hey, Buddy.

버즈 (화면 밖) 이봐, 친구.

WOODY (hushed) Hey, Buzz.

우디 (조용히) 안녕, 버즈.

He sits down beside his old friend.

그가 오랜 친구 옆에 앉는다.

바로 이 장면!*

BUZZ (hushed) You doing okay?

버즈 (조용히) 괜찮은 거야?

WOODY (hushed) I don't know, Buzz, I know you weren't around when Andy was little but... I don't remember it being this hard...

우디 (조용히) 모르겠어, 버즈. 앤디가 어렸을 때 넌 없어서 잘 모르겠지만… 그때도 이렇게 힘든 적은 없었던 것 같은데…

Bonnie stirs. They look at her.

보니가 뒤척인다. 그들이 그녀를 본다.

BUZZ (hushed) Want me to take next **watch**? I'll **keep an eye** on Forky.

버즈 (조용히) 이제 내가 보초를 설까? 내가 포키를 지켜볼게.

WOODY No, no. I need to do this. That little voice inside me would never leave me alone if I gave up.

우디 아냐, 아냐. 이건 내가 해야 하는 일이야. 내가 포기한다면 내 안에 있는 작은 목소리가 나를 절대 가만두지 않을 거야.

BUZZ (hushed) Hmmm... Who do you think it is?

버즈 (조용히) 흠음… 그게 누구라고 생각하나?

WOODY Who?

우디 누구?

---

sleepy 졸리는, 졸음이 오는
unhappy 불만족스러워하는, 슬픈
trap (위험한 장소, 궁지에) 가두다
keep watch 감시하다, 망을 보다
gaze 응시, 시선, 눈길, 불침번
fix on (시선, 마음을) ~에 고정하다
stay awake 잠들지 않고 깨어있다
watch 감시, 망 보기
keep an eye on ~을 계속 지켜보다/감시하다

BUZZ (hushed) The voice inside of you. Who do you think it is?
버즈 (조용히) 네 안에 있는 목소리. 그게 누구인 것 같아?

WOODY Uh. Me. You know, my **conscience**? (**off Buzz's puzzled look**) The part of you that... tells you things? What you're really thinking?
우디 어. 나지. 그러니까, 내 양심이랄까? (혼란스러워 하는 버즈의 표정을 보며) 이것저것 자기에게 말을 해 주는 자신의 일부? 자신이 진짜로 생각하는 그런 거?

BUZZ **Fascinating.**
버즈 멋지군.

Buzz **considers** this.
버즈가 생각에 잠긴다.

BUZZ (hushed) So your **inner voice**... **advises** you.
버즈 (조용히) 그러니까 너의 내면의 목소리가… 네게 조언을 한다.

Buzz **taps** Woody's pullstring.
버즈가 우디의 풀스트링을 두드린다.

WOODY What?
우디 뭐야?

Buzz looks at his own **voice command button** and **presses**–
버즈가 자기 목소리 명령 버튼을 보며 누른다–

BUZZ VOICEBOX There's a secret **mission** in **uncharted** space–
버즈 소리 상자 미지의 우주 공간에서의 비밀 임무다–

WOODY (gasps)
우디 (헉 한다)

Woody jumps up to stop him. He glances up to Bonnie– still sleeping.
우디가 그를 멈추게 하려고 뛰어오른다. 그가 보니를 힐끗 올려다본다– 여전히 자는 중.

BONNIE **(steady breathing)**
보니 (고른 숨소리)

BUZZ Where's Forky?
버즈 포키는 어디 있지?

ZOOM IN ON Bonnie's empty hand.
보니의 빈 손이 클로즈업된다.

WOODY Oh, no! Forky! Forky!
우디 오, 이런! 포키! 포키!

WOODY **POV whip pans** to Forky climbing up to the bench.
우디의 시점에서 포키가 의자에 오르는 모습이 휙 보인다.

---

conscience 양심
off one's look ~의 표정을 본 후
puzzled look 어리둥절해하는 표정
fascinating 대단히 흥미로운, 매력적인
consider 사려/고려/숙고하다
inner voice 마음의 소리, 양심의 소리
advise 조언하다, 충고하다
tap (가볍게) 톡톡 두드리다/치다
voice command button 음성 명령 버튼
press 누르다
mission 임무
uncharted 미지의, 잘 알지 못하는
steady breathing 안정적인/일정한 호흡
POV 시점, 관점 (point of view의 약어)
whip 재빨리 움직이다, 휙/홱 잡아당기다
pan (카메라가 대상을 따라다니며) 보여주다/찍다

FORKY I am not a toy! I'm a spork.

포키 난 장난감이 아니야! 난 스포크라고.

WOODY Be quiet!

우디 조용히 해!

Forky **waddles** toward the window...

포키가 창문 쪽으로 뒤뚱거리며 걸어온다…

FORKY (**breathy**) I was made for soup, salad, maybe chili, and then the trash. I'm **litter**.

포키 (숨찬 듯) 난 수프, 샐러드, 어쩌면 칠리를 위해 만들어졌고, 그리고 또 쓰레기를 위해 만들어졌어. 난 쓰레기야.

...and JUMPS.

…그리고 뛰어내린다.

FORKY Freedom!

포키 자유!

WOODY (gasp/panic)

우디 (헉 한다/놀란다)

He spins around.

그가 빙빙 돈다.

WOODY Hamm, how far to our next stop?

우디 햄, 다음 휴게소가 얼마나 남았지?

Hamm checks the **GPS** screen.

햄이 GPS 화면을 확인한다.

HAMM (**sotto voce**) 5.32 miles, **give or take**.

햄 (저음으로) 5.32 마일, 얼추 그 정도.

WOODY I **can make** that. I'll meet you at the RV park.

우디 그 정도면 가능하겠어. 이따가 캠핑카 야영장에서 만나자.

BUZZ Woody, hold on a minute–

버즈 우디, 잠시만–

Too late. Woody is already climbing out the window...

너무 늦었다. 우디는 이미 창문을 타고 나가고 있다…

BUZZ Woody!

버즈 우디!

EXT. RV – NIGHT
He swings down to the **REAR BUMPER**. He stares down at the **ROARING** HIGHWAY. **Steels** himself. The RV HITS A **POTHOLE**. Woody goes flying—

외부. 캠핑카 – 밤
그가 후방 범퍼 쪽으로 풀쩍 뛰어내린다. 그가 맹렬히 타오르는 듯한 고속도로를 내려다본다. 마음을 단단히 먹는다. 캠핑카가 도로 위 움푹 패인 곳을 쾅 치며 지나간다. 우디가 날아간다–

WOODY Aaaah!

우디 아아아!

---

waddle 뒤뚱뒤뚱 걷다
breathy (말하거나 노래 부를 때) 숨소리가 섞인
litter 쓰레기 (공공장소에 버려진 휴지, 깡통, 병 같은 것들)
GPS 위성항법장치, 내비게이션 (= Global Position System)
sotto voce 〈이탈리아어〉 소토 보체, 소리를 낮추어
give or take (숫자를 말할 때) ~전후로, 얼추, 차이는 있을지 몰라도
can make (어려운 일 등을) 해내다
rear (어떤 것의) 뒤쪽, 뒤쪽의
bumper (자동차의) 범퍼
roaring 으르렁거리는, 아우성치는 듯한, 맹렬히 타오르는
steel (~에 대비해서) 마음을 단단히 먹다
pothole (도로에) 움푹 패인 곳

Then hits the ground. Hard.

땅바닥에 떨어진다. 거칠게.

WOODY (impact, **rolling to a stop**)

우디 (충격, 구르다가 멈춘다)

WOODY gets up and straightens his hat.

우디가 일어서서 모자를 바로 잡는다.

WOODY (breathing) (groans)

우디 (거칠게 숨을 쉬며) (끙 한다)

And starts walking the other way.

반대 방향으로 걷기 시작한다.

WOODY (sigh) (searching) Forky?

우디 (한숨을 쉰다) (찾으며) 포키?

EXT. **WILDERNESS** - NIGHT
Woody's voice **echoes** as he searches for Forky.

외부. 황무지 - 밤
우디가 포키를 찾아다니고 그의 목소리가 메아리친다.

WOODY Forky, where are you?

우디 포키, 어디에 있니?

Close up on Woody.

우디를 클로즈업한다.

WOODY Forky? Forky, where are you?

우디 포키? 포키, 어디 있어?

FORKY (O.S.) (**struggling**)

포키 (화면 밖) (허우적대고 있다)

Woody turns around at the noise. Forky is stuck down in the **dirt**.

우디가 소리를 듣고 돌아선다. 포키가 흙 속에 묻혀있다.

WOODY (sigh)

우디 (한숨을 쉰다)

---

roll to a stop 구르며 멈춰서다
wilderness 황야, 황무지, (돌보지 않아서) 버려진 땅
echo (소리의) 울림, 메아리, 울리다, 메아리치다
struggle 몸부림치다, 고투하다
dirt 흙, 먼지, 때

Day 08

Walking Together

함께 걷기

08.mp3

CUT TO: Woody drags Forky by one pipe cleaner hand. **Twice** Forky **attempts to keep up**, gives up and lets himself be **dragged**.

장면 전환: 우디가 포키의 파이프클리너 손을 잡고 끌고 간다. 포키가 속도를 따라잡으려고 시도하지만, 포기하고 그냥 끌려간다.

FORKY Carry me?

포키 업어줄래?

WOODY No.

우디 싫어.

FORKY Why do I have to be a toy?

포키 왜 내가 장난감이 되어야만 하는 거니?

WOODY Because you have Bonnie's name written on the **bottom** of your sticks.

우디 왜냐하면 네 막대기 맨 밑에 보니의 이름이 쓰여 있기 때문이지.

FORKY Why do I have Bonnie's name written on the bottom of my sticks?

포키 왜 내 막대기 맨 밑에 보니의 이름이 쓰여 있는 거야?

WOODY Because she... (tries a new **tactic**) Look, she plays with you **all the time**. Right?

우디 왜냐하면 그녀가… (새로운 전략을 써 본다) 봐봐, 그녀가 항상 너와 같이 놀잖아. 맞지?

FORKY Uh, yes.

포키 어, 맞아.

WOODY And who does she sleep with every night?

우디 그리고 그녀가 누구와 매일 밤 같이 자니?

FORKY The big white **fluffy** thing?

포키 크고 하얀 솜뭉치 같은 거?

WOODY No, not her pillow – you.

우디 아니, 그녀의 베개 말고 – 너라고.

FORKY (sigh)

포키 (한숨을 쉰다)

As Woody releases Forky's hand, Forky seems to **become aware of** it **for the first time**.

우디가 포키의 손을 놓자, 포키가 처음으로 그 사실을 깨닫는 것으로 보인다.

---

twice 두 번
attempt to ~하려고 시도하다
keep up (~의 진도, 속도, 증가 등) 따라가다/따라잡다, 유지하다
drag 끌다, 끌고가다
bottom 바닥, 맨 아래
tactic (어떤 일을 달성하기 위한) 전략/작전
all the time 항상, 늘
fluffy 솜털의, 솜털로 뒤덮인
as Woody release 풀어주다, 석방/해방하다
become aware of ~을 알게 되다, ~에 대해 눈을 뜨다
for the first time 처음으로

WOODY Alright, Forky. You have to understand how lucky you are right now. You're Bonnie's toy. You are going to help create happy memories that will last for the rest of her life.

우디 있잖아, 포키, 넌 네가 지금 얼마나 운이 좋은 건지 알아야 돼. 넌 보니의 장난감이야. 네가 그녀의 평생 잊지 않을 행복한 추억들을 만드는데 일조할 거라고.

Woody stops to look at Forky. Still **transfixed** by **the mechanics** of his own hand, Forky looks up.

우디가 멈춰 포키를 본다. 여전히 그의 손의 작동 방식에 대해 경악하며, 포키가 위를 올려다본다.

FORKY Huh? What?

포키 응? 뭐라고?

WOODY (frustrated)

우디 (좌절하며)

Woody's done. He **turns away**, **clutching** his head, trying to **cool** himself **down**.

우디가 그만 멈춘다. 그가 자기 머리를 움켜잡고, 진정하려고 애쓰며 돌아선다.

WOODY (**mumbling** into hands) Okay, doing it for Bonnie. Doing this for Bonnie. I'm doing it for Bonnie.

우디 (그의 손에 대고 웅얼거린다) 그래, 보니를 위해서 하는 거야. 이건 보니를 위해서 하는 거라고, 난 지금 보니를 위해서 이렇게 하는 거라고.

He turns back to Forky.

그가 다시 포키를 향해 돌아선다.

WOODY Okay, **like it or not**, you are a toy. Maybe you don't like being one but you are one **nonetheless**. Which means you are going to be there for Andy, when he–

우디 그래, 네가 원하건 말건, 넌 장난감이야. 넌 장난감이 되고 싶지 않을 수도 있겠지만 그럼에도 불구하고 넌 장난감이야. 그 얘기는 곧, 넌 앤디를 위해 함께 있어줘야 해, 그가–

FORKY Who's Andy?

포키 앤디가 누군데?

WOODY –I mean, Bonnie! **You have to be there for Bonnie.**[1] That is your job.

우디 –그게 아니고, 보니! 넌 보니를 위해서 함께 있어줘야 한다고, 그게 네가 맡은 일이야.

He takes up Forky's hand. They start walking again.

그가 포키의 손을 들어올린다. 그들이 다시 걷기 시작한다.

FORKY Well, what's your job?

포키 그럼, 네가 맡은 일은 뭔데?

WOODY Well, right now, it's to make sure you do yours.

우디 흠, 지금은, 네가 네 일을 잘하도록 하는 게 내 일이야.

FORKY Carry me?

포키 업어줄래?

---

transfix (두려움으로) 얼어붙게 만들다
the mechanics 기계적인 부분, 기구
turn away 외면하다, 거부/거절하다
clutch 와락 움켜잡다
cool down 식다, 진정하다, 차분해지다
mumble 중얼/웅얼거리다
like it or not 좋든 싫든 간에 상관없이
nonetheless 그렇기는 하지만, 그럼에도 불구하고

❶ You have to be there for Bonnie.
넌 보니의 곁을 지켜줘야 해.
'be there for ~'은 '~을 위해 곁은 지키다, 함께 하다'라는 의미의 숙어예요. 주로 연인 또는 서로 아끼는 사이에 '난 너와 함께 할 거야', '너의 곁을 떠나지 않고 지켜줄 거야'라는 의미로 'I'll be there for you.'라고 표현하지요.

WOODY No.

They walk **in silence for a bit**.

FORKY Who's Andy?

WOODY Andy was my other kid.

FORKY You had another kid?

WOODY Yeah, yeah. For a long time. It was pretty great.

They continue walking.

WOODY (**wistful**) I was a favorite toy actually. **Running** the room was my job. Keeping all the toys **in place**...

LATER IN THE WALK.

FORKY So... he thought Andy's room was a planet? Wow, that is **messed up**.

WOODY Right! That's exactly what I thought when he first **showed up**.

FORKY (giggles) I mean, how is that NOT annoying.

WOODY Thank you!

FORKY **Seriously, that is the weirdest...**❶

EVEN LATER. **The horizon** glowing as the sun prepares to rise. Woody now carrying Forky in his arms.

우디 싫어.

그들이 잠시 아무 말 없이 걷는다.

포키 앤디가 누구야?

우디 앤디는 나의 또 다른 아이였어.

포키 너에게 또 다른 아이가 있었어?

우디 그래, 그랬지. 오랜 세월 동안. 참 좋은 시절이었어.

그들이 계속 걷는다.

우디 (생각에 잠겨) 실은 내가 제일 사랑받는 장난감이었어. 방을 운영하는 게 내가 맡은 일이었지. 모든 장난감이 제자리를 지키도록 하는 것이…

계속 걷다가 잠시 후.

포키 그러니까… 그는 앤디의 방이 행성이라고 생각했다는 거야? 우와, 완전 제정신이 아니네.

우디 맞아! 그가 처음으로 나타났을 때 나도 너랑 똑같이 생각했어.

포키 (키득거린다) 뭐 이건, 짜증이 안 났을 수가 없겠네.

우디 내 말이!

포키 진짜로, 그건 정말 엄청나게 이상한…

시간이 더 흐른 후. 해가 떠오르려고 하자 지평선이 붉게 달아오르고 있다. 우디가 이제 그의 팔에 포키를 안고 있다.

---

in silence 조용히, 침묵하여
for a bit 잠시 동안, 조금
wistful (지난 일을) 애석해/아쉬워하는
run (사업체 등을) 운영/경영/관리하다
in place 제자리에 (있는)
mess up ~을 엉망으로 만들다
show up (어떤 장소에) 나타나다/방문하다
the horizon 지평선, 수평선

❶ **Seriously, that is the weirdest.**
진짜로, 세상에서 제일 이상하네.
이 문장에서 나온 seriously를 '심각하게' 또는 '진지하게'라고 해석하면 문맥의 흐름이 전혀 자연스럽지 않아요. 이 단어는 자신이 하고자 하는 말을 강조할 때 구어체에서 주로 '진짜로', '정말로', '진심으로' 라는 의미로 쓰인답니다.

바로 이장면!*

WOODY	Well then, you watch 'em **grow up**, become a full person... And then they leave. They **go off** and do things you'll never see – **Don't get me wrong,**❶ you still feel good about it – But then **somehow** you find yourself after all those years, sitting in a closet just feeling...	우디 그러면서, 그들이 성장하고, 어른이 되는 것을 보는 거지… 그리고 그들은 떠나지. 그들이 떠나서는 네가 절대 볼 수 없는 것들을 해 – 오해는 하지 말아. 그렇게 된 것에 대해서 여전히 기분이 좋긴 하니까 – 하지만 어찌 됐건 그 오랜 세월이 흐른 후, 너는 옷장 안에 앉아서 그냥 느낌이…
FORKY	**Useless**?	포키 쓸모없는 느낌?
WOODY	Yeah.	우디 응.
FORKY	Your **purpose fulfilled**.	포키 너의 목적이 달성된 느낌.
WOODY	Exactly.	우디 정확히 그런 느낌.
FORKY	Woody, I know what your problem is.	포키 우디, 네 문제가 뭔지 알 것 같아.
WOODY	You do?	우디 그래?
FORKY	You're just like me. Trash!	포키 너도 나랑 똑같아. 쓰레기야!
WOODY	**What is it with you and trash?**❷	우디 대체 넌 왜 그렇게 쓰레기에 집착하는 거야?
FORKY	It's warm.	포키 따뜻하거든.
WOODY	Ew.	우디 으으.
FORKY	It's **cozy**.	포키 아늑하고.
WOODY	I guess...	우디 그럴 수도 있겠네…
FORKY	And safe. Like somebody's whispering in your ear... everything's going to be okay.	포키 그리고 안전하지. 마치 누군가 네 귀에 속삭이는 듯 해… 모든 게 다 괜찮을 거야 라고.
WOODY	Forky! That's it! That's how Bonnie feels when she's with YOU.	우디 포키! 바로 그거야! 보니가 너랑 있을 때 바로 그런 감정을 느끼는 거라고.

---

grow up 성장하다, 철이 들다
go off (무엇을 하러) 자리를 뜨다
somehow 어떻게든, 왜 그런지, 왠지
useless 소용없는, 쓸모없는
purpose 목적
fulfill 실현하다, 성취하다
cozy 아늑한

❶ **Don't get me wrong.** 오해하지 말고 들어.
상대방이 나의 말을 듣고 오해할 수도 있을 것 같다는 생각이 들 때, 본론에 앞서 이 표현을 먼저 쓸 수 있어요.

❷ **What is it with you and trash?**
도대체 너는 왜 이렇게 쓰레기에 집착하는 거야?
〈What is it with + 명사 + and + 명사?〉은 어떤 두 대상의 관계가 도무지 납득이 되지 않을 경우에 '쟤들 둘은 대체 왜 저러는 거지?'와 같은 의미로 쓸 수 있는 패턴이에요.

FORKY	She does?	포키 그런 거야?
WOODY	Yes!	우디 그래!
FORKY	Wait a sec—	포키 잠시만—

Forky thinks. Jumps out of Woody's arms and faces him.

포키가 생각한다. 우디의 팔에서 뛰쳐나와 그를 마주한다.

FORKY	You mean she thinks I'm warm...?	포키 그러니까 그녀는 내가 따뜻하다고 생각하는 거야…?
WOODY	Yep.	우디 그렇지.
FORKY	...and cozy...?	포키 …그리고 아늑하고…?
WOODY	Uh-huh.	우디 당연하지.
FORKY	...and sometimes kinda **squishy**?	포키 …그리고 때때로 조금 질척질척하다고 느끼기도 하고?
WOODY	Mmmm... that too. Yes.	우디 음음…. 그래 그렇기도 하겠다. 맞아.

Forky's **entire** body **trembles** with **epiphany**...

깊은 영적인 깨달음으로 포키의 온몸이 전율한다…

FORKY	(gasp) I get it now. I'm Bonnie's trash.	포키 (헉 한다) 이제야 알겠어. 난 보니의 쓰레기인 거야.
WOODY	Yes – wait, what?	우디 그래 – 잠깐, 뭐라고?
FORKY	I AM Bonnie's trash!	포키 난 보니의 쓰레기야!
WOODY	No, no, no, not exactly...	우디 아니, 아니, 아냐. 그건 좀 아닌데…

Forky **runs in excited circles**.

포키가 흥분해서 빙빙 뛰며 돈다.

FORKY	Oh, she must be feeling **awful** without me. Woody, we **got to get going**, she needs me.	포키 오, 그녀는 지금 내가 없어서 기분이 끔찍할 거야. 우디, 우리 가야겠다. 그녀에겐 내가 필요해.

He **breaks away**, running ahead.

그가 우디를 떨쳐내고 앞장서서 뛰어간다.

WOODY	**(flabbergasted)**	우디 (어리둥절해진 표정)

---

squishy 〈비격식〉 질척질척한
entire 전체의, 온
tremble (몸을) 떨다, 떨리다
epiphany (어떤 사물이나 본질에 대한) 영적인/종교적인 경험, 직관, 통찰
runs in circles 원형으로 뱅뱅 쳇바퀴 돌 듯 뛰다
excited 신이 난, 들뜬, 흥분한
awful 끔찍한, 지독한
have got to get going 〈구어〉 가야만/출발해야만 한다
break away 달아나다, 이탈하다
flabbergast 〈구어〉 어리둥절하게 하다

Woody chase after him.

우디가 그를 뒤쫓는다.

FORKY Hey, Bonnie, **I'm coming!**[1]

포키 헤이, 보니, 내가 간다!

WOODY Whoa, whoa, Forky, **slow down**! Forky!

우디 워, 워, 포키, 좀 천천히 가! 포키!

FORKY Come on, Woody!

포키 좀 빨리 와, 우디!

Woody runs to **catch up**...

우디가 따라잡으려고 달린다…

FORKY Bonnie, I'm coming!

포키 보니, 내가 간다!

WOODY Forky!

우디 포키!

...**towards** the LIGHTS OF THE TOWN OF GRAND BASIN.

…거대한 분지 마을의 불빛을 향해.

---

slow down (속도, 진행을) 늦추다
catch up (먼저 간 사람을) 따라잡다/따라가다
toward ~을 향해

❶ **I'm coming.**
내가 간다.
'간다'라고 할 때 흔히 go/going으로 생각하기 쉬운데, come과 go는 특정 목표(사람) 기준으로 구분합니다. 지금처럼 '보니'가 있는 곳으로 이동할 때 come을 쓸 수 있죠.

Day 09

A Strange Encounter

이상한 만남

09.mp3

EXT. GRAND BASIN – MAIN STREET – DAWN
A **quaint turn-of-the-century**, **roadside** town. **Made up of** a few streets. A **banner** over the street advertising CARNIVAL DAYS. The entire town still asleep. Nothing moves, except... TWO SMALL TOYS. Woody and Forky **cautiously make their way** down the **sidewalk**, staying hidden. Woody spies the **illuminated** "RV PARK" SIGN, **poking** above the **one-story buildings**, one street over.

외부. 거대한 분지 – 중심가 – 동틀 무렵
고즈넉한 세기 전환기의 노변 마을. 길거리 단 몇 개로 구성된 마을. 거리 위로 축제를 알리는 현수막이 보인다. 마을 전체가 여전히 잠들어 있다. 움직이는 것은 아무것도 없다. 이들만 빼고… 작은 장난감 두 개. 우디와 포키가 조심스럽게 숨어서 인도를 걸어 내려가고 있다. 우디가 길 하나 너머에 있는 단층 건물들 위로 돌출되어 밝은 조명에 비친 "캠핑카 야영장" 표지판을 살핀다.

WOODY Forky, look. Bonnie's right over there.

우디 포키, 봐봐. 보니가 바로 저기에 있어.

FORKY (gasps) Hurry!

포키 (헉 한다) 빨리 가자!

WOODY (startled)

우디 (깜짝 놀란다)

Forky jumps down and starts running towards the RV park.

포키가 뛰어내려 캠핑카 야영장으로 달리기 시작한다.

WOODY (chuckles)

우디 (빙그레 웃는다)

Woody chases after him... then **stops short**, looking down at his feet. Soft points of light dot the ground around him. He turns. Looks up. In a **STOREFRONT WINDOW** he sees... BO PEEP'S LAMP. It GLOWS, the stars **shining out** from the shade. Woody walks toward it, **transfixed**.

우디가 그를 뒤쫓는다… 가다가 갑자기 멈추며 자기 발을 내려다본다. 은은하게 비치는 조명 빛들이 그의 주변 땅에 여기저기 흩어져 있다. 그가 돌아본다. 위를 본다. 가게의 진열창 안에서 그가 본 것은… 보핍의 램프. 전등 갓에서 빛나는 별빛들이 반짝인다. 우디가 얼이 빠진 듯 그쪽으로 걸어간다.

FORKY (running)

포키 (달리는 중)

Forky realizes Woody isn't with him.

포키가 우디가 함께 있지 않다는 것을 알아챈다.

FORKY Huh? Woody?

포키 허? 우디?

Woody at the window now.

우디가 창문 앞에 있다.

WOODY (to himself) Bo...?

우디 (혼잣말로) 보…?

---

quaint (매력 있게) 진기한, 예스러운
turn-of-the-century 세기의 전환기
roadside 길가, 노변
made up of ~로 구성된
banner 플래카드, 현수막
cautiously 조심스럽게
make one's way 나아가다, 가다
sidewalk 인도, (포장한) 보도
illuminate (~을 불/조명을) 비추다
poke 쿡 찌르다, 쑥 내밀다, 삐져나오다
one-story building 단층건물
startle 놀라게 하다
stop short (하던 일을) 갑자기 멈추다
storefront window 상점 진열창
shine out 확 비치다, 빛나다, 두드러지다
transfix (두려움으로) 얼어붙게 만들다

Forky catches up to him. Woody turns to look back at the RV park sign. He looks back to the lamp. Thinks. **Approaches** the door.

포키가 그의 뒤로 따라붙는다. 우디가 뒤돌아서 캠핑카 야영장 표지판을 본다. 그가 다시 램프를 본다. 생각한다. 문에 다가선다.

FORKY Woody?

포키 우디?

Forky follows Woody.

포키가 우디를 따라간다.

FORKY Aren't we—aren't we going to Bonnie?

포키 우리—우리 보니에게 가는 거 아니야?

Woody **peers** through the glass into the dark store.

우디가 유리창을 통해 어두운 가게 안을 들여다본다.

WOODY I know, I know, but my friend might be in there.

우디 알아, 알아, 그런데 내 친구가 저 안에 있는 것 같아.

FORKY Friend?

포키 친구?

Woody turns to Forky.

우디가 포키를 향해 돌아선다.

WOODY Uh? A friend... well, a friend is... Well, a friend is like you and me.

우디 어? 친구… 그러니까, 친구라는 건… 어, 친구는 너하고 나 사이 같은 거야.

FORKY Trash?

포키 쓰레기?

WOODY Tra–like... yes. And I'm very worried that she might be lost.

우디 쓰레-같은… 그래. 그런데 그녀가 길을 잃은 것일지도 몰라서 많이 걱정이 되네.

FORKY But Woody, Bonnie's right there.

포키 하지만 우디, 보니가 바로 저기에 있잖아.

Forky turns to leave. Woody **snatches him up**.

포키가 돌아서서 간다. 우디가 그를 와락 붙잡는다.

WOODY Yeah, w-we'll have you back before she wakes up. Come on.

우디 알았어, 그녀가 깨어나기 전에 너를 돌려놓아 줄게. 제발.

Clutching Forky, Woody climbs through the **mail slot**. The mail slot shuts behind them. PAN UP to show the store name **etched** on the door: SECOND CHANCE **ANTIQUES**.

포키를 움켜잡고, 우디가 우편물 투입구를 통해 올라간다. 우편물 투입구가 그들 뒤에서 닫힌다. 카메라가 위로 움직이며 문에 새겨진 가게 이름을 보여준다: 세컨드 찬스 골동품.

INT. ANTIQUE STORE – MORNING
The **cavernous** store is dark and **overwhelming**. Woody and Forky step into a **pool** of **lamplight**.

내부. 골동품 상점 – 오전
휑뎅그렁한 가게가 어둡고 압도하는 느낌이다. 우디와 포키가 램프 빛이 가득한 곳으로 들어선다.

---

approach 다가가다
peer 유심히 보다
snatch something up 낚아채다, 손에 넣다
mail slot 우편물 투입구
etch (유리, 금속 등에) 식각/에칭하다, 아로새기다
antique 골동품
cavernous (공간이) 동굴 같은, 휑뎅그렁한
overwhelming 압도적인, 너무도 강력한
pool (자연적으로 생긴) 웅덩이, 연못, 고인 곳
lamplight 등불, 램프불빛

WOODY (calling out) Bo?

우디 (외친다) 보?

FORKY Bo?

포키 보?

Silence. Woody leaning into the **window display** to look up at Bo's lamp.

정적. 우디가 보의 램프를 올려다보려고 진열창 안에 진열된 물건들 쪽으로 몸을 기울인다.

WOODY (hushed) Bo?

우디 (소리를 낮춰) 보?

Forky pops in after him.

포키가 그의 뒤로 불쑥 나타난다.

FORKY Bo?

포키 보?

CUT TO Woody **venturing** deeper into the store, Forky **waddling** behind him.

우디가 가게 안으로 깊숙이 위험을 무릅쓰고 들어가고, 포키가 그 뒤로 뒤뚱뒤뚱 따라간다.

WOODY Bo?

우디 보?

FORKY Bo?

포키 보?

WOODY Bo?

우디 보?

FORKY Bo, bo, bo, bo, bo, bo, bo, bo, bo, bo, bo, bo, bo...

포키 보, 보, 보, 보, 보, 보, 보, 보, 보, 보, 보, 보, 보…

WOODY Bo?

우디 보?

FORKY Bo?

포키 보?

BACK AT **FLOOR LEVEL**.

다시 바닥층.

FORKY Bo-bo-bo-bo-bo-bo! Can we go back to Bonnie now? I don't see your friend.

포키 보-보-보-보-보-보! 이제 다시 보니한테 가도 될까? 네 친구 안 보이잖아.

Defeated, Woody **comes to a stop**.

낙담한 우디가 멈춰 선다.

WOODY Yeah, okay... she's not in here. Come on, let's go.

우디 그래, 알았어… 그녀는 여기 없나봐. 자, 이제 가자.

---

silence 정적, 침묵
window display (상점의) 창 진열
venture (위험을 무릅쓰고 모험하듯) 가다
waddle (오리처럼) 뒤뚱뒤뚱 걷다
floor level 바닥
defeat 패배시키다, 물리치다, 무산/좌절시키다
come to a stop 서다, 멈추다, 끝나다

But as Woody turns to go back... the sound of **SQUEAKY** WHEELS. He motions for Forky to be quiet. Up ahead, a TOY **PRAM**. It's coming towards them!

하지만 우디가 돌아서서 가려고 할 때… 끼익 하는 바퀴 소리. 그가 포키에게 조용히 하라는 제스처를 취한다. 그 앞쪽에 장난감 유모차. 그들을 향해 다가온다!

WOODY (gasp)

우디 (헉 한다)

FORKY (being grabbed)

포키 (붙잡힌다)

Woody pulls Forky behind a **cluster** of glass vases. They watch through the glass as AROUND THE CORNER appears... A **lumbering figure** in a **suit** pushing a pram. As it **passes by**-

우디가 유리 꽃병들 뒤로 포키를 잡아당긴다. 그들이 유리 사이로 지켜보는데 구석 쪽에서 뭔가가 나타난다… 양복을 입고 느릿느릿 움직이며 유모차를 밀고 있는 형상. 그것이 옆으로 지나고--

FORKY Is that Bo?

포키 저게 보야?

Woody **claps his hand over** Forky's mouth, but it's too late. The figure stops the **carriage**. Its head **reflected** in **triplicate** though the glass as it spins 180 degrees to **STARE STRAIGHT AT** THEM. A **VENTRILOQUIST DUMMY**.

우디가 그의 손으로 포키의 입을 철싹 때리며 막는데, 이미 너무 늦었다. 그 형상이 유모차를 멈춘다. 그가 그들을 똑바로 보려고 180도 회전하는데 그의 머리가 유리에 비쳐 3중으로 보인다. 복화술사 인형이다.

FORKY (scream)

포키 (비명)

WOODY (gasp)

우디 (헉 한다)

Caught, Woody and Forky exit from behind the glass.

들켰다. 우디와 포키가 유리 뒤에서 나온다.

WOODY Uh... hey, howdy, hey there. Sorry to **bother** you, but–

우디 어… 거기, 안녕, 이봐. 귀찮게 해서 미안해, 그런데-

GABBY GABBY (O.S.) (happy chuckle) Why, you're not a bother at all.

개비개비 (화면 밖) (행복한 표정으로 빙그레 웃는다) 오, 전혀 귀찮지 않아.

Inside that carriage, A BABY DOLL (GABBY GABBY) sits up. She smiles.

유모차 안에서, 아기 인형(개비개비)이 일어나 앉는다. 그녀가 미소 짓는다.

GABBY GABBY We were just out for my early morning **stroll**, – and look – (happy laugh) – we met you! My name is Gabby Gabby. And this is my very good friend Benson.

개비개비 우린 이른 아침 산책하러 나오는 길이야. - 그런데 봐 - (행복한 웃음) - 너희들을 만났네! 내 이름은 개비개비야. 이쪽은 나의 절친 벤슨이고.

---

squeaky 끼익/깩/찍 하는 소리가 나는
pram 유모차
cluster 무리, 송이, 집단
lumber (육중한 덩치로) 느릿느릿 움직이다
figure 인물, 사람, 모습
suit 정장
pass by 옆을 지나다, 지나치다
clap one's hand over 손을 ~위에 가져다 대다
carriage 마차, 객차
reflect (거울, 물, 유리 위에 상을) 비추다, 반사하다
triplicate 3중의
stare straight at ~을 똑바로 응시하다
ventriloquist 복화술사
dummy (의류, 제작전시용) 인체 모형, 마네킹, 인형
bother 괴롭히다, 귀찮게 하다, 성가심
stroll 거닐기, 산책

Benson turns, gives a **creepy** dummy smile.

벤슨이 돌아서며, 으스스한 인형 미소를 짓는다.

WOODY Oh, uh. Woody. Pleasure to meet you.

우디 오, 어. 난 우디야. 만나서 반가워.

GABBY GABBY Well, it's nice to meet you, Woody. And you are...?

개비개비 만나서 반가워, 우디. 그리고 너는…?

WOODY This is Forky.

우디 얘는 포키야.

FORKY I'm trash.

포키 난 쓰레기지.

WOODY Ah— our kid made him.

우디 아— 우리 아이가 얘를 만들었어.

GABBY GABBY Kid? Toys around here don't have kids. Are you two... lost?

개비개비 아이? 이 부근의 장난감들에겐 아이들이 없는데. 너희들… 길을 잃었니?

As Woody speaks, a **glimpse** of Woody's pull-string ring reflected in a silver tray behind him **catches Gabby's eye**.

우디가 말을 하려는데, 우디의 뒤에 있는 은쟁반에 비친 우디의 풀스트링이 개비의 눈에 띈다.

WOODY (chuckles) Lost? No, no, but we are looking for a lost toy. She's a **figurine**? Used to be on that lamp in the window? Name's Bo Peep?

우디 (싱긋 웃는다) 길을 잃었냐고? 아니, 그건 아니고 우린 실종된 장난감을 찾고 있는 중이야. 그녀는 작은 조각상인데? 예전에는 저기 창문에 있는 램프 위에 있었거든? 이름이 보핍이라고 하는데?

Gabby suddenly **perks up** again.

개비가 갑자기 다시 활기를 띤다.

GABBY GABBY Bo Peep?! Oh. Yes. I know Bo.

개비개비 보핍?! 오. 그래. 내가 보를 알지.

WOODY You do?

우디 그래?

GABBY GABBY Hop on in. We'll take you to her.

개비개비 올라타. 우리가 그녀에게 데려다줄게.

Woody **scoops up** Forky, moving to leave—

우디가 포키를 주워 담은 후, 나가려고 한다—

WOODY **Oh, um, you don't have to do that—**❶

우디 오, 음, 안 그래도 되는데—

–But Benson scoops them both up–

–하지만 벤슨이 그들 둘을 퍼 올린다–

---

creepy 오싹하게 하는, 으스스한
glimpse 잠깐/언뜻 봄, 일별
catch one's eye 눈길을 끌다/모으다
figurine (장식용) 작은 조각상
perk up 기운을 차리다, 생기가 돌다
scoop up 퍼/떠 올리다

❶ **Oh, you don't have to do that.**
오, 그렇게까지 할 필요 없어.
상대방이 나에게 호의를 베풀 때 '굳이 그렇게까지 안 해도 되는데'라는 의미로 사양하는 듯한 제스처를 취하며 쓰는 표현이에요. 상대방에게 선물을 받을 때 don't를 과거형으로 써서 You didn't have to do that. '이런 건 안 가져와도 되는데'라는 뜻으로 쓰기도 하죠.

WOODY –ah, well. Okay.

우디 –아, 글쎄. 좋아.

–And **unceremoniously dump** them into the pram.

–그리고 인정사정없이 그들을 유모차 안으로 던져버린다.

GABBY GABBY Benson, be careful with our new friends.

개비개비 벤슨, 우리 새 친구들을 조심하게 다뤄야지.

Benson pushes and they start strolling. Woody looks over to a **nearby Victrola**. When did that begin to play?

벤슨이 밀자 그들이 거닐기 시작한다. 우디가 근처에 있는 축음기를 본다. 저건 언제부터 켜진 거지?

FORKY Wow, what service!

포키 우와, 서비스 좋네!

WOODY (**uncomfortable**) Uh. Thank you for your help, **I haven't seen Bo in years–**❶

우디 (불편해하며) 어. 도와줘서 고마워. 보를 정말 오랫동안 못 만났거든 –

바로 이 장면!*

GABBY GABBY May I ask, when were you made?

개비개비 네가 만들어진 게 언제인지 물어봐도 될까?

WOODY Me? Oh, I'm not sure. **Late fifties?**

우디 나? 오, 글쎄 확실하진 않은데. 아마 50년대 후반쯤?

GABBY GABBY (gasps) Me too! Gee, I wonder if we were made in the same factory. **Wouldn't that be something?**❷ I gotta say, you are in great condition.

개비개비 (헉 한다) 나도 그런데! 이런, 우리 혹시 같은 공장에서 만들어진 거 아냐. 그러면 정말 진기한 일이지 않나? 너 근데, 상태가 정말 좋구나.

WOODY Well... I try to stay active.

우디 뭐… 내가 항상 활동적으로 살려고 노력을 하니까.

Behind Woody, Benson reaches for his pullstring ring... Woody **senses** something is happening behind him and turns.

우디 뒤에서, 벤슨이 그의 풀스트링 고리 쪽으로 손을 뻗는다… 우디가 그의 뒤에서 뭔가가 느껴져서 뒤를 돌아본다.

GABBY GABBY And look at that, you have a voicebox like me. Benson, show him.

개비개비 이것 좀 봐, 너도 나처럼 소리 상자가 있구나. 벤슨, 그에게 보여줘.

Benson stops the carriage.

벤슨이 유모차를 멈춘다.

WOODY Oh, that's really not **necessary**...

우디 오, 진짜 그럴 필요까지는 없는데…

---

unceremoniously 〈격식〉 예의고 뭐고 없이
dump 버리다, (아무렇게나) 내려놓다
nearby 인근의, 가까운 곳의
Victrola 빅터 축음기 (상표명)
uncomfortable 불편한, 언짢은, 불쾌한
late fifties 50년대 후반
sense 감지하다, 느끼다
necessary 꼭 필요한, 불가피한

❶ **I haven't seen Bo in years.**
보를 못 본지 몇 년은 됐다.
〈주어 + haven't/hasn't + 과거분사 + 목적어 + in + 기간〉은 무엇을 아주 오랫동안 못했거나, 누군가를 긴 세월 동안 못 만났을 때 쓰는 패턴이에요.

❷ **Wouldn't that be something?**
뭔가 특별할 일이 되지 않겠니?
something '무엇'이 something special '뭔가 특별한 것'의 의미로 쓰인 문장이에요.

Benson reaches behind Gabby to take her voicebox out of her back **compartment**. Gabby pulls the pullstring.

벤슨이 개비의 등쪽 공간에서 소리 상자를 꺼내려고 개비 뒤로 손을 뻗는다. 개비가 풀스트링을 잡아당긴다.

GABBY GABBY VOICEBOX (**distorted**) I'm Gabby Gabby and I love you...

개비개비 소리 상자 (일그러진 소리) 난 개비개비야. 사랑해...

FORKY Wow, you need to **fix** that.

포키 우와, 너 그거 고쳐야겠다.

Benson starts pushing the carriage again. Gabby opens the voicebox and holds up the record.

벤슨이 다시 유모차를 밀기 시작한다. 개비가 소리 상자를 열고 녹음기를 들어올린다.

GABBY GABBY My record works just fine. It's the voicebox that's broken. Does yours still work?

개비개비 내 녹음기는 문제없어. 고장이 난 건 소리 상자야. 네 건 여전히 잘되니?

Before Woody can answer, Benson pulls his string.

우디가 대답하기도 전에 벤슨이 그의 끈을 당긴다.

WOODY Hey!

우디 야!

WOODY VOICEBOX There's a snake in my boot!

우디 소리 상자 내 부츠 속에 뱀이 들어 있다!

GABBY GABBY Listen to that! Let's see it. I **bet** it's the same type.

개비개비 오호 소리 멋진데! 좀 보자. 분명히 같은 종류일 거야.

WOODY No-No thanks, mine's **sewn** inside, is Bo around here? Because we need–

우디 아-아니 괜찮아. 내 건 안쪽에서 꿰맨 거라서. 보는 이 근처에 있나? 왜냐하면 우리가 좀 –

A **grandfather clock** starts to **chime**.

대형 괘종시계가 울리기 시작한다.

GABBY GABBY Oh! The store **is about to** open. Don't worry, we'll take you where no one will see us.

개비개비 오! 이제 곧 가게 영업 시작할 시간이네. 걱정 마. 아무도 우릴 찾을 수 없는 곳으로 데려갈 테니까.

WOODY Oh, no. We can't stay.

우디 오, 아냐. 우리 여기 계속 있을 수는 없어.

GABBY GABBY (giggle) Yes, you can!

개비개비 (낄낄거린다) 아냐, 그럴 수 있지!

---

compartment (가구 등의 물건 보관용) 칸, 사물함
distorted 비뚤어진, 왜곡된, 기형의
fix 고치다
bet ~이 틀림없다/분명하다
No thanks! (상대방의 제안, 호의를 거절할 때) 아니에요, 괜찮아요.
sewn 바느질한 (sew '바느질하다'의 과거분사)
grandfather clock 대형 괘종시계
chime (종이나 시계가) 울리다
be about to 막 ~하려는 참이다

DISNEY · PIXAR
TOY
STORY
4

Day 10

There's Only One Forky!

세상에 포키는 단 하나뿐이야!

10.mp3

A second dummy **emerges** from shadows to walk **alongside** the pram next to Woody. **A third** steps up beside Forky **on the other side**. **A forth** emerges to walk in front. **Surrounded** on all sides.

우디 옆에 서서 유모차와 나란히 걸으려고 그림자 속에서 두 번째 인형이 나타난다. 반대편에는 포키 옆에 세 번째 인형이 다가선다. 네 번째가 나타나서 앞장서서 걷는다. 모든 방향으로 둘러싸인다.

FORKY (scared)

포키 (무서워한다)

WOODY (to Forky, **under his breath**) We gotta go.

우디 (포키에게, 소곤소곤 낮은 목소리로) 우리 가봐야 해.

GABBY GABBY You can't leave yet. You have what I need.

개비개비 넌 아직 갈 수 없어. 내게 필요한 것이 너에게 있으니까.

She leans forward...

그녀가 앞쪽으로 몸을 숙인다…

GABBY GABBY Right... inside... there.

개비개비 바로… 안쪽… 거기에.

...and points to Woody's chest. The front door CHIMES.

…그리고 우디의 가슴을 가리킨다. 정문에서 벨이 울린다.

GABBY GABBY (gasp)

개비개비 (헉 한다)

The STORE OWNER (MARGARET) is coming in the front door. Her DAUGHTER (CAROL) and GRANDDAUGHTER (HARMONY) enter with her.

가게 주인(마가렛)이 정문으로 들어오고 있다. 그녀의 딸(캐롤)과 손녀(하모니)가 그녀와 함께 들어온다.

CAROL **You're kidding me.**[1]

캐롤 말도 안 돼.

HARMONY Mom, can we go to the park now?

하모니 엄마, 지금 공원에 가도 돼요?

Gabby's eyes light up.

개비의 눈에서 불빛이 번쩍인다.

GABBY GABBY (to self) Harmony!

개비개비 (혼잣말로) 하모니!

Woody grabs Forky, leaps out of the pram, and runs.

우디가 포키를 움켜잡고, 유모차에서 뛰쳐나와 달린다.

---

emerge 나오다, 등장하다
alongside 옆에, 나란히
a third 삼분의 일, 1/3
on the other side 다른 쪽에서, 건너편에
a fourth 사분의 일, 1/4
surround 둘러싸다, 에워싸다
under one's breath 소곤소곤, 낮은 목소리로

1 You're kidding me!
말도 안 돼!
상대방의 말이 마치 자신을 놀리기 위해 하는 말인 것처럼 터무니없게 들릴 때 '설마!', '말도 안 돼!', '장난하지 마!'와 같은 의미로 쓰는 표현이에요. 비슷한 상황에서 No way! 라는 표현도 많이 쓴답니다.

FORKY (**yanked out of** pram)
포키 (유모차에서 홱 잡아당겨진다)

WOODY (grabbing effort)
우디 (움켜잡으려고 힘씀)

GABBY GABBY Stop him please.
개비개비 그를 멈추게 해.

The dummies **give chase**.
인형들이 추격한다.

WOODY (breathing)
우디 (거친 숨을 쉰다)

Scrambling up a **stack** of **crates**, Woody **wedges** his foot in between the **keys** of an old **typewriter**.
상자 더미 위로 허둥지둥 올라가면서, 우디의 발이 낡은 타자기 키 사이에 끼인다.

WOODY (breathing) (stuck) (struggling)
우디 (거친 숨을 쉬며) (빠져나갈 수가 없다) (발버둥친다)

Freeing himself just as the Dummies **close in**, Woody falls with Forky to the floor in the space between a dresser and a wall.
인형들이 가까이 다가설 때 겨우 빠져나와, 우디가 포키와 함께 서랍장과 벽 사이의 공간 바닥에 떨어진다.

WOODY (**yelp**) (impact)
우디 (비명을 지른다) (충격)

Woody gets to his feet. Clutching Forky, he **squeezes** forward through the **narrow passage**.
우디가 일어선다. 포키를 움켜잡고, 그가 좁은 통로를 통해 앞쪽으로 억지로 뚫고 나간다.

FORKY (scared) What's going on?
포키 (무서워하며) 무슨 일이야?

The **opening** ends at a tall stack of magazines. Woody looks back–
통로가 잡지가 높이 쌓여있는 곳에서 끝난다. 우디가 뒤를 돌아본다 –

FORKY (**panting**)
포키 (헐떡거리며)

–The dummies are close behind them.
– 인형들이 그들 뒤로 가깝게 다가섰다.

WOODY (scared)
우디 (무서워하며)

FORKY Come on–
포키 왜 이래 –

WOODY (breathing)
우디 (거친 숨을 쉰다)

---

yanked out of ~에서 끌어내다
give chase 뒤쫓기/추격을 시작하다
scramble 재빨리 움직이다, 앞다투다
stack 무더기, 더미
crate (운송용 대형 나무) 상자
wedge (좁은 틈 사이) 끼워 넣다, 밀어 넣다
key 열쇠, 건반
typewriter 타자기

free 자유롭게 하다, (걸린 데서) 빼내다
close in (공격하기 위해) ~에로 접근하다
yelp 깍/꽥하고 비명을 내지르다
squeeze 짜다, 쥐어짜다, 바짝 붙다
narrow passage 좁은 통로, 골목
opening 구멍, 틈, 시작 부분
pant 숨을 헐떡이다

FORKY He's coming, he's coming, I see him, I see him, I see him—

포키 그가 온다, 그가 온다, 그야, 그가 보여, 그가 보여, 그가 보인다고–

The magazines **topple** as Woody struggles to **scale** them, sending him, **sliding across the floor**. The dummies **spill out** after him.

우디가 잡지들을 타고 오르려고 발버둥치는데 잡지들이 넘어지며 쏟아지고 그가 바닥에 미끄러진다. 인형들이 그의 뒤로 쏟아진다.

WOODY (scared)

우디 (무서워하며)

Woody grabs Forky's hand and starts running again.

우디가 포키의 손을 잡고 다시 뛰기 시작한다.

WOODY (breathing) Forky, we got to get out of—

우디 (거친 숨을 쉬며) 포키, 우린 여길 빠져나가야만—

Woody realizes he only has Forky's pipecleaner arms in his hand. Looking back, he sees the Dummies closing in. The rest of Forky in Benson's grasp.

자기 손에 포키의 파이프클리너 팔들만 있다는 것을 우디가 알아차린다. 뒤를 돌아보니 인형들이 점점 가깝게 다가오고 있는 것이 보인다. 포키의 나머지 부분은 벤슨의 손에 잡혀있다.

FORKY Woody!

포키 우디!

As Woody runs, he spots Harmony nearby.

우디가 뛰다가, 근처에 있는 하모니를 발견한다.

WOODY (breathing)

우디 (거친 숨을 쉬며)

One of the dummies gets close enough to Woody to **grab hold of** Forky's arms- Woody FALLS as the dummy **wrenches** the pipe cleaner from his **grasp**.

인형 중 하나가 포키의 팔을 잡을 수 있을 정도로 가까운 거리까지 왔다– 인형이 우디가 잡고 있던 파이프클리너를 비틀자 우디가 넘어진다.

WOODY (falling)

우디 (넘어지며)

Woody looks up from the floor. The Dummies are nearly upon him. He **has no other option**. He pulls his string and **goes limp**.

우디가 바닥에서 위를 올려다본다. 인형들이 거의 그를 덮치기 일보 직전이다. 그에게 다른 선택의 여지가 없다. 그가 자기의 끈을 당기고 축 늘어진다.

WOODY VOICEBOX I'd like to join your **posse** boys, first I'm gonna sing a little song.

우디 소리 상자 나도 추격대가 되고 싶다, 그 전에 내 노래 먼저 들어 봐.

Harmony stops. She turns to see Woody in a **heap** on the floor. Harmony bends to pick him up. AT THE FRONT DESK. Harmony runs to Margaret, Woody **aloft** in her hand.

하모니가 멈춘다. 그녀가 돌아서서 바닥 더미 속에 있는 우디를 본다. 하모니가 몸을 숙여 그를 집으려고 한다. 안내 데스크에서. 하모니가 자기 손에 우디를 치켜들고 마가렛을 향해 달려간다.

---

topple 넘어지다, 무너지다
scale (아주 높고 가파른 곳을) 오르다
sliding 미끄러짐, 이동
across the floor 바닥을 가로질러
spill out 넘쳐흐르다, (군중이) 쏟아져 나오다
grab hold of ~을 갑자기 움켜잡다
wrench 확 비틀다, 떼어내다
grasp 꽉 쥐기, 움켜잡기
have no other option 선택의 여지가 없다
go limp 축 늘어지다
posse 무리, 패거리
heap (아무렇게나 쌓아놓은) 더미/무더기
aloft 〈격식〉 하늘 높이, 위로 높이

HARMONY	**Granma**, look what I found. Can I take it to the park?	하모니 할머니, 내가 발견한 걸 좀 보세요. 이거 공원에 가지고 가도 돼요?
MARGARET	Sure.	마가렛 물론이지.
CAROL	Mom, she has **enough** toys from the store.	캐롤 엄마, 그녀에겐 가게에 있는 장난감만 해도 엄청 많아요.
MARGARET	Oh, it's fine. Nobody buys the toys anyways.	마가렛 오, 괜찮아. 어차피 장난감 사는 사람도 없는데 뭘.
HARMONY	(laughs) Thanks, Grandma!	하모니 (웃는다) 고마워요, 할머니!

Margaret waves goodbye as Carol and Harmony leave the store.

캐롤과 하모니가 가게에서 나갈 때 마가렛이 손을 흔들며 인사를 한다.

EXT. ANTIQUE STORE – DAY
Harmony and Carol walk past the store. Clutching Woody close, Harmony pulls his pullstring.

외부. 골동품 상점 – 낮
하모니와 캐롤이 가게 옆을 지나며 걸어간다. 우디를 가까이 움켜잡고 하모니가 그의 풀스트링을 잡아당긴다.

WOODY VOICEBOX	YEE-HA!	우디 소리 상자 이-하!
HARMONY	Mom, can we go to the **carnival**?	하모니 엄마, 축제에 가도 돼요?

Woody **watches from over** Harmony's **shoulder** as...

우디가 하모니의 어깨너머로 지켜보는데…

CAROL	(laughing) We're going to the park. Maybe later, **sweetie**.	캐롤 (웃는다) 우린 공원에 갈 거야. 축제엔 봐서 나중에 가자, 아가야.

EXT. RV PARK – MORNING
The RV **is set up**. **Awning** open. Mom and Dad sit outside having their morning coffee. Birds **chirp**.

외부. 캠핑카 야영장 – 오전
캠핑카가 설치되었다. 차양이 펼쳐졌다. 엄마와 아빠가 모닝커피를 마시며 밖에 앉아있다. 새가 지저귄다.

INT. RV – MORNING
The toys sit on the back bed.

내부. 캠핑카 – 오전
장난감들이 뒤편의 침대에 놓여있다.

SLINKY DOG	(to Rex) Any sign of Woody?	슬링키 독 (렉스에게) 우디가 나타날 낌새라도 보이나?
REX	(too loud) I don't see him!	렉스 (아주 큰소리로) 전혀 안 보여!

---

granma 할머니의 비격식적 표기법 (= grandmother, grandma)
enough 충분히
carnival 축제, 카니발
look(watch) over one's shoulder 어깨너머로 보다
sweetie 아가 (애정을 담아 부르는 호칭)
be set up (기계, 장치가) 설치되다, 마련되다
awning 차양, 비/해 가리개
chirp (작은 새나 곤충이) 짹짹/찍찍거리다

MRS. POTATO HEAD Shhhhh!

포테토 부인 쉬이이이!

The toys peek out from the back bed to see Bonnie sleeping. Bonnie moves.

장난감들이 뒤편 침대에서 보니가 자는 모습을 확인하려고 훔쳐본다. 보니가 움직인다.

BONNIE (sleeping)

보니 (자는 중)

Bonnie stops rolls over to **reveal** that she sleeps with a spoon in her hand.

보니가 뒤척임을 멈추자 그녀의 손에 숟가락을 들고 자는 모습이 보인다.

JESSIE Maybe we should have gone with a fork.

제시 어쩌면 포크를 가지고 가는 게 나을 뻔했나 봐.

BUZZ The spoon is safer.

버즈 숟가락이 더 안전해.

BONNIE (waking)

보니 (잠에서 깬다)

BUZZ & JESSIE (gasp)

버즈 & 제시 (헉 한다)

Jessie and Buzz drop into toy mode with the rest of the gang. Her eyes **flutter** open, she sits up. Smiling, she holds up her hands to see a spoon where Forky should be.

제시와 버즈가 나머지 장난감과 함께 장난감 모드로 돌아간다. 보니의 눈이 깜박하며 떠지고, 일어나 앉는다. 그녀가 미소를 지으며 손을 드는데 포키가 있어야 할 자리에 숟가락이 있다.

바로 이 장면!*

BONNIE (gasp) Forky? Where's Forky?!

보니 (헉 한다) 포키? 포키 어디 있지?!

Searching all over the bed. Bonnie **yells out**.

침대 위를 샅샅이 살핀다. 보니가 소리를 지른다.

BONNIE (quietly **whimpering**) Mom! Dad!

보니 (조용히 훌쩍거리며) 엄마! 아빠!

Her **parents** enter.

그녀의 부모님이 들어온다.

BONNIE'S DAD What's wrong, honey?

보니 아빠 왜 그러니, 얘야?

BONNIE'S MOM Are you okay?

보니 엄마 괜찮니?

BONNIE (**in distress**) I can't find Forky! He's **missing**!

보니 (심란해하며) 포키를 찾을 수가 없어요! 그가 없어졌어요!

---

reveal 나타나다
flutter (빠르고 가볍게) 흔들리다/펄럭이다/떨다
yell out 고함을 치다, 큰소리를 지르다
whimper 훌쩍이다, 훌쩍이며 말하다
parents 부모
in distress 괴로워서, 고난 속에 있는, 도움이 필요한
missing 실종된

Mom **comforts** crying Bonnie as Dad searches.

아빠가 찾는 동안 엄마가 울고 있는 보니를 위로한다.

BONNIE'S MOM Bonnie, it'll be alright. I'm sure he's here somewhere.

보니 엄마 보니, 괜찮을 거야. 분명히 여기 어딘가에 있을 거야.

Buzz and Jessie **exchange a worried look**.

버즈와 제시가 걱정된 표정으로 서로를 바라본다.

BONNIE'S MOM (trying to be **positive**) You know if we don't find him, you can make a new one...

보니 엄마 (긍정적으로 말하려고 애쓰며) 그를 못 찾으면 새로운 애를 만들면 되잖니…

BONNIE No. There's only one Forky.

보니 안 돼요. 세상에 포키는 하나밖에 없다고요.

BONNIE'S DAD Uh... let's go look outside, maybe he... he fell on the ground somewhere...?

보니 아빠 어… 밖으로 나가서 찾아보자. 어쩌면 그가… 바닥 어딘가 떨어졌으려나…?

BONNIE (whimpering)

보니 (훌쩍거린다)

Bonnie and the parents leave. Door **shuts**.

보니와 부모님이 나간다. 문이 닫힌다.

---

comfort 위로하다
exchange a worried look 서로 걱정하는 표정으로 바라보다
positive 긍정적인, 낙관적인
shut 닫다, 닫히다

Day 11

Listening to the Inner Voice

내면의 소리에 귀 기울이기

11.mp3

On the back bed, the toys whisper to each other. Buzz leaps up and runs to the window.

차 뒤쪽 침대에서 장난감들이 서로서로 소곤거린다. 버즈가 뛰어올라 창문으로 달려간다.

DOLLY Aw. Poor Bonnie.

돌리 아. 불쌍한 보니.

BONNIE'S MOM (O.S.) We're gonna find him, okay?

보니 엄마 (화면 밖) 그를 꼭 찾을 거야. 알겠지?

BONNIE (O.S.) We have to find him mom! He needs me.

보니 (화면 밖) 엄마 그를 꼭 찾아야만 해요! 그에겐 내가 필요해요.

BUZZ Woody was right. We all should have been **safeguarding** the **utensil**.

버즈 우디 말이 맞았어. 우리가 모두 그 포크를 보호했어야 했어.

TRIXIE Why isn't Woody back yet?

트릭시 우디가 왜 아직 돌아오지 않은 거지?

REX Oh, do you think he's lost?!

렉스 오, 그가 길을 잃은 것 같니?!

BUTTERCUP Buzz, what do we do?

버터컵 버즈, 이제 어쩌지?

TRIXIE What do we do, Buzz?

트릭시 우리가 어떻게 해야 해, 버즈?

Buzz's mind is **scrambling** to **come up with** an answer.

답을 내놓으려고 하다가 버즈의 머리가 뒤죽박죽된다.

BUZZ (**stammering**) Uh–

버즈 (말을 더듬으며) 어–

TRIXIE Buzz- what do we do?

트릭시 버즈– 어떻게 해야 해?

BUZZ Oh, uh–

버즈 오, 어–

TRIXIE What do we do, Buzz?

트릭시 우리가 뭘 해야 하냐고, 버즈?

BUZZ Uh–

버즈 어–

---

safeguard (분실, 손상 등에 대비하여) 보호하다
utensil 수저, (가정에서 사용하는) 기구/도구/연장
scramble 허둥지둥/간신히 해내다, (생각 등을) 뒤죽박죽으로 만들다
come up with (해답, 돈 등을) 찾아내다/내놓다, ~을 생각해내다
stammer 말을 더듬다, 말 더듬기

TRIXIE (O.S.) What do we do, Buzz? Buzz–Buzzz–

트릭시 (화면 밖) 우리가 뭘 해야 하지, 버즈? 버즈-버즈즈-

REX What would Woody do?

렉스 우디라면 어떻게 했을까?

HAMM (under his breath) Jump out of a moving **vehicle.**

햄 (작은 목소리로) 움직이는 차에서 뛰어내렸을 거야.

BUZZ (to himself) What would Woody do?

버즈 (혼잣말로) 우디라면 어떻게 했을까?

While Buzz thinks the toys go into PANIC WALLA. ON BUZZ. He gets an idea. Looks down to his chest. Turns away from the toys, and pushes his button.

버즈가 생각하는 동안 장난감들이 공황에 빠져 웅얼거린다. 버즈의 모습. 그에게 생각이 떠올랐다. 그의 가슴을 내려다본다. 장난감들에게서 멀어져서, 그의 버튼을 누른다.

BUZZ VOICEBOX "It's a secret mission in **uncharted** space. Let's go!"

버즈 소리 상자 "미지의 우주 공간에서의 비밀 임무다. 가자!"

Buzz turns back to the toys. They **expectantly look to** him. Beat.

버즈가 다시 장난감들에게로 돌아선다. 그들이 기대하는 표정으로 그를 본다. 잠시 정적.

BUZZ (**unsure**) I think... I have... to go.

버즈 (자신 없는) 내 생각엔… 내가 가야만… 할 것 같아.

The toys panic.

장난감들이 겁에 질려 어쩔 줄 몰라 한다.

REX Where?!

렉스 어디로?!

SLINKY DOG Where you goin'? Why?

슬링키 독 어디로 갈 건데? 왜?

TRIXIE Should we all go? Are we going?

트릭시 우리도 다 같이 가야 하나? 우리도 가는 거야?

He turns away and pushes his button again.

그가 돌아서서 그의 버튼을 다시 한 번 누른다.

BUZZ VOICEBOX "**No time to explain!**[1] **Attack!**"

버즈 소리 상자 "설명할 시간이 없다! 공격하라!"

Buzz spins back to the toys.

버즈가 다시 장난감들을 향해 휙 돈다.

BUZZ No time to explain!

버즈 설명할 시간이 없어!

And with that, Buzz dives out of the RV window. The TOYS ALL GASP. Left **in a state of confusion**.

그 말을 한 후, 버즈가 캠핑카 창문 밖으로 뛰어내린다. 장난감들이 모두 헉 하고 놀란다. 혼란상태에 빠진다.

---

vehicle 차량, 탈 것, 운송수단
uncharted 미지의
expectantly (좋거나 신나는 일을) 기대하며
look to ~에 기대를 걸다
unsure 확신하지 못하는, 의심스러워하는
attack 공격
in a state of confusion 혼란/당혹 상태에 있는

❶ No time to explain!
설명할 시간 없어!
There is를 앞에 붙여 표현할 수도 있지만, 위 문장처럼 바로 No time~ 으로 말하는게 간단명료하죠. explain 외에 lose, waste 등의 다양한 동사를 넣어 활용할 수 있어요.

바로 이 장면!*

JESSIE	(gasp) Buzz!	제시 (헉 한다) 버즈!
DOLLY	Okay. What is with everyone jumping out the window?	돌리 참 내. 대체 왜 다들 창문 밖으로 뛰어내리는 거야?

EXT. RV PARK
Buzz races through the RV park grounds, **keeping low**. He leaps over the legs of a picnic table. He **darts** into a trashcan **shelter**, stops to think.

외부. 캠핑카 야영장
버즈가 낮은 자세로 캠핑카 야영장을 질주한다. 그가 피크닉 탁자의 다리들을 뛰어넘는다. 그가 쓰레기통 보관소로 쏜살같이 달려간다. 멈춰서 생각한다.

BUZZ	Woody and Forky **were last seen** on the highway... but where is the highway?	버즈 우디와 포키를 마지막으로 본 건 고속도로였어… 그런데 고속도로는 어디에 있지?

He presses his voice button.

그가 목소리 버튼을 누른다.

BUZZ VOICEBOX	"The **slingshot maneuver** is all we've got! **Full speed** ahead!"	버즈 소리 상자 "우리가 할 수 있는 것은 새총 작전뿐이다! 전속력으로 전진!"

He looks ahead. Sees he's **at the edge of** the carnival where a **ride** spins and **dips**.

그가 앞을 본다. 자신이 놀이기구가 빙빙 돌다가 떨어지다가 하는 축제의 한 쪽 모퉁이에 온 것을 알게 된다.

BUZZ	(to himself) Thanks inner voice.	버즈 (혼잣말로) 고마워 내면의 목소리.

He **charges** towards it, under the **barricade**, and grabs onto the bottom of the spinning ride. Then, lifting him high into the air, where he can now see...

그가 그것을 향해 돌진하다가, 바리케이드 밑에서 회전하는 놀이기구의 바닥을 붙잡는다. 그러다가 그가 공중 위로 높이 들려지고 뭔가가 보인다…

BUZZ	(to self) The highway!	버즈 (혼잣말로) 고속도로다!

Determination on his face.

결연한 표정.

BUZZ	On my way, Woody!	버즈 내가 간다, 우디!

---

keep low 낮은 자세를 유지하다
dart 쏜살같이 휙 달리다/움직이다
shelter (위험, 공격으로부터의) 피신, 대피, 보호소
be동사 + last seen 마지막으로 목격된
slingshot 새총
maneuver 책략, 술책, (조심하는) 동작/움직임
full speed 전력, 전속력
at the edge of ~의 가장자리/모서리에
ride (놀이동산 등에 있는) 놀이기구
dip (아래로) 내려가다/떨어지다
charge 돌격/공격하다
barricade 바리케이드, 장애물
determination 투지, 결정

Buzz lets go, his wings popping out as the **momentum** of the ride sling-shots him in a high **arc** toward the highway. The **Salad Spinner** ride rises up into frame. His eyes **go wide**.

버즈가 손을 놓자 새총을 쏘듯 놀이기구의 가속도로 인해 그가 높은 호를 그리며 고속도로 쪽으로 날아가고 그의 날개가 몸에서 튀어나온다. 샐러드 스피너 놀이기구가 화면에 나타난다. 그의 눈이 커진다.

BUZZ (gasp, impact)

버즈 (헉 한다, 충격)

CRASH! Buzz spins out of control...

쾅! 버즈가 빙빙 돌며 통제력을 잃는다…

BUZZ AAAAHHH!

버즈 아아아!

...into a huge ice cream cone...

…거대한 아이스크림 콘 안으로…

BUZZ (impact)

버즈 (충격)

...a **bounce house**.

…에어바운스.

BUZZ (impact)

버즈 (충격)

...a **carousel** roof...

…회전목마 지붕…

BUZZ (impact)

버즈 (충격)

...an umbrella...

…우산…

BUZZ (impact)

버즈 (충격)

—and finally SLAMS into the door of a **porta potty**, then to the ground, where he **salvages** his **dignity** by **landing** in a **crouch**. He **looks both ways**— **WHAM**!

—그리고 마침내 이동식 화장실 문에 쾅 하고 부딪친 후, 땅바닥으로 떨어지는데, 떨어질 때 쭈그린 자세로 착지해서 그의 품위가 조금은 유지되었다. 그가 양쪽을 살피는데— 쾅!

BUZZ (impact)

버즈 (충격)

The porta potty door opens. A **Carnie** steps out, looks around. Sees Buzz and picks him up.

이동식 화장실 문이 열린다. 축제 행사 직원이 주위를 돌아보며 화장실에서 나온다. 버즈를 보고 그를 집어 든다.

STAR ADVENTURER CARNIE **Rad.**

별 탐험가 행사 직원 멋진데.

---

momentum (일의 진행) 탄력/가속도
arc 둥근 활 모양
salad spinner 채소 탈수기
go wide (총알, 화살 등이) 빗나가다
crash 충돌하다, 들이받다
bounce house 공기 주입 놀이기구
carousel 회전목마, (공항의) 수하물 컨베이어 벨트
porta potty 이동식 화장실, 휴대용 변기

salvage (조난에서 재산 따위를) 구조하다/구하다
dignity 위엄, 품위, 자존감
land (땅, 표면에) 내려앉다, 착륙하다
crouch 쭈그리고 앉기
look both ways 양쪽을 쳐다보다
wham! 쾅, 꽝, 쿵!
carnie 〈비격식〉 카니발 행사 직원
rad 아주 근사한, 기막힌

ON GAME BOOTH – MOMENTS LATER
The carnie **zip-ties** Buzz to a WALL OF PRIZES.

게임 부스 모습 – 잠시 후
행사 직원이 버즈를 상품 벽에 걸어둔다.

STAR ADVENTURER CARNIE (O.S.) (bored) Step right up, put your money down, get yourself a real Buzz Lightyear, hey, hey...

별 탐험가 행사 직원 (화면 밖) (따분해하며) 이리 와서 돈 내고 진짜 버즈 라이트이어를 타가세요. 이봐요, 여기…

PULL BACK to show kids **crowding** around the booth, **eager for** a chance to win a real Buzz Lightyear.

진짜 버즈 라이트이어를 탈 수 있는 기회를 열망하며 부스 주변으로 모여든 아이들을 보여준다.

EXT. **LOCAL** PARK/PLAYGROUND – DAY
Woody rises into frame in **baby seat** of a swing. Harmony is pushing him. Carol calls from a table in the background:

외부. 동네 공원/놀이터 – 낮
우디가 그네의 아기용 의자에 앉아 화면에 나타난다. 하모니가 그를 밀고 있다. 캐롤이 뒷쪽 탁자에 앉아 외친다.

CAROL Harmony, honey! **Sunscreen**!

캐롤 하모니, 아가! 자외선 차단제 발라야지!

HARMONY Okaaaaay! (to Woody) Be right back, Mr. Cowboy.

하모니 알았어요요요! (우디에게) 금방 돌아올게, 카우보이.

The second he's alone, Woody scrambles **for cover**.

혼자 되자마자 우디가 재빨리 몸을 숨기려 한다.

WOODY (breathing heavily)

우디 (거칠게 숨을 쉬며)

He gets to his feet and hides behind a **play structure post**.

그가 일어서서 놀이구조물 기둥 뒤로 숨는다.

WOODY (straining) (to himself) Okay... Antique store... antique store...

우디 (안간힘을 쓰며) (혼잣말로) 좋아… 골동품 상점… 골동품 상점…

Woody spots the top of the **Ferris Wheel** through the **tree tops** several blocks away.

우디가 나무 꼭대기들 사이로 몇 블록 떨어진 곳에 있는 대관람차 윗부분을 발견한다.

WOODY Oh! That way!

우디 오! 저쪽이다!

He looks around...and **sprints** out into the open toward a toy truck. (straining) Woody gets the toy truck moving and hops into the back. Suddenly a school bus with GRAND BASIN SUMMER CAMP written on the side pulls into the **parking lot dead ahead**, **obscuring** his view of the Ferris wheel.

그가 둘러본다… 그리고 장난감 트럭을 향해 탁 트인 곳으로 전력 질주한다. (안간힘을 쓴다) 우디가 장난감 트럭을 움직이게 한 후 뒤편에 올라탄다. 갑자기 거대한 분지 여름 캠프라고 측면에 쓰여 있는 스쿨버스가 바로 앞 주차장으로 들어와서 대관람차를 보고 있던 시야를 가린다.

---

zip-tie 타이로 묶다, 케이블 타이
crowd (어떤 장소를) 가득 메우다
eager for ~을 열망하여
local 지역의, 현지의, 동네의
baby seat 아기용 좌석
sunscreen 자외선 차단 크림
for cover 몸을 숨기기 위해
breathe heavily 숨을 가쁘게 쉬다, 헐떡거리다
play structure 놀이구조물
post 위치/구역, (버팀용, 위치표시용) 기둥/말뚝
Ferris Wheel (유원지의) 대관람차
treetop 나무꼭대기
sprint (짧은 거리를) 전력 질주하다
parking lot 주차장, 주차구역
dead ahead 바로 앞에
obscure 어렵게 하다, 시야를 가리다

WOODY (jumping) (gasp)

우디 (뛰어오르며) (헉 한다)

Woody jumps out and runs for the cover of a nearby **sandbox** as kids **pile** out of the bus.

아이들이 버스에서 내릴 때 우디가 뛰쳐나가 근처에 있는 모래놀이 통 뚜껑을 향해 달린다.

WOODY (breathing)

우디 (거칠게 숨을 쉬며)

KIDS (happy laughing)

아이들 (행복한 웃음)

A CUPCAKE TOY pops up behind.

컵케익 장난감이 뒤에서 갑자기 나타난다.

WOODY (gasps)

우디 (헉 한다)

CUPCAKE TOY Did you see 'em? How many are there?

컵케익 장난감 저 아이들 봤니? 몇 명이나 될까?

Woody ducks as a SKYDANCER DOLL **helicopters** in.

스카이 댄서 인형이 날아 오자 우디가 몸을 획 수그리며 피한다.

WOODY Whoa- whoah!

우디 워- 워!

SKYDANCER DOLL We got a **busload** of **campers**!

스카이 댄서 버스 한가득 아이들이 캠핑하러 왔다!

COMBAT CARL, ICE ATTACK COMBAT CARL, AND VOLCANO ATTACK COMBAT CARL run **in formation** to the sandbox.

컴뱃 칼, 아이스 어택 컴뱃 칼, 그리고 볼케이노 어택 컴뱃 칼이 모래놀이 통 쪽으로 대열을 갖춰 달린다.

COMBAT CARL **Hut**. Hut. Hut. (chuckles) Here they come!

컴뱃 칼 헛. 헛. 헛. (싱긋 웃는다) 그들이 온다!

WOODY Huh?

우디 잉?

The **rumble** of kids approaching. The playground toys all drop in toy mode.

아이들이 우르르 몰려온다. 놀이터에 있는 장난감들이 모두 장난감 모드로 바뀐다.

COMBAT CARLS **Playtime** baby!

컴뱃 칼들 놀이 시간이다!

WOODY (gasps)

우디 (헉 한다)

---

sandbox (어린이가 안에서 노는) 모래놀이통
pile 〈비격식〉 (많은 수의 사람들이) 우르르 가다
helicopter (동사) 날다
busload 버스 한 대에 탄 사람들
camper 야영/캠핑객
in formation 대형을 이룬
hut (행진 때 발맞추는 구령) 하나
rumble 우르렁/웅웅 거리는 소리
playtime 놀이 시간

Day 12

When Woody Met Bo Peep

우디가 보핍을 만났을 때

12.mp3

The rumble grows louder. Woody runs for cover as the SUMMER CAMP KIDS **descend**.

우르르 소리가 점점 더 커진다. 우디가 여름 캠프 아이들이 내려올 때 우디가 몸을 숨길 곳을 찾아 뛴다.

KIDS (excited walla)

아이들 (신난 웅성거림)

Woody drops to the ground at the base of the covered **slide** just as a girl emerges from it. She LEAVES A SHARK IN A BOAT on the slide as she runs off. Woody looks around... it's a **frenzy** of kids playing. A KID launches the SKYDANCER DOLL up into the air. The Shark in a Boat **rows up** the slide and **disappears** around the **bend**.

지붕이 덮인 미끄럼틀 아래쪽에서 여자아이 하나가 나타나자 우디가 땅에 풀썩 주저앉는다. 그녀가 떠나면서 미끄럼틀에 '배 안의 상어'를 두고 간다. 우디가 주위를 둘러본다··· 아이들이 정신없이 놀고 있다. 아이 하나가 스카이 댄서 인형을 공중에 쏴 올린다. 배 안의 상어가 미끄럼틀 위로 노를 저으며 올라가다가 굽은 곳에서 사라진다.

SHARK IN A BOAT Oh, baby, it's a good day to PLAY! Uh? Am I right? (laughter)

배 안의 상어 오, 이야, 놀기에 딱 좋은 날이야! 어? 내 말이 맞지? (웃음)

SHEEP Baaa!

양들 매에!

Woody turns. Was that...?

우디가 돌아선다. 저건···?

SHEEP Baaa!

양들 매에!

Some very **familiar-looking** toy sheep are **scurrying** under the **merry-go-round**.

어디서 아주 많이 본 듯한 장난감 양들이 회전목마 밑에서 종종걸음을 치고 있다.

WOODY Huh?

우디 응?

He chases after. But just as he reaches the merry-go-round... it begins to slowly turn. He drops to the ground. The **dangling** feet of LISA, a little girl, lower to the ground beside him, stopping the merry-go-round. She reaches down and picks him up. Raises him to face the toy in her other hand... Bo Peep.

그가 뒤쫓아간다. 하지만 그가 회전목마에 도달하자마자··· 그것이 천천히 돌기 시작한다. 그가 땅에 풀썩 주저앉는다. 작은 여자아이 리사의 매달린 다리가 그의 옆에 있는 바닥으로 내려오며 회전목마를 세운다. 그녀가 손을 아래로 뻗어 그를 줍는다. 그녀가 그를 들어 그녀의 반대편 손에 있는 장난감과 마주 보게 한다··· 보핍이다.

---

descend 내려가다, 하강하다
slide 미끄럼틀
frenzy 광분, 광란
row up (노를) 힘껏 젓다, 상류로 저어가다
disappear 사라지다
bend (도로, 강의) 굽이, 굽은 곳
familiar-looking 눈에 익은, 익숙한
scurry 종종걸음을 치다, 총총/허둥지둥 가다
merry-go-round 회전목마
dangle 매달리다, 달랑거리다

LISA Hello, Mr. Cowboy. How are you today? Do you like riding horses?

리사 안녕, 카우보이. 오늘 잘 지내고 있어? 말 타는 거 좋아하니?

They are frozen in toy mode as the girl plays with them.

여자아이가 그들을 데리고 노는 동안 그들은 장난감 모드로 그대로 멈춰있다.

LISA (horse **trotting**)

리사 (말 타는 소리)

BETH (O.S.) Want to play on the swings?

베스 (화면 밖) 그네 타고 놀래?

LISA Okay! Wait for me!

리사 좋아! 기다려!

Lisa suddenly sets them down and runs away. Woody starts to get up...

리사가 갑자기 그들을 내려놓고 다른 곳으로 달려간다. 우디가 일어서기 시작한다…

WOODY Bo?

우디 보?

...but Bo pushes him back down with her staff as another kid runs by. Then, when the coast is clear, Bo **hooks** Woody with her **staff**, **yanking** him **to his feet**.

…하지만 다른 아이가 옆에 뛰어가자 보가 그녀의 지팡이로 그를 다시 밀어 넘어뜨린다. 그리고는, 주변에 아무도 없을 때, 보가 그녀의 지팡이로 우디를 걸어 그를 홱 잡아당겨 일으킨다.

BO Come on.

보 어서.

She leads him to a **discarded Frisbee**– and steps on the edge of it, **flipping** it onto its side. Hidden behind the rolling **disc**, they run through the busy playground for the cover of the **bushes**.

그녀가 그를 버려진 원반 쪽으로 이끈다 – 그리고 그 모서리 위로 올라서며 측면으로 뒤집어 세운다. 굴러가는 원반 뒤에 숨어서 그들이 덤불로 숨어들기 위해 분주한 놀이터 사이를 뛰어간다.

EXT. BUSHES NEAR PLAYGROUND – DAY
Woody and Bo **BURST** through the bushes–

외부. 놀이터 주변 덤불 – 낮
우디와 보가 갑자기 덤불에서 뛰쳐나온다 –

KIDS (O.S.) (playground walla)

아이들 (화면 밖) (놀이터 웅성거림)

WOODY Whoa! (**grunts**)

우디 워! (끙 한다)

BO (impact)

보 (충격)

–and **tumble** onto the ground.

– 땅바닥으로 굴러떨어진다.

WOODY Bo-?

우디 보-?

---

trot (사람, 동물이) 종종걸음을 걷다, 총총 가다
hook (다리, 팔, 손가락을) ~에 걸다, 낚다
staff 지팡이
yank 홱 잡아당기다
to one's feet 일어서 있는 자세가 되게 하다
discard 버리다, 폐기하다
Frisbee 프리스비 (던지기 놀이용 플라스틱 원반)
flip 홱 뒤집다/젖히다
disc 동글납작한 판, 원반, 디스크
bush 관목, 덤불
burst 불쑥 가다/오다/움직이다
grunt 꿀꿀거리다, 끙 앓는 소리를 내다
tumble 굴러떨어지다, 폭삭 무너지다

Bo steps closer. She **gives him a big hug**, **knocking** his hat off.

보가 가까이 다가온다. 그녀가 그를 꼭 껴안으니, 그의 모자가 벗겨진다.

BO (laughing) Oh! I can't believe it's you!

보 (웃으며) 오! 너를 만나게 되다니 믿기지가 않아!

She helps him up.

그가 일어나도록 그녀가 돕는다.

BO I never thought I'd see you again!

보 널 다시 볼 수 있을 것이라고는 생각도 못했어!

WOODY Bo Peep!

우디 보핍!

Without thinking, she **straightens** his hat then touches his face. Just like **the old days**.

별생각 없이, 그녀가 그의 모자를 바로 잡으며 그의 얼굴을 만진다. 예전에 그랬던 것처럼.

WOODY (**awkward chuckle**)

우디 (어색하게 싱긋 웃는다)

BO (awkward laugh)

보 (어색하게 웃는다)

Suddenly **self-conscious**, they break away and look out to the kids on the playground.

갑자기 부끄러워하며, 서로 떨어지면서 놀이터에서 놀고 있는 아이들을 내다본다.

BO So which kid is yours?

보 그래서 어떤 아이가 네 아이니?

WOODY Which one is yours?

우디 네 아이는 누군데?

BO None.

보 내 아이는 없어.

WOODY No one.

우디 아무도 아냐.

BO You're a lost toy?!

보 너 잃어버린 장난감이니?!

WOODY Wait- you- you're a lost toy?!

우디 잠깐– 너– 너 잃어버린 장난감이야?!

BO That's great.

보 그거참 잘 됐구나.

WOODY That's **awful**...

우디 그거참 안됐구나…

BO Huh? (laughs awkwardly)

보 응? (어색하게 웃는다)

---

give someone a big hug ~을 꼭 껴안다
knock 노크하다, (때리거나 타격을 가해) ~한 상태가 되게 만들다
straighten 바로하다, 바로잡다
the old days 예전, 옛날, 옛 시절
awkward 어색한, 곤란한, 불편한
chuckle 빙그레 웃다, 싱긋/빙그레 웃는 웃음
self-conscious 남의 시선을 의식하는
awful 끔찍한, 지독한

WOODY (laughs awkwardly) ...I **mean awfully** great! That you– are are **lost**... out here...

우디 (어색하게 웃는다) …아니 그러니까 지독히 도 잘 됐다고! 네가 음- 여기서… 길을 잃은 것이…

They turn at the sound of something heading their way.

뭔가가 그들을 향해서 다가오고 있는 소리가 들려 그들이 고개를 돌린다.

WOODY (gasp) **Skunk**... Skunk! SKUNK!

우디 (헉 한다) 스컹크다… 스컹크! 스컹크!

A SKUNK crashes through the bushes right at them, Woody falls to the ground.

스컹크가 덤불 사이로 달려와 그들과 충돌한다. 우디가 땅에 나가떨어진다.

BO Watch out!

보 조심해!

Bo steps forward, **ramming** her **crook** into the ground in front of Woody.

보가 앞으로 나서서, 우디 앞쪽 땅에 그녀의 지팡이를 박는다.

WOODY (**cringing**)

우디 (움찔한다)

Woody looks up to see the skunk, wheels spinning, **held back by** Bo's **planted** crook.

우디가 고개를 들어 보의 박혀있는 지팡이에 가로막혀서 바퀴가 공회전하고 있는 스컹크를 올려다본다.

WOODY (confused)

우디 (혼란스러워한다)

BO I told you not to drive so fast. You almost **ran him over.**

보 그렇게 빨리 운전하지 말라고 했잖아. 그를 거의 박을 뻔했잖아.

Bo flips the top of the skunk open. Her sheep are **at the wheel**. They hop out and tackle Woody.

보가 스컹크의 뚜껑을 열어젖힌다. 그녀의 양들이 핸들을 잡고 있다. 그들이 뛰어나오며 우디에게 달라붙는다.

SHEEP BAAA!

양들 매에!

WOODY (getting **licked**) Oh, h-hey guys! Whoah! Hold on there, okay! I missed you, too. If it isn't... Bobby? Gus? Uh, Lefty?! (sheep **frown**)

우디 (핥아지며) 오, 얘들아! 워! 잠깐만, 그래! 나도 너희들 보고 싶었어. 이게 아니라면… 보비? 거스? 어, 레프티?! (양들이 찡그리며)

BO Billy, Goat, and Gruff?

보 빌리, 고트, 그리고 그러프?

Offended, the Sheep scurry back to Bo...

마음이 상해서 양들이 종종걸음을 치며 보에게로 돌아간다…

---

mean ~라는 뜻/의미이다
awfully 정말, 몹시
lost 길을 잃은, 분실된
skunk 스컹크
ram 들이받다, (억지로) 밀어 넣다, 쑤셔 넣다
crook 팔꿈치 안쪽, 갈고리, 갈고리 모양의 것
cringe (겁이 나서) 움찔하다/움츠리다
held back by 제지된 상태에 있는, 묶여있는
planted 심어진, 주입된
run something/someone over (사람, 동물을) 치다
at the wheel (자동차의) 핸들을 잡고, 운전하여
lick 핥다, 핥아먹다
frown 얼굴/눈살을 찌푸리다
offended 기분이 상한, 불쾌하게 여기는, 부아가 난

WOODY Right! Right! Right! Sorry, guys.

우디 그래! 그래! 그래! 미안해, 형제들아.

...then spin back around to **glare** at him.

…그러고는 둘러서 빙 돌면서 그를 노려본다.

BO Girls.

보 자매들이야.

WOODY Girls! Of course!

우디 자매들! 아, 그렇지!

SHEEP (hmph) BAAA!

양들 (흥 하며) 매에!

Bo **pets** them.

보가 그들을 어루만진다.

BO (chuckling) Alright, alright.

보 (빙그레 웃으며) 그래, 그래.

She turns back to Woody.

그녀가 다시 우디에게로 돌아선다.

바로 이 장면!*

BO Okay. **Let's get a look at you.**❶ You need any **repairs**?

보 자 그럼. 네 상태 좀 보자. 어디 수리할 데는 없고?

WOODY Repairs? No, I'm fine–

우디 수리라고? 아니, 난 괜찮아–

The sheep bring Bo a **safety pin** they found.

양들이 보에게 그들이 발견한 안전핀을 가져온다.

SHEEP BAAA!

양들 매에!

BO Hey! Nice find, girls.

보 이야! 아주 잘 찾았네, 자매들.

She takes it from them, **adding** it to her **collection**.

그녀가 그것을 가져가서 소장품 목록에 추가한다.

WOODY Where'd you get all this stuff?

우디 이런 건 다 어디에서 난 거야?

BO **Here and there.** (chuckling) You know, some kids play rougher than others, so I try to be prepared.

보 여기저기서. (싱긋 웃으며) 알잖아, 어떤 아이들은 다른 아이들보다 거칠게 노니까 미리 대비해 놓는 거야.

---

glare 노려/쏘아보다
pet (다정하게) 쓰다듬다, 반려동물
repair 수리, 보수, 수선, 수리하다
safety pin 안전핀
add 첨가하다, 추가하다, 덧붙이다
collection 수집품, 소장품
here and there 여기저기에(서)

❶ **Let's get a look at you.**
어디 보자.
가족 혹은 친구를 아주 오랜만에 볼 때 '얼마나 컸는지(변했는지) 한 번 보자' 이런 뉘앙스가 담긴 표현이에요. get a look은 '빠르게 누군가/무엇을 보다'라는 의미고 끝에 you 대신 it같은 대명사를 대체해서 쓸 수 있어요.

WOODY	How long have you been out **on your own**?	우디 너 혼자된 지는 얼마나 된 거니?
BO	Seven **fantastic** years!	보 환상의 7년!
WOODY	Seven?!	우디 7년?!
BO	You would not believe the things I've seen.	보 내가 얼마나 많은 것을 봤는지 넌 상상도 못할 거야.
SHEEP	BAAA!	양들 매에!

The sheep **present** Bo **with** an old **bottle cap**.

양들이 보에게 낡은 병뚜껑을 준다.

BO Uh, no.

보 어, 이건 아냐.

They scurry away to continue **scavenging**.

그들이 계속 쓰레기 더미를 뒤지러 총총 물러간다.

---

on your own 혼자서, 단독으로, 자력으로
fantastic 기막히게 좋은, 환상적인
present with ~을 선물로 주다
bottle cap 병뚜껑
scavenge (먹을 것 등을 찾아) 쓰레기 더미를 뒤지다

Disney · PIXAR
TOY STORY 4

Day 13

Woody Has a Kid

우디에겐 아이가 있다

13.mp3

BO Gigs!

보 긱스!

Bo taps on a case **shaped** like a toy **police badge**. A voice from inside...

보가 장난감 경찰 배지처럼 생긴 통을 톡톡 친다. 안에서 목소리가…

GIGGLE MCDIMPLES (O.S.) Yo.

기글 맥딤플즈 (화면 밖) 안녕.

BO Come on out, there's someone I'd like you to meet.

보 나와 봐, 네가 인사했으면 하는 친구가 있어.

The badge flips open. OFFICER GIGGLE MCDIMPLES, **a half-inch** tall toy, is inside studying a **chart** of missing pets.

배지가 휙 젖혀지며 열린다. 키가 1/2인치 되는 장난감, 기글 맥딤플즈 경찰관이 안에서 실종된 동물들 목록을 살피고 있다.

GIGGLE MCDIMPLES Be right down.

기글 맥딤플즈 바로 내려갈게.

Giggle bounces down the tiny stairs, exits the front of the station to the second half of the case, hops into her little car and drives it to the front of the badge. She **bounces up** Bo like a **cricket**, landing on Bo's shoulder.

기글이 작은 계단을 뛰어내려와 경찰서를 나와 계단의 나머지 반으로 가서 작은 차에 뛰어올라 배지의 앞쪽으로 운전해서 간다. 그녀가 귀뚜라미처럼 보 위로 뛰어올라 보의 어깨에 내려앉는다.

GIGGLE MCDIMPLES What's the situation, are we heading out of town or – Whoa! Who's this?

기글 맥딤플즈 무슨 일인가, 마을 밖으로 나가려고 하는 건가 아니면 – 워! 이건 누구지?

BO You remember the **rag** doll I told you about?

보 내가 전에 얘기했던 누더기 인형 기억나?

GIGGLE MCDIMPLES The cowboy?

기글 맥딤플즈 그 카우보이?

The sheep bring Woody a discarded **drinking straw**. He doesn't know what to do with it.

양들이 우디에게 버려진 빨대를 가져온다. 그가 그것으로 뭘 해야 할지 몰라 혼란스러워한다.

BO Yep!

보 어!

GIGGLE MCDIMPLES NO WAY![1] (laughs)

기글 맥딤플즈 말도 안 돼! (웃는다)

---

shaped ~의 모양/형태의
police badge 경찰 배지
a half-inch 1/2 인치 (1 inch = 2.54 cm)
chart 도표, 차트
bounce up 통기다, 튀기다, 펄쩍 뛰다
cricket 귀뚜라미
rag 해진 천, 누더기
drinking straw 빨대

❶ **No way!**
말도 안 돼!
상대방의 말이 너무 터무니없어 믿기 어렵다는 뜻으로 '설마!', '그럴 리가 없어!'와 같은 의미로 쓰는 관용표현이에요. 비슷한 상황에서 You are kidding me!, You must be kidding me! 와 같은 표현들도 자주 쓰인답니다.

BO (whispers) Don't stare.

보 (속삭인다) 너무 똑바로 쳐다보지는 마.

GIGGLE MCDIMPLES I'm totally staring.

기글 맥딤플즈 내가 너무 뚫어져라 쳐다봤네.

The Sheep bring Woody, still holding the straw in one hand, a **gum wrapper**. He **accepts** it, **gingerly** holding it in his other hand before adding both items to the **stash** in the skunk.

양들이 여전히 한 손에 빨대를 들고 있는 우디에게 껌종이를 가져온다. 그가 그것을 받아서 조심스럽게 다른 한 손으로 들고 스컹크의 격납고에 두 물건을 넣는다.

SHEEP (O.S.) Baaa!

양들 (화면 밖) 매에!

BO Woody, this is Giggle McDimples.

보 우디, 이쪽은 기글 맥딤플즈라고 해.

GIGGLE MCDIMPLES (giggling)

기글 맥딤플즈 (키득거린다)

Giggle suddenly spots Woody badge.

기글이 그 순간 우디의 배지를 알아본다.

WOODY Oh, hi Giggle.

우디 오, 안녕 기글.

GIGGLE MCDIMPLES Whoah. You didn't tell me he was a **cop**!

기글 맥딤플즈 워. 그가 경찰이라는 얘기는 안 했잖아!

She springs from Bo's shoulder to Woody's.

그녀가 보의 어깨에서 튀어 올라 우디의 어깨로 옮겨간다.

GIGGLE MCDIMPLES Howdy **sheriff**. OFFICER Giggle McDimples. I run Pet **Patrol** for **Mini-Opolis**. (**examines** Woody, hopping to his other shoulder) Yeah, **search and rescue**. Ants, **caterpillars**, **miniature poodles**, spiders—

기글 맥딤플즈 안녕 보안관. 난 기글 맥딤플즈 경찰관이야. 난 여기 미니오폴리스에서 동물 순찰을 담당하고 있지. (우디를 살펴보며 그의 다른 쪽 어깨로 뛰어 오른다) 맞아, 수색과 구조를 한다고. 개미, 애벌레, 미니어처 푸들, 거미 등등—

COMBAT CARLS (O.S.) HUT! HUT! HUT! HUT!

컴뱃 칼들 (화면 밖) 헛! 헛! 헛! 헛!

Woody turns as COMBAT CARL, ICE ATTACK COMBAT CARL, and VOLCANO ATTACK COMBAT CARL **emerge** from the brush.

컴뱃 칼, 아이스 어택 컴뱃 칼, 그리고 볼케이노 어택 컴뱃 칼이 붓에서 나올 때 우디가 돌아본다.

BO Carl!

보 칼!

The Carls come to a stop and **stand at attention**.

칼들이 멈춰서며 차렷 자세를 취한다.

---

gum wrapper 껌 종이
accept 받아들이다, 응하다
gingerly 조심조심, 조심스럽게
stash (안전한 곳에) 챙겨둔/숨겨둔 것
cop 〈비격식〉 경찰관
sheriff 보안관
patrol 순찰을 돌다, 순찰, 순찰대
Mini-Opolis 미네소타 주 Minneapolis 도시명 패러디

examine 조사하다, 검토하다, 시험을 실시하다
search and rescue 수색구조
caterpillar 애벌레
miniature poodle 축소 모형 장난감 푸들
emerge 나오다, 드러나다
stand at attention '차렷' 자세를 취하다

바로 이 장면!*

BO	**Where you headed?**[1]	보 어디 가는 거야?
COMBAT CARL	Combat Carl just heard there's a birthday party at the playground on main street.	컴뱃 칼 중심가에 있는 놀이터에서 생일파티가 있다고 컴뱃 칼이 방금 들었어.
VOLCANO ATTACK COMBAT CARL	**Rumor has it they've got two piñatas.**[2]	볼케이노 어택 컴뱃 칼 소문에 의하면 피냐타가 두 개가 있다고 하더라.
ICE ATTACK COMBAT CARL	That could be twenty to thirty kids.	아이스 어택 컴뱃 칼 그러면 아이들이 20명에서 30명쯤은 오겠네.
Giggle and Bo high-five.		기글과 보가 하이파이브를 한다.
BO	Nice.	보 좋았어.
Woody is confused.		우디가 혼란스러워한다.
COMBAT CARL	Oh yeah! Combat Carl's gettin' played with.	컴뱃 칼 오 예! 컴뱃 칼하고도 누군가 놀아줄 거야.
Carl and Volcano Attack Carl **high-five**, but **leave** Ice Attack Carl **hanging**.		칼과 볼케이노 어택 칼이 하이파이브를 한다. 하지만 아이스 어택 칼은 같이 하이파이브하려다가 하지 못하고 뻘쭘하게 된다.
COMBAT CARL	(to Woody) You guys in?	컴뱃 칼 (우디에게) 너희들도 같이 갈 거니?
BO	You bet! Woody, you are gonna love this.	보 당연하지! 우디, 너도 정말 좋아할 거야.
She turns back to the skunk.		그녀가 다시 스컹크 쪽으로 돌아선다.
WOODY	(to Carl) Uh- no, I can't... sir.	우디 (칼에게) 어– 아니에요, 난 못 가요… 아저씨.
Woody turns to Bo.		우디가 보에게로 돌아선다.
WOODY	Bo, I need to get back to my kid.	우디 보, 난 내 아이에게 돌아가 봐야 해.

piñata 〈스페인어〉 피냐타 (스페인어권에서 아이들이 파티 때 눈을 가리고 막대기로 쳐서 넘어뜨리는, 장난감과 사탕이 가득 든 통)

high five 하이 파이브 (기쁨, 반가움의 표시로 두 사람이 서로 손바닥을 마주치는 것)

leave someone hanging 명령 또는 응답이 있을 때까지 잠시 기다리게 하다

❶ **Where you headed?** 어디로 가는 거니?
head는 머리라는 뜻의 명사지만, 동사로는 특정 방향으로 '가다, 향하다'라는 의미가 된답니다.

❷ **Rumor has it they've got two piñatas.** 피냐타가 두 개 있다는 소문이 있던데.
〈Rumor has it (that) + 주어 + 동사〉는 '~하다는 소문이 있다'라는 의미예요. 'There's a rumor (that) ~, Rumor says (that) ~' 이렇게도 쓸 수 있어요.

ICE ATTACK COMBAT CARL & VOLCANO ATTACK COMBAT CARL What?

아이스 어택 컴뱃 칼 & 볼케이노 어택 컴뱃 칼 뭐라고?

COMBAT CARL What?! You got a kid?

컴뱃 칼 뭐라고?! 너에게 아이가 있다고?

Bo, turned away from the group, Giggle back on her shoulder, is **momentarily** shocked to hear Woody isn't lost. By the time she turns around, she's **recovered**.

무리에게서 몸을 돌린 보, 그리고 그녀의 어깨에 다시 올라탄 기글이 우디가 실종된 것이 아니라는 말을 듣는 순간 잠시 경악한다. 그녀가 몸을 돌리면서 본래의 모습으로 돌아온다.

WOODY Yeah...

우디 네…

COMBAT CARL **Way to beat the odds,**[1] soldier.

컴뱃 칼 극히 낮은 확률을 뚫고 성공하다니 대단하군, 제군.

Carl holds up his hand for a hi-five. Woody awkwardly raises his own hand. First Carl, then Volcano Attack Carl **smacks** it. Woody turns to Bo as she approaches, **unintentionally** leaving Ice Attack Carl hanging.

칼이 하이파이브를 하려고 손을 든다. 우디가 어색하게 자신의 손을 든다. 첫 번째로 칼이, 그 다음엔 볼케이노 어택 칼이 손을 짝 하며 친다. 보가 다가오자 우디가 그녀에게로 돌아서며 의도하지는 않았지만 아이스 어택 칼은 하이파이브하려다가 못해서 뻘쭘해 진다.

COMBAT CARL (to Bo) Meet you at the playground, Peep. Combat Carls' got a piñata party to crash. Alright, move out.

컴뱃 칼 (보에게) 놀이터에서 보자, 핍. 컴뱃 칼들이 피냐타 파티에 출격하려고 한다. 좋아, 어서 가자고.

Ice Attack Carl raises his hand again to Woody, but he isn't **paying attention**. **Dejected**, Ice Attack Carl follows the others into the bushes.

아이스 어택 칼이 다시 한 번 우디에게 손을 드는데 우디가 그 쪽을 보고 있지 않다. 낙심한 아이스 어택 칼이 다른 장난감들을 따라 덤불 속으로 들어간다.

COMBAT CARLS HUT HUT HUT HUT HUT HUT HUT!

컴뱃 칼들 헛 헛 헛 헛 헛 헛 헛!

Giggle is back on Bo's shoulder.

기글이 다시 보의 어깨에 올라와 있다.

BO So... you're with a kid? It's not, Andy is it?

보 그러니까… 넌 아이가 있다는 거지? 앤디는 아니지, 그지?

WOODY No, no, no. He **went off to** college. But he gave us to Bonnie, she's this–

우디 아니, 아니, 아니. 앤디는 대학으로 떠났어. 하지만 그가 우리를 보니에게 줬는데, 그녀는 –

BO (overlapping) You have a little girl?

보 (소리가 겹치며) 너 여자아이가 있는 거야?

GIGGLE MCDIMPLES No way.

기글 맥딤플즈 설마.

---

momentarily 잠깐 동안, 순간적으로
recover 회복되다, 되찾다
beat the odds 불리함을 극복하다
smack (손바닥으로) 탁 소리가 나게 치다
unintentionally 무심코, 무심결에
pay attention 관심을 갖다, 주목하다
dejected 실의에 빠진, 낙담한, 낙심한
go off to (있던 곳에서 다른 곳으로) 떠나가다

[1] Way to beat the odds!
극히 낮은 확률을 뚫고 성공하다니 대단하다!
〈Way to + 동사〉는 직역하면 '~을 하는 방식'이지만, 구어체에서 '~하다니 정말 대단해/멋져/훌륭해!'와 같은 의미로 쓸 수 있는 표현이에요.

WOODY Yeah, it's why I'm out here. Her other toy is trapped in this antique store, and I have to–

우디 응, 그래서 내가 여기에 나와 있는 거야. 그녀의 다른 장난감이 어떤 골동품 상점에 갇혀서, 내가 가야만–

BO Second Chance Antiques?

보 세컨드 찬스 골동품 상점?

Bo and Giggle look at each other...

보와 기글이 서로를 쳐다본다…

BO We know that store.

보 우리 그 가게 아는데.

And **cross their arms at the same time**.

그리고 동시에 팔짱을 낀다.

WOODY That's great. That is great! If you know the store, you could really help me find him–

우디 잘 됐다. 잘 됐어! 너희들이 그 가게를 안다면, 그를 찾는데 도움을 줄 수 있겠구나–

BO No way. We wasted years there, just sitting on a **shelf collecting dust**.

보 말도 안 돼. 우리가 거기서 몇 년을 허비했는데, 그냥 선반에 앉아서 먼지에 쌓이며 말이야.

WOODY Oh Bo, that's awful. But... I don't have a choice. I have to get that toy from Gabby.

우디 오 보, 정말 안타깝구나. 하지만… 내겐 선택의 여지가 없어. 그 장난감을 꼭 개비에게서 구해내야 해.

GIGGLE MCDIMPLES Whoa! **Steer clear of** that **weirdo**.

기글 맥딤플즈 워! 그 괴짜를 가까이해선 안 돼.

BO If I were you, I'd **cut my losses** and go home.

보 내가 너라면, 일찌감치 손을 떼고 그냥 집에 갈 거야.

Bo (with Giggle) heads over to the skunkmobile. Starts **packing**.

보가 (기글과 함께) 스컹크모빌로 향한다. 짐을 꾸리기 시작한다.

WOODY But Bonnie needs him to **get through kindergarten**.

우디 하지만 보니가 유치원에서 잘 지내려면 그가 꼭 필요해.

BO Kids lose toys every day. Bonnie will **get over** it.

보 아이들은 원래 매일 장난감을 잃어버리지. 보니도 잘 이겨낼 거야.

Woody follows Bo to the Skunk. Bo keeps packing, her back to him.

우디가 보를 따라 스컹크 쪽으로 간다. 보가 계속 짐을 싸는데, 그녀의 등이 그를 향하고 있다.

WOODY No, no– but... but, you see, Bonnie needs him just like... Molly needed you!

우디 아니, 아니– 하지만... 하지만, 있잖아, 보니에겐 그가 필요해 마치… 몰리가 너를 필요로 했던 것처럼 말이야!

SHEEP (excited) Baaaa!

양들 (흥분해서) 매에!

---

cross one's arms (혼자서) 팔짱을 끼다
at the same time 동시에
shelf 선반, 책꽂이
collect dust (오랫동안 사용되지 않아) 먼지를 뒤집어쓰다
steer clear of ~에 가까이 가지 않다, ~을 비키다
weirdo 〈비격식〉 괴짜, 별난 사람
cut one's losses 손실을 줄이다
pack (짐을) 싸다/꾸리다/챙기다
get through (난국, 어려움 등을) 헤쳐나가다
kindergarten 유치원
get over ~을 극복하다

The sheep run over to Woody. Something passes over Bo's face **at the mention of** Molly's name. Woody pets the sheep.

양들이 우디에게로 달려간다. 몰리의 이름을 언급하자 보의 표정에 뭔가가 스치고 지나간다. 우디가 양들을 어루만진다.

WOODY No. Sorry, girls. Molly's not here.

우디 아냐. 미안해, 자매들아. 몰리는 여기 없어.

SHEEP (disappointed) Baaaa.

양들 (실망하며) 매에.

They scurry over to Bo, she pets them for comfort.

그들이 총총걸음으로 보에게로 가고, 그녀가 그들을 어루만지며 토닥인다.

GIGGLE MCDIMPLES Molly? Bo, I didn't know you had a kid.

기글 맥딤플즈 몰리? 보, 너에게도 아이가 있었는지는 몰랐네.

BO Oh, it was a long time ago.

보 오, 아주 오래전 얘기야.

Woody sits next to Giggle's case.

우디가 기글의 가방 옆에 앉는다.

WOODY Oh, Bo's kid was something special. She was the cutest thing, but... so afraid of the dark.

우디 오, 보의 아이는 특별한 아이였지. 그녀는 정말 귀여웠어. 그런데… 어둠을 너무 무서워했지.

Bo **tests** the **strength** of a **rubber sticky** hand.

보가 고무 끈끈이 손(줄) 힘을 테스트한다.

BO **It was just a phase.**❶

보 그냥 성장기에 겪는 과정이었을 뿐이야.

WOODY Oh, you weren't there in the beginning. Hearing Molly cry each night, **broke** every toy's **heart**. And then... Bo came into the room.

우디 오, 네가 처음부터 못 봐서 그래. 몰리가 울 때마다 모든 장난감의 마음이 너무 아팠어. 그런데… 보가 방으로 들어왔지.

---

at the mention of ~의 이야기가 나오자
test 시험하다
strength 힘
rubber 고무, 지우개
sticky 끈적거리는, 끈적끈적한
phase (변화, 발달, 과정상의 한) 단계/시기/국면
break someone's heart 마음을 아프게 하다, 상심시키다

❶ **It was just a phase.**
그냥 성장기에 겪는 과정이었을 뿐이야.
공부나 운동할 때 그리고 질풍노도의 청소년기를 거치며 많은 어려움과 난관에 봉착하게 되죠. 이때 '그냥 거치는 과정이야, 점차 나아질거야'라는 따뜻한 위로가 담긴 표현입니다.

Day 14

In Pursuit of Forky

포키를 찾아서

14.mp3

Bo pauses in packing.... the **memory** of the old days bringing a smile to her face.

보가 짐을 싸다가 잠시 멈추고… 옛 추억에 그녀의 얼굴에 미소가 떠오른다.

WOODY Her lamp was the only thing that made Molly feel safe. Mom would let her keep Bo on all night.

우디 몰리에게 안전함을 느끼게 해 준 것은 그녀의 램프가 유일했지. 엄마가 밤새도록 보를 켜놓고 자도 좋다고 허락하곤 했어.

GIGGLE MCDIMPLES (chuckle) **Who knew you were such a softy?**❶

기글 맥딤플즈 (싱긋 웃는다) 네가 그렇게 온화한 장난감이란 걸 누가 상상이나 했겠냐고?

WOODY And Molly would fall asleep with her hand resting on Bo's feet–

우디 몰리가 보의 발에 손을 올려놓고 잠들곤 했지–

Bo **playfully** throws one of her **supplies** at him, **cutting off** his speech.

보가 장난스럽게 미술용품을 그에게 던져서, 그의 이야기를 끊는다.

WOODY (chuckles)

우디 (빙그레 웃는다)

BO Okay, okay, I get it.

보 그래, 그래, 알았다고.

WOODY Bo... my kid really needs this toy. Will you help me? **For old time's sake.**

우디 보… 내 아이가 정말 그 장난감을 필요로 해. 나 좀 도와주겠니? 옛정을 봐서라도.

BO (sigh) Alright, alright.

보 (한숨을 쉰다) 알았다, 알았어.

Woody jumps to his feet and hugs Bo.

우디가 벌떡 일어나서 보를 껴안는다.

WOODY Thank you!

우디 고마워!

BO (laughing)

보 (웃는다)

---

memory 기억, 추억
softy 〈비격식〉 감상적인 사람, 잘 속는 사람
playfully 장난으로, 농담으로
supply 보급품, 물자, 물품
cut off ~을 자르다, 중단시키다
for old time's sake 옛정/옛날을 생각해서

❶ **Who knew you were such a softy?**
누가 알았겠냐?

Who knew로 시작하는 문장은 약간은 비아냥거리는 말투로 '내 참, ~일/할 줄 누가 알았겠냐?'라는 의미로 해석할 수 있어요. 예를 들어, Who knew he would lose? '내 참, 그가 질 줄 누가 알았겠냐?' 이런 식으로 쓰이죠.

GIGGLE MCDIMPLES (calling out) Alright, guess we're doing this. Let's ride!

기글 맥딤플즈 (외치며) 좋아, 그럼 하는 거네. 출발하자고!

Giggle hops onto Bo's shoulder and they all climb into the skunk, the Sheep at the controls.

기글이 보의 어깨에 올라타고 그들 모두가 스컹크에 오른다. 양들이 제어판 앞에 앉는다.

SHEEP Baaaa!

양들 매에에!

BO Second Chance Antiques, and step on it.

보 세컨드 찬스 골동품 상점으로, 출발!

Bo pulls the cover down.

보가 뚜껑을 닫는다.

SHEEP BAAA!

양들 매에에!

The skunk **takes off**.

스컹크가 출발한다.

EXT. ANTIQUE STORE – DAY
CLASSICAL MUSIC plays...

외부. 골동품 상점 – 낮
클래식 음악이 들린다…

INT. ANTIQUE STORE – DAY
As Margaret walks past, we close in on GABBY'S DISPLAY CASE. Gabby eyes her **reflection** in a **handheld** mirror as she **applies** dots of paint with a brush to **freshen** her **freckles**.

내부. 골동품 상점 – 낮
마가렛이 옆으로 걸어가고, 개비의 진열장이 점점 가까워진다. 개비가 손거울 안의 자신의 모습을 보며 주근깨를 가리려고 붓으로 페인트를 바른다.

FORKY (O.S.) (struggling) Hey. Hey!

포키 (화면 밖) (발버둥치며) 이봐. 이봐!

Benson is **bent over** Forky, obscuring what he's doing to him.

벤슨이 포키 위로 몸을 숙여, 포키가 그에게 하는 행동을 가린다.

GABBY GABBY Benson? Are we finished?

개비개비 벤슨? 다 끝났나?

FORKY (O.S.) (struggling, then released)

포키 (화면 밖) (발버둥치다가 풀려난다)

Benson steps back to reveal Forky with his arms back on.

벤슨이 뒤로 물러서자 다시 팔을 붙인 포키의 모습이 보인다.

FORKY Oh, that feels great.

포키 오, 그렇게 하니까 기분 좋네.

GABBY GABBY Look at that! (giggles) **Good as new.**❶

개비개비 저것 좀 봐! (낄낄대며) 완전 새 것 같네.

---

take off 출발하다, 떠나다
reflection (거울 등에 비친) 모습/상
handheld 손에 들고 있는, 손바닥 크기의
apply (페인트, 화장품 등을) 바르다
freshen 새롭게 하다, 매무새를 다듬다
freckle 주근깨
bend over 몸을 ~위로 굽히다

❶ Good as new.
완전 새것 같다.
이 표현을 완전한 문장으로 쓰면 It's as good as new가 되는데, 구어체에서는 It's를 생략하고 'As good as new'라고 표현하거나, 위에서처럼 as까지도 생략해서 'Good as new'라고 쓰기도 합니다.

FORKY	Yeah. Thank you...uh... Benson.	포키 응. 고마워…어… 벤슨.

Benson looks down at Forky.

벤슨이 포키를 내려다본다.

BENSON	(something like "you're welcome")	벤슨 ("천만에" 라고 하듯이)

Forky turns to Gabby.

포키가 개비에게로 돌아선다.

FORKY	Uh... So, um, when's Woody **coming back**?	포키 어… 그래, 엄, 우디는 언제 돌아오는 거지?
GABBY GABBY	Like I said, soon. He won't forget about you.	개비개비 아까도 말했지만, 금방 올 거야. 그는 너에 대해 잊지 않을 테니.
FORKY	How do you know?	포키 네가 어떻게 알아?
GABBY GABBY	You have your child's name written on your feet... (laughs) ...sticks. That makes you a very important toy.	개비개비 네 아이의 이름이 쓰여 있잖아 네 발에… (웃는다) …막대기에. 그건 네가 아주 중요한 장난감이라는 의미야.
FORKY	**That's exactly what Woody says!** ❶	포키 우디가 하는 말하고 정확히 똑같네!
GABBY GABBY	Hmmm...	개비개비 흐음…

She turns from her mirror to look at him.

그녀가 거울로부터 돌아서서 그를 본다.

GABBY GABBY	...Interesting...	개비개비 …재미있군…

The front door bell CHIMES, **interrupting** Gabby's thought.

정문의 벨이 울리며, 개비의 생각을 방해한다.

HARMONY	(O.S.) Hi, Grandma! We're back!	하모니 (화면 밖) 안녕, 할머니! 우리 돌아왔어요!
GABBY GABBY	(excited) She's back.	개비개비 (신나서) 그녀가 돌아왔어.

She **runs over to** the glass. Forky joins her as she presses against it to see Harmony.

그녀가 유리 쪽으로 달려간다. 그녀가 하모니를 보려고 유리에 기대고 포키도 그녀를 따라간다.

FORKY	Who is she?	포키 쟤 누구야?

---

come back 돌아오다
interrupt 방해하다, 중단시키다
run over to ~에 잠시 들르다, ~에 가다

❶ That's exactly what Woody says!
우디가 하는 말하고 정확히 똑같네!
〈That's exactly what + 주어 + 동사〉는 '그게 바로 ~한 거야'라는 의미로 뒤에 '주어 동사'를 자유롭게 활용할 수 있어요. '그게 내가 딱 필요한 거야'는 'That's exactly what I need.' 라고 쓸 수 있어요.

GABBY GABBY Harmony.

개비개비 하모니.

FORKY Wait a second, she took Woody! (gasp) Did she lose him?

포키 잠깐, 걔가 우디를 데려갔어! (헉 한다) 우디를 잃어버린 건가?

GABBY GABBY No. My Harmony is perfect.

개비개비 아냐. 나의 하모니는 완벽하다고.

Gabby moves around the case **to get a better view of** Harmony, as she runs from her mom's side to her favorite play area.

개비가 하모니를 더 보려고 상자 주변을 돌고, 하모니는 엄마 옆에 있다가 그녀가 제일 좋아하는 놀이 공간으로 달려간다.

HARMONY (humming)

하모니 (콧노래)

Forky and Gabby watch as Harmony pulls out a tea set and begins to play.

하모니가 티 세트를 꺼내서 놀기 시작하는 모습을 포키와 개비가 지켜본다.

GABBY GABBY Forky it's Tea time... it's tea time...

개비개비 포키, 티타임이야… 티타임…

FORKY Woohoo! What is tea time?

포키 우후! 티타임이 뭐야?

GABBY GABBY Oh- I'll show you!

개비개비 오- 내가 보여줄게!

She picks up a SMALL STORYBOOK titled GABBY GABBY, A VERY SPECIAL DAY. She flips it open to a page, and sets the book in its place (on an antique that acts as a **stand**).

그녀가 '개비개비 아주 특별한 날'이라는 작은 동화책을 꺼낸다. 그녀가 책장을 펼치고, 책을 제자리에 올려놓는다. (받침 기능이 있는 골동품 위에)

HARMONY (O.S.) A little bit of milk, two **lumps** of sugar...

하모니 (화면 밖) 우유 조금 하고, 각설탕 두 개…

As Harmony reaches for her teacup, Gabby picks up her teacup. She **pantomimes as if** she's playing "tea time" with Harmony, **matching** the little girl's every move.

하모니가 찻잔을 잡으려고 할 때 개비도 자신의 찻잔을 집는다. 그녀가 하모니의 행동을 똑같이 따라 하며 자신도 "차 마실 시간" 놀이를 하는 것처럼 판토마임을 한다.

HARMONY **(sipping)**

하모니 (홀짝거리며)

GABBY GABBY (to Forky) **I've been practicing.**❶

개비개비 (포키에게) 내가 연습을 좀 했지.

She looks back to Harmony.

그녀가 하모니를 다시 돌아본다.

---

to get a better view of ~을 더 잘 보기 위해
stand 스탠드, 거치대
lump 덩어리, 응어리
pantomime 무언극, 팬터마임하다
as if 마치 ~인 것처럼
match 조화되다, 어울리다
sip (음료를) 홀짝이다, 조금씩 마시다

❶ **I've been practicing.**
내가 연습을 좀 했지.
〈have been ~ing〉 현재완료진행형으로 '과거 특정 시점에 시작된 일을 아직도 계속할 때' 즉 개비가 오래전부터 계속 '티타임' 연습(흉내내기)을 해 오고 있는 상황임을 알 수 있어요.

GABBY GABBY	**How do I look?❶**	개비개비 나 어때 보여?

Forky peers at the **book illustration**.

포키가 책의 그림을 들여다본다.

FORKY Uh... Little higher.

포키 어··· 조금만 더 높게.

Gabby raises the cup...

개비가 컵을 올린다···

FORKY **Stick out** your **pinky**.

포키 새끼손가락을 내밀어 봐.

...sticks cut her pinky.

···새끼손가락을 내민다.

FORKY Nice.

포키 좋았어.

Gabby **lovingly** watches Harmony.

개비가 하모니를 사랑스러워하며 바라본다.

HARMONY Mmm, delicious.

하모니 음, 맛있다.

Harmony takes a **pretend** sip.

하모니가 차를 마시는 척 한다.

CAROL (O.S.) Harmony, Sweetie! I'm leaving! Come give me a hug!

캐롤 (화면 밖) 하모니, 아가! 난 간다! 와서 안아 주렴!

HARMONY Bye, Mom.

하모니 안녕히 가세요, 엄마.

Harmony sets down her cup. Gabby's smile fades as she leaves her play area.

하모니가 컵을 내려놓는다. 그녀가 놀이 공간을 떠나자 개비의 미소가 희미해진다.

HARMONY (O.S.) I love you.

하모니 (화면 밖) 사랑해요.

Gabby puts down her cup. She takes up the book, turns the page. A girl pushing her Gabby doll on a swing. Gabby Gabby smiles.

개비가 컵을 내려놓는다. 그녀가 책을 들고 책장을 넘긴다. 그네를 탄 개비 인형을 밀고 있는 여자 아이. 개비개비가 미소 짓는다.

GABBY GABBY (small chuckle)

개비개비 (작은 웃음)

Forky watches her. On the next page, a girl spinning around with her Gabby doll in tall **sunflowers**. Another page... a girl hugging her Gabby doll close, pulling her pullstring. Gabby wistfully places her hand on the page.

포키가 그녀를 본다. 다음 페이지에는, 키 큰 해바라기 안에서 개비 인형과 함께 빙빙 도는 여자아이가 있다. 다른 페이지에는··· 개비 인형을 꼭 껴안고 그녀의 풀스트링을 당기는 여자아이. 개비가 아쉬워하며 다음 페이지에 손을 올린다.

---

book illustration 책 그림, 삽화
stick out ~을 내밀다, 튀어나오게 하다
pinky 새끼손가락
lovingly 애정을 기울여, 귀여워하여
pretend 가짜의, 상상의
sunflower 해바라기

❶ How do I look?
나 어때 보여?
옷, 신발, 안경 등을 새로 사서 입었을 때, 또는 쇼핑에 가서 매장에 있는 옷을 입어보며 친구/가족에게 '이거 어때?', '나한테 잘 어울려?'와 같은 뜻으로 물어볼 때 쓰는 표현이에요.

GABBY GABBY When my voicebox is fixed, I'll finally get my chance.

개비개비 내 기계 음성이 고쳐지면 마침내 기회가 올 거야.

Forky places a comforting pipe cleaner hand on hers. A sweet moment between them. Gabby closes the book.

포키가 자신의 파이프클리너 손을 그녀의 손에 올리며 그녀를 위로한다. 그들 사이의 다정한 순간. 개비가 책을 덮는다.

바로 이 장면!*

GABBY GABBY Now, about our friend Woody. I want to know everything about him..

개비개비 자 이제, 우리 친구 우디 말인데. 난 그에 관해 모든 것을 알고 싶어.

Gabby pulls Forky on to her **lap**.

개비가 포키를 자기 무릎에 올린다.

FORKY Oh, yeah Woody... I've known that guy **my whole life**. Two days. Hey, did you know that Bonnie was not his first kid? He had this other kid, Andy... and you know what? I don't think he's ever gotten over him...

포키 아, 그래 우디… 내가 평생을 알고 지낸 장난감이야. 이틀. 참, 보니가 그의 첫 번째 아이가 아니었다는 거 알고 있었어? 그에겐 앤디라고 하는 어떤 다른 아이가 있었는데… 근데 그거 알아? 아무래도 우디는 그를 잊지 못하는 것 같아…

INSIDE THE STAR ADVENTURER BOOTH. A kid **shoots** and loses. The carnie leans against his game **bored**, headphones on, music **blaring**. As the kid leaves, Buzz comes out of toy mode and struggles with the plastic tie around his **waist** that **affixes** him to the prize wall.

별 탐험가 부스 내부. 어떤 아이가 총을 쏘고 진다. 축제 행사 직원이 헤드폰을 귀에 꽂고 음악을 큰 소리로 틀으며 따분해하며 게임 부스에 기댄다. 아이가 떠나자 버즈가 장난감 모드에서 벗어나서 그의 허리를 상품 벽에 걸어놓은 플라스틱 타이 때문에 발버둥친다.

BUNNY (O.S.) Psst. Hey! Lightyear.

버니 (화면 밖) 저기. 이봐! 라이트이어.

DUCKY (O.S.) Hey– up here, **Astro-boy**.

덕키 (화면 밖) 이봐 – 여기 위쪽, 우주소년.

Buzz looks up. Two prize **stuffies** joined at one hand, DUCKY and BUNNY, hanging above him.

버즈가 올려다본다. 두 개의 상품용 봉제 인형, 덕키와 버니가 같이 묶여 그의 위에 매달려 있다.

BUNNY If you think you can just show up and take our **top prize spot**, you're wrong.

버니 네가 그냥 막 나타나서 우리의 1등상 자리를 빼앗을 수 있다고 생각하면, 그건 오산이야.

DUCKY **Dead** wrong.

덕키 완전 오산이지.

lap 무릎
my whole life 내 평생
shoot (총 등을) 쏘다
bored 지루해/따분해하는
blare (소리를) 요란하게 쾅쾅 울리다
waist 허리
affix 부착하다, 붙이다
Astro-boy 우주소년
stuffies 봉제 인형 (stuffed animal/toy)
top prize 1등상
spot (방송, 극장, 쇼 등의) 부분/순서
dead 〈비격식〉 딱, 완전히, 정확히

BUZZ (struggling) You don't understand. I'm trying to...

버즈 (발버둥치며) 너희가 오해한 거야. 난 단지…

DUCKY –**cheat the system** and **get with** a kid? Yeah, we know.

덕키 –속임수를 써서 아이와 함께하려고? 그래, 알지.

BUZZ No, I need—

버즈 아냐, 내가 원하는 건–

BUNNY –A child to **shower** you with **unconditional** love? Join the club, pal.

버니 –무조건적인 사랑을 무한히 베풀 아이? 우린 다 그런 희망을 품고 산다고, 이 친구야.

DUCKY Yeah, **join the club.**❶

덕키 맞아, 다 마찬가지지.

BUZZ C'mon, help me get outta here.

버즈 그러지 말고, 여기서 나갈 수 있도록 좀 도와줘.

DUCKY I'll help you... with MY FOOT.

덕키 내가 도와주지… 내 발로.

Ducky kicks at him. **Not even close.**❷

덕키가 그를 발로 찬다. 근처에도 미치지 못하지만.

BUNNY Get 'im. Ho ho ho, get 'im.

버니 그를 잡아. 호 호 호, 그를 잡아.

DUCKY (kicking weakly)

덕키 (힘없는 발차기를 날린다)

Frustrated, Ducky turns to Bunny.

답답해하며, 덕키가 버니에게 돌아선다.

DUCKY Bunny, what are you doing?

덕키 버니, 넌 뭐 하고 있니?

BUNNY Hmm?

버니 흠?

DUCKY I can't reach him. Help me out here, c'mon.

덕키 내 다리가 저녀석한테 미치질 않잖아. 네가 좀 도와줘.

BUNNY Oh. Sorry, Ducky. I'm not a **mind reader**, you know.

버니 오. 미안, 덕키. 내가 독심술사가 아니라서 말이야.

DUCKY What's not to understand?

덕키 이해 못 할게 뭐가 있는데?

---

cheat the system 제도를 교묘하게 피하다/기만하다
get with 태도를 바꾸고 새로운 시대/것을 받아들이다
shower 쏟아붓다, (많은 것을) 주다
unconditional 무조건적인
pal ⟨비격식⟩ 친구, 이봐
mind reader 독심술사

❶ **Join the club!** 너도 이제 같은 신세로구나!
'(별로 유쾌하지 않은 일을 겪고 있는 사람과) 같은 신세가 되다'인데, 주로 상대방이 어떤 일을 겪고 자신과 같은 상황이 되었을 때 놀리듯이 관용적으로 쓰는 표현이에요.

❷ **Not even close.** 근처에도 못 갔어.
목표하는 상황/지점에 거의 다가갔을 때 close라고 하는데, 전혀 근처에도 가지 못하였을 때는 위의 표현을 써요.

BUNNY Hmm?
버니 흐음?

DUCKY You're gonna make me say it?
덕키 나보고 그냥 말하라고?

BUNNY What?
버니 뭘?

DUCKY With these tiny legs, **I cannot reach without your help...**❶
덕키 이 짧은 다리로는, 네 도움 없이 닿지를 않는다고…

BUNNY Oh. Uh-huh. Well...
버니 오. 아하. 그렇다면…

Buzz continues to struggle as Ducky and Bunny **squabble**.
덕키와 버니가 옥신각신하는 동안 버니가 계속 허우적대고 있다.

BUZZ (struggling)
버즈 (허우적허우적)

DUCKY THIS is what I've been talking about Bunny, you need to work on paying attention and your listening skills...
덕키 이게 바로 내가 맨날 하는 얘기야 버니. 넌 남의 말에 귀 기울일 줄 알아야 한다고…

BUZZ (struggling)
버즈 (허우적허우적)

Ducky's foot **makes contact with** Buzz's head.
덕키의 발이 버즈의 머리에 닿는다.

BUZZ (impact)
버즈 (충격)

DUCKY HA!
덕키 하!

BUZZ (sigh)
버즈 (한숨을 쉰다)

DUCKY AHA! How you like THAT, **cheater**? Huh? P-SKWOW! (**BONK**) Ha ha! To infinity and... MY FOOT! (BONK) BOOM!
덕키 아하! 맛이 어때, 사기꾼아? 응? 빠샤! (머리를 쾅 친다) 하 하! 무한한 그리고… 내 발 맛 좀 봐라! (머리를 쾅) 빵야!

BUZZ (struggling)
버즈 (허우적허우적)

BUNNY (laughing)
버니 (웃는다)

---

squabble 옥신각신하다, 티격태격 다투다
make contact with ~와 접촉/연락하다, 친해지다
cheater 사기꾼, 속이는 사람
bonk 머리를 부딪치기

❶ I cannot reach without your help.
네 도움 없이 닿지를 않는다고.
〈can't 동사 + without + 대명사/명사〉 표현도 아주 유용한 표현이죠. '너 없이는 못살아, 사랑 없이는 못살아'와 같이 가요나 팝송 가사에도 많이 담겨 있고, 특히 한국인들은 김치 없인 못살죠? Koreans can't live without Kimchi.

DUCKY In a **galaxy** far far away... you got kicked in the head. BOOM!

덕키 은하계 저 멀고 먼 곳에서... 머리에 발길질 당했네. 빵야!

DUCKY (O.S.) Ha ha!

덕키 (화면 밖) 하 하!

BUZZ (to self) How do I get out of here?

버즈 (혼잣말로) 여기서 어떻게 빠져나가지?

DUCKY How you like that?!

덕키 맛이 어떠냐고?!

Buzz pushes a button.

버즈가 버튼을 누른다.

BUZZ VOICEBOX "This **planet** is **toxic**. Closing helmet to **conserve oxygen**."

버즈 소리 상자 "이 행성은 독이 있어. 산소를 보존하기 위해 헬멧을 닫는다."

Buzz smirks. He looks up at Ducky, waiting...

버즈가 실실 웃는다. 그가 덕키를 올려다본다, 기다리며…

DUCKY (laughs) In the **vacuum of space**, they cannot hear you scREEEAM!

덕키 (웃는다) 진공 공간에서는, 네가 아무리 소리를 꽥꽥 질러도 아무도 듣지 못한다고오오!

...then closes his helmet on Ducky's foot as the stuffie kicks at him again.

…덕키가 다시 발길질을 할 때 그것의 발을 낀 채 헬멧을 닫아 버린다.

BUNNY Whoah, whoah!

버니 워, 워!

DUCKY **Let go of me! Get off of me!**[1]

덕키 날 놔줘! 저리 가라고!

Bunny pulls at Ducky, yanking Buzz out of the ziptie. The hook **securing** Bunny to the ceiling can't take the Buzz's **additional** weight. All three of them fall to the ground.

버니가 덕키를 당기자 버즈가 플라스틱 줄에서 확 빠진다. 버니를 천장에 고정시키고 있는 고리가 버즈의 무게가 더해지자 버티질 못한다. 세 인형 모두 바닥으로 떨어진다.

BUZZ (impact)

버즈 (충격)

BUNNY (impact)

버니 (충격)

DUCKY (impact)

덕키 (충격)

Buzz gets to his feet and runs. Woozy, Ducky and Bunny sit up.

버즈가 일어서서 달린다. 머리가 띵해진 덕키와 버니가 일어나 앉는다.

---

galaxy 은하계
planet 행성
toxic 유독성의
conserve 아끼다, 보호하다
oxygen 산소
vacuum of space 진공 상태
secure (단단히) 고정시키다/잡아매다
additional 추가의, 더해진, 늘어난

❶ Let go of me! Get off of me!
내게서 떨어져!
위의 표현은 둘 다 상대방이 나를 움켜잡고 있을 때 '손 떼!', '그 손 놔라!'라는 의미로 쓰는 표현들이에요. Get off of me! 의 경우에는 중간에 of를 생략하고 Get off me! 라고만 하는 사람들도 있답니다.

DUCKY So THAT'S what **gravity** feels like.

덕키 아 중력이라는 게 이런 느낌이구나.

BUNNY Yeah, that's it.

버니 그래, 바로 그거야.

DUCKY (to Buzz) Hey, where you going?!

덕키 (버즈에게) 이봐, 어디 가는 거야?!

EXT. GAME BOOTH
BUZZ **RUNS OUT OF** THE **SIDE COMPARTMENT** IN THE BOOTH.

외부. 게임 부스
버즈가 부스에 달린 옆 칸막이에서 벗어나며 달린다.

DUCKY (O.S.) You better get over here **spaceman**!

덕키 (화면 밖) 이리로 돌아오는 게 좋을 거야, 우주인!

BUNNY Put us back up there!

버니 우리를 다시 저기로 올려놓으라고!

DUCKY (struggling) Bunny, what are you doing? He's **getting away**, let's go!

덕키 (허우적대며) 버니, 뭐 하는 거야? 저놈이 도망치잖아, 가자!

BUNNY (struggling) I'm trying!

버니 (허우적대며) 나도 노력 중이야!

DUCKY Come on!

덕키 어서!

---

gravity 중력
run out of ~에서 도망 나오다, 달아나다
side compartment 옆칸, 측면 칸
spaceman 우주인, 우주비행사
get away 탈출하다, 벗어나다

Day 15

Back to the Antique Store

다시 골동품 상점으로

15.mp3

EXT. CARNIVAL **PARKING LOT** – DAY
The skunkmobile bursts from the bushes and **barrels** toward the CARNIVAL.

외부. 축제 주차장 – 낮
스컹크모빌이 덤불에서 튀어나와 축제 장소를 향해 질주한다.

BO Antique store, here we come!

보 골동품 상점이야. 우리가 간다!

WOODY Why do you ride around in a skunk?

우디 왜 스컹크를 타고 다니는 거야?

BACK OUTSIDE, the skunkmobile ENTERS THE **FOOT TRAFFIC**. **Folks** SCREAM **at the sight of** a skunk, and jump out of its way.

다시 외부. 스컹크모빌이 사람들이 다니는 길에 들어선다. 사람들이 스컹크를 보고 놀라서 뛰어오르며 길을 터준다.

FREAKED OUT WOMAN #1 (screams)

기겁한 여자 1 (비명)

FREAKED OUT GUY #1 Watch it! A skunk!

기겁한 남자 1 조심하라고! 스컹크야!

FREAKED OUT GUY #2 Ahhhh! A skunk!

기겁한 남자 2 아아아! 스컹크다!

FREAKED OUT WOMAN #2 (gasp) Skunk!

기겁한 여자 2 (헉 한다) 스컹크다!

FREAKED OUT GUY #3 (gasp)

기겁한 남자 3 (헉 한다)

FREAKED OUT GUY #4 (scream)

기겁한 남자 4 (비명)

FREAKED OUT CROWD (**reaction**)

기겁한 군중 (반응한다)

INSIDE.

내부.

WOODY Oh, **I get it.**[1] Smart.

우디 오, 이해되네. 똑똑해.

Bo, smiling, looks back at Woody. Isn't this fun?

보가 미소를 지으며 우디를 돌아본다. 재미있지 않니?

WOODY (nervous laugh)

우디 (긴장된 웃음)

---

parking lot 주차장
barrel (통제가 안 되게) 쏜살같이 달리다
foot traffic 유동인구, (사람들이 많이 걸어 다녀서) 헤지고 헌 길
folks 사람들
at the sight of ~을 보고
reaction 반응, 반작용

1 I get it. 알겠어.
위 문장에서 get은 understand와 같은 의미로 상황(의견)에 대해 충분히 이해가 됐다는 표현입니다. get은 understand보다 캐주얼한 뉘앙스이고, 상황에 따라 got(이미 알고 있었어)도 자주 쓰여요.

GIGGLE MCDIMPLES **Corndogs**, corndogs, CORNDOGS!

기글 맥딤플즈 콘도그, 콘도그, 콘도그!

All look forward. The skunk is about to **collide** with a **food cart**.

모두가 앞을 본다. 스컹크가 포장마차와 충돌하기 직전이다.

WOODY (gasp)

우디 (헉 한다)

SHEEP BAAAA!

양들 매에에!

Too late. They are **side-swiped** by cart's **wheel** then sent **careening** under the carousel.

너무 늦었다. 그들이 포장마차의 바퀴에 옆으로 받혀 회전목마 밑으로 위태롭게 기울어지며 달려들어간다.

BO Whoa.

보 워.

WOODY (yelp)

우디 (비명을 지른다)

UNDER THE CAROUSEL.The skunk is hit by a spinning pole CRASH into the ride's CENTER! All **spill out**.

회전목마 밑. 회전 기둥이 놀이기구의 중앙에 부딪히고 스컹크가 그 기둥에 받힌다. 모두가 쏟아져 나온다.

BO & WOODY (yell/impact)

보 & 우디 (소리친다/충격)

Bo lands **atop** Woody's chest.

보가 우디의 가슴 위로 떨어진다.

BO (to the sheep) Why are you so bad at driving? You got six eyes.

보 (양들에게) 너희들 왜 이렇게 운전을 못 하니? 눈도 여섯 개나 되면서.

SHEEP BAAA!

양들 매에에!

Bo pats Woody's **chest**.

보가 우디의 가슴을 토닥거린다.

BO Thanks for the landing.

보 착지하게 해 줘서 고마워.

WOODY (**flustered** chuckle)

우디 (당황한 웃음)

Bo gets to her feet and holds out a hand to help him up.

보가 일어서서 그를 일으켜주려고 손을 뻗는다.

BO Come on, follow me.

보 자, 나를 따라와.

SNAP! HER ARM **COMES OFF** in Woody's hand.

툭! 그녀의 팔이 우디의 손으로 떨어져 나간다.

---

corndog (꼬챙이에 낀 소시지를 옥수수빵으로 싸서 튀긴 간식) 핫도그
collide 충돌하다, 부딪히다
food cart 음식을 나르는 카트/손수레
side-swipe 옆 부분을 치다
wheel 바퀴
careen (사람이나 차량이 기울어져) 위태롭게 달리다
spill out (of) ~에서 쏟아져 나오다
atop 꼭대기에, 맨 위에
chest 가슴, 흉부
fluster 몹시 당황하다, 허둥지둥하다
snap 딱 (툭) 부러지다/끊어지다
come off ~에서 떨어지다, 벗겨지다

BO & WOODY	(scream)	보 & 우디 (비명)
BO	(laughs) I'm fine.	보 (웃는다) 난 괜찮아.
GIGGLE MCDIMPLES	(laughs) Ha! His face!	기글 맥딤플즈 (웃는다) 하! 그의 표정을 봐!
BO	(to Woody) I'm fine.	보 (우디에게) 난 괜찮아.

She sees his **stricken** face.

그녀가 그의 괴로워하는 표정을 본다.

BO Don't worry– happens all the time.

보 걱정하지 마 – 늘 이러니까.

She **retrieves** her arm.

그녀가 자기 팔을 되돌려놓는다.

BO Tape!

보 테이프!

A TAPE ROLL from the skunkmobile **stash** is **lobbed** her **way**. When Bo catches it with her broken **stump**, Giggle is on it.

스컹크모빌의 잡동사니에서 테이프 묶음 하나가 그녀 쪽으로 날아온다. 보가 그녀의 떨어진 팔로 그것을 잡을 때, 기글이 그 위에 있다.

GIGGLE MCDIMPLES Not a bad hiding spot.

기글 맥딤플즈 숨을 곳으로 나쁘지 않군.

BO Yeah!

보 맞아!

Bo looks around.

보가 주위를 돌아본다.

BO Leave the skunk, we'll fix it later.

보 스컹크는 두고 와. 나중에 수리하면 되니까.

GIGGLE MCDIMPLES Ten-four.

기글 맥딤플즈 10-4. (알았다, 오바.)

BO This will be more fun.

보 이게 더 재미있을 거야.

Bo hops up the center of the ride to the **ladder**.

보가 놀이기구의 중심으로 올라타서 사다리 쪽으로 향한다.

BO (to Woody) Let's get you to that store!

보 (우디에게) 그 가게로 가자구!

ON THE CAROUSEL'S CENTER **SCENIC PANELS**. Bo and Giggle **have a moment to themselves** as Bo **tapes up** her arm. They **peek over** the **top edge**.

회전목마의 중심에 있는 멋진 판들 위. 보가 테이프로 자신의 팔을 붙이며 기글과 함께 그들만의 시간을 갖는다. 그들이 꼭대기 가장자리 위를 훔쳐본다.

---

stricken ~에 시달리는, 고통받는
retrieve (제자리가 아닌 곳에 있는 것을) 되찾아오다, 회수하다
stash 챙겨(숨겨) 둔 것, 넣어 두다
lob (away) 한쪽으로 던지다, 차다/치다
stump (나무의) 그루터기, 남은 부분
ten-four (무선 통신) 알았다, 오버
ladder 사다리
scenic 경치가 좋은
panel (문이나 벽에 붙이는 목재, 유리, 금속으로 된 사각형) 판
have a moment to oneself 잠시 자신만의 시간을 갖다
tape up 테이프로 꽁꽁 묶다
peek over ~의 너머로 보다
top edge 꼭대기 가장자리

바로 이 장면!*

GIGGLE MCDIMPLES	Okay, **spill it**. The cowboy. **What's the deal?**❶	기글 맥딤플즈 자, 다 털어놔 봐. 카우보이라고. 어찌 된 영문이야?
BO	There's no deal.	보 아무 영문도 없는데.
GIGGLE MCDIMPLES	Uh huh... Don't do this to yourself, cowboy's got a kid.	기글 맥딤플즈 어 허… 스스로를 힘들게 만들지 마. 저 카이보이에겐 아이가 있다고.
BO	Giggle—	보 기글—
GIGGLE MCDIMPLES	Trust me, **I've been there**. You know about me and **He-Man**. I'm not proud. Shh, here he comes! (laughing to cover) Oh, man!	기글 맥딤플즈 내 말 들어. 내가 다 경험해 봐서 알아. 나하고 히맨과의 관계에 대해서 너도 알잖아. 자랑스러운 건 아냐. 쉿. 그가 온다! (들키지 않으려고 웃는다) 오, 친구!
Woody arrives.		우디가 도착한다.
WOODY	What?	우디 무슨 일이야?
GIGGLE MCDIMPLES	(laughing) No not you...	기글 맥딤플즈 (웃으며) 아니, 네가 아니라…
BO	Second Chance Antiques. **Straight ahead**.	보 세컨드 찬스 골동품 상점. 직진 방향.
GIGGLE MCDIMPLES	**Heavy foot traffic** at the entrance.	기글 맥딤플즈 입구에 사람들이 많이 몰려 있네.
BO	Easiest way in is...	보 제일 쉽게 들어가는 방법은…
BO & GIGGLE MCDIMPLES	The roof.	보 & 기글 맥딤플즈 지붕.
BO	(to Woody, pointing out the store) Let's go antiquing.	보 (우디에게 가게를 가리키며) 골동품 뒤지러 가자고.

Bo and the sheep take off running.

보와 양들이 달리며 출발한다.

Spill it! 전부 털어놔라
I've been there. 난 (이런 일에 대한) 유경험자야.
He-Man 〈비격식〉 (남성다움을 과시) 건장한/근육질 남자
straight ahead 똑바로 직진, 앞으로
heavy foot traffic 유동인구가 많은

❶ **What's the deal?**
어찌된 영문이야?
영화나 미드에서 자주 접할 수 있는 표현으로 '무슨 일이야? 어떻게 된거야? 어찌 되어 가고 있니?' 등 상황에 따라 다양한 의미로 쓰일 수 있어요. 구체적인 대상(문제점)을 언급하려면 끝에 'with + 대상'을 붙여 주세요.

CUT TO:
Bo's hands as she takes up her **sticky** hand, cape, like a lasso—

장면 전환:
보가 끈끈이 손, 망토를 올가미 밧줄처럼 들어올릴 때 가까이 비춘다—

BO Hold on!

보 잠깐!

-and lets go, sending the end up into THE UPPER **FRAMEWORKS**. Woody reaches for her but is too slow.

-그리고 손에서 놓자, 끝 부분이 상단 화면 쪽으로 날아간다. 우디가 그녀에게 손을 뻗지만 너무 늦었다.

WOODY Huh?

우디 엥?

Bo **zooms skyward** without him. Bo drops down back into frame like a yo-yo, grabs Woody, they both **zip** up and out of frame.

보가 우디 없이 하늘 위로 붕 하고 올라간다. 보가 마치 요요처럼 화면 안으로 다시 내려와서 우디를 붙잡는다. 둘이 위로 쓩 하고 올라가며 화면에서 사라진다.

WOODY Whoa!

우디 워!

HIGH ABOVE THE CAROUSEL HORSES. Bo leads the way, racing down the **steel struts** of the carousel ceiling.

회전목마 말들 위 높은 곳. 보가 앞에서 이끌며 회전목마 천장에 달린 강철 지지대를 타고 재빨리 내려온다.

WOODY (running) Bo, how did you end up here? I thought you were given to a new family.

우디 (달리며) 보, 어쩌다가 여기에 있게 된 거야? 난 네가 새로운 가족에게 가게 된 줄 알았는데.

Woody **follows suit** as she **scales** one of **diagonal** poles reaching to the central point.

보가 중심으로 이르는 대각선 기둥 중에 하나를 타고 올라가고 우디가 그 뒤를 따른다.

BO Oh you know how it goes. Their little girl grew up and didn't need me anymore so– (**raspberry**)

보 오 너도 잘 알면서 왜 그래. 어린 소녀가 커서 더 이상 나를 필요로 하지 않고 – (뿍 소리)

WOODY Oh, I'm sorry, Bo...

우디 오, 미안해, 보···

BO Eh, who needs a kid's room when you can...

보 에, 아이 방에 뭐가 필요해 이런 걸 할 수···

OUTSIDE THE CAROUSEL, Bo and Woody emerge to stand on the roof **spire**.

회전목마 밖. 보와 우디가 지붕의 첨탑에 올라서며 등장한다.

BO ...you can have all of this...

보 ···이 모든 것을 가질 수 있는데···

Woody **takes in** the **open view**. Bo looks out on the carnival, the town, the surrounding **landscape**. Kids playing and laughing.

우디가 앞으로 펼쳐진 전망을 음미한다. 보가 축제, 마을, 그리고 주변의 풍경을 바라본다. 아이들이 즐기며 웃고 있다.

---

sticky 끈적끈적한, 달라붙는
framework (건물 등의) 뼈대, 골조
zoom (아주 빨리) 붕/쌩/휭 하고 가다
skyward 하늘 쪽으로, 하늘로 향한
zip (차, 총알 등이) 핑하고 소리 내며 나아가다/움직이다
steel 강철
strut (차량, 건물을 보강하는) 지주/버팀대
follow suit ~에 따르다, 전례를 따르다
scale (아주 높고 가파른 곳을) 오르다
diagonal 사선의, 대각선의
raspberry 혀를 입술 사이로 진동시키며 내는 야유 소리
spire (교회의) 첨탑
take in ~을 눈여겨보다, 음미하다
open view 시야가 탁 트인 경관/전망
landscape 풍경

CARNIVAL KIDS (happy walla/laughing)	**축제의 아이들** (행복한 웅성거림/웃음)
Woody's **gaze** turns to Bo. He smiles. Suddenly, Giggle is on his shoulder.	우디의 시선이 보를 향한다. 그가 미소 짓는다. 갑자기, 기글이 그의 어깨에 올라와 있다.
GIGGLE MCDIMPLES (O.S.) Whatcha lookin' at Sheriff?	**기글 맥딤플즈** (화면 밖) 뭘 보고 있나, 보안관 양반?
WOODY What? Oh, uh... that wasn't– no... Um... nothing. I was looking at... the STORE. Right there. I was looking at the antique store.	**우디** 뭐? 오, 어··· 그건 아니고 – 아니··· 엄··· 아무것도 아냐. 난 보고 있었어··· 가게를. 바로 저기에 있네. 골동품 상점을 보고 있었다고.
Bo is smiling at Woody now.	보가 이제 우디를 보며 미소 짓는다.
BO Giggle. Count us down.	**보** 기글. 카운트다운해 줘.
In one move, Bo **undoes** her dress pack, spinning it into a **cape**.	단 한 번에 보가 그녀의 드레스로 싼 짐을 벗고 빙빙 돌려서 망토로 만든다.
GIGGLE MCDIMPLES 5,4,3,2 etc...	**기글 맥딤플즈** 5, 4, 3, 2 등···
WOODY **Count down**? For what?	**우디** 카운트다운을 한다고? 무엇 때문에?
BO You want to get to the store, **dontcha**?!	**보** 너 가게에 가고 싶잖아, 안 그래?!
Bo grabs Woody's hand...	보가 우디의 손을 잡는다···
GIGGLE MCDIMPLES ...1!	**기글 맥딤플즈** ···1!
...and jumps.	···그리고 뛰어내린다.
WOODY (screams)	**우디** (비명)
They slide down the carousel roof... Bouncing on the **canvas** to the roof of a **bouncy** castle below...	그들이 회전목마 지붕에서 미끄러지며 내려간다··· 캔버스 천 위에서 튕겨서 아래쪽에 있는 탄력 있는 성의 지붕으로 떨어진다···
WOODY Whoah!	**우디** 워우오!
...and **a pair of** cafe umbrellas. They're almost to the store.	···그리고 카페 우산 한 짝. 그들이 거의 가게에 이르렀다.

---

gaze 응시, 시선, 눈길

undo (잠기거나 묶인 것을) 풀다/열다/끄르다

cape 망토

count down 카운트다운, 초읽기

dontcha? 안 그래? (don't you?를 구어체식으로 표기)

canvas 캔버스 천 (텐트, 돛, 화폭 등을 만드는 데 쓰이는 질긴 천)

bouncy 잘 튀는, 탱탱한, 탄력 있는

a pair of ~한 짝(쌍)

EXT. MAIN STREET – DAY
ON THE GROUND. Buzz peeks out behind a **PLANTER** by the antique store.

외부. 중심가 – 낮
땅바닥에서. 버즈가 골동품 상점 옆에 있는 화분 뒤에서 밖을 몰래 살핀다.

BUZZ (to himself) The highway exit has to be somewhere... where is it?

버즈 (혼잣말로) 고속도로 출구가 어딘가에 있을 텐데··· 어디에 있지?

He presses his voice-command button.

그가 자신의 목소리 명령 버튼을 누른다.

BUZZ VOICEBOX **Meteor Shower! Look out!**

버즈 소리 상자 별똥별이다! 조심해!

Buzz looks up... just in time to catch Woody, Giggle, Bo and sheep leaping onto the ANTIQUE STORE AWNING.

버즈가 위를 올려다본다··· 때마침 우디, 기글, 보, 그리고 양들이 골동품 상점의 차양 위로 뛰어오른다.

BUZZ Woody? Good work innervoice.

버즈 우디? 내면의 소리, 잘했어.

EXT. ANTIQUE STORE ROOF – MOMENTS LATER
Bo leads Woody and the others up the **sloping** roof.

외부. 골동품 상점 지붕 – 잠시 후
보가 비탈진 지붕 위로 우디와 다른 장난감들을 이끈다.

BO So... how 'bout you? How's your new kid?

보 그래서··· 넌 어떻게 지내는데? 네 새로운 아이는 괜찮아?

WOODY Bonnie? Oh, she's great. Jessie is loving it...

우디 보니? 아, 참 좋은 애야. 제시가 정말 좋아해···

BO Jessie's still with you?

보 제시도 여전히 같이 있구나?

WOODY Oh yeah, the whole gang's still together... I mean, well, most of us.

우디 응 그래, 애들 모두 아직 다 같이 있어··· 그러니까, 어, 거의 다.

Bo glances back at him, smiles. She knows who he means.

보가 그를 힐끗 보며 미소 짓는다. 그가 누구를 말하는 건지 그녀는 안다.

BO What about Rex?

보 렉스는?

WOODY Yeah, yeah, Rex, Bullseye, Slinky, the Potato Heads...

우디 응, 응, 렉스, 불즈 아이, 슬링키, 그리고 포테이토 헤드···

Bo reaches the roof's **peak**. Turning back to Woody, her eyes **light up**.

보가 지붕의 꼭대기에 다다른다. 우디를 향해 뒤돌아보며, 그녀의 눈에 빛이 난다.

---

planter (잘 만들어진 보기 좋은) 화분
meteor shower 유성우, 별똥비
Look out! (위험 경고) 조심해라! 위험해!
slope 경사지다, 기울어지다
peak 절정, 정점, 봉우리, 꼭대기
light up 얼굴/눈이 빛나다, 환해지다

BO (seeing Buzz) Buzz?

보 (버즈를 보며) 버즈?

...Buzz hopping up to the roof and jogging **toward** them.

…버즈가 지붕 위로 뛰어올라 그들과 함께 달린다.

WOODY Yeah, Buzz too. I cannot wait to see his face when he hears that I found–

우디 응, 버즈도 같이 있어. 내가 누굴 찾았는지 그에게 말해 주면 그의 표정이 어떨지 진짜 궁금하네 –

BUZZ Bo Peep?!

버즈 보핍?!

Buzz and Bo hug.

버즈와 보가 서로를 안는다.

BO Buzz!

보 버즈!

BUZZ (happy laugh)

버즈 (행복한 웃음)

BO My old moving buddy!!

보 나의 옛 움직이는 친구!!

WOODY Buzz?

우디 버즈?

BO It's so good to see you!

보 너 보니까 정말 좋다!

BUZZ Woody, it's Bo Peep. (to Bo) What are you doing out here?

버즈 우디, 보핍이야. (보에게) 너 여기에서 뭐 하는 거니?

WOODY (to Buzz) What are you doing out here?

우디 (버즈에게) 넌 여기에서 뭐 하는 건데?

Ducky & Bunny suddenly SLAM into Buzz!

덕키와 버니가 갑자기 버즈에게 쾅 하고 충돌한다!

BUNNY & DUCKY (yell) (impact)

버니 & 덕키 (소리친다) (충격)

They **roll down** the roof slope and CRASH to a stop where it meets the **facade**.

그들이 지붕의 경사면 위에서 굴러떨어지다가 건물의 정면과 만나는 부분에 쾅 부딪히며 멈춘다.

---

toward ~을 향해
roll down 내려오다, 굴러 떨어지다
facade (건물의) 정면/앞면, 외관, 외양

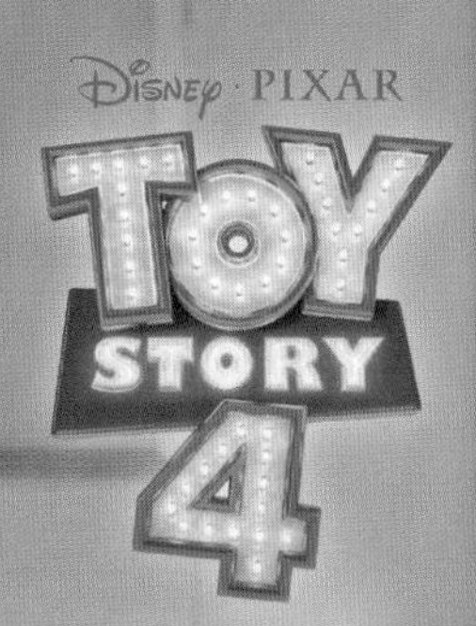
Disney · PIXAR
TOY STORY 4

SPACE RANGER
LIGHTYEAR

Day 16

The RV Got a Flat Tire

캠핑카 타이어에 펑크 나다

16.mp3

BUZZ VOICEBOX BUZZ– BUZZ– BUZZ– BUZZ– LIGHTYEAR TO THE **RESCUE**!

버즈 소리 상자 버즈- 버즈- 버즈- 버즈- 라이트이어 출동!

Buzz is **pinned beneath** them.

버즈가 그들 밑에 박혀있다.

BUNNY Three years!

버니 3년!

DUCKY Three. Years.

덕키 3. 년.

BUNNY That's how long we've been hanging up there waiting for a kid.

버니 그게 우리가 아이를 기다리며 그 위에 매달려 있던 세월이야.

BUZZ Look. I'm sorry about that...

버즈 이봐. 참 미안하게 됐어…

DUCKY (crying) ...You **ruined** our lives. **Shame on you!**[1]

덕키 (울며) …네가 우리의 인생을 망쳐버린 거야. 어떻게 그럴 수가 있냐고!

Woody and Bo catch up to them.

우디와 보가 그들에게 온다.

WOODY Who are these guys?

우디 얘들은 누구니?

DUCKY Lightyear promised us a kid.

덕키 라이트이어가 우리에게 아이를 주겠다고 약속했어.

WOODY You did what?

우디 네가 뭘 했다고?

Buzz gets to his feet.

버즈가 일어선다.

BUZZ I did not.

버즈 난 그런 적 없어.

BUNNY & DUCKY (**lunging**)

버니 & 덕키 (달려든다)

They tackle him again.

그들이 그를 다시 덮친다.

---

rescue 구출, 구조
pin (핀 등으로) 꽂다, 고정시키다
beneath 아래에
ruin 망치다, 엉망으로 만들다
lunge 달려들다

1 Shame on you!
부끄러운 줄 알아라!
상대방이 어떤 행동을 했을 때, 그렇게 행동하는 것은 옳지 않다고 하며 훈계하듯 쓰는 표현이에요. 특히, 훈계조의 말투이기 때문에 친구사이에서 보다는 주로 부모님이 자식을 혼낼 때 많이 쓰인답니다.

BUZZ (struggling)

버즈 (발버둥친다)

DUCKY (fighting) Eat my **plush**!

덕키 (싸우며) 내 봉제 털이나 먹어라!

WOODY Alright, come on, stop it! **Cut it out**, now!

우디 자, 이제 좀, 그만해! 그만하라고, 당장!

BO C'mon, guys, **break it up**.

보 이봐, 얘들아, 그만 싸워.

BUNNY & DUCKY (fighting)

버니 & 덕키 (싸운다)

Woody holds up his boot to show Bonnie's name written on his **sole**.

우디가 보니의 이름이 쓰인 자기 발바닥을 보여주려 그의 부츠를 들어올린다.

WOODY Guys, I have a kid.

우디 얘들아, 나에게 아이가 있어.

DUCKY (**halting**)

덕키 (중단한다)

Woody suddenly **has their undivided attention**.

갑자기 그들의 관심이 우디에게 집중된다.

DUCKY You got a kid?

덕키 네게 아이가 있어?

BUNNY Like a KID kid?

버니 진짜 아이, 그런 아이 말이야?

DUCKY Like a human kid, not a baby **goat**?

덕키 그러니까 인간 아이 말이지, 아기 염소 그런 거 말고?

WOODY Yeah. Now, let go of Buzz and come with me, I'll take you to Bonnie.

우디 그래, 이제 좀 버즈를 놔 주고 날 따라와 봐, 내가 보니에게 너희들을 데리고 가 줄게.

DUCKY W-we're, we're, we're gettin' a kid?

덕키 우-우리, 우리가 아이를 갖게 된다고?

BUNNY Yes!

버니 그래!

DUCKY We're gettin' a kid...

덕키 우리에게도 아이가 생긴다…

BUNNY (singing) –kid, we're getting a kid...

버니 (노래하며) –아이, 우리에게 아이가 생긴다네…

---

plush 천의 한 종류 (실크나 면직물을 우단보다 털이 더 길게 두툼히 짠 것, 플러시 천)

Cut it out! 그만해! 닥쳐!

Break it up! 싸우지/다투지 마라!

sole (신발, 양말의) 바닥, 발바닥, 밑창

halting 멈칫거리는, (말, 동작이 계속 이어지지 않고) 자꾸 끊어지는, 중단되는

have someone's undivided attention ~에게 온전히 전념하게 하다, 정신을 집중하게 하다

goat 염소

DUCKY (singing) We're gonna get a kid, we're getting a kid...

덕키 (노래하며) 우리에게 아이가 생긴다네, 우리에게 아이가 생긴다…

BO Alright, let's go.

보 좋아, 가자고.

BUZZ (to Woody) Where's Forky?

버즈 (우디에게) 포키는 어디 갔어?

WOODY (**sigh**) **Long story**...

우디 (한숨을 쉰다) 얘기가 길어…

The gang heads towards the **CHIMNEY VENT**, Bunny and Ducky right behind, still singing.

장난감들이 굴뚝 환기구 쪽으로 향해간다. 버니와 덕키가 여전히 노래를 부르며 바로 뒤에 따라붙는다.

CUT TO:
EXT. CARNIVAL/RV PARK – DAY

장면 전환:
외부. 축제/캠핑카 야영장 – 낮

BONNIE (O.S.) (sniffling)

보니 (화면 밖) (코를 훌쩍거린다)

INT. RV – DAY
Mom and Dad are **CONSOLING** BONNIE at the table.

내부. 캠핑카 – 낮
엄마와 아빠가 탁자에서 보니를 위로하고 있다.

BONNIE (crying) He's not anywhere. Forky's gone!

보니 (울며) 그가 어디에도 없어요. 포키가 사라졌다고요!

BONNIE'S MOM Oh honey, I'm sorry.

보니 엄마 오 아가, 안타깝구나.

BONNIE'S DAD Okay. Let's look outside one more time... but then we have to keep driving, ok?

보니 아빠 자, 한 번만 더 밖에 가서 찾아보자… 하지만 계속 운전하고 가야 해, 알겠지?

PAN DOWN to Jessie and Dolly, in toy mode on the bed. As the family exits... Jessie and Dolly **jump to their feet in a panic**.

카메라가 내려오며 침대 위 장난감 모드로 있는 제시와 돌리를 비춘다. 가족이 나가고… 제시와 돌리가 크게 당황하면서 점프하며 일어난다.

JESSIE They'**re about to** leave!

제시 그들이 막 떠나려고 하고 있어!

The group panics, talking over each other.

장난감들이 전전긍긍하며 서로 대화를 나눈다.

JESSIE & REX (panicking)

제시 & 렉스 (공황 상태에 빠진다)

MR. POTATO HEAD How could things **get** any **worse**?

포테토헤드 이건 정말 최악의 상황이 아닐까?

---

sigh 한숨을 쉬다/짓다
(It's a) long story 얘기를 하자면 길다, 세세한 얘기를 다 할 수는 없다
chimney 굴뚝
vent 환기구, 통풍구
console 위로하다, 위안을 주다
jump to one's feet 벌떡 일어서다
in a panic 경악하여, 허둥지둥, 공황 상태에 빠져
be about to 막 ~하려고 하다
get worse 악화되다

SLINKY DOG (panicking)

슬링키 독 (공황 상태)

HAMM (panicking)

햄 (공황 상태)

MRS. POTATO HEAD (**freaking out** walla)

포테토 부인 (기겁하며 웅얼웅얼)

TRIXIE Leaving?! (panicking)

트릭시 간다고?! (공황 상태)

REX (gasp) The panic is attacking me...! (**panicky** yelp)

렉스 (헉 한다) 나 공황 발작을 일으킬 것 같아…! (전전긍긍하며 소리를 지른다)

Rex **paces** behind everyone, knocking his tail into Mr. Potato Head. His pieces all far forward.

렉스가 모두의 뒤에서 왔다 갔다 하다가 그의 꼬리가 포테토헤드와 충돌한다. 포테토헤드의 부품들이 저 멀리 앞으로 날아간다.

MR. POTATO HEAD Hey! Watch it buddy!

포테토헤드 이봐! 조심해 이 친구야!

MRS. POTATO HEAD What do we DO?!

포테토 부인 우리 어떻게 하지?!

JESSIE We have to stop them.

제시 우리가 그들을 멈춰야만 해.

DOLLY How?!

돌리 어떻게?!

Jessie **thinks to herself**, her mind **racing**...

제시가 고민을 하는데, 머리를 정신없이 굴린다…

BUTTERCUP (O.S.) We could **frame Dad for a crime** so he goes to jail...

버터컵 (화면 밖) 아빠에게 죄를 뒤집어씌어서 감옥에 가게 만들 수도 있고…

REX (O.S.) Or **go back in time** and warn Woody about the future...

렉스 (화면 밖) 아니면 과거로 되돌아가서 우디에게 미래에 대해 경고를 한다거나…

TRIXIE (O.S.) That's crazy. **Time is a flat circle.**❶

트릭시 (화면 밖) 미쳤구나. 시간은 평평한 순환이야.

Jessie **gets an idea**. While they continue to discuss/argue, she runs to the window and jumps out.

제시가 아이디어를 떠올린다. 장난감들이 계속 토의/논쟁하는 동안, 그녀가 창문으로 달려가서 밖으로 뛰어내린다.

REX Ahh! Jessie!

렉스 아아! 제시!

The toys run to the window.

장난감들이 창문 쪽으로 달려간다.

---

freak out 흥분하다, 자제력을 잃다
panicky 공황 상태에 빠진
pace (초조해서) 서성거리다
think to oneself 마음속으로 생각하다
race (두려움으로 뇌 등이) 정신없이 돌아가다
frame someone for a crime ~에게 죄를 덮어씌우다
go back in time 시간을 거슬러 과거로 돌아가서
get an idea 착상을 얻다, 생각이 떠오르다

❶ **Time is a flat circle.**
시간은 평평한 순환이야.
인생은 계속 돌고 돌아서 무엇을 해도 벗어날 수 없다는 의미로 니체의 책 '자라투스트라는 이렇게 말했다'에서 언급된 '영원한 시간은 원형을 이룬다'를 미드 'True Detective'의 캐릭터가 빗대어 한 말이죠.

OUTSIDE THE RV – MOMENTS LATER
Jessie sneaks her way towards the front of the RV... Bonnie outside with her parents.

캠핑카 외부 – 잠시 후
제시가 캠핑카 앞쪽으로 몰래 다가간다… 보니가 부모님과 함께 밖에 있다.

BONNIE'S MOM I'm sorry Bonnie, we looked everywhere. But we need to get going now, okay?

보니 엄마 미안해 보니. 여기저기 다 찾아봤어. 그런데 우리 이제 출발해야 돼, 응?

BONNIE Can we please leave a note for Forky so he knows where we are going? He has to go to kindergarten.

보니 그러면 포키한테 메모라도 남기면 안될까요, 우리가 어디로 가는지 포키가 알 수 있게요? 그가 유치원에 가야만 해서요.

There's a **hissing** noise!

푸시식 소리가 들린다!

BONNIE'S DAD Uh?

보니 아빠 엥?

The RV **slumps** as the front tire **goes flat**.

앞바퀴 타이어에 펑크가 나면서 캠핑카가 털썩 내려앉는다.

BONNIE'S DAD (O.S.) (frustrated) Are you kidding me??

보니 아빠 (화면 밖) (좌절하며) 어찌 이런 일이??

Dad stares at a FLAT TIRE as Mom and Bonnie come around to see.

아빠가 펑크난 타이어를 보고 있고 엄마와 보니가 보려고 다가온다.

BONNIE'S DAD (**frustrated**) Just... everything's going perfectly. I just–(**incoherent swearing**)

보니 아빠 (좌절하여) 그냥… 뭐 아무 문제없어. 그냥 내가–(잘 알아들을 수 없는 욕설)

BONNIE'S MOM Okay! ... Daddy's going to use some words. How about we go to the carnival? Or maybe **check out** some of those shops in town...

보니 엄마 자! … 아빠가 험한 말을 좀 할 거야. 우리 축제에 가는 게 어때? 아니면 마을에 있는 가게들 좀 보고 갈까…

ON TOYS LOOKING OUT THE WINDOW WHERE JESSIE JUMPED OUT. Jessie **crawls** in the back window. The toys face her.

제시가 밖으로 뛰어내린 창문 밖을 보는 장난감들. 제시가 뒷창문에서 기어간다. 장난감들이 그녀를 마주본다.

DOLLY (gasps) What did you do?

돌리 (헉 한다) 뭘 한 거니?

JESSIE We're not going anywhere! (pulls a **nail** out from behind her back) ...if you **get my point**.

제시 우린 아무 데도 안 갈 거야! (그녀의 등 뒤에서 못을 꺼낸다) …내 말이 무슨 뜻인지 안다면.

HAMM (walla) Nice work Jessie!

햄 (웅성웅성) 정말 잘했어 제시!

---

hissing 쉿쉿 하는 소리
slump 털썩 앉다, 푹 쓰러지다
go flat 펑크가 나다
frustrated 좌절감을 느끼는, 낙담하여
incoherent (감정이 북받쳐) 앞뒤가 안 맞는 말을 하는, 제대로 말을 못하는
swearing 욕, 욕설
check out ~을 확인하다/조사하다
crawl 기어가다, 기다
nail 못, 손톱, 발톱
get someone's point ~의 논지/요점을 이해하다

TRIXIE (happy laughter)

MRS. POTATO HEAD (cheering)

SLINKY DOG (walla) Nice work Jessie! **Way to go!**❶ That was **genius**!

DOLLY (walla) Nice work Jessie! Brilliant.

REX (walla) Nice work Jessie! Way to go! That was genius!

DOLLY I'm sure Buzz and Woody are on their way back right now.

INT. ANTIQUE STORE – **RAFTERS** – DAY
ON CHIMNEY FAN AS BO'S CROOK LIFTS OFF THE COVER. The gang leans down to get their first look at the store.

BUNNY Whoa....

It's **enormous**. **Customers roam** the **aisles**.

BUZZ Forky's in... there?

WOODY Yeah.

BUNNY Now hold on. I have a question. Who will Bonnie love more? Ducky or me? Say me.

DUCKY No say Ducky–

BUNNY Bunny.

DUCKY Ducky.

BUNNY Bunny.

트릭시 (행복한 웃음)

포테토 부인 (응원하며)

슬링키 독 (웅얼웅얼) 정말 잘했어 제시! 바로 그거야! 천재적이었어!

돌리 (웅얼웅얼) 잘했어 제시! 훌륭해.

렉스 (웅얼웅얼) 잘했어 제시! 바로 그거야! 정말 똑똑한걸!

돌리 분명히 버즈하고 우디는 지금 이리로 돌아오는 중일 거야.

내부. 골동품 상점 – 서까래 – 낮
굴뚝 환기구 모습. 보의 지팡이가 뚜껑을 열고 있다. 장난감들이 처음으로 가게를 보려고 몸을 숙인다.

버니 워…

거대하다. 고객들이 통로에서 이리저리 돌아다닌다.

버즈 포키가 저기 안에… 있다는 거야?

우디 응.

버니 잠깐. 질문이 있어. 보니가 누구를 더 좋아할까? 덕키일까 나일까? 나라고 말해 줘.

덕키 아니 덕키라고 말해 줘–

버니 버니.

덕키 덕키.

버니 버니.

---

cheer 환호, 응원의 함성
genius 천재적인, 천재
rafter 서까래, 뗏목 타는/만드는 사람
enormous 막대한, 거대한
customer 손님, 고객
roam 돌아다니다, 배회하다
aisle 통로

❶ Way to go!
잘했어!
상대방이 무엇인가를 잘 해냈을 때 축하하거나 독려하는 말로 쓰는 표현이에요. 더 쉬운 표현인 Good job! 과 같은 의미예요.

BO (serious) Okay guys. Playtime is over. You have to **follow my lead**. We stay together, we stay quiet. **Are we clear?**[1]

보 (진지하게) 자 얘들아. 놀이 시간은 끝났어. 너희들은 내가 이끄는 대로 따라와야 해. 우린 함께, 조용히 있어야 해. 내 말 알아듣겠니?

WOODY Absolutely. **Lead the way**.

우디 확실히 알았어요. 앞장 서요!

INT. ANTIQUE STORE – DAY
NEW ANGLE ON the **crisscrossing** rafters as Bo slides down from above. **Perched** on a rafter, Bo peers out across the store. She turns and signals the gang to follow as she silently takes the lead. They slide down pipes affixed to a **support beam** to THE FLOOR. Bo leads them through **alleyways** between the walls and display cases. Ducky and Bunny try to squeeze through the narrow **passageway** side-by-side.

내부. 골동품 상점 – 낮
카메라가 보가 위에서 내려올 때 십자로 교차하는 서까래 위를 새로운 각도로 촬영한다. 서까래 위에 앉아 보가 가게를 살펴본다. 그녀가 돌아서서 장난감들에게 따라오라는 신호를 보내고 아무 말없이 앞장선다. 그들이 바닥과 연결되는 지지대에 붙어있는 파이프를 타고 미끄러져 내려온다. 보가 그들을 이끌고 벽들과 진열장 사이에 있는 통로들을 통과한다. 덕키와 버니가 나란히 좁은 통로를 비집고 지나가려고 애쓴다.

BUNNY & DUCKY (**squished** impact)

버니 & 덕키 (으깨지는 충격)

DUCKY Are you kidding me?

덕키 지금 장난하니?

BUNNY Move over.

버니 옆으로 비켜.

DUCKY You move over–

덕키 네가 비켜–

BUNNY Quit pushing me–

버니 그만 좀 밀어–

Bo's sheep turn around to face them.

보의 양들이 뒤돌아서 그들을 마주한다.

SHEEP Shhhh!

양들 쉬잇!

DUCKY (gasp)

덕키 (헉 한다)

BUNNY Oh my maker! That sheep has three heads!

버니 오 맙소사! 저 양은 머리가 세 개야!

DUCKY (overlapping) Oh, no no no no–

덕키 (동시에) 오, 아냐 아냐 아냐 안 돼–

BUNNY (overlapping) What? All six eyes just looked into my soul.

버니 (동시에) 뭐야? 여섯 개의 눈 모두가 지금 방금 내 영혼을 들여다봤어.

---

follow someone's lead ~의 지도를 따르다
lead the way 앞장서다, 안내하다
crisscross 교차하다, 종횡으로 움직이다
perch 앉아있다
support beam 지지대
alleyway 골목, 좁은 길/통로
passageway 복도, 통로
squish (부드러운 것이) 으깨지다

❶ Are we clear?
확실히 이해됐니?
모호한 것 없이 정확하게 이해했느냐고 확인할 때 쓰는 표현인데, 주로 위계질서가 확실한 조직에서 상급자가 하급자들에게 호통치는 듯한 말투로 쓰게 되지요.

DUCKY (overlapping) Gonna have **nightmares**.

덕키 (동시에) 악몽 꿀 것 같아.

Bo leads the toys though a JUNGLE OF **ELECTRICAL CORDS** at the edge of an aisle and crouches behind a **powerstrip**. She points to a **TOWERING** GLASS CABINET across the aisle ahead.

보가 장난감들을 이끌고 통로의 모퉁이에 전선들이 밀림처럼 엉켜져 있는 곳을 통과한 후 멀티탭 뒤에 쭈그리고 앉는다. 그녀가 건너편 앞쪽 통로에 우뚝 솟은 유리 진열장을 가리킨다.

BO That's **most likely** where your Forky is being kept.

보 저기가 포키가 갇혀 있을 가능성이 가장 높은 곳이야.

The **centerpiece** of the store. DUMMIES. Posed to be **sitting back to back**. A 360 degree view of the store.

가게의 중앙부 장식. 인형들. 서로 등을 기대고 앉아있는 자세. 가게가 360도 다 보이는 곳.

WOODY Alright, this isn't so bad. We just can't be seen by the dummies.

우디 좋아, 그리 나쁘지 않네. 인형들한테 걸리지 않게 조심하기만 하면 되겠어.

GIGGLE MCDIMPLES Not just the dummies.

기글 맥딤플즈 인형들뿐만이 아니야.

BO Her cabinet is surrounded by a **moat** of **exposed** aisle–

보 그녀의 진열장은 노출된 통로의 못에 둘러싸여 있지 –

GIGGLE MCDIMPLES Where Dragon roams.

기글 맥딤플즈 그곳은 드래곤이 돌아다니는 곳이야.

Bo points to Dragon, **curled up** on the floor. She gives a cute little **meow**, **stretches**.

보가 바닥에 똬리를 틀고 있는 드래곤을 가리킨다. 그녀가 귀엽게 야옹 하며 기지개를 켠다.

BUZZ We can **handle** a cat.

버즈 고양이 정도는 감당할 수 있어.

GIGGLE MCDIMPLES No. Not this one.

기글 맥딤플즈 아니. 저거 말고.

Dragon stretches, gets up... revealing the **shredded** bottom half of a plush **zebra**.

드래곤이 기지개를 켜며 일어선다… 아래쪽 반이 잘게 조각난 얼룩말 인형이 드러난다.

BUZZ & WOODY (gasp)

버즈 & 우디 (헉 한다)

BUNNY & DUCKY (gasp)

버니 & 덕키 (헉 한다)

BUNNY Is that how we look on the inside?

버니 우리 몸 속이 저렇게 생겼어?

---

nightmare 악몽
electrical cord 전깃줄
powerstrip 멀티탭
tower 위로 높이 솟아있다
most likely 아마, 필시, 높은 확률로
centerpiece 중앙부 장식, 가장 중요한 항목/작품/장식
sit back to back 서로 등을 대고 앉다
moat 호, 해자 (성 주위에 둘러 판 못)
exposed 노출된
curl up 동그랗게 말리다/말다
meow 야옹, 야옹 소리
stretch 기지개를 켜다
handle 다루다, 다스리다, 처리하다
shred (갈가리) 자르다/썰다/찢다
zebra 얼룩말

바로 이장면!*

DUCKY (gasps) There's so much–fluff.

덕키 (헉 한다) 보푸라기가 – 엄청나네.

WOODY So how do you **propose** we get up there?

우디 그렇다면 우리가 저 위에 어떻게 올라갈 수 있는 거지?

Bo uses her staff to **illustrate** an **arc** from the top panel of a booth to the top of Gabby's cabinet.

보가 자기 지팡이를 이용해서 부스의 맨 위 패널에서부터 개비의 진열장 꼭대기까지 호를 그린다.

BO We could go straight across.

보 곧장 건너갈 수 있어.

WOODY How?

우디 어떻게?

BUZZ That's **quite a** jump.

버즈 점프해야 할 거리가 상당한데.

BO We know the perfect toy to help.

보 우리를 돕기에 최적화된 장난감이 있지.

The front door chimes.

정문 초인종이 울린다.

BONNIE'S MOM (O.S.) Oh, Bonnie! Check it out. Look at all this cool stuff.

보니 엄마 (화면 밖) 오, 보니! 이것 좀 봐봐. 멋진 것들이 정말 많구나.

The gang all look towards the front door.

장난감들이 모두 정문을 바라본다.

WOODY (to self) Bonnie!

우디 (혼잣말로) 보니!

Woody gets up–

우디가 일어선다 –

WOODY (gasp) We've gotta get Forky now!

우디 (헉 한다) 당장 포키를 찾아야만 해!

–darts out of hiding–

– 숨어있던 곳에서 박차고 나온다 –

BO Woody, don't–

보 우디, 안 돼 –

–and sprints for the cabinet. Bo turns to Giggle...

– 진열장을 향해 질주한다. 보가 기글에게 돌아선다…

BO **Stick to the plan.**[1]

보 계획을 고수해.

---

propose (계획, 생각 등을) 제안/제의하다
illustrate 삽화를 그리다, ~으로 설명하다
arc 호, 둥근 활, 호를 그리다
quite a ~ (인상적이거나 유별난 것) 상당한, 대단한
stick to 굳게 지키다, 방침을 고수하다

❶ Stick to the plan.
계획을 고수해.
stick은 동사로 막대기(찌르다)라는 의미 외에 '붙이다, 달라붙다'라는 뜻이죠. 접착제(스티커)처럼 사물이 붙어있는 상황에도 쓰이지만, plan, schedule, topic 등 무형의 이슈에도 stick을 붙여 쓸 수 있답니다.

...who jumps from Bo's shoulder to Buzz. …보의 어깨에서 버즈에게로 점프하고 있는.

GIGGLE MCDIMPLES Ten-four.[1] 기글 맥딤플즈 10-4.

Bo sneaks out after Woody. 보가 우디 뒤로 몰래 나온다.

GIGGLE MCDIMPLES Follow me. 기글 맥딤플즈 나를 따르라.

Giggle leads the way. 기글이 앞장선다.

BUZZ Roger that. 버즈 알겠다, 오버.

WOODY (running) 우디 (달린다)

Racing toward Gabby's case. 개비의 진열장을 향해 돌진한다.

WOODY (climbing) 우디 (올라간다)

He climbs to the knob of the cabinet door... 진열장 문의 손잡이로 올라간다.

WOODY (pulling effort) 우디 (잡아당기려고 애쓴다)

...but it won't **budge**. …하지만 꼼짝도 하지 않는다.

Roger that! 군에서 무전기로 통신할 때 '알았다, 오버!' 할 때 쓰는 표현으로, 평상시에 '알겠어'라고 대답하는 표현으로도 쓰임

budge 약간 움직이다, 꼼짝하다

❶ **Ten-four.**
알았다, 오바.
이 표현은 오래전 무전기 사용할 때 쓴 통신부호에서 유래했답니다. '메시지를 받았음'이라는 뜻으로 '접수했다, 알았다, 오케이'라는 의미로 현재 경찰 무전통신에서도 쓰이고 있습니다.

Day 17

How to Get a Hold of the Key

열쇠를 손에 넣는 방법

17.mp3

GABBY'S SHELF. Inside the case, Forky **brushes Gabby's hair**.

개비의 선반. 상자 안에서, 포키가 개비의 머리를 빗겨주고 있다.

GABBY GABBY Woody just sits in the closet? With no play time?

개비개비 우디가 옷장에만 앉아있다고? 놀이 시간 없이?

FORKY Yeah, he told me himself. He's **useless**.

포키 응, 그가 내게 직접 말해줬어. 그는 쓸모없는 존재야.

Woody pops up behind them, peering in through the glass door. He frantically waves, trying to get Forky's attention–

우디가 그들 위에서 갑자기 나타나며 유리문을 통해 들여다본다. 그가 포키의 관심을 끌려고 미친 듯이 손을 흔든다 –

GABBY GABBY That's awful.

개비개비 정말 안됐네.

–but Bo's crook **yanks** him **out of sight**.

–하지만 보의 지팡이가 그를 보이지 않는 곳으로 확 잡아당긴다.

FORKY **Such pretty hair.** ❶

포키 머릿결이 정말 좋구나.

AT THE BASE OF THE DISPLAY CASE.

진열장 아래쪽.

WOODY (yanked) Hey!

우디 (끌려와서) 뭐야!

Bo pulls Woody down into the shadows. She covers his mouth. Up above one of the dummies turns at the sound.

보가 그늘진 곳으로 우디를 잡아당긴다. 그녀가 그의 입을 막는다. 저 위쪽에서 인형 중의 하나가 소리를 듣고 돌아본다.

BO (hushed) What are you doing? You need to stick to the plan–

보 (소리를 낮춰) 뭐 하는 거야? 계획대로 움직여야 해 –

WOODY (hushed) But it's Bonnie, she's right–

우디 (소리를 낮춰) 하지만 보니잖아. 그녀가 바로 –

The door chimes again. They see Bonnie and her Mom leaving the store.

벨이 다시 울린다. 보니와 엄마가 가게에서 나가는 것이 보인다.

BONNIE Can we go to the carnival, too?

보니 우리도 축제에 갈 수 있을까요?

---

brush one's hair 머리를 빗질하다
useless 쓸모 없는
yank 확 잡아당기다
out of sight 보이지 않는 곳에, 먼 곳에

❶ **Such pretty hair.**
머릿결이 정말 좋구나.
such는 정도를 강조하는 '너무/매우 ~한'라는 의미입니다. 〈such + a + 형용사 + 명사〉의 형태로 〈so + 형용사 + a + 명사〉와 비슷한 맥락으로 쓰이죠.

BONNIE'S MOM That sounds...

보니 엄마 그건 말이지…

WOODY (**defeated**) ...there.

우디 (풀이 죽어) …저기에 있는데.

BO Come on. Stay quiet.

보 제발. 좀 조용히 있어.

Bo grabs Woody, they start moving again.

보가 우디를 움켜잡는다. 다시 이동하기 시작한다.

BO You better hope the dummies didn't see us.

보 인형이 우리를 보지 않았기 바라는 게 좋을 거야.

TWO DUMMIES hop down in front of them...

그들 앞으로 인형 둘이 뛰어내리고…

BO & WOODY (gasp)

보 & 우디 (헉 한다)

Bo **crouches** and grips her staff, ready to fight, but one of the dummies **grasps** hold of it and tosses her aside.

보가 쭈그리고 앉아 그녀의 지팡이를 움켜잡고, 싸울 태세를 갖추는데, 인형 중의 하나가 지팡이를 잡고 그녀를 옆으로 내친다.

BO (impact)

보 (충격)

Benson scoops up Woody, covering his mouth–

벤슨이 우디를 집어 들어, 그의 입을 막는다–

WOODY (grabbed; **muffled** struggling)

우디 (잡힌 채; 입이 막혀 소리도 못 내고 허우적댄다)

–and taking off, the other dummy following. The Sheep run to follow Bo as she chases after Woody. Catching up, she hooks the foot of the second dummy, who **trips and falls**. She hops onto his head–

–그리고 출발하니, 다른 인형이 따라온다. 보가 우디를 뒤쫓고 양들이 보를 따라 뛴다. 따라잡은 그녀가 두 번째 인형의 다리를 걸어 넘어뜨린다. 그녀가 그의 머리 위로 뛰어오른다–

DUMMY (**stepped on**)

인형 (밟힌 상황)

–and **speeds away**. Bo's sheep **catch up** to Benson–

–그리고 서둘러 달린다. 보의 양들이 벤슨을 따라잡는다–

SHEEP BAAA!!

양들 매에에!!

–and **chomp down on** the **seat** of his **trousers**.

–그의 바지 엉덩이 부분을 우적우적 씹어먹는다.

DUMMY (yelps)

인형 (꺅 소리를 지른다)

BO (throwing)

보 (던진다)

---

defeated 좌절하다, 패배하다
crouch 쭈그리다, 쭈그리고 앉다
grasp 꽉 잡다, 움켜잡다
muffled (소리를) 낮춘, 죽인
trip and fall 걸려서 넘어지다
step on 속력을 내기 위해 자동차의 페달을 세게 밟다
speed away 빠른 속도로 달아나다
catch up 따라잡다
chomp down on 우적우적 먹다
seat (바지의) 엉덩이 부분
trouser 바지

Bo throws her crook at a **rack** of **croquet mallets**, knocking one free into Benson's path and tripping him. Woody flies from his arms to land on an old telephone in the aisle. The impact **jars** the bell. A customer **browsing** dead ahead spins around at the sound to see... Woody standing on the **cradle** with the **receiver held out** in one hand like a **novelty** phone. The customer turns back.

보가 크로케 방망이 받침대를 향해 그녀의 지팡이를 던져서, 방망이 하나를 벤슨이 지나는 길에 떨어지게 해서 그를 걸려 넘어지게 한다. 벤슨의 팔에 잡혀있던 우디가 날아가서 통로에 있는 낡은 전화기 위에 떨어진다. 그 충격이 종을 타격해서 울린다. 바로 앞에서 쇼핑하던 고객이 그 소리에 돌아 보는데… 우디가 한 손에 특이하게 생긴 전화 수화기를 들고 수화기 받침대에 서 있다. 고객이 다시 뒤돌아본다.

Bo waits, **impatient**, on one side of the aisle; staring down Benson **across the way**. Everyone waits. As the customer steps between, Benson turns, the sheep still **clamped** to his trousers. Bo watches **helplessly** as he disappears with them around a dark corner.

보가 통로 한쪽에서 건너편에 있는 벤슨을 내려다보며 짜증내며 기다린다. 모두가 기다린다. 고객이 사이로 발걸음을 옮길 때 벤슨이 돌아보는데 여전히 양들이 그의 바지를 꽉 물고 있다. 벤슨이 어두운 모퉁이를 돌아 사라지는 것을 보가 어찌해 보지도 못하고 지켜본다.

SHEEP (baaing)

양들 (매에 운다)

The customer passes.

고객이 지나간다.

BO (hushed, urgent) My sheep!

보 (소리를 낮추고, 긴급하게) 내 양들!

Livid, Bo races past Woody in the direction the Dummy disappeared. He scrambles after her. BEHIND THE CASES Bo searches **in all directions**.

격노한 보가 우디 옆을 지나 인형이 사라진 방향으로 질주한다. 그가 허둥지둥 그녀 뒤를 따라간다. 상자들 뒤에서 보가 사방을 탐색한다.

BO (defeated)

보 (낙심한다)

She turns to Woody.

그녀가 우디에게로 돌아선다.

BO (hushed, urgent) What did I say to you? I lead. You follow.

보 (소리를 낮춘, 긴급하게) 내가 뭐라고 했어? 내가 이끌고, 넌 따른다.

She tries another direction. Woody **trailing after** her.

그녀가 다른 방향을 시도한다. 우디가 그녀 뒤를 따른다.

WOODY (hushed, urgent) Bo, I'm so sorry. Really.

우디 (소리를 낮추고, 긴급하게) 보, 정말 미안해. 정말로.

She searches for her sheep. Still **furious**.

그녀가 그녀의 양들을 찾아 수색한다. 여전히 화가 많이 난 상태다.

---

rack 받침대, 선반
croquet 크로케 (구기 종목)
mallet (크로케, 폴로의) 타구봉, 나무망치
jar 부딪치다, 충격을 주다
browse (가게 안의 물건들을) 둘러보다
cradle 수화기 거치대, 요람, 아기침대
receiver 수화기
hold out (손 등을) 내밀다
novelty 색다른, 진기한, 새로운
impatient 안달하는, 짜증 난, 성급한
across the way 건너편에
clamp 죔쇠로 고정시키다, 꽉 물려/잡혀 있다
helplessly 어찌해 볼 수도 없이, 속수무책으로
in all directions 사방팔방으로
trail after ~의 뒤를 (질질 끌리듯) 따라가다
furious 몹시 화가 난, 맹렬한

바로 이 장면!*

WOODY	Just tell me how to help.	우디 그냥 내가 어떻게 도우면 좋을지 말해 줘.
BO	You really wanna help?	보 진짜 돕고 싶긴 한 거야?
Bo spins around.		보가 빙그르르 돈다.
BO	Then **stay out of** my way. I'm getting my sheep back.	보 그러면 방해하지 말아줘. 내 양들을 찾아야 하니까.
WOODY	What about the others?	우디 다른 장난감들은 어떻게 하고?
BO	Giggle knows what to do.	보 그건 기글이 알아서 할 거야.
Woody watched as Bo heads deeper into the **maze** of passageways.		보가 깊이 미로 속으로 들어가는 것을 우디가 지켜본다.
INT. SECOND CHANCE ANTIQUES – UP ON A SHELF CLOSE ON Margaret's keys.		내부. 세컨드 찬스 골동품 상점 – 선반 위 카메라가 마가렛의 열쇠들을 비춘다.
MARGARET	(O.S.) Here you go. I believe this piece is from South America.	마가렛 (화면 밖) 여기요. 제가 알기론 이게 아마 남미에서 온 걸 거예요.
GIGGLE MCDIMPLES	There's our **objective**.	기글 맥딤플즈 우리 목표가 저기 있군.
Margaret opens Gabby's case to show the customer an item.		마가렛이 고객에게 물건을 보여주려고 개비의 상자를 연다.
CUSTOMER	It's so beautiful—	고객 정말 아름답네요–
GIGGLE MCDIMPLES	(O.S.) We have to get that key.	기글 맥딤플즈 (화면 밖) 저 열쇠를 손에 넣어야만 해.
Giggle, Buzz, Ducky and Bunny **come into focus** on a nearby **china** cabinet.		부근의 자기 찬장에 있는 기글, 버즈, 덕키, 그리고 버니의 모습이 또렷하게 보인다.
GIGGLE MCDIMPLES	It's the only way inside the cabinet.	기글 맥딤플즈 저게 있어야만 진열장에 들어갈 수가 있어.
BUZZ	**You can't be serious.**❶ How are we supposed to do that?	버즈 설마 진담은 아니지. 우리가 그걸 어떻게 할 수 있겠어?

stay out of ~에 관여하지 않다
maze 미로
objective 목적, 목표
come into focus (초점이) 뚜렷이 보이다
china 자기 (그릇)

❶ You can't be serious.
네 말이 진심일 리가 없어.
상대방의 말이 믿기지가 않을 때, '그럴 리가 없어', '넌 지금 진심으로 말하는 것일 수가 없어'라는 의미로 쓰는 표현이에요. 여기에서 쓰인 can't는 어떤 일을 할 수 있고 없고의 능력이 아닌 '~할 가능성/개연성이 없다'는 의미예요.

BUNNY & DUCKY	(chuckle)	버니 & 덕키 (빙그레 웃는다)
DUCKY	You know what, **leave that to us.**	덕키 이봐, 그런 일은 우리에게 맡겨.
BUNNY	We know exactly what to do.	버니 우리가 어떻게 해야 할지 아주 잘 알지.
DUCKY	MmmHmm.	덕키 음흠 물론이지.

INT. SECOND CHANCE ANTIQUES – LATER
Margaret walks down a store aisle. She stops when she notices Ducky and Bunny sitting on the shelf in toy mode. She smiles and leans in to them.

내부. 세컨드 찬스 골동품 상점 – 나중에
마가렛이 가게 통로를 걸어간다. 그녀가 덕키와 버니가 장난감 모드로 선반에 앉아있는 것을 보고 멈춰 선다. 그녀가 미소 지으며 그들 쪽으로 몸을 숙인다.

MARGARET Awww, where did you two come from- (impact)

마가렛 오오, 너희 둘은 대체 어디서 온 애들이니– (충격)

WHAM! Ducky and Bunny shoot to her head like **Alien** face-huggers. Margaret spins **uncontrollably** in the aisle, Ducky and Bunny covering her face and screaming.

퍽! 덕키와 버니가 얼굴을 덮치는 외계인처럼 그녀의 머리를 공격한다. 마가렛이 통로에서 정신없이 없이 빙빙 돌고, 덕키와 버니가 비명을 지르는 그녀의 얼굴을 가린다.

MARGARET (**shrieking**)

마가렛 (날카로운 소리를 지른다)

BUNNY	**Hand 'em over** LADY! The Keys! Where are they? Give us the KEYS!!	버니 내놓으시지, 이 여자야! 그 열쇠들! 어디에 간 거야? 열쇠들을 내놓으란 말이야!!
DUCKY	The keys! Give 'em up! Where are they? Huh?! HUH?! Give us the KEYS!	덕키 그 열쇠들! 이제 포기하시지! 어디에 갔어? 응?! 응?! 우리에게 열쇠를 줘!

INT. SECOND CHANCE ANTIQUES – IN HIDING
Back to the toys still in hiding. It was a **visual** of their plan. Didn't really happen. Buzz looks at them like they're crazy.

내부. 세컨드 찬스 골동품 상점 – 숨어 있는 중
다시 여전히 숨어 있는 장난감들 모습. 이것이 그들이 세운 계획의 모습이었다. 잘 통하지 않았다. 버즈가 미쳤군 하는 표정으로 그들을 본다.

BUZZ	Well, we're NOT doing that.	버즈 글쎄, 우린 그런 건 안 할 거야.
DUCKY	Yeah, yeah I agree, too **visible.**	덕키 맞아, 맞아, 내 생각도 그래, 너무 눈에 띄네.
BUNNY	(to buzz) Good point. It's a **good point.** Something more **subtle.**	버니 (버즈에게) 좋은 지적이야. 일리가 있어. 좀 더 감지하기 힘든 방식을 찾아야지.

---

leave something to someone ~에게 ~을 맡기다, ~하게 내버려두다
alien 외계인
uncontrollably 통제할 수 없게, 제어하기 힘들게
shriek (날카로운) 소리/비명을 지르다
hand something over ~을 넘겨주다/이양하다
visual 시각 자료
visible (눈에) 보이는, 알아볼 수 있는
good point 설득력 있는 논점, 훌륭한 지적
subtle 미묘한, 교묘한, 절묘한, 감지하기 힘든

DUCKY Ooo! What about **"Winner, winner, chicken dinner?"**❶

덕키 오오! "이겨, 이겨, 치킨 먹어?" 게임 어때?

BUNNY Yes.

버니 그래.

INT. SECOND CHANCE ANTIQUES – VISUAL PLAN
Margaret walks down the aisle. A softball **rolls out** in front of her. She looks in the directions of where it came from. WHAM! Ducky and Bunny on her face again.

내부. 세컨드 찬스 골동품 상점 – 시각 계획
마가렛이 통로를 걸어온다. 그녀 앞으로 소프트볼 공이 굴러간다. 그녀가 공이 나온 방향 쪽을 본다. 퍽! 덕키와 버니가 다시 그녀의 얼굴에 붙는다.

BUNNY Hand 'em over LADY! The Keys! Where are they? Give us the KEYS!!

버니 내놓으시지, 이 여자야! 그 열쇠들! 어디에 있어? 우리에게 그 열쇠들을 줘!!

DUCKY The keys! Give 'em up! Where are they? Huh?! HUH?! Give us the KEYS!

덕키 그 열쇠들! 이제 포기하시지! 어디에 있어? 응?! 응?! 우리에게 그 열쇠들을 줘!

MARGARET (struggling)

마가렛 (발버둥친다)

INT. SECOND CHANCE ANTIQUES – IN HIDING

내부. 세컨드 찬스 골동품 상점 – 숨어 있는 중

BUZZ Uh... you're kidding.

버즈 어… 장난하니.

BUNNY Really? Okay, okay... You just...alright... well...OH! (to Ducky) What about the **ol'** "Plush **Rush**?"

버니 진짜? 좋아, 좋아… 그럼 그냥…좋아…그럼…오! (덕키에게) 예전에 많이 하던 "털 공격"은 어때?

DUCKY There you go!

덕키 역시!

INT. SECOND CHANCE ANTIQUES – VISUAL PLAN
Margaret walks down the aisle, takes money from the **cash register**.

내부. 세컨드 찬스 골동품 상점 – 시각 계획
마가렛이 통로를 걸어온다. 계산대에서 돈을 꺼낸다.

CUT TO: MARGARET IN HER CAR, DRIVING
CUT BACK TO: DUCKY AND BUNNY, BACK AT THE ANTIQUE STORE.

장면 전환: 마가렛이 그녀의 차에서, 운전 중.
다시 장면 전환: 덕키와 버니가 다시 골동품 상점에 있다.

GIGGLE MCDIMPLES **(annoyed)** Where's this going?

기글 맥딤플즈 (짜증을 내며) 이 얘기는 어디로 흘러가는 거야?

DUCKY Shhh! Don't **interrupt**.

덕키 쉬잇! 끼어들지 마.

---

roll out (굴러) 나오다
ol' 옛, 늙은, 오래된 (= old)
rush (강한 감정이 갑자기) 치밀어 오름
cash register 계산대, 금전등록기
annoyed 짜증이 난
interrupt 끼어들다, 방해하다

❶ **Winner, winner, chicken dinner!**
이겨, 이겨, 치킨 먹어?
이것은 라스베가스 카지노에서 유래된 표현인데요. 70년대 카지노(블랙잭) 베팅 금액이 2달러 정도이고, 치킨 요리가 1.79달러였는데, 내기에서 이기면 저녁식사로 치킨을 먹을 수 있었다는 의미로 쓰였다고 합니다.

CUT TO: INSIDE OF MARGARET'S **REFRIGERATOR** as she opens the door and leans in. She pulls out a dish and closes the door.
CUT TO: MARGARET RELAXED IN A **BUBBLE BATH**.
CUT TO: MARGARET **SNORES** IN BED Ducky and Bunny suddenly pop up behind her.

장면 전환: 마가렛의 냉장고 안 모습. 그녀가 냉장고 문을 열고 안으로 몸을 기울인다. 그녀가 접시를 꺼내고 문을 닫는다.
장면 전환: 마가렛이 거품 목욕을 하며 쉬고 있다
장면 전환: 마가렛이 침대에서 코를 곤다. 덕키와 버니가 그녀의 뒤에서 불쑥 나타난다.

MARGARET (snoring)

마가렛 (코를 곤다)

EXT. MARGARET'S HOUSE – NIGHT

외부. 마가렛의 집 – 밤

MARGARET (O.S.) (scream)

마가렛 (화면 밖) (비명)

INT. SECOND CHANCE ANTIQUES – IN HIDING
Ducky and Bunny raise their **eyebrows**.

내부. 세컨드 찬스 골동품 상점 – 숨어 있는 중
덕키와 버니가 눈썹을 치켜 올린다.

BUNNY Huh? Huh?

버니 응? 응?

DUCKY Eh? Eh?

덕키 어때? 응?

BUZZ Not gonna happen. N.O.!

버즈 안 통할 거야. 절대!

BUNNY Okay, do you want the key or not?

버니 참 내, 열쇠를 찾고 싶은 거야, 아니야?

GIGGLE MCDIMPLES (frustration) What is wrong with you?

기글 맥딤플즈 (좌절) 너희는 대체 왜 그 모양이니?

DUCKY What is wrong with— We just gave you three **brilliant** ideas–

덕키 뭐가 문제야— 금방 끝내주는 아이디어 세 개나 제시했잖아 –

BUZZ (thinking)

버즈 (생각 중)

BUNNY (O.S.) It's like, **it's one thing to say no. It's another to offer a reason–**❶

버니 (화면 밖) 그러니까, 마음에 안 든다고 말할 수는 있어. 하지만 왜 마음에 안 드는지 이유는 그래도 정확히 얘기해 줘야 하는 거 아닌가?

They start **bickering**. Bunny easily **holding** Ducky **back** as Giggle jumps up and down on his head. As they continue to **argue**, on BUZZ:

그들이 다투기 시작한다. 버니가 쉽게 덕키를 막고 기글이 그의 머리 위에서 뛰뛰기를 한다. 그들이 계속 말다툼하고 있고, 버즈의 모습:

BUZZ (to himself) How do we get that key?

버즈 (혼잣말로) 그 열쇠를 어떻게 손에 넣지?

Close up on the key in Margaret's hand.

마가렛의 손에 있는 열쇠가 클로즈업된다.

---

refrigerator 냉장고
bubble bath 거품 목욕, 버블배스
snore 코를 골다, 코 고는 소리
eyebrow 눈썹
brilliant 훌륭한, 멋진, 뛰어난
bicker 다투다, 말다툼하다
hold something/someone back ~을 제지/저지하다
argue 언쟁을 하다, 주장하다

❶ **It's one thing to say no. It's another to offer a reason.**
그냥 '노'라고 말하는 것과 제대로 된 '이유'를 제시하는 것은 완전히 다른 거야.
'It's one thing to ~, (it's) another to ~'의 패턴은 문장의 앞부분에서 거론되는 것과 뒷부분에서 거론되는 것은 비슷해 보일지는 모르지만, 상당히 다른 것이라는 것을 강조할 때 쓰는 표현이에요.

Day 18

Playing Hide and Seek

숨바꼭질 놀이

18.mp3

INT. ANTIQUE STORE – DAY
ON GABBY'S DISPLAY CASE. DUMMY **SENTRIES scan** the store as we MOVE IN ON... GABBY GABBY'S DISPLAY SHELF. Inside, Benson whispers into Gabby's ear.

내부. 골동품 상점 – 낮
개비의 진열장 모습. 인형 보초들이 가게를 살피고 화면이 안으로 이동하며… 개비개비의 진열 선반을 비춘다. 안에서 벤슨이 개비의 귀에 대고 속삭인다.

BENSON (whispering)

벤슨 (속삭인다)

GABBY GABBY (gasp) **You're kidding!**❶

개비개비 (헉 한다) 설마!

She looks up from the Gabby Gabby book **resting** in her lap.

그녀가 자신의 무릎 위에 놓인 개비개비 책을 보다가 위를 올려다본다.

GABBY GABBY (chuckles) Really? Woody's back?

개비개비 (싱긋 웃는다) 정말? 우디가 돌아왔어?

FORKY (excited) Woody's back?!

포키 (신나서) 우디가 돌아왔다고?!

GABBY GABBY And you're sure it's Bo Peep who's with him?

개비개비 그리고 그와 함께 있는 장난감이 보핍인 게 확실해?

The dummy turns to reveal BO'S SHEEP still **clamped** down on his behind.

인형이 돌아서서 여전히 그의 엉덩이를 물고 있는 보의 양들을 보여준다.

SHEEP BAAAA!

양들 매에에!

GABBY GABBY (happy giggle) Thank you Benson. Make sure the others are ready.

개비개비 (행복한 낄낄 웃음) 고마워 벤슨. 다른 아이들도 준비시켜 줘.

Benson **nods** and exits, the sheep still dangling from the seat of his pants.

벤슨이 고개를 끄덕인 후 나가는데, 양들이 여전히 그의 엉덩이에 매달려있다.

SHEEP Baaaa!

양들 매에에!

FORKY (excited cry) Woody's back! I'm coming Bonnie!

포키 (흥분한 외침) 우디가 돌아왔다! 보니한테 간다!

---

sentry 보초/감시병
scan 살피다, 훑어보다, 정밀 촬영/검사하다
resting 정지(휴식)하고 있는
clamp 꽉 물다, 잡혀 있다
nod 끄덕이다

❶ **You're kidding!**
설마!
상대방이 믿기지 않는 얘기를 하거나, 말도 안 되는 얘기를 꺼낼 때 그에 대해 놀란 반응을 위와 같이 표현할 수 있어요. '농담이지! 설마, 그럴리가!' 라는 뜻이죠. You're kidding me! Are you kidding (me)? 도 같은 표현이에요.

Forky runs for the door...

포키가 문을 향해 달려가는데…

FORKY (impact)

포키 (충격)

...as it closes, Forky falls over and out of frame, then rises again to peer happily out of the glass.

…문이 닫히고, 포키가 넘어지면서 화면 밖으로 사라졌다가 다시 일어나서 행복한 표정으로 유리 밖을 살핀다.

FORKY (to self) Bonnie...

포키 (혼잣말로) 보니…

Gabby **snaps** her book closed and walks over to Forky.

개비가 책을 덮고 포키가 있는 쪽으로 걸어온다.

GABBY GABBY First – we must **prepare for** his **arrival**.

개비개비 우선 – 그의 도착을 위해 준비해야 해.

FORKY Prepare?

포키 준비?

GABBY GABBY Have you ever played **hide and seek**?

개비개비 너 숨바꼭질 해 본 적 있니?

FORKY (**fascinated**) No. But it sounds **complicated**.

포키 (대단한 관심을 보이며) 아니. 그런데 그 게임 왠지 어려울 것 같은데.

GABBY GABBY Oh, it's easy. I'll teach you, okay?

개비개비 오, 쉬운 게임이야. 내가 가르쳐 줄게, 알았지?

Gabby takes Forky by the pipe cleaner hand.

개비가 포키의 파이프클리너 손을 잡는다.

FORKY Okay!

포키 좋아!

Gabby leads him down the shelf.

개비가 선반 아래쪽으로 포키를 이끌고 간다.

GABBY GABBY (O.S.) The first thing you do is...

개비개비 (화면 밖) 첫 번째로 네가 할 것은…

INT. ANTIQUE STORE – DAY
As Gabby and Forky's **conversation** continues, we PAN DOWN and across the store to...

내부. 골동품 상점 – 낮
개비와 포키의 대화가 계속 되고, 화면이 이동하면서 가게 건너편에 있는…

GABBY GABBY (V.O.) ...one of us finds a place to hide...

개비개비 (목소리) …우리 중의 한 명이 숨을 곳을 찾고…

FORKY (V.O.) **Scary**.

포키 (목소리) 무섭네.

GABBY GABBY (V.O.) ...while the other one counts to ten and tries to...

개비개비 (목소리) …술래가 열까지 세고 그러는 동안…

---

snap 탁하고 닫다 (재빠른 움직임)
prepare for ~을 준비하다
arrival 도착
hide and seek 숨바꼭질
fascinated 마음을 빼앗긴, 매료된
complicated 복잡한
conversaion 대화
scary 무서운, 겁나는

The alley behind a display case, where a quiet Woody follows a **fuming** Bo. Bo dashes out of hiding to climb up to the double coin slots of a **PINBALL MACHINE**. Woody clambers up after her.

진열장 뒤에 있는 통로에서 말없이 우디가 화난 보를 따라간다. 보가 핀볼 기계의 두 칸으로 된 동전 넣는 구멍으로 오르려고, 숨어있던 곳에서 뛰쳐나온다. 우디가 그녀 뒤로 기어오른다.

WOODY (clears throat) What are we doing–

우디 (헛기침한다) 우리가 뭘 하려는 거지 –

Bo shoves her staff against his mouth.

보가 그의 입을 지팡이로 거칠게 밀친다.

BO Shh! Just stand there. And be quiet.

보 쉿! 그냥 거기에 서 있어. 얌전하게.

She yanks him aside with her staff.

그녀가 지팡이로 그를 옆으로 홱 잡아당긴다.

WOODY (effort)

우디 (애씀)

Bo repeatedly pushes the **coin return** – a secret code.

보가 반복적으로 동전 반환구를 누른다 – 암호.

BO **I'll do the talking.**❶

보 내가 말할게.

The coin door opens.

동전 문이 열린다.

CROWD (walla)

군중 (웅성거림)

A WIND-UP TIN TOY (**TINNY**) looks out, sees BO. He grins.
SFX: TINNY INSTRUMENTS

태엽식 깡통 장난감(티니)가 밖을 보는데, 보가 있다. 그가 활짝 웃는다.
특수 효과: 티니 연주

BO Hi, Tinny! (Tinny noises) Nice to see you too.

보 안녕, 티니! (깡통 소음) 너도 만나서 반가워.

Tinny looks Woody up and down.
SFX: TINNY INSTRUMENTS

티니가 우디를 위아래로 살핀다.
특수 효과: 티니 연주

Bo steps inside. The **cramped space** is filled with an **odd assortment** of VINTAGE TOYS from different eras. It has a party **atmosphere**.

보가 안으로 들어온다. 비좁은 공간이 각자 다른 시대에 만들어진 빈티지 장난감들의 희한한 조합으로 가득 차 있다. 파티 분위기다.

BO Yeah, **he's with me.**❷

보 응, 얘는 나랑 같이 왔어.

SFX: TINNY INSTRUMENTS

특수 효과: 티니 연주

---

fume (화가 나서) 씩씩대다
pinball machine 핀볼 놀이 기계
coin return 동전 반환구
tinny 양철 부딪치는 소리가 나는
cramped space 비좁은 공간
odd 이상한, 특이한, 기이한
assortment (여러 가지) 모음, 종합
atmosphere 대기, 분위기

❶ **I'll do the talking.** 말하는 것은 내가 할게.
말주변이 없는 사람에게 '말하는 부분은 내가 담당할게'라는 의미로 쓰는 표현이에요.

❷ **He's with me.** 그는 나와 함께다.
〈be동사 + with〉 조합으로 '~와 함께 하는 관계'를 의미하죠. 상대방의 정치적인 활동에 동참하거나, 그가 곤란한 입장에 있을 때 '난 너와 뜻을 같이한다, 난 너와 함께야'라는 뜻으로 'I'm with you.' 라고 쓸 수 있어요.

BO My friend? No, no, no. He's my **accessory**. He does whatever I say.

보 내 친구냐고? 아니, 아니, 아냐. 내 조수야. 내가 시키는 대로 다 하는 애라고.

She tosses Woody her staff and cape without looking at him and follows Tinny inside.

그녀가 눈도 안 맞추고 우디에게 자기 지팡이와 망토를 휙 던지고 티니를 따라 안으로 들어간다.

CROWD Bo! (greeting walla) What are you doing here? I can't believe it's you.

군중 보! (인사하는 웅성거림) 너 여기에서 뭐 하는 거야? 네가 오다니 믿기지가 않아.

CROWD MEMBER Bo! (greeting walla **adlibs**)

군중 일원 보! (인사하며 웅얼거리는 즉흥대사)

BO Hey guys! **Long time no see.**

보 얘들아! 오랜만이야.

She passes DOUG, the top half of the zebra plush toy Dragon **dismembered**.

그녀가 드래곤이 절단했던 얼룩말 털 장난감의 위쪽 반의 모습을 한, 더그 옆을 지나간다.

DOUG (O.S.) Couldn't take it out there, huh?

더그 (화면 밖) 다른 데 가니까 못 살겠지, 응?

BO Hey, Doug, saw your **better half** at the front of the store.

보 안녕, 더그, 아까 봤는데 네 반쪽은 가게 앞에 있더라.

DOUG Yeah, you **mess with** the cat, you get the **claws**, huh!?

더그 그래, 고양이한테 대들면 발톱에 긁히는 거지 뭐, 안 그래!?

Random toys **circle** Bo as she **proceeds**, **crowding Woody out**.

장난감들이 마구잡이로 몰려와서 보 주변을 둘러싸서 우디가 뒤로 밀려난다.

BACKGROUND TOY (O.S.) Bo came back! Whoa. Magic eight ball was right!

주변 장난감 (화면 밖) 보가 다시 돌아왔다! 워, 마법의 8번 공 말이 맞았어!

Woody **pushed his way through**.

우디가 장난감들 사이를 비집고 들어왔다.

WOODY Excuse me, sorry–

우디 잠깐만 실례, 미안 –

EAGLE TOY What are you doing here? I thought the store had a **no return policy**.

독수리 장난감 너 여기서 뭐 하는 거니? 이 가게는 반품은 절대 안 되는 걸로 알고 있었는데.

---

accessory 액세서리, 부대용품, 장신구
adlib 애드립, 즉흥 연주/대사
Long time no see. 오랜만이야.
dismembered (시체가) 산산조각이 난
better half 〈비격식〉 아내, 남편, 자기의 반쪽
mess with ~에게 까불다, ~에 얽혀들다
claw 발톱, 집게발
random 무작위의, 임의로
circle (공중에서) 빙빙 돌다
proceed (특정 방향으로) 나아가다, 이동하다, 진행하다
crowd someone out ~가 설 자리가 없게 만들다
push one's way through ~을 밀고 나아가다
no return policy 반품 불가 방침

TALKING ROBOT Bo, help me out. I need a battery. What do you say? Help a robot out. You know I'm good for it. C'mon, I'm dying over here.

말하는 로봇 보, 도와줘. 나 건전지가 필요해. 어때? 로봇을 도와달라고. 내가 그럴만한 가치가 있다는 건 너도 알잖아. 그러지 말고 어서, 내가 죽어가고 있다고.

Woody taps Bo on the shoulder to get her attention.

우디가 보의 관심을 얻으려고 그녀의 어깨를 두드린다.

WOODY (clears throat)

우디 (헛기침한다)

He pulls his string.

그가 자기 줄을 잡아당긴다.

WOODY VOICEBOX We got to **get this wagon train a movin'**.

우디 소리 상자 어서 이 마차 행렬을 이동시켜야만 해.

Bo gives him a **side glance**.

보가 우디를 옆으로 힐끗 쳐다본다.

BO Agreed. (beat) Cheater.

보 그러지. (침묵) 이 사기꾼.

Bo taps a bent-over KAIJU TOY on the shoulder. It pops **upright**.

보가 상체를 앞으로 굽힌 카이주 장난감의 어깨를 두드린다. 괴수 장난감이 순간적으로 수직으로 일어선다.

BO Have you seen Duke?

보 듀크 봤니?

KAIJU TOY (mouth open) He's in the back.

카이주 장난감 (입을 벌리고) 그는 뒤쪽에 있어.

The Kaiju points. CUT TO DUKE CABOOM on his STUNTCYCLE, rolling into the spotlights **cast** by the pinball lights above. CLOSE-UPS ON his red **maple leaf** cape, the **shiny chipped chrome** paint of the bike, his fingers **smoothing** his **mustache**. A **bigger than life** hero.

카이주 장난감이 가리킨다. 스턴트 오토바이를 타고 있는 듀크 카붐 모습으로 장면 전환. 듀크가 위에 있는 핀볼 스포트라이트 속으로 달린다. 그가 입고 있는 빨간 단풍 무늬의 망토가 클로즈업되고, 오토바이에 빛나는 깨진 크롬 도금, 콧수염을 매만지는 그의 손가락들. 허풍을 떠는 영웅.

DUKE CABOOM Look who jumped forty school buses and landed back into my life.

듀크 카붐 40대의 스쿨버스를 뛰어넘고도 살아남은 사람이 누구인지 보시라.

WIDE SHOT of Bo **bending down** to talk to him. Duke is actually half her size.

그에게 말하려고 상체를 숙이는 보가 와이드 숏으로 전체 화면을 채운다. 듀크의 사이즈는 실제로 그녀의 반밖에 되지 않는다.

BO Hi, Duke.

보 안녕, 듀크.

DUKE CABOOM Who's the cowboy?

듀크 카붐 저 카우보이는 누구지?

---

get something moving ~을 진행되게 하다
wagon train 마차 행렬
side glance 곁눈질, 흘겨보는 눈
upright (자세가) 똑바른, 꼿꼿한
cast (빛을) 발하다, (그림자를) 드리우다
maple leaf 단풍잎
shiny 빛나는, 반짝거리는
chipped 깨진, (그릇, 자기 등) 이가 빠진
chrome (금속의 한 종류) 크롬
smooth 매만지다, 매끈하게 하다
mustache 콧수염
bigger than life 허풍/호들갑을 떠는, 실제보다 과장된, 전설적인
bend down 허리(몸)을 굽히다

BO **Duke, meet Woody.**[1] Woody, meet–

보 듀크, 이쪽은 우디야 인사해. 우디, 이쪽은 –

DUKE CABOOM –Duke Caboom. Canada's greatest stuntman. (posing) Huh. Oh, yeah. Ha. Huh. Yes.

듀크 카붐 –듀크 카붐. 캐나다 최고의 스턴트맨이지. (포즈를 취한다) 허. 오. 예. 하. 허. 그렇지.

WOODY Huh?

우디 엥?

BO (to Woody) He's **posing**. (to Duke) Duke, Duke, we need to–

보 (우디에게) 포즈 취하는 거야. (듀크에게) 듀크, 듀크, 우리 해야 할 –

DUKE CABOOM **Hold on**. One more. Oh yeah!

듀크 카붐 잠깐. 하나만 더. 오 예!

Duke holds his pose.

듀크가 자세를 취한다.

DUKE CABOOM **What brings you back, Peep?**[2]

듀크 카붐 무슨 일로 돌아왔나, 핍?

BO We need your help. Gabby Gabby has his toy and my sheep.

보 너의 도움이 필요해. 개비개비가 그의 장난감과 나의 양들을 데리고 있어.

DUKE CABOOM No. Billy, Goat, and Gruff? Those are my girls...

듀크 카붐 저런. 빌리, 고트, 그리고 그러프를? 걔들은 내가 아끼는 아이들인데…

Woody rolls his eyes.

우디가 눈을 굴린다.

바로 이 장면!*

DUKE CABOOM What were you doing **getting tangled up** with Gabby Gabby? You know better.

듀크 카붐 뭐 때문에 개비개비와 엮이는 짓을 한 거야? 네가 더 잘 알면서.

BO Yeah, some toy thought it would be a good idea to wander into the aisle.

보 그러게 말야. 어떤 얼빠진 장난감이 통로에서 배회해도 괜찮을 거라 생각한 것 같더라고.

DUKE CABOOM That doesn't **make** any **sense**.

듀크 카붐 도무지 이해가 안 되는군.

BO It doesn't, does it?

보 그렇지 이해가 안 되지, 그렇지?

---

pose (자세, 포즈를) 취하다, 꾸민 태도를 취하다
hold on 기다려, 멈춰
get tangled up 엮이다, 엉클어지다, 뒤죽박죽이 되다
make sense 의미가 통하다, 이해가 되다

❶ **Duke, meet Woody.** 듀크, 우디와 인사 나눠.
누군가에게 지인이나 친구를 소개할 때 아주 편한 관계에서 쓸 수 있는 표현이죠. 좀더 공손하게 〈I want you to meet + 이름〉를 쓸 수 있어요.

❷ **What brings you back?**
무슨 일로 돌아왔니?
What brings you ~?는 '무슨 일로/어떻게 네가 ~에 왔니?'라는 의미로 쓰는 표현으로 What brings you here?도 비슷한 문장이에요.

DUKE CABOOM	Everybody knows the best **route** is behind the shelves.	듀크 카붐 선반 뒤로 다녀야 가장 안전하다는 건 누구나 다 아는 사실이잖아.
BO	That would have been a better route, wouldn't it?	보 그쪽으로 다녔으면 더 좋았겠지, 안 그래?
DUKE CABOOM	Wow, this toy sounds like a **complete idiot**.	듀크 카붐 우와, 그 장난감 진짜 바보 같은걸.
BO	(looking at Woody) He does.	보 (우디를 보며) 내 말이.
WOODY	(frustration)	우디 (좌절)

Duke looks to Woody. — 듀크가 우디를 바라본다.

DUKE CABOOM	Wait, are you that toy?	듀크 카붐 잠깐, 네가 그 장난감이니?
BO	So here's the plan: We need to jump over the **aisle** to Gabby's cabinet. And YOU are the toy to do it.	보 자 이제 이렇게 할 작정이야: 우리는 통로를 뛰어넘어 개비의 진열장으로 가야 해. 그런데 네가 그 일을 할 적임자야.
DUKE CABOOM	No.	듀크 카붐 안 돼.
BO	Duke–	보 듀크 –

Duke turns his back and starts posing again, **rejecting** Bo with each pose. — 듀크가 등을 돌리고 다시 포즈를 취하기 시작한다. 모든 포즈가 보에게 거절하는 포즈다.

DUKE CABOOM	Nope.	듀크 카붐 안 되지.
BO	Duke–	보 듀크 –
DUKE CABOOM	Nuh-uh.	듀크 카붐 절대로.
BO	Duke–	보 듀크 –
DUKE CABOOM	No way!	듀크 카붐 말도 안 돼!

route 길, 경로
complete 완전히
idiot 바보, 멍청이
aisle 통로
reject (주장, 생각, 계획 등을) 거부/거절하다

BO Duke–

보 듀크-

DUKE CABOOM **Pass.**

듀크 카붐 통과.

BO Duke–

보 듀크-

DUKE CABOOM **Negative.**

듀크 카붐 부정적임.

BO Duke–

보 듀크-

DUKE CABOOM Rejected–

듀크 카붐 거절-

Woody **can't hold it in any longer**.

우디가 더 이상 참을 수가 없다.

WOODY (sighs) Please, Mr. Caboom, this is really important. My kid–

우디 (한숨을 쉰다) 제발, 카붐씨. 이건 정말 중요한 일이라고. 내 아이가-

BO (gasps)

보 (헉 한다)

Bo **CLAMPS** her hand over Woody's mouth.

보가 우디의 입을 자신의 손으로 꽉 움켜잡는다.

DUKE CABOOM You have a kid?

듀크 카붐 네게 아이가 있어?

---

pass 통과, 넘어가다
negative 부정적인, 비관적인, 나쁜
can't(부정) + any longer 더 이상 ~아닌(하지 않는)
hold something in (감정을) 억누르다
clamp 꽉 잡다, 가리다

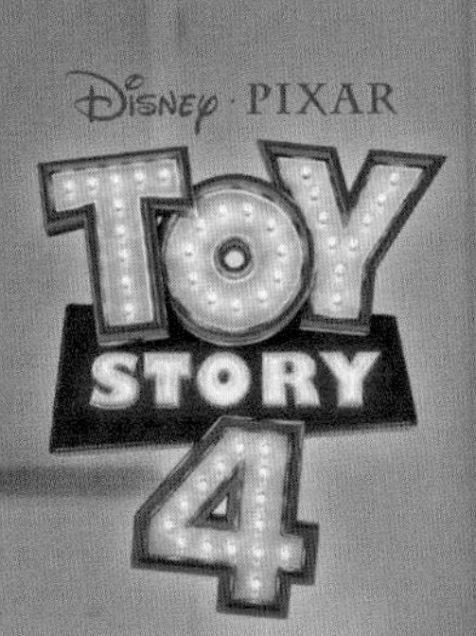
Disney · PIXAR
TOY
STORY
4

Day 19

Duke Once Had a Kid

듀크에게도 한때는 아이가 있었지

19.mp3

바로 이장면!*

BO	Ahhhhh, ha, ha, hey, Duke, show us some more poses, **whadaya say?**❶	보 아아아, 하, 하, 이봐, 듀크, 포즈 몇 개만 더 보여줄래, 응 어때?
DUKE CABOOM	I had a kid...	듀크 카붐 내게도 아이가 있었지…
BO	Oh, no.	보 오, 이런.
DUKE CABOOM	...Rejean.	듀크 카붐 …리장.

Duke's mustache **quivers** with emotion.

듀크의 콧수염이 감정으로 인해 떨린다.

DUKE CABOOM Rejean was so excited when he got me after Christmas...

듀크 카붐 크리스마스가 끝나고 리장이 날 선물로 받았을 때 정말 좋아했었지...

FLASHBACK – REJEAN'S HOUSE
Rejean sits on the floor by the Christmas tree. He holds Duke, smiling.

회상 – 리장의 집
리장이 크리스마스트리 옆 바닥에 앉아있다. 그가 미소를 지으며 듀크를 안고 있다.

DUKE CABOOM (V.O.) It was the happiest **Boxing Day** of my life...

듀크 카붐 (목소리) 내 평생 가장 행복했던 크리스마스 다음 날이었지…

Rejean watches a TV **commercial** where Duke jumps through a paper Canadian flag, a plastic "**flaming**" **hoop**, and over a toy hockey **rink**. The TV Duke lands perfectly every time.

듀크가 종이 캐나다 국기를 뚫고, '불타는' 플라스틱 링 사이로, 장난감 하키 링크를 넘어 점프하는 TV 광고를 보고 있다. TV에 나오는 듀크는 매번 완벽한 착지를 한다.

COMMERCIAL ANNOUNCER Duke Caboom, riding the amazing Caboom stunt cycle. CA-BOOOOOM!

광고 아나운서 놀라운 카붐 스턴트 오토바이에 올라탄 듀크 카붐. 카부우우우우움!

Rejean holds up his own Duke Caboom toy, **revs up** the bike, places it in the **launcher**...

리장이 자신의 듀크 카붐 장난감을 들고 부릉부릉 엔진 회전수를 올리며 카붐을 발사대에 올려놓는다…

---

quiver (가볍게) 떨다, 떨리듯 흔들리다
Boxing Day 크리스마스 다음 날 할인행사
commercial 광고
flaming 불타는, 타오르는
hoop (서커스) 둥근 테
rink 아이스링크, 스케이트장
rev up 활성화되다, (엔진) 회전속도를 올리다
launcher (로켓, 미사일 등의) 발사 장치

❶ **Whadaya say?**
네 생각은 어때?
어떤 제안을 한 후, 상대방이 그것을 하고 싶은지 그렇지 않은지 의견을 물을 때 쓰는 표현으로 Whadaya는 What do you를 구어체에서 발음 나는 대로 표기한 것이에요. Let's go fishing tonight. What do you say? '오늘 밤에 낚시 가자. 어때?' 이렇게 쓰지요.

DUKE CABOOM (V.O.) I was ready to finally do what I was made to do.

듀크 카붐 (목소리) 난 마침내 내가 애초에 만들어진 목적을 실행에 옮길 준비가 되어있었지.

...And **activates** the launcher.

…그러고는 발사대를 활성화한다.

COMMERCIAL ANNOUNCER CA-BOOOOOM!

광고 아나운서 카-부우우우우움!

Duke **clatters** to the floor far short of his plastic RING OF FIRE ACCESSORY. **Rejean's face falls**. He looks up at the TV as the commercial toy **nails** another perfect **landing**.

듀크가 플라스틱 재질의 불의 고리 액세서리에 한참 이르지 못하고 바닥에 떨어져 달그락거린다. 리장이 실망한다. 그가 고개를 들어 TV를 보니 광고 속의 장난감은 여전히 완벽하게 착지한다.

DUKE CABOOM (V.O.) But when Rejean realized I couldn't jump as far as the toy in the commercial.

듀크 카붐 (목소리) 하지만 리장이 내가 광고 속의 장난감처럼 멀리 점프하지 못한다는 것을 알게 됐지.

Rejean kicks the launcher over and leaves the room. ANGLE DOWN ON DUKE, frozen on the floor in toy mode, **limbs** bent at **odd** angles. FADE BACK TO THE PRESENT. Duke **caught up in the moment**.

리장이 발사대를 발로 차버리고 방을 나간다. 카메라가 밑으로 움직이며 이상한 각도로 팔다리가 꺾인 채로 장난감 모드로 바닥에 얼어붙은 듯이 있는 듀크를 비춘다. 화면이 서서히 사라지다가 다시 나타나며 현재로 돌아온다. 듀크가 순간적인 감정에 휩쓸렸다.

DUKE CABOOM ...It's a commercial! It's not real! Rejean threw me away! It's not fair, why Rejean! WHY! (crying)

듀크 카붐 …그건 광고잖아! 진짜가 아니라고! 리장이 날 버렸어! 이건 옳지 않아. 리장 왜 그랬냐고! 왜! (운다)

Duke **collapses** and **topples** with his bike to the floor.

듀크가 오토바이를 타고 바닥에 쓰러지며 넘어진다.

BO Okay, okay. **Calm down**, Duke. That was a long time ago. Right now we need the only toy who can "**crash**" us onto Gabby's cabinet.

보 그래, 그래. 진정해, 듀크. 그건 옛날 일이잖아. 지금 우리에겐 개비의 옷장 위로 우리를 "쿵 들이박게" 해 줄 수 있는 유일한 장난감이 필요해.

WOODY Crash?

우디 들이박는다고?

DUKE CABOOM Crash?

듀크 카붐 들이박아?

BO Any Duke Caboom toy can land, but you are the only one that can "crash" the way you do.

보 착지하는 건 아무 듀크 카붐 장난감이나 다 하지. 하지만 폼 나게 "쿵 들이박을" 수 있는 건 너밖에 없어.

---

activate 작동시키다, 활성화하다
clatter 달가닥/덜커덕/쨍그랑하는 소리를 내다
someone's face falls 실망한 표정이 되다
nail 〈비격식〉 (스포츠에서) ~을 이루어내다
landing 착지, 착륙
limb (하나의) 팔, 다리, 날개
odd 이상한, 기이한, 특이한
caught up in the moment 순간적인 감정/기분에 휩싸이다

collapse 붕괴되다, 무너지다, 쓰러지다
topple 넘어지다, 무너지다
calm down 진정하다
crash 들이받다, 충돌하다, 부딪치다

Duke sits up.

듀크가 일어나 앉는다.

DUKE CABOOM I am?

듀크 카붐 내가?

BO Yes! Forget Rejean. Forget your commercial. Be the Duke you are right now – the one who jumps and crashes.

보 그럼! 리장은 잊어버려. 광고도 잊어버리고. 지금 그대로의 듀크가 되라고 – 점프해서 쿵 들이박는 자.

Duke thinks.

듀크가 생각한다.

DUKE CABOOM Be who I am... right now.

듀크 카붐 나 자신이 된다… 바로 지금.

Woody looks at Bo. Is this... working?

우디가 보를 쳐다본다. 이게 효과가… 있을까?

BO Who's the **Canuck** with all the luck?

보 억수로 재수 좋은 캐나다인은 누구지?

DUKE CABOOM Caboom?

듀크 카붐 카붐?

BO Who's the greatest of the **Great White North**?

보 캐나다의 가장 위대한 존재가 누구지?

DUKE CABOOM Caboom!

듀크 카붐 카붐!

ON WOODY **admiring** Bo's ability to **pump Duke up**.

듀크를 흥분시켜 기운 내게 하는 보의 능력을 감탄하며 바라보는 우디의 모습.

BO Who's the most **spectacular daredevil** Canada has ever seen?

보 캐나다가 본 가장 휘황찬란한 무모함 짱이 누구지?

DUKE CABOOM Duke Caboom!

듀크 카붐 듀크 카붐!

BO Can you do the jump?

보 점프할 수 있겠나?

Duke **springs to his feet** and **pumps his fists in the air**.

듀크가 벌떡 일어나 불끈 쥔 주먹을 공중에 추어올린다.

DUKE CABOOM **Yes I Canada!**

듀크 카붐 예스 아이 캐나다!

Duke goes into his **triumphant** poses and doesn't stop.

듀크가 승리의 의기양양한 포즈를 한 채로 멈추지 않는다.

Canuck 〈비격식〉 (프랑스어를 모국어로 하는) 캐나다인 (미국에서는 흔히 모욕적으로 여겨짐)

Great White North 위대한 백색 북부, 캐나다의 별칭

admire 존경하다, 감탄하며 바라보다

pump someone up ~의 결의를 북돋우다, 사기를 끌어올리다

spectacular 장관을 이루는, 극적인, 화려한

daredevil 저돌적인/무모한 사람

spring to one's feet 벌떡 일어서다

pump one's fists in the air 공중에 주먹을 불끈 쥐는 몸짓을 하다

Yes, I Canada! 캐나다 출신이라는 것을 강조하기 위해 Yes, I can!을 패러디해서 쓴 표현

triumphant 의기양양한, 크게 성공한

DUKE CABOOM	(posing)	**듀크 카붐** (포즈를 취하고 있다)

Bo smiles at Woody. — 보가 우디를 향해 미소 짓는다.

BO (to Woody) We've got our ride. — **보** (우디에게) 이제 타고 갈 차량이 생겼어.

Woody pulls his pullstring, smiles. — 우디가 그의 풀스트링을 당기며 미소 짓는다.

WOODY VOICEBOX YEE-HA! — **우디 소리 상자** 이-하!

Bo smirks. Giggle jumps on to Bo's shoulder. — 보가 능글맞게 웃는다. 기글이 보의 어깨로 뛰어오른다.

GIGGLE MCDIMPLES (O.S.) Yo, Bo! — **기글 맥딤플즈** (화면 밖) 이봐, 보!

Woody and Bo turn to find... — 우디와 보가 돌아서니 보인다…

BO Gigs! You **made it**! — **보** 긱스! 무사히 도착했구나!

Giggle, Buzz, Ducky and Bunny standing with Tinny. Buzz **holds up** the key. — 기글, 버즈, 덕키, 그리고 버니가 티니와 함께 서 있다. 버즈가 열쇠를 들어 보인다.

BO Good work. — **보** 훌륭해.

WOODY How'd you get it? — **우디** 그걸 어떻게 손에 넣은 거야?

FLASH BACK TO – MARGARET'S OFFICE
Buzz stands, **thinking hard**.

회상 장면 – 마가렛의 사무실
버즈가 골똘히 생각에 잠겨 서 있다.

BUZZ (thinking) How do we get that key? — **버즈** (생각한다) 그 열쇠를 어떻게 손에 넣지?

MARGARET (O.S.) (**humming**) — **마가렛** (화면 밖) (콧노래를 부른다)

They drop into toy mode as Margaret **passes through**, setting the **keyring** down on the shelf right next to the toys and walking away.
BACK TO TINNY'S. Buzz, Giggle, Ducky and Bunny exchange a glance.

마가렛이 열쇠꾸러미를 그들 바로 옆에 있는 선반에 올려놓고 걸어 나가는데, 지나갈 때 장난감들이 장난감 모드로 들어간다.
다시 티니의 집. 버즈, 기글, 덕키, 그리고 버니가 서로 눈빛교환을 한다.

BUNNY It was hard. — **버니** 쉽지 않았지.

BUZZ Very difficult. — **버즈** 아주 힘들었어.

---

make it (바라던 일을) 이룩하다, 성공하다, 해내다
hold up 들다
think hard 골똘히 생각하다
humming 콧노래 부르는
pass through 지나가다, 거쳐가다
keyring 열쇠고리

DUCKY **Barely made it out alive.**

덕키 겨우 살아서 빠져나왔어.

BUNNY Yeah.

버니 내 말이.

DUCKY So you're welcome.

덕키 뭐 굳이 고맙다는 말은 안 해도 돼.

Bo turns to Woody – they're ready to get going.

보가 우디에게로 돌아선다 – 그들은 갈 준비가 되었다.

BO Okay. Let's do this.

보 좋아. 해 보자고.

INT. ANTIQUE STORE – LATE AFTERNOON
Margaret carries a vase as she leads a **CUSTOMER** to the counter. As they pass, Bo, Woody, and Giggle peer out. Buzz, Ducky, Duke, and Bunny close behind with Duke's **ramp**.

내부. 골동품 상점 – 늦은 오후
마가렛이 꽃병을 들고 고객을 계산대로 안내하고 있다. 그들이 지날 때, 보, 우디, 그리고 기글이 밖을 염탐한다. 버즈, 덕키, 듀크, 그리고 버니가 듀크의 경사로 뒤에 가깝게 위치해 있다.

MARGARET Let me **wrap** that **up** for you. Don't want anything to happen to it on the way home.

마가렛 제가 포장해 드릴게요. 집에 돌아가시는 길에 물건에 어떤 일도 생기면 안되니까요.

The toys watch as the humans head towards the front of the store.

사람들이 가게 정문 쪽으로 향하는 것을 장난감들이 지켜본다.

BO Good. That sale **buys** us some **time**.

보 좋아. 저 판매 덕에 우리가 시간을 벌었네.

Woody steps forward but Bo hooks him with her crook.

우디가 앞으로 발걸음을 옮기지만 보가 지팡이로 그를 당긴다.

WOODY (impact)

우디 (충격)

Woody stops. Bo looks to the dummies keeping watch atop Gabby's cabinet.

우디가 멈춘다. 보가 개비의 진열장 꼭대기에서 계속 지켜보고 있는 인형들을 살핀다.

BO Wait for it...

보 잠깐 기다려…

The dummy's heads **rotate** away like **lighthouse beacons**.

인형 머리들이 등대의 불빛처럼 회전하면서 멀어진다.

BO Alright, let's go!

보 좋아. 가자!

Bo leads the way through the store with Buzz, Ducky and Bunny carrying Duke's launcher and **bringing up the rear**. Bo stops under a piece of furniture. Looking around, she spots an old **film projector**. She **sends** Giggle **off** with Duke. Woody struggles to catch up as Bo **nimbly** climbs up the shelves.

보가 듀크의 발사대를 들고 뒤를 따르는 버즈, 덕키, 버니와 함께 가게를 통과할 때 앞장서서 이끈다. 보가 가구 아래 멈춰 선다. 주변을 둘러보다가 오래된 영사기를 발견한다. 그녀가 듀크와 함께 기글을 보낸다. 보가 민첩하게 선반을 오르는데 우디가 따라잡으려고 애쓴다.

---

barely 간신히, 가까스로, 빠듯하게
make it out 도망치다, 빠져나오다
alive 살아있는
customer 손님, 고객
ramp 경사로, 램프
wrap up (천, 종이, 포장지 등으로) 싸다
buy time 시간을 벌다
rotate 회전하다
lighthouse 등대
beacon (안전 운행을 유도) 신호등/불빛
bring up the rear (사람들이 서 있는 줄의) 끝에 서다
film projector 영사기
send something/someone off 발송하다, 배웅하다, 보내다
nimbly 민첩하게, 재빠르게

BO (climbing)

보 (오른다)

WOODY (reaching)

우디 (손을 뻗는다)

Bo helps Woody to the top of the case...

보가 우디를 장의 꼭대기로 올라올 수 있도록 돕는다.

WOODY (climbing)

우디 (오른다)

...and races for the projector. Looking down to the floor, she sees Duke leading the rest of the gang on his bike. He **gives Bo a thumbs-up**, she returns it.

…그리고 영사기를 향해 질주한다. 바닥을 내려다보니 듀크가 오토바이를 타고 다른 장난감들을 이끌고 있는 모습이 보인다. 그가 보에게 엄지 척 하는 신호를 보내자, 그녀도 똑같이 엄지 척 신호를 보낸다.

At the projector, Bo and Woody **station** themselves at a **reel** and start **unspooling** the film. Buzz, Ducky, Bunny, Duke, and Giggle get Duke's launcher into position below them and **tie** the end of the film to it. Bo and Woody **reverse** the reel to raise the launcher. A customer approaches- Bo and Woody **huddle** together behind the projector. When the coast is clear, they **resume** their **efforts**.

영사기에서 보와 우디가 릴에 자리잡고 돌리기 시작한다. 버즈, 덕키, 버니, 듀크, 그리고 기글이 듀크의 발사대를 그들 밑에 설치하고 필름을 그 끝에 연결한다. 보와 우디가 발사대를 들어올리기 위해 릴을 거꾸로 돌린다. 고객이 다가온다-- 보와 우디가 함께 영사기 뒤로 바짝 다가붙는다. 지켜보는 사람이 아무도 없다는 것이 확인된 후, 그들이 다시 시도한다.

WOODY (hushed) So how long were you in this store?

우디 (낮은 소리로) 그래, 이 가게에는 얼마나 오래 있었니?

BO (hushed) I don't know...a couple years. I didn't want to sit on a shelf waiting for my life to happen. So I left.

보 (낮은 소리로) 글쎄… 한 2, 3년 정도. 그냥 선반에 넋 놓고 앉아서 내 인생에 특별한 일이 생기길 기다리고 싶진 않았어. 그래서 떠났지.

WOODY Wow... you've **handled** this lost toy life better than I could.

우디 우와… 넌 버려진 장난감의 삶을 나보다 더 잘 살아냈구나.

BO Aw, Sheriff.

보 아, 보안관 양반.

The launcher has reached their level. Bo hops down from the projector and hooks the film with her staff.

발사대가 그들과 같은 높이에 이르렀다. 보가 영사기에서 뛰어내려 필름에 자신의 지팡이를 건다.

BO You're **selling yourself short**.

보 넌 너 자신을 과소평가하는 거야.

She hops with it across a **gap** to the next shelf.

그녀가 선반 사이 벌어진 틈을 뛰어넘으며 다음 선반으로 간다.

BO (effort) I think you'd **make** a great lost toy.

보 (애쓰며) 내 생각엔 네가 버려진 장난감으로 아주 잘 살 것 같아.

---

give someone a thumbs-up 엄지를 척 세우며 축하/칭찬/찬성하다
station 배치하다, 주둔시키다, (무엇을 기다리기 위해 어느 곳에) 가 있다
reel (실, 전선, 필름 등을 감는) 릴, 얼레
unspool (실감개, 릴 따위에 감긴 것이) 풀어지다, (영화가) 상영되다
tie 묶다, 묶어놓다
reverse (정반대로) 뒤바꾸다, 반전/역전시키다, (결정 등을) 뒤집다
huddle 옹송그리며/옹기종기 모이다
resume 재개하다, 다시 시작하다
effort 수고, 노력, 애
handle 다루다, 다스리다, 처리하다
selling oneself short 자신을 과소평가하다
gap (공간적) 틈/구멍/간격
make (성장, 발달하여) ~이 되다

Day 20

Living Without a Kid

아이 없이 산다는 것

20.mp3

Woody rushes in to gives it a little push, slips, and **keeps from** falling by **propping** himself between the two shelves.

우디가 조금 밀어보려고 재빨리 다가가는데, 미끄러져서, 두 선반 사이에서 버티며 떨어지지 않으려고 애쓴다.

WOODY (catching himself; jumping back up)

우디 (갑자기 멈춰서; 다시 뛰어오른다)

He flips up and follows Bo to a **FLIGHT** OF **STACKED** BOOKS, that they use as a ramp to get the launcher to the top of the cabinet.

우디가 튕겨 오르며 보를 따라 발사대를 장 위에 올리기 위해 사용하는 경사로 역할을 하는 포개놓은 책들 쪽으로 간다.

바로 이 장면!*

WOODY You really don't think you'll ever be in a kid's room again, huh?

우디 정말 넌 다시는 아이의 방에 들어가게 될 것이라고는 생각하지 않나 보구나, 응?

BO (straining) Nope. And now with the carnival traveling through, it's our chance to hop a ride and leave town.

보 (안간힘을 쓰며) 안 하지. 그리고 이제 축제 여행이 다 끝났으니, 우리에겐 지금이 차에 올라타서 마을을 떠날 기회인 거야.

WOODY (surprised) You're- you're leaving?

우디 (놀란다) 너– 너 떠나려고?

BO **Sure am.**❶ You ever think about getting out there and seeing the world?

보 당연하지. 넌 이곳을 벗어나서 세상을 보고 싶다는 생각해 본 적 있니?

WOODY Without a kid...? (chuckles) ...No.

우디 아이 없이…? (빙그레 웃으며) …아니.

Bo, in the lead, reaches THE TOP OF THE CABINET. A step below her, Woody helps slide the launcher onto the cabinet top.

보, 앞장서서, 장의 꼭대기에 다다른다. 그녀의 한 계단 밑에서, 우디가 장 꼭대기에 발사대를 밀어서 올리려고 돕고 있다.

WOODY You can't teach this old toy new **tricks**.

우디 이 늙은 장난감한테 새로운 걸 가르치려고 해 봐야 다 부질없는 짓이야.

BO (smiles) You'd be surprised...

보 (미소 짓는다) 과연 그럴까…

---

keep from ~하지 못하게 하다

prop (받침대 등으로) 받치다/떠받치다

flight (함께 비행하는 새의) 떼, 비행 편대

stacked 잔뜩 쌓인, 무더기

trick 속임수, 요령, 계략, 기술

❶ **Sure am.**

당연하지.

상대방이 나의 상태, 상황 등에 대해 말하면 '물론이지, 맞아, 그럼'처럼 맞장구칠 때 쓸 수 있는 표현입니다. 바로 앞문장이 you're~로 되어 있으니 대답도 be동사(am)을 써요. 상대의 말에 따라 Sure do(did). 로 답할 수 있어요.

Smiling, Bo pulls Woody up to the top to join her.

미소 지으며, 보가 우디를 잡아당겨 그녀와 함께 꼭대기에 올라서게 한다.

BO So... How'd you **end up** in the store **in the first place**?

보 그래서… 넌 애초에 어쩌다가 이 가게에 들어오게 된 거야?

As Woody answers, **TWINKLING** POINTS OF LIGHT fill the air.

우디가 대답할 때, 반짝거리는 불빛들이 공간에 가득 찬다.

WOODY Well, I... I saw your lamp in the window... and... I thought maybe...uh... maybe you were inside, and so I, uh... I...

우디 아, 내… 내가 창문으로 네 램프를 봤어… 그리고… 생각했지 혹시 어쩌면…어… 네가 안에 있을지도 모른다고, 그래서 내, 어… 내가…

Woody **trails off**. Follows Bo's gaze.

우디의 목소리가 점점 작아진다. 보의 눈길을 따라간다.

WOODY Wow.

우디 우와.

BO Yeah.

보 그래.

WOODY Will you look at that!

우디 정말 근사하다!

The light of the SETTING SUN through the **clerestory windows** dances through **crystal chandeliers** hanging from the rafters.

높은 창들 사이로 들어오는 석양빛이 서까래에 매달려있는 수정 샹들리에 사이로 춤을 춘다.

BO This is the only part of the store I ever liked.

보 유일하게 이 부분이 내가 이 가게에서 좋아했던 거야.

Woody looks at Bo, **bathed** in golden light, as she gazes out.

우디가 창 밖을 바라보며 황금빛에 물든 보를 바라본다.

BO That's gonna be quite a jump for you and Duke.

보 너와 듀크에게 저기 뛰어넘는 게 쉬운 일은 아닐 거야.

WOODY (small chuckle)

우디 (소심하게 웃으며)

The spell suddenly breaks.

갑자기 마법이 풀리며 현실로 돌아온다.

WOODY FOR ME!?

우디 내가!?

Woody looks back out on the store. Only this time all he can see is the **GAPING EXPANSE** BETWEEN THEIR CABINET AND GABBY GABBY'S. Bo pats him on the back.

우디가 다시 가게의 모습을 돌아본다. 그의 눈앞에 보이는 건 오직 그들의 진열장과 개비의 진열장 사이에 엄청나게 멀리 떨어진 공간뿐이다. 보가 그의 등을 토닥거린다.

---

end up 결국 ~이 되다, 결국 ~한 상황에 처하게 되다
in the first place 애당초, 애초에, 우선
twinkle 반짝반짝 빛나다
trail off 차츰 잦아들다, 서서히 사라지다
clerestory window (고딕식 건물의) 높은 창
crystal 수정(의), 수정 같은, 결정체
chandelier 샹들리에
bathe (몸을) 씻다, 목욕하다, 〈문예체〉 (빛으로) 휩싸다
the spell 주문, 주술, 마법
gaping 크게 갈라진, 입을 크게 벌린
expanse 넓게 트인 지역, 광활한 곳

BO Didn't I tell you? You're going with him.

보 내가 말 안 했던가? 너도 그와 함께 가는 거야.

WOODY I-I am?

우디 내-내가?

INT. FIFTIES BOOTH – LATE AFTERNOON
Duke's bike **locks** into the launcher.

내부. 50년대 부스 – 늦은 오후
듀크의 오토바이가 발사대에 고정되며 자리를 잡는다.

DUKE CABOOM Let's Caboom!

듀크 카붐 카붐 하자!

PULL BACK TO REVEAL Woody, **yarn** tied around his waist, **perched** behind Duke on the tiny stunt cycle. Ducky and Bunny are at the launcher **controls**. Buzz **stands by**, holding the yarn's **spool**.

아주 작은 스턴트 오토바이에 듀크 뒤에서 실로 허리를 감고 앉아있는 우디의 모습이 보인다. 덕키와 버니가 발사대 조종 장치에 앉아있다. 버즈가 실패를 들고 옆에서 대기한다.

BO It'll be fine, Duke's the best.

보 문제없을 거야. 듀크는 최고니까.

Woody is **unconvinced**.

우디가 못 미더워한다.

WOODY (stage whisper) Yeah. At crashing!

우디 (남들이 다 듣도록 하는 속삭임) 그래. 쾅 부딪히는데 최고겠지!

DOWN ON THE FLOOR next to Gabby's cabinet, Dragon **dozes**. Above, the Dummies **keep watch**. ACROSS THE WAY, Giggle watches the Dummies from another tall shelf as Margaret passes through and out of frame.

개비의 진열장 옆 바닥에서 드래곤이 졸고 있다. 위에서는, 인형들이 계속 지키고 있다. 건너편에서는, 마가렛이 옆으로 지나며 화면 밖으로 사라질 때 기글이 높은 선반에서 인형들을 지켜본다.

GIGGLE MCDIMPLES And... now!

기글 맥딤플즈 그리고… 지금이야!

She leaps up to grab hold of the dangling chain of a **neon sign**, yanking it **frantically**. BELOW, Bo sees the signal.

그녀가 네온사인을 매달고 있는 체인을 미친 듯이 홱 잡아당기며 그것을 잡으려고 뛰어오른다. 밑에서, 보가 그 신호를 본다.

BO Go!

보 출발!

Ducky and Bunny activate the launcher, the bike shoots forward.

덕키와 버니가 발사대를 작동시키자, 오토바이가 앞으로 피융 하며 발사된다.

DUCKY (impact)

덕키 (충격)

WOODY Whoah!

우디 우오워!

Woody **holds on tight**.

우디가 꽉 잡는다.

---

lock (위치에 단단히) 고정시키다
yarn (직물, 편물용) 실
perch (새가 나뭇가지 등에) 앉아있다, 걸터앉다
controls 조종 장치
stand by 대기하다, ~의 곁을 지키다
spool 릴, 실패
unconvinced 납득/확신하지 못하는
doze 깜빡 잠이 들다, 졸다
keep watch 망을 보다, 감시하다
neon sign 네온사인
frantically 미친 듯이, 극도로 흥분하여
hold on tight 꽉 잡다

WOODY (scared)

우디 (무서워한다)

The spool in Buzz's **grip** spinning as the yarn **stretches out** behind Woody. Duke focuses on the **makeshift** ramp at the end of the shelf. Gabby's cabinet beyond it. But then...

버즈가 잡고 있는 실패의 실이 우디 뒤로 쭉 뻗으며 실패가 돌고 있다. 듀크가 선반의 끝에 있는 임시로 만든 경사로에 집중한다. 개비의 진열장이 저 너머에 있다. 하지만…

DUKE CABOOM Huh?

듀크 카붐 엥?

The ramp **fades into** the flaming hoop from Duke's **play set**. Inside it, Rejean shakes his head with **disappointment**.

경사로가 듀크의 놀이 세트로부터 희미해지며 불꽃 링 속으로 사라진다. 그 안에서 리장이 실망한 표정으로 고개를 젓고 있다.

DUKE CABOOM (V.O.) Rejean...

듀크 카붐 (목소리) 리장…

Duke FLASHES BACK TO Rejean's rejection.

듀크가 리장이 거부하는 모습을 회상한다.

DUKE CABOOM (V.O.) It's a commercial! It's not real!

듀크 카붐 (목소리) 그건 광고잖아! 진짜가 아니라고!

Duke's eyes **downcast**.

듀크의 눈빛이 의기소침해 있다.

DUKE CABOOM I can't do this! I'm sorry, Rejean!!

듀크 카붐 난 못하겠어! 미안해, 리장!!

WOODY (gasp)

우디 (헉 한다)

He lets go of the **handlebars in defeat**.

그가 패배감에 빠져들며 핸들을 놓는다.

WOODY No, no, no, no, no, no, no...

우디 안 돼, 안 돼, 안 돼, 안 돼, 안 돼, 안 돼...

The bikes **swerves** wildly.

오토바이가 걷잡을 수 없이 진로를 벗어난다

WOODY (scared)

우디 (무서워한다)

Woody lifts Duke's head, forcing him to focus. The **path** of the bike **straightens**... Launching into the air. They are over the aisle... and **come up short**, **plummeting** to the floor. Thinking fast, Woody pushes off from the bike, jumping... hitting the door of Gabby's Cabinet...

우디가 듀크의 고개를 치켜들며 강제로 집중하게 만든다. 오토바이의 방향이 바로 잡히고… 공중으로 발사된다. 그들이 통로 위를 날아가는데… 목표 지점에 못 미치며, 바닥으로 곤두박질친다. 재빠른 판단으로 우디가 오토바이를 밀치며 점프해서… 개비의 진열장 문에 충돌한다…

WOODY (impact)

우디 (충격)

---

grip 꽉 붙잡음, 움켜짐
stretch out (팔, 다리 등을) 쭉 뻗다, 펼쳐지다
makeshift 임시변통의
fade into 점점 희미해져 ~이 되다
play set 놀이세트
disappointment 실망
downcast 풀이 죽은, 의기소침한
handlebar (자전거, 오토바이의) 핸들
in defeat 패배해서
swerve (자동차, 오토바이가 갑자기) 방향을 바꾸다/틀다
path (사람, 사물이 나아가는) 길, 방향
straightens 똑바르게 되다/하다
come up short 열심히 노력했지만 못 미치다
plummet 곤두박질치다, 급락하다

Unable to grab hold, falling... **Managing** to **grab hold of** a cabinet door knob.

움켜잡지 못하고 떨어지는데… 진열장 문손잡이를 겨우 붙잡는다.

WOODY (impact)

우디 (충격)

Duke hits the ground beside Dragon...

듀크가 드래곤 옆 바닥에 떨어진다.

DUKE CABOOM What's new,❶ pussycat?

듀크 카붐 잘 있었니, 야옹아?

...then speeds away on his bike. Awake now, Dragon chases after Duke. Woody yanks the yarn.
ACROSS THE WAY Buzz pulls back, stretching it **taut**. Bo gets a **running start** and LEAPS–

…그러고는 오토바이를 타고 쏜살같이 달아난다. 잠에서 깬 드래곤이 듀크를 뒤쫓는다. 우디가 실을 홱 잡아당긴다. 건너편에서 버즈가 잡아당겨, 실을 팽팽하게 만든다. 보가 도움닫기를 하며 뛰어오른다 –

BO (jumping)

보 (뛰어내린다)

–hooking her staff over the yarn and **ziplining** down to Woody. AT GABBY'S CABINET, Woody holds Bo steady as she unlocks the door with the key.

그녀의 지팡이를 실에 걸어 집라인을 타고 가듯 우디에게로 내려간다. 개비의 진열장에서 보가 열쇠로 문을 열 때 우디가 보를 안정되게 붙잡는다.

INT. GABBY GABBY'S CABINET
They pull themselves up to Gabby's shelf and begin searching; Bo goes left, Woody goes right.

내부. 개비개비의 진열장
그들이 개비의 선반으로 기어올라 수색을 시작한다; 보가 왼쪽으로, 우디가 오른쪽으로 움직인다.

BO (urgent whisper) Girls?

보 (긴급한 속삭임) 얘들아?

WOODY (urgent whisper) Forky? Forky, where are you?

우디 (긴급한 속삭임) 포키? 포키, 너 어디 있니?

Rounding the corner Woody sees...

코너를 돌며 우디가 본다…

FORKY (O.S.) (muffled laughter) ...Gabby's original box. You're never gonna find me.... (muffled laughter)

포키 (화면 밖) (소리가 먹힌 웃음) …개비의 진짜 상자. 넌 날 절대 못 찾을 거야… (소리가 먹힌 웃음)

WOODY (sotto voce) Forky?

우디 (소리를 낮추어) 포키?

---

manage (힘든 일을) 간신히/용케 해내다
grab hold of ~을 갑자기 움켜 잡다
pussycat 야옹이/고양이
taut (밧줄 따위가) 팽팽한, 긴장된
running start 도움닫기
zip-line 집라인
round the corner 모퉁이를 돌다

❶ What's new?
별일 없지?
What's up? '잘 지내지? 별일 없지?'와 같은 의미로, 흔히 쓰는 인사말 중의 하나입니다. How are you? How are you doing? 등을 대체해서 쓸 수 있는데, 비격식적인 표현이기 때문에 친한 사이에서만 쓰는 게 좋아요.

Opening the **lid**, Woody finds Forky, who takes his hands from his eyes.

뚜껑을 열고, 우디가 포키를 찾는데, 포키가 그의 눈에서 손을 떼어내고 있다.

FORKY (happy gasp) Woody! How'd you find me?

포키 (기쁨의 헉 소리) 우디! 어떻게 찾은 거야?

Woody **snatches** Forky up in his arms, turning to go– Woody **hurries to** Bo.

우디가 포키를 자신의 팔로 잡아채서 끌어올리며 돌아서고 – 우디가 서둘러 보에게로 간다.

WOODY Bo, I found him!

우디 보, 그를 찾았어!

Bo stares at Forky **in disbelief**.

보가 믿기지 않는 표정으로 포키를 응시한다.

FORKY Hi.

포키 안녕.

BO Wait. It's an actual fork?

보 잠깐. 얘 진짜 포크야?

Forky turns to **face** her, **waves**.

포키가 돌아서서 그녀를 마주 보며 손을 흔든다.

FORKY Bo, Bo, Bo, Bo, BO–

포키 보, 보, 보, 보, 보 –

UP ABOVE, **lookout** Giggle HOPS down from her perch to Buzz's shoulder. Buzz, Ducky and Bunny are still holding tight to the yarn.

저 위에서, 망을 보던 기글이 웅크려 앉아있다가 버즈의 어깨로 뛰어내린다. 버즈, 덕키, 그리고 버니가 여전히 실을 꽉 붙잡고 있다.

GIGGLE MCDIMPLES Buzz! The Dummies are gone!

기글 맥딤플즈 버즈! 인형들이 사라졌어!

BUZZ What?

버즈 뭐라고?

He looks across the aisle- the top of Gabby's cabinet is **empty**.

그가 통로 건너편을 보니– 개비의 진열장 꼭대기에 아무도 없다.

BUZZ Where'd they go?

버즈 그들이 어디로 간 거지?

Buzz, Ducky and Bunny **freeze**. PULL BACK TO REVEAL two of Gabby's dummies **looming over** them.

버즈, 덕키, 그리고 버니가 그 자리에 얼어붙는다. 인형 둘의 그림자가 그들 위로 드리우는 것이 보인다.

BUZZ & GIGGLE MCDIMPLES (scream)

버즈 & 기글 맥딤플즈 (비명)

BUNNY & DUCKY (seeing dummies)

버니 & 덕키 (인형들을 본다)

---

lid 뚜껑
snatch 와락 붙잡다, 잡아채다
hurry to 부리나케 가다
in disbelief 불신하는, 믿지 않는, 못 미더워하며
face 향하다
wave 흔들다
lookout 망보는 곳/사람
empty 비어있다
freeze 얼어붙다, 굳어지다
loom over (중요하거나 위협적인 일이 불길하게) 다가오다, 떠오르다
scream 비명지르다

BACK IN THE CABINET:

다시 진열장 내부:

WOODY Okay, we can go now!

우디 좋아. 우리 이제 가도 되겠어!

BO No, I need to **find** my girls.

보 안 돼. 내 아이들을 찾아야 해.

GABBY GABBY Hello, Woody...

개비개비 안녕, 우디…

BO (gasps)

보 (헉 한다)

Bo and Woody turn to find Gabby and her dummies...

보와 우디가 돌아보니 개비와 인형들이 보인다…

GABBY GABBY ...Hi Bo.

개비개비 …안녕, 보.

Bo **wields** her staff.

보가 그녀의 지팡이를 휘두른다.

BO Where are my sheep?

보 내 양들 어디 갔어?

WOODY Yeah!

우디 그래!

FORKY Look! Woody found me!

포키 봐봐! 우디가 나를 찾았다고!

---

find 찾다

wield (무기, 도구를) 휘두르다/들다, (권력, 권위 등을) 행사하다

Day 21

Chaotic Rescue Mission

혼돈의 구출 작전

21.mp3

ACROSS THE WAY. Buzz, Ducky and Bunny struggle with the dummies. One dummy has grabbed Bunny and struggles with him, Ducky free but still **attached to** Bunny at the hand.

건너편. 버즈, 덕키, 그리고 버니가 인형들과 힘겹게 싸운다. 인형 하나가 버니를 붙잡고 그와 함께 허우적대고, 덕키는 자유롭지만, 여전히 버니에게 손이 묶여있다.

BUNNY (struggling)

버니 (허우적댄다)

바로 이 장면!*

DUCKY (struggling) Take the bunny!

덕키 (허우적대며) 버니를 데려가!

BUZZ (effort)

버즈 (애쓰며)

DUCKY **I'm too cute to die.**❶ Please! Please!

덕키 난 너무 귀여워서 죽기엔 아깝단 말야. 제발! 제발!

Buzz manages to POP his wings out–

버즈가 간신히 자신의 날개를 펼치고 –

DUMMY (impact, falling, impact)

인형 (충격, 떨어진다, 충격)

–knocking the dummy holding him over **in the process**. Lunging at the other dummy–

– 떨어지는 과정에서 그를 잡고 있던 인형을 떨쳐낸다. 그 인형이 다른 인형에게 돌진한다.

BUNNY & DUCKY (straining)

버니 & 덕키 (안간힘을 쓴다)

BUZZ Hi-ya!

버즈 얍!

–he lands on its head and **hangs on**, **loosening** the dummy's grip on Bunny ears.

– 그가 인형의 머리에 착지하고 매달리는 순간, 버니의 귀를 잡고 있던 인형의 손이 풀린다.

BUNNY (pulling free)

버니 (자유로워지며)

---

attach to ~에 붙이다

in the process 과정에서, 진행 중에

hang on 꽉 붙잡다, 매달리다

loosen 느슨하게 하다, 풀다/늦추다

❶ **I'm too cute to die.**
죽기에는 내가 너무 귀여워.
〈주어 + be동사 + too + 형용사 + to + 동사〉는 '~하기엔 너무 ~하다'라는 의미로 패턴화하여 쓸 수 있는 표현이에요. 예를 들어, You're too smart to fail. '낙제하기엔 네가 너무 똑똑해.' 이런 식으로 쓸 수 있답니다.

Blinded, the Dummy **staggers**, Buzz holding on tight. Buzz looks across the aisle to see Gabby and her dummies closing in on Woody and Bo.

앞을 볼 수 없게 된 인형이 휘청거리고, 버즈가 꽉 잡고 있다. 버즈가 통로 반대편을 보니 개비와 그녀의 인형들이 우디와 보에게 점점 가까이 다가서고 있다.

BUZZ (to self) Woody!

버즈 (혼잣말로) 우디!

IN GABBY'S CABINET.

개비의 진열장 내부.

GABBY GABBY I just want to talk.

개비개비 난 그저 대화를 나누고 싶을 뿐이야.

WOODY Yeah, with my voicebox!

우디 그래, 내 소리 상자하고!

IN THE 50'S BOOTH. Buzz **LEAPS off** the dummy's head... and back to where Ducky and Bunny hold the yarn.

50년대의 부스 내부. 버즈가 인형의 머리에서 뛰어내리고… 다시 덕키와 버니가 실을 잡고 있는 곳으로 돌아간다.

BUZZ Pull! (effort)

버즈 당겨! (애쓰며)

BUNNY & DUCKY (effort)

버니 & 덕키 (애쓰며)

BACK IN THE CABINET. Woody and Forky are suddenly YANKED forward.

다시 장 내부. 우디와 포키가 갑자기 앞쪽으로 확 잡아당겨진다.

WOODY WHOAH!

우디 우오워!

Gabby **reaches out** as Woody passes, grabbing hold of the ring of Woody's pull string.

우디가 옆으로 지날 때 개비가 손을 뻗어 우디의 풀스트링에 달린 고리를 잡는다.

WOODY VOICEBOX **YOU'RE MY FAVORITE DEPUTY!**❶

우디 소리 상자 넌 내가 제일 좋아하는 부하야!

Woody and Forky are **suspended** over the aisle, **caught in** a **tug-o-war** between Gabby, the Dummies, Ducky, Bunny and Buzz.

우디와 포키가 통로 위에 매달려서 개비, 인형들, 그리고 덕키, 버니, 버즈 사이의 줄다리기 대상이 되어버렸다.

WOODY (scared)

우디 (무서워하며)

IN THE CABINET.

진열장 내부.

GABBY GABBY (pulling)

개비개비 (당긴다)

---

blinded 앞을 못 보게 되어, 눈이 멀어
stagger 비틀/휘청거리다
leap off 뛰어내리다
reach out (손을) 뻗다
suspend 매달다, 걸다
caught in ~에 걸린/잡힌 상태가 되다
tug-o-war 줄다리기, 주도권 다툼 (= tug of war)

❶ **You're my favorite deputy!**
넌 내가 제일 좋아하는 부하야!
우디의 등쪽 고리끈을 잡아 당기면 미리 녹음되어 나오는 음성(대사) 중 하나입니다. deputy는 회사 조직의 직급 중 '부(대행, 대리, 부서장, 교감)'를 지칭하고, '보안관보'라는 뜻도 있습니다. 여기서는 '부하'라고 해석했어요.

IN THE FIFTIES BOOTH. 50년대 부스 내부.

BUZZ (pulling) 버즈 (당긴다)

DUCKY (yanking) 덕키 (홱 잡아당긴다)

BUNNY (yanking) 버니 (홱 잡아당긴다)

OVER THE AISLE. 통로 위.

WOODY (scared) 우디 (무서워한다)

WOODY VOICEBOX SOMEBODY'S **POISONED** THE **WATERHOLE**! 우디 소리 상자 누가 우물에 독을 넣었어!

Dragon turns away from Duke at the sound of Woody's voicebox. She leaps up from below, **swiping** at Woody. 드래곤이 우디 소리에 듀크에게서 돌아선다. 그녀가 밑에서 뛰어오르며 우디를 후려친다.

WOODY (scared) 우디 (무서워한다)

WOODY VOICEBOX –REACH FOR THE SKY— 우디 소리 상자 -모두 항복하라—

Woody is pulled backwards towards the cabinet, the force **tearing** the **seam** around his voicebox. 우디가 진열장 쪽으로 끌려오는데, 그 힘 때문에 소리 상자 주위의 솔기가 찢어진다.

WOODY (screams) 우디 (비명)

–Buzz, Ducky and Bunny are pulled forward by the **momentum**– -버즈, 덕키, 그리고 버니가 탄력을 받아 앞쪽으로 당겨진다-

BUNNY & DUCKY Aaahhh! 버니 & 덕키 아아아!

BUZZ (yelps) 버니 (꺅 비명을 지른다)

The dummies pull Woody and Forky back towards the cabinet as Dragon leaps again. 인형들이 우디와 포키를 진열장 쪽으로 잡아당기고 드래곤이 다시 뛰어오른다.

---

poison 독, 독약, 독을 타다
waterhole 물웅덩이, 샘, 못
swipe 후려치다, 후려치려고 하다
tear 찢다, 뜯다
seam 솔기, 실밥
momentum 탄력, 가속도

WOODY (scared)

우디 (무서워한다)

They pull them in and pin Woody down, then **set to work** at **ripping** his voice box out. But before they can finish—

그들이 그들을 잡아당겨 우디를 꼼짝 못 하게 잡고, 그의 소리 상자를 뜯어내는 작업에 착수한다. 하지만 그들이 작업을 마치기 전에—

WOODY (impact)

우디 (충격)

BO (O.S.) (**battle cry**)

보 (화면 밖) (전쟁터에서의 함성)

GABBY GABBY (gasps)

개비개비 (헉 한다)

-Gabby turns to see Bo **land a flying kick to** her **ankles**. Gabby **tumbles**.

-개비가 뒤돌아보는데 보가 그녀의 발목에 플라잉킥을 날린다. 개비가 나뒹군다.

GABBY GABBY (scared) (impact)

개비개비 (무서워한다) (충격)

BO (impact)

보 (충격)

Bo **WHACKS** Benson, he **sprawls** on the shelf, revealing...

보가 벤슨을 후려치자, 그가 선반에 큰 대자로 뻗어 버리는데, 보인다…

SHEEP (mouths full) Baaaa!

양들 (입안에 가득 찬 채) 매에에!

BO (happy) Girls!

보 (행복해하며) 얘들아!

SHEEP BAAAAA.

양들 매에에에.

BO **Drop it!**[1]

보 그만해!

Another Dummy reaches for Woody's pullstring.

또 다른 인형이 우디의 풀스트링을 잡으려고 손을 뻗는다.

WOODY (impact)

우디 (충격)

Woody turns and SHOVES the Dummy down–

우디가 돌아서서 인형을 아래로 떠민다–

WOODY (fighting)

우디 (싸운다)

-but in the process, Forky trips over the yarn... and falls out of the cabinet door.

–하지만 싸우는 중에, 포키가 실에 발이 걸리고… 진열장 밖으로 떨어진다.

---

set to work 일에 착수하다
rip 찢다, 뜯어/떼어내다
battle cry (전쟁터에서의) 함성
land a flying kick to someone ~을 공중발차기하다
ankle 발목
tumble 굴러떨어지다, 폭삭 무너지다
whack ⟨비격식⟩ 세게 치다, 후려치다
sprawl 큰 대자로 눕다

1 Drop it!
그만둬!
drop하면 어떤 사물이 '떨어지는' 상황이 바로 연상될텐데요. 불편한 대화를 멈추고 싶을 때, 걱정을 잊으라고 할 때, '그만해, 잊어버려'라는 의미로 쓸 수 있어요.

FORKY Ahhhhh!

포키 아아아아!

WOODY No. No!

우디 안 돼. 안 돼!

Woody watches **in horror** as Dragon turns to see Forky.

우디가 경악하며 바라보고 드래곤이 돌아서며 포키를 본다.

WOODY Forky!

우디 포키!

BO We've gotta go.

보 우리 가야 해.

Sheep under her arm, Bo hooks her staff over the yarn and starts to zipline across.

양들을 팔로 끌어안고, 보가 막대기를 실에 걸어 건너편으로 집라인을 타기 시작한다.

WOODY Wait!

우디 잠깐!

Woody, the yarn's **anchor**, focuses on Forky as Dragon **bats** him around.

실의 닻 역할을 하는 우디가 드래곤이 포키를 때리는 동안 포키에게 집중한다.

WOODY FORKY!

우디 포키!

He sees Buzz helping Bo up to the shelf **on the other side**.

버즈가 반대편에서 보를 선반에 오르도록 돕는 모습이 보인다.

BUZZ (straining)

버즈 (안간힘을 쓴다)

With a look of **determination**, Woody jumps.

단호한 표정으로 우디가 뛰어내린다.

WOODY (jumps)

우디 (뛰어내린다)

Woody **lands hard** atop Dragon.

우디가 드래곤 위에 거칠게 착지한다.

WOODY (impact)

우디 (충격)

As Woody's weight yanks the yarn, Bo **slips** from Buzz's grasp

우디의 무게로 인해 실이 홱 잡아당겨지고, 보가 잡고 있던 버즈의 손에서 미끄러진다.

BO (screams)

보 (비명)

BUZZ (gasps)

버즈 (헉 한다)

She plummets with her sheep to the floor.

그녀가 양들과 함께 바닥에 곤두박질친다.

---

in horror 오싹하여, 두려워하여
anchor 닻, 정신적 지주, (곤경에 처했을 때) 의지할 수 있는 사람
bat 방망이/배트로 치다, 연달아 치다
on the other side 건너쪽에
determination 투지의, 단호한
land hard 세게/거칠게 착지하다
slip (어떤 위치, 손을 벗어나) 미끄러지다, 미끄러져 내려가다
grasp 꽉 잡다, 움켜잡다, 움켜잡기

BO (impact)

보 (충격)

Clutching her sheep under one arm, Bo manages to get a grip on the yarn with her other hand. She swings forward, hitting the side of the case– And losing her grip on her sheep.

한쪽 팔로 양들을 움켜잡고 보가 간신히 다른 손으로 실을 잡는다. 그녀가 앞으로 휙 움직이며 상자의 옆을 친다– 그리고 잡고 있던 양들을 놓친다.

SHEEP Baaaa!

양들 매에에!

They hit the floor with a loud **CRACK**! Losing a foot in the fall.

그들이 바닥에 떨어지는데 빠지직 금 가는 소리가 크게 들린다! 떨어질 때 발 한쪽을 잃었다.

BO (gasp)

보 (헉 한다)

Meanwhile, Woody's is stuck **astride** Dragon, one boot caught under the cat's **collar**.

한편, 우디는 고양이의 목줄 밑에 부츠 한 짝이 걸려 드래곤의 양쪽에 두 다리를 걸치고 있다.

WOODY (yells, struggling) (scared)

우디 (비명, 허우적대며) (무서워한다)

As the cat **bucks** and **yowls**, the yarn is **tugged** repeatedly. Buzz, Ducky, Bunny, and Giggle are yanked from the shelf.

고양이가 날뛰며 울부짖는 바람에 실이 계속해서 잡아당겨진다. 버즈, 덕키, 버니, 그리고 기글이 선반에서 홱 잡아당겨진다.

BUNNY & BUZZ (falling)

버니 & 버즈 (떨어지며)

GIGGLE MCDIMPLES (scream)

기글 맥딤플즈 (비명)

They hit the floor.

그들이 바닥에 떨어진다.

GIGGLE MCDIMPLES (impact)

기글 맥딤플즈 (충격)

Buzz lands on Bonnie's backpack and scans the **perimeter**–

버즈가 보니의 책가방에 착지하며 주변을 살핀다–

BUZZ (to himself) Bonnie's backpack?

버즈 (혼잣말로) 보니의 책가방?

Giggle **stumbles to her feet**...

기글이 휘청거리며 일어선다…

GIGGLE MCDIMPLES (woozy)

기글 맥딤플즈 (머리가 띵하다)

...Dragon's **shadow falls over** her.

…드래곤의 그림자가 그녀 위로 드리운다.

GIGGLE MCDIMPLES (scared)

기글 맥딤플즈 (무서워한다)

---

crack 찢어지는 듯한 소리, (쿵 하는 소리가 들릴 정도의) 타격/부딪침
meanwhile 그러는 동안에, 그 사이에, 한편
astride (무엇의) 양쪽으로 두 다리를 쫙 벌리고
collar (윗옷의) 칼라, 깃, (개, 고양이 등의 목에 거는) 목걸이, 목줄
buck 날뛰다
yowl 울부짖다
tug (세게, 흔히 여러 번) 잡아당기다
perimeter (어떤 구역의) 주위/주변
stumble to one's feet 비틀거리며 일어서다
woozy (정신이) 멍한, (머리가) 띵한
shadow falls over 그림자가 ~위로 드리우다

The cat bats her a few times, **tossing** her **into the air**...

고양이가 그녀를 허공으로 집어 던지며, 몇 번 타격을 가한다..

GIGGLE MCDIMPLES (scream)

가글 맥딤플즈 (비명)

...and **gulping** her down. Bo looks up from comforting her broken sheep.

…그리고 그녀를 꿀꺽 삼켜 버린다. 보가 망가진 양들을 위로하다가 위를 올려다본다.

BO Giggle!

보 기글!

Ducky and Bunny **are stunned**.

덕키와 버니가 놀란다.

BUNNY & DUCKY (yell)

버니 & 덕키 (비명)

The cat remembers Woody is still stuck under her collar. She begins to buck again.

고양이는 우디가 여전히 그녀의 목줄에 매달려 있는 것을 안다. 그녀가 다시 한 번 날뛰기 시작한다.

WOODY (yelps)

우디 (소리친다)

UP IN THE CABINET Gabby gives her dummies their **marching orders**.

저 위 진열장 안에서 개비가 인형들에게 행군 명령을 내린다.

GABBY GABBY Don't let Woody leave!

개비개비 우디가 그냥 가게 내버려 두면 안 돼!

WOODY (yelping)

우디 (소리친다)

The dummies leap down to the floor and surround them from all sides as Dragon races wildly inside the circle. Bo reaches out–

인형들이 바닥으로 뛰어내려서 사방으로 그들을 둘러싸고 그 원 안에서 드래곤이 미친 듯이 뛴다. 보가 손을 뻗는다 -

WOODY (yelping)

우디 (소리친다)

BO Grab on!

보 꽉 잡아!

BUZZ (impact)

버즈 (충격)

–And grabs hold. The Sheep CHOMP down and Buzz, Ducky, and Bunny race forward to follow suit.

- 그리고 움켜잡는다. 양들이 우적우적 씹으며 버즈, 덕키, 그리고 버니가 그들을 따라 앞으로 질주한다.

DUCKY (yelps)

덕키 (소리친다)

---

toss 던지다
into the air 허공에, 공중으로
gulp 꿀꺽꿀꺽 삼키다
be stunned 정신이 멍하다
marching order 행군/출격 명령

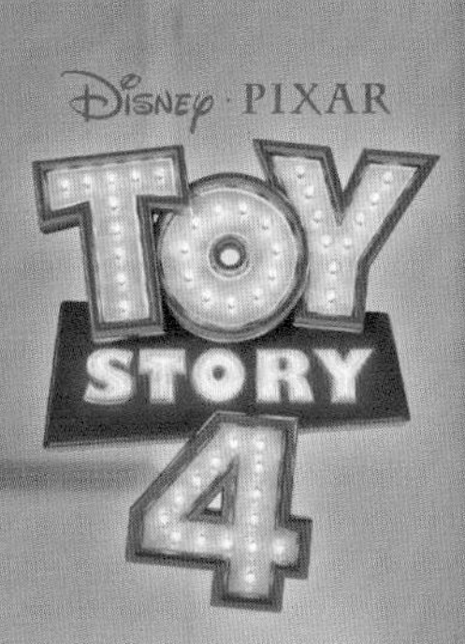
Disney · PIXAR
TOY
STORY
4

Day 22

Something Called 'Loyalty'

'의리'라는 것

22.mp3

Duke darts out from under a display case on his bike.

듀크가 그의 오토바이를 타고 진열장 아래에서 재빨리 튀어나온다.

BO Duke!

보 듀크!

He **puts on the brakes** as Bo flies past gripping the yarn.

보가 실을 잡으며 옆으로 날아갈 때 그가 브레이크를 밟는다.

BO Get us out of here!

보 우리를 여기에서 빼내 줘!

DUKE CABOOM **Oui!**

듀크 카붐 알았어!

He takes off on his bike, passing between two dummies and out of the circle with the cat in close **pursuit**.

그가 오토바이를 타고 원을 벗어나 인형들을 지나며 가는데 고양이가 가까이 뒤로 따라붙는다.

DUKE CABOOM Here **kitty**, kitty.

듀크 카붐 여기야 야옹, 야옹아.

Still dangling from Dragon's collar, Woody **protests**.

드래곤의 목줄에 여전히 매달린 채, 우디가 소리친다.

WOODY (hanging **upside down**) Wait! We don't have Forky!

우디 (거꾸로 매달려서) 잠깐! 포키가 없잖아!

Forky races after them.

포키가 그들 뒤에서 전속력으로 뛰어온다.

FORKY Woody!

포키 우디!

A hand reaches for him...

손 한쪽이 그를 향해 뻗으며…

WOODY (gasps)

우디 (헉 한다)

CUT TO Duke leading the chase down an aisle. Dragon on his **heels**, the gang flying around on the yarn, and the dummies **bringing up the rear**.

듀크가 통로에서 추격전을 이끄는 장면으로 전환. 그의 뒤로 바짝 따라붙은 드래곤, 실을 타고 날아가고 있는 장난감들, 그리고 맨 뒤에서 따라오고 있는 인형들.

---

put on the brakes 제동/브레이크를 걸다
oui 〈프랑스어〉 네, 알았어요, 좋아 (= Yes)
pursuit 뒤쫓음, 추격, 추적
kitty 새끼 고양이, 야옹이
protest 시위하다, (공개적으로) 항의/반대하다, 이의를 제기하다
upside down (아래위가) 거꾸로 뒤집혀
heel 발뒤꿈치
bring up the rear 끝/뒤에 서다, 꼴찌가 되다

DUCKY	(yelling)	덕키 (소리를 지른다)
WOODY	FORKY!	우디 포키!

Bo reaches out with her staff and yanks a drawer open, **clotheslining** the first dummy–

보가 지팡이를 뻗어서 서랍을 홱 잡아당겨 첫 번째 인형의 목을 치는데–

DUMMY (smacking into drawer)

인형 (서랍에 세게 부딪친다)

–who falls. The other dummies **pile up** behind him.

–넘어진다. 다른 인형들이 그의 뒤로 포개진다.

DUMMY (landing impact)

인형 (떨어지며 충격을 받는다)

Duke finally leads them to the back – through a broken window. He realizes he's on another ramp...

듀크가 마침내 그들을 뒤로 이끌어내고 – 깨진 창문을 통해, 그가 또 다른 경사로에 올라와 있다는 것을 깨닫는다…

DUKE CABOOM (screams)

듀크 카붐 (비명)

...and breaks a **window pane** as he **sails** out of the store, the cat at his heels **towing** the rest of the gang as they all go through the window.

…그리고 그가 가게를 나가며 판유리를 깨는데, 고양이가 그의 뒤로 따라오고 나머지 장난감들도 그 뒤로 모두 창문을 통해 나간다.

BO & BUZZ	(scream)	보 & 버즈 (비명)
WOODY	(screams)	우디 (비명)

EXT. ANTIQUE STORE/BACK ALLEY – NIGHT
Duke **BURSTS out** the PET DOOR. Dragon right behind. Woody still **clings** to the collar with the other toys behind him in a chain.

외부. 골동품 상점/뒷골목 – 밤
듀크가 반려동물용 문을 박차고 나온다. 드래곤이 바로 뒤에 있다. 우디가 여전히 목줄에 매달려 있고 다른 장난감들은 그의 뒤로 쇠줄에 걸려있다.

DUKE CABOOM	(impact)	듀크 카붐 (충격)
WOODY	Aaahhh!	우디 아아아!
BO	(effort)	보 (애쓰며)
BUNNY	(impact)	버니 (충격)

---

clothesline (상대 선수를) 쳐서 넘어지도록 태클하다, 빨랫줄
smack into ~에 쾅 부딪치다, 충돌하다
drawer 서랍
pile up 쌓이다
window pane 창유리
sail 항해하다, 나아가다, 미끄러지듯 나아가다
tow (자동차, 보트 등을) 끌다, 견인/예인하다
burst out 뛰쳐나오다, 갑자기 터뜨리다
cling 꼭 붙잡다, 매달리다, 달라/들러붙다

BUZZ Aaahhh!

DUCKY (impact)

The **wild-eyed** cat SPINS in panic. The toys **thrown off** in all directions.

BO & WOODY (impact)

BUZZ (impact)

Dragon smacks into a **dumpster**, **SPITTING OUT** GIGGLE.

GIGGLE MCDIMPLES (**grossed-out**)

The cat shakes its head and hops up to the window, turning back to HISS at Woody before leaping back inside the store. Woody gets up, grabs his hat, scrambles to his feet.

WOODY (**catching breath**) Is everyone okay?

Buzz hops down to Giggle and holds her in the palm of his hands as she **shakes off** cat **drool**.

GIGGLE MCDIMPLES (**coughing**)

Among the trash bags, Bo comforts her broken and scared sheep.

SHEEP BAA!!

BO Shh, it's okay.

Duke holds his **precious** bike close.

DUKE CABOOM (comforting his bike) Shhhhh.... It's okay.

Ducky sits up. Bunny is **nowhere in sight**. Ducky panics.

버즈 아아아!

덕키 (충격)

눈이 분노로 이글거리는 고양이가 당황하며 빙빙 돈다. 장난감들이 사방으로 날아간다.

보 & 우디 (충격)

버즈 (충격)

드래곤이 쓰레기통에 세게 부딪치며, 기글을 내뱉는다.

기글 맥딤플즈 (우웩 한다)

고양이가 머리를 흔들고 창문 위로 뛰어올라서 뒤돌아보며 우디에게 쉭쉭 거리다가 다시 가게 안으로 뛰어들어간다. 우디가 일어서며, 그의 모자를 잡고, 허둥지둥 일어선다.

우디 (가쁜 숨을 고르며) 모두들 괜찮니?

버즈가 기글 옆에 뛰어내려 손바닥에 그녀를 올리는데 그녀가 고양이 침을 몸을 흔들며 떨어낸다.

기글 맥딤플즈 (기침한다)

쓰레기 봉지들 사이에서, 망가져서 무서움에 떨고 있는 양들을 보가 토닥거린다.

양들 매에!!

보 쉬, 괜찮아.

듀크가 그의 소중한 오토바이를 꼭 끌어안는다.

듀크 카붐 (오토바이를 위로하며) 쉬이이이… 괜찮아.

덕키가 일어나 앉는다. 버니는 그 어디에도 보이지 않는다. 덕키가 당황한다.

---

wild-eyed 눈이 분노로 이글거리는, 극단적인, 과격한
throw off 떨쳐 버리다, 벗어 던지다
dumpster (금속제의) 대형 쓰레기통
spit out ~을 뱉다
grossed-out 역겨워하는
catch one's breath 헐떡이다
shake off 털어내다, 떨치다, 뿌리치다
drool 침을 흘리다, 침/군침
cough 기침하다
precious 귀중한, 소중한, 값비싼, 아끼는
nowhere in sight 그 어디에도 보이지 않는

DUCKY Bunny? Bunny!

덕키 버니? 버니!

Ducky spots a **loose clump** of **stuffing** nearby.

덕키가 근처에 흩어져 있는 봉제 인형 솜 뭉텅이를 발견한다.

DUCKY (gasp) BUNNY!?

덕키 (헉 한다) 버니!?

He drags himself by one wing to throw himself upon it...

그가 한 쪽 날개로 몸을 끌어 그 위로 몸을 내던진다…

DUCKY No! (**breaking down**) No no no no no–

덕키 안 돼! (억장이 무너지며) 안 돼, 안 돼, 안 돼, 안 돼, 안 돼–

...not realizing he's dragged a **dazed** Bunny out from under the trash by the other wing. Bunny lifts Ducky up off the ground.

–그가 쓰레기 속에서 멍해진 버니를 끌고 나왔다는 것을 알아채지 못하고, 버니가 덕키를 일으킨다.

DUCKY (gasp) Oh Bunny!

덕키 (헉 한다) 오 버니!

He throws himself into Bunny's arms.

그가 버니의 품으로 몸을 던진다.

BUNNY It's gonna be okay...

버니 괜찮을 거야…

DUCKY (**relieved sigh**) Woody is **all business**.

덕키 (안도의 한숨) 우디는 너무 일밖에 몰라.

WOODY Forky's still in here. If we hurry, we can get him before they **lock him up**.

우디 포키가 아직도 저 안에 있어. 우리가 서두르면, 그를 가두기 전에 구해낼 수 있을 거야.

DUCKY You want us to go back in there?

덕키 우리보고 거길 다시 들어가라고?

DUKE CABOOM We barely got out alive.

듀크 카붐 겨우 죽다가 살아나왔는데.

Woody starts walking back towards the pet door.

우디가 반려동물용 문 쪽으로 다시 걷기 시작한다.

BUZZ Woody, it's better if we wait–

버즈 우디, 기다리는 게 더 좋을 것 같아–

WOODY No, no. There's no time. We can easily get back inside–

우디 안 돼, 안 돼. 시간이 없어. 쉽게 안으로 다시 들어갈 수 있으니–

BUZZ But I saw Bonnie's–

버즈 하지만 내가 봤는데 보니의–

WOODY –**By my count** there are only four dummies–

우디 –내가 세어봤더니 인형이 겨우 넷뿐이더라고–

---

loose (떨어질 것처럼) 헐거워진/풀린
clump 무리, 무더기, 덤불
stuffing (쿠션, 장난감 인형 등의 안에 넣는) 속
break down (기계, 차량이) 고장 나다, 감정을 주체하지 못하고 허물어지다
dazed (충격을 받아서) 멍한/아찔한
relieved sigh 안도의 한숨 (= sigh of relief)
all business 일을 허투루 하지 않는, 심하게 진지한, 일밖에 모르는
lock something/someone up ~을 철창 안에 가두다, (자물쇠로 잠근) 안전한 곳에 넣어두다
by my count 내 계산에 의하면

BUZZ But the backpack–

버즈 하지만 책가방이 –

WOODY –and we **outnumber** them. So we **have the advantage**–

우디 –우리가 걔들보다 수적으로 더 우세해. 그러니까 우리가 더 유리하다고 –

BO Woody, look at us!

보 우디, 우리를 좀 봐!

Woody finally turns to take in the rest of the gang. A broken **mess**.

우디가 마침내 나머지 장난감들의 상태를 돌아본다. 모두 상태가 엉망이다.

SHEEP BAAA!

양들 매에!

BO Nobody is with you. It's over, okay?

보 아무도 너의 의견에 동조하지 않아. 이젠 끝났다고, 알았니?

Determined, Woody picks up Duke's bike.

결의에 찬 표정으로, 우디가 듀크의 오토바이를 들어올린다.

WOODY No. No, no, no. We're wasting time. We can do this.

우디 아냐, 아냐, 아냐, 안 돼. 지금 시간을 허비하고 있는 거야. 우린 할 수 있다고.

BUNNY Come on, Pullstring.

버니 왜 이래, 풀스트링.

GIGGLE MCDIMPLES **It's not worth it.**❶

기글 맥딤플즈 시도할 가치가 없어.

Woody **busies himself** helping Bunny with his stuffing.

버니가 솜을 주워 모으는 것을 우디가 분주하게 돕는다.

DUCKY Yeah yes, listen to her!

덕키 그래 맞아, 그녀의 말을 좀 들어!

BO Nobody wants this!

보 아무도 원하지 않는다고!

WOODY I do!

우디 난 원한다고!

BO Why?!

보 왜?!

WOODY Because!

우디 왜냐하면!

바로 이 장면!*

BO Why?!

보 왜?!

---

outnumber 수적으로 우세하다, ~보다 숫자가 더 많다
have the advantage 강점/이점이 있다, 유리하다
mess (지저분하고) 엉망진창인 상태
busy oneself 분주 하다

❶ **It's not worth it.**
그럴만한 가치가 없다.
'It's not worth ~'는 '~만한 가치가 없다'고 할 때 쓰는 패턴 표현이에요. 예를 들어, It's not worth trying. '시도할만한 가치가 없다', 또는 It's not worth my time. '이것은 내 시간을 투자할 만한 가치가 없다' 이렇게 쓰인답니다.

WOODY	**Just– because.**	우디 –그냥.
	Bo hooks Woody with her crook. **Forces** him to **look her in the eye**.	보가 지팡이로 우디를 건다. 억지로 그가 그녀와 눈을 마주치게 만든다.
BO	Why?	보 왜?
	He shoves her crook away. **Explodes**:	우디가 그녀의 지팡이를 떠민다. 감정이 폭발한다:
WOODY	BECAUSE IT'S ALL I HAVE LEFT TO DO! (more **sober**) I don't have anything else.	우디 왜냐하면 내게 남은 일이 그것밖에 없으니까! (더 진지하게) 내겐 이것밖에 할 일이 없어.
BO	So the rest of us don't count?	보 그럼 우리 여기 남은 장난감들은 신경도 안 써?
WOODY	**T-that's not what I meant.**❶ Bonnie needs Forky.	우디 내 얘기는 그런 뜻은 아니야. 보니에겐 포키가 필요하다고.
BO	No. YOU need Bonnie... Open your eyes Woody. There's plenty of kids out there... It can't be just about the one you're still clinging to.	보 아니. 네가 보니를 필요로 하는 거야… 눈을 떠 우디. 세상에는 아이들이 정말 많아… 네가 미련을 갖는 단 하나의 아이 때문에 이럴 필요는 없다고.
	Woody **winces**. Then **bristles**.	우디가 움찔하다가 발끈한다.
WOODY	It's called "**loyalty**." Something a lost toy wouldn't understand.	우디 이런 걸 "의리"라고 부르는 거야. 잊혀진 장난감은 이해 못할 테지만.

just because (이유 없이) 단지, 그냥
force (어쩔 수 없이) ~하게 만들다
look her in the eye ~을 똑바로 쳐다보다
explode (감정이) 폭발하다, 폭탄이 터지다
sober 술 취하지 않은, 냉철한, 진지한
wince (당혹감) 움찔하고 놀라다, 움찔하다
bristle 발끈하다
loyalty 충실, 충성, 충성심

❶ **That's not what I meant.**
내 말은 그런 뜻이 아니었는데.
위의 문장에서 쓰인 meant는 '(특정한 의도를 담아) ~ 뜻으로 말하다'라는 의미를 가진 단어 mean의 과거형이에요. 상대방이 내 말을 오해한 것 같을 때, '그건 내가 의도한 뜻과 다르다'라고 말할 때 쓰는 표현이에요.

Day 23

A Chance to Be Loved

사랑받을 수 있는 기회

23.mp3

Bo is stunned. Woody **wavers**, seeing the **hurt** in her eyes... then digs back in. **Stubborn**.

보가 깜짝 놀란다. 우디가 그녀의 눈빛 속 상처를 보며 마음이 약해진다… 그리고 다시 단호한 태도를 취한다. 고집스럽다.

BO I'm not the one who's lost.

보 잊혀진 장난감은 내가 아니야.

Bo looks to Giggle and Duke.

보가 기글과 듀크에게 눈을 돌린다.

BO Let's get out of here. We've got a carnival that leaves in the morning.

보 여기서 나가자. 아침에 떠나는 축제 행사팀이 있어.

Bo, Giggle, and Duke start to head out. Ducky and Bunny look from them to Woody and Buzz.

보, 기글, 그리고 듀크가 나가기 시작한다. 덕키와 버니가 그들을 보다가 우디와 버즈에게 눈길을 돌린다.

BUNNY C'mon, we'll go find our OWN kid.

버니 이봐, 우린 우리만의 아이를 찾으러 갈 거라고.

DUCKY HmmMmm.

덕키 흠음.

Ducky calls back to Woody from over his shoulder.

덕키가 어깨너머로 우디에게 뒤를 향해 외친다.

DUCKY You're crazy.

덕키 넌 미쳤어.

They follow after Bo.

그들이 보를 뒤따른다.

WOODY Bo–! (exasperated)

우디 보–! (몹시 화가 났다)

Bo calls back over her shoulder.

보가 어깨너머로 뒤를 향해 외친다.

BO Bye, Woody. **Good luck with Bonnie.**[1]

보 잘 가, 우디. 보니랑 잘 살아.

Bo and her gang walk out of the **lamplight** and disappear into the darkness. It's just Buzz and Woody now.

보와 그녀의 장난감 무리가 등불에서 걸어 나가며 어둠 속으로 사라진다. 이제 버즈와 우디밖에 없다.

---

waver (불안정하게) 흔들리다/떨리다, 약해지다

hurt (마음의) 상처

stubborn 완고한, 고집스러운

exasperate 몹시 화나게/짜증나게 하다

lamplight 등불

1 Good luck with Bonnie.
보니랑 잘 살아.

누군가에게 행운을 빈다고 할 때 간단하게 Good luck! 이라고 말하죠. 그런데 위의 표현은 문맥상 비아냥대는 뉘앙스를 담고 있습니다. 우디의 의지를 이해하지 못하고 외면하는 친구들이 '안되겠지만, 어디 해봐, 잘되나 두고 보자'라고 말하는 것이죠. with ~가 붙으면 맥락을 잘 파악해서 해석해야 합니다.

BUZZ (**gently**) Woody...you did all you could. ...Time to go home.

버즈 (부드럽게) 우디… 넌 최선을 다했어. …이제 집으로 돌아갈 시간이야.

But Woody barely hears him, still **staring off**, still **stuffing** the **pain** down – there's a job to do (or else, who am I now?).

하지만 우디는 그의 말을 듣는 둥 마는 둥 하며 멍하니 허공만 바라보며 여전히 아픔을 억누르고 있다 – 내겐 할 일이 있어 (그렇지 않다면, 이제 난 누구란 말인가?)

WOODY No.

우디 아냐.

Woody starts walking back to the store...

우디가 다시 가게를 향해 걷기 시작한다…

BUZZ Woody...

버즈 우디…

WOODY I don't **leave toys behind**, Buzz.

우디 난 장난감들을 남겨두고 떠나지 않아, 버즈.

...climbs up to the broken window...

…깨진 창문 쪽으로 올라간다…

BUZZ Yeah, but, Woody, you're actually lea–

버즈 그래, 하지만, 우디, 너 정말 떠나 –

WOODY **Not now. Not ever.**

우디 지금도 안 그럴 거고, 영원히 안 그럴 거야.

...and disappears inside. Leaving Buzz alone.

…그러고는 안으로 사라진다. 버즈만 홀로 남겨둔 채.

BUZZ (himself) ...Aaaaaand he left me behind.

버즈 (혼잣말로) …그리이이이고 그가 나를 남겨두고 떠났군.

Buzz looks around the **vacant** alley. What to do?

버즈가 텅 빈 통로를 돌아본다. 이젠 뭘 해야 하지?

BUZZ (frustrated) What now, inner voice?

버즈 (좌절한다) 이제 어떻게 해야 해, 내면의 목소리야?

He presses his voice command button.

그가 목소리 명령 버튼을 누른다.

BUZZ VOICEBOX **Mission accomplished**, return to **base**.

버즈 소리 상자 임무 완수, 본부로 돌아오라.

BUZZ Go back to the RV? What about Woody?

버즈 캠핑카로 돌아가라고? 그럼 우디는 어떻게 하고?

BUZZ VOICEBOX We're going home, Space Ranger.

버즈 소리 상자 우리는 집으로 돌아간다, 우주전사.

BUZZ (sigh)

버즈 (한숨을 쉰다)

---

gentle 다정하게, 부드럽게, 약하게
stare off 먼 곳을 응시하다, 멍 때리다
stuff (빽빽이) 채워 넣다, (재빨리 되는 대로) 쑤셔 넣다
pain 고통
leave something behind ~을 놓아둔 채 잊고 오다
Not now. Not ever. 지금도 아니고, 앞으로도 영원히 아니다
vacant 비어 있는, 사람이 없는
mission accomplished 임무 완수/완료
base 근거지, 본부, 본사, 기지

He presses the button again...

그가 다시 버튼을 누른다…

BUZZ VOICEBOX **Fall back**, this planet is–

버즈 소리 상자 물러나라. 이 행성은 -

Again—

또 다시—

BUZZ VOICEBOX **RETREAT**! There's too–

버즈 소리 상자 퇴각하라! 너무 많은 -

Over and over...

계속 또 다시…

BUZZ VOICEBOX Go– Time to fly– Exit the– Fall back– Run a– Get out—

버즈 소리 상자 가라 - 날아갈 시간이야 - 빠져나와 - 물러나 - 달아나 - 벗어나 -

But the **responses** all **add up to** the same thing...

응답은 결국 모두 같은 방향을 향하고 있다…

BUZZ VOICEBOX Returning to Star Command!

버즈 소리 상자 스타 커맨드호로 돌아가기!

BUZZ Okay! Okay. (sigh)

버즈 알았어! 알았다고. (한숨을 쉰다)

He starts sneaking down the alley towards the RV park.

그가 캠핑카 야영장을 향해 몰래 통로를 빠져나가기 시작한다.

BUZZ Thanks a lot, inner voice.

버즈 고마워, 내면의 목소리.

INT. ANTIQUE STORE – BACK **STORAGE** AREA – MOMENTS LATER
Margaret calls out as she leaves the office....

내부. 골동품 상점 - 창고 지역 - 잠시 후
마가렛이 사무실을 나오면 외친다…

MARGARET Harmony, honey, help Grandma **close up for the night**!

마가렛 하모니, 아가, 오늘 밤엔 할머니가 가게 문 닫는 거 도와다오!

...and closes the curtain.

…그리고는 커튼을 닫는다.

HARMONY (O.S.) Okay. Then can we go to the carnival?

하모니 (화면 밖) 네. 그럼 축제에 가도 되는 거예요?

Woody opens curtain as the lights **go out**.

가게의 불이 꺼질 때 우디가 커튼을 연다.

WOODY (yells)

우디 (소리친다)

---

fall back 물러나다, 후퇴하다
retreat 후퇴/철수/퇴각하다
response 대답, 응답, 회신
add up to (결국, 합계, 총) ~가 되다
storage 보관소, 저장고
close up 아주 가까운 거리에서, 바로 옆에서
for the night 하룻밤 동안, 오늘 밤은
go out (불, 전깃불이) 꺼지다/나가다

He falls back in surprise and **fear**. Gabby, **flanked** by the dummies, is right in front of him.

그가 놀라움과 두려움으로 뒤로 물러선다. 개비와 그의 옆에 선 인형들이 우디의 바로 앞에 있다.

GABBY GABBY (O.S.) Hello, Woody.

개비개비 (화면 밖) 안녕, 우디.

He scrambles **backwards** as they slowly approach.

그들이 천천히 다가오자 우디가 허둥지둥 뒤로 물러선다.

GABBY GABBY I knew you'd be back.

개비개비 네가 돌아올 줄 알고 있었어.

Woody gets to his feet, grabbing a nearby pencil. Woody walks backwards, the pencil held out to **defend** himself, as Gabby and the dummies continue to **advance**.

우디가 일어서며, 옆에 있는 연필을 움켜잡는다. 우디가 뒤로 물러서며 연필로 방어태세를 취하는데, 개비와 인형들이 계속해서 그의 앞으로 다가온다.

WOODY You don't know me.

우디 넌 나를 몰라.

GABBY GABBY But I do... you were left in the closet... feeling useless... wondering if you'll ever get played with...

개비개비 하지만 난 아는 걸… 넌 옷장에 남겨져 있었지… 자신이 쓸모없다고 느끼며… 다시 나와 놀아줄 아이가 있을까 생각하며…

WOODY I'm not leaving without Forky.

우디 난 포키를 두고는 절대 못 가.

GABBY GABBY Can we agree on just one thing?

개비개비 딱 하나만 동의를 구해도 될까?

WOODY What?

우디 뭔데?

GABBY GABBY That being there for a child is the most **noble** thing a toy can do.

개비개비 아이의 곁을 지켜준다는 것은 장난감이 할 수 있는 가장 숭고한 일이라는 것.

Woody stops.

우디가 멈춘다.

WOODY (still **unsure** of her **motives**) Okay...

우디 (여전히 이런 말을 하는 그녀의 동기를 의심하며) 좋아…

Gabby holds out her hand to stop the dummies.

개비가 손을 들어 인형들을 멈춰 세운다.

GABBY GABBY I was **defective** right out of the box.

개비개비 난 상자에서 나올 때부터 결함이 있는 인형이었어.

Woody listens as Gabby moves closer to **plead** her **case**.

개비가 가까이 다가오며 자신의 입장을 변호하는 것을 우디가 경청한다.

---

fear 공포, 두려움
flank (양옆, 한쪽 측면) 있다/배치되다
backwards 뒤로, 거꾸로, 반대 방향으로
defend 방어하다, 수비하다, 변호하다
advance (공격/위협) 다가가다, 진격하다
noble 고결한, 고귀한, 숭고한
unsure 확신하지 못하는, 의심스러워 하는
motive 동기, 이유

defective 결함이 있는
plead 애원하다, 변호하다, (법정에서 피고가 자신이 무죄 또는 유죄라고) 답변하다, 답변서를 제출하다
case 사건, 소송, 사례

바로 이 장면!*

GABBY GABBY I can only imagine what it must have been like for you. All that time you spent with Andy... riding a bike with him for the first time, comforting him when he **skinned** his knee, proudly watching him **grow up**, and then you got a second chance with Bonnie, giving her comfort when she's scared at school, helping her when she needs it most. You've been there through all their **ups and downs**... Please. **Be honest with** me – was it as wonderful as it sounds?

개비개비 네가 어떤 기분이었을지 난 그저 상상을 해 볼 수 있을 뿐이야. 앤디와 함께 했던 수많은 순간들… 처음으로 자전거를 탔던 그 순간, 그의 무릎이 까졌을 때 위로해 주던 일, 성장하는 것을 대견하게 지켜보던 일, 그리고 보니와 다시 한번 기회를 얻게 되어, 그녀가 학교에서 무서워할 때 위로해 주고, 그녀가 정말 필요로 할 때 도움을 주는 것. 그들의 우여곡절을 네가 모두 함께 겪었지… 제발, 솔직히 말해 줄래 – 듣기에는 참 달콤한 얘긴데, 실제로도 그렇게 좋았었니?

Woody **takes this in**. His eyes can't **deny** it.

우디가 생각에 빠진다. 그의 눈은 부정하지 못한다.

WOODY ...It was.

우디 …그랬지.

Gabby smiles sadly.

개비가 슬픈 미소를 짓는다.

GABBY GABBY **All I want is a chance**❶ for just one of those moments. **I'd give anything to be loved**❷ the way you have.

개비개비 내가 유일하게 원하는 것이 그러한 순간을 경험할 기회야. 네가 사랑받았던 것처럼 나도 사랑받을 수 있다면 난 뭐든지 다 할 거야.

Woody is quiet. Knowing what he has to do.

우디가 조용하다. 그가 무엇을 해야 할지를 알았다.

WOODY Just leave me Forky. Bonnie needs him.

우디 그냥 포키를 나에게 남겨줘. 보니에겐 그가 필요해.

GABBY GABBY Of course.

개비개비 물론이지.

Gabby steps back. The dummies close in around Woody. BLACK.

개비가 뒤로 물러선다. 인형들이 우디 주변으로 다가선다. 암흑.

EXT. RV PARK – EVENING
PAN DOWN FROM THE RV PARK SIGN TO DAD FIXING THE TIRE.

외부. 캠핑카 야영장 – 저녁
캠핑카 야영장 표지판을 비추다가 아빠가 타이어를 고치는 모습이 보인다.

---

skin (피부가) 까지다/쓸리다
grow up 성장하다, 철이 들다
ups and downs 오르내림, 기복
be honest with ~에게 솔직하게 말하다
take something in 잠시 생각하다
deny 부인하다, 부정하다

❶ **All I want is a chance.**
내가 원하는 것의 전부는 한번의 기회다.
'All I want is ~'는 '내가 원하는 것의 전부는 ~이다'라는 의미로 All I want is you. '내가 유일하게 원하는 건 너뿐이야' 이렇게 쓸 수 있어요.

❷ **I'd give anything to be loved.**
사랑을 받을 수 있다면 난 뭐든지 하겠어.
〈I'd give anything to + 동사〉는 '~할 수 있다면 난 뭐든지 다 하겠다'라는 표현이에요.

BONNIE'S DAD (straining) (**triumphant** laughter) Finally! The flat tire **is fixed**!

보니 아빠 (안간힘을 쓰며) (의기양양한 웃음) 드디어! 타이어를 고쳤다!

INT. RV – EVENING
Jessie and Dolly are at the window.

내부. 캠핑카 – 저녁
제시와 돌리가 창문에 있다.

JESSIE Come on, Woody, hurry up.

제시 어서, 우디, 서둘러.

ANGLE BEHIND TOYS LOOKING OUT OF WINDOW.

카메라가 비스듬히 움직이며 창문 밖을 내다보는 장난감들 뒤를 비춘다.

JESSIE Where is he?

제시 그가 어디 있을까?

Buzz **suddenly POPS up** into view.

버즈가 갑자기 시야에 들어온다.

BUZZ (climbing)

버즈 (오르는 중)

BONNIE'S TOYS AAHHH! (relieved walla)

보니의 장난감들 아아! (안도한 웅성거림)

SLINKY DOG AAHHH!

슬링키 독 아아아!

BUTTERCUP AAHHH!

버터컵 아아아!

TRIXIE AAHHH!

트릭시 아아아!

HAMM AAHHH!

햄 아아아!

DOLLY AAHHH!

돌리 아아아!

JESSIE AAHHH!

제시 아아아!

SLINKY DOG Buzz!

슬링키 독 버즈!

JESSIE Buzz!

제시 버즈!

HAMM & TRIXIE Buzz!

햄 & 트릭시 버즈!

Dolly and Jessie help Buzz through the window.

돌리와 제시가 창문을 통해 버즈가 들어올 수 있도록 돕는다.

---

triumphant 의기양양한, 뿌듯한
be fixed 수리되다, 수습되다
suddenly 갑자기
pop up 갑자기 튀어나오다, 불쑥 나타나다

BUZZ	(effort)	버즈 (애쓰며)
DOLLY	Where's Woody?	돌리 우디는 어디 있니?
HAMM	And Forky?	햄 그리고 포키는?
BUZZ	**We have a situation.**[1] They need to be **extracted** from the antique store.	버즈 문제가 발생했어. 그들을 골동품 상점에서 구출해야 해.
REX	How do we do that?	렉스 그걸 어떻게 해야 하지?

Before Buzz can answer... THE DOOR OPENS! Everyone is forced to go into toy **mode**.

버즈가 대답하려고 하는데… 문이 열린다! 모두가 어쩔 수 없이 장난감 모드로 들어간다.

effort 애쓰며, 노력하며
extract (힘들여) 꺼내다/뽑다/빼다
mode 방식/모드

1 We have a situation.
문제가 생겼어.
situation은 '상황'이라는 뜻으로 직역하면 '상황을 가지고 있다' 즉 '문제가 생기다'라는 의미입니다. 위 내용에서도 그렇지만 situation은 다소 좋지 않은 상황(문제)을 다루는 뉘앙스가 있습니다.

Day 24

Leaving Woody Behind

우디 두고 가기

24.mp3

BONNIE'S DAD Okay. **Let's make sure we have everything.**❶

보니 아빠 자. 잃어버린 건 없는지 확인해 보자고.

BONNIE'S MOM (sigh) Finally.

보니 엄마 (한숨을 쉰다) 마침내.

ON BONNIE'S TOYS. They look to Buzz **with concern**, but he remains **confident**.

보니의 장난감 모습. 장난감들이 근심 어린 표정으로 버즈를 바라보지만, 버즈는 확신에 차 있다.

BUZZ (low whisper) It's okay...

버즈 (낮은 속삭임) 괜찮아…

ON TOY'S POV OF BONNIE SCANNING THE RV as Buzz continues talking.

버즈가 계속해서 말을 하고 있는 중에 보니가 캠핑카를 살피고 있는 모습에 대한 장난감 시점.

BUZZ ...**Any minute now**, Bonnie will **notice** her backpack is missing, she'll realize she left it at the antique store, and we'll head back in there.

버즈 …이제 곧, 보니가 책가방이 없어진 걸 알아채고, 가방을 골동품 상점에 두고 온 걸 깨닫게 될 거야. 그러면 우리는 거기로 다시 가는 거지.

BONNIE'S MOM Looks like we have everything. You good, Bonnie?

보니 엄마 다 챙긴 것 같네. 너도 다 챙겼지, 보니?

BONNIE Yep.

보니 네.

BONNIE'S DAD Great. Let's get out of here.

보니 아빠 좋았어. 이제 출발하자고.

Mom **buckles** Bonnie into her carseat. Dad starts the engine.

엄마가 유아용 의자에 앉은 보니에게 안전벨트를 채운다. 아빠가 시동을 건다.

HAMM Okay, genius. Whadda we do now?

햄 그래, 천재로군. 이제 우리 어쩌냐?

BUZZ Hm.

버즈 흠.

Buzz rolls over and starts pressing his voice command button.

버즈가 굴러가며 목소리 명령 버튼을 누르기 시작한다.

BUZZ VOICEBOX "Scanning **perimeter**."

버즈 소리 상자 "주변 탐색 중."

---

with concern 염려하여
confident 자신감 있는
any minute (now) 금방이라도, 곧
notice ~을 알아채다, (보거나 듣고) 알다
buckle 버클로 잠그다, 버클, 잠금장치
perimeter (구역의) 주위, 주변

❶ **Let's make sure we have everything.**
잃어버린 건 없는지 확인해 보자고.
make sure은 '반드시, 꼭' 그리고 '~인 것을 확인하다'라는 뜻인데, 위 문장은 '확인하다' 의미로 〈make sure (that) 주어 + 동사〉 패턴으로 활용할 수 있어요.

No. Presses again.

아니군. 다시 누른다.

BUZZ VOICEBOX "Laser **at full power! Shields to maximum**!"

버즈 소리 상자 "전출력으로 레이저! 방어 최대치로!"

REX Buzz, what are you doing?

렉스 버즈, 뭐 하는 거야?

BUZZ I'm thinking.

버즈 생각하는 거야.

BUZZ VOICEBOX "This planet is toxic. Prepare for **hypersleep**!"

버즈 소리 상자 "이 행성에는 독이 있어. 하이퍼 수면 준비!"

BONNIE'S DAD (to Mom) Honey, will you please **shut** that toy **off**?

보니 아빠 (엄마에게) 여보, 제발 저 장난감 좀 꺼 줄래요?

BUZZ VOICEBOX "No time to explain! Attack!"

버즈 소리 상자 "설명할 시간이 없다! 공격하라!"

BONNIE'S MOM Yeah, I got it.

보니 엄마 네, 알았어요.

BUZZ VOICEBOX "Meteor Shower, look out!"

버즈 소리 상자 "별똥별이다, 조심해!"

Bonnie's Mom **wanders** to the back. Dad **puts the car into gear**.

보니 엄마가 뒤쪽으로 헤매며 간다. 아빠가 차에 기어를 넣는다.

BUZZ VOICEBOX "It's a secret mission in **uncharted** space! Let's go!"

버즈 소리 상자 "미지의 우주에서 맡은 비밀 임무다! 가자!"

Mom picks Buzz up, and looks him over–

엄마가 버즈를 집어 들고 그를 살핀다 –

BUZZ VOICEBOX "Buzz Lightyear to the rescue!" "Full speed ahead!"

버즈 소리 상자 "버즈 라이트이어 출동!", "전방을 향해 전속력!"

–but every time Buzz's BACK FACES HER he SNEAKS ANOTHER PRESS of his voice command.

– 그런데 버즈의 등이 그녀와 마주칠 때마다 그가 몰래 반복적으로 목소리 버튼을 누른다.

BONNIE'S MOM Bonnie, how do you turn this off?

보니 엄마 보니, 이거 어떻게 끄는 거니?

BUZZ VOICEBOX "Open the **pod bay** doors!"

버즈 소리 상자 "격납고 문을 열어라!"

BONNIE I dunno.

보니 몰라요.

---

at full power 전출력/전속력으로
shield 방패, 보호막
to maximum 최대로
hypersleep 가사 상태, 몸의 기능이 완전히 중단되는 상태
shut something off (기계, 기구 등을) 세우다/정지시키다
wander 거닐다, 돌아다니다, 헤매다, 배회하다
put the car into gear 차의 기어를 넣다
uncharted 미지의, 잘 알지 못하는

pod bay 격납고 (pod는 비행기 동체 밑의 연료, 장비, 무기 등을 싣는 유선형 공간, bay는 건물 내외에 특정 용도로 표시해 놓은 구역/구간)

BUZZ VOICEBOX "It's just you and me now **Cadet**."

버즈 소리 상자 "이제 자네와 나만 남았네, 제군."

Through the RV window, Buzz sees the antique store getting further away.

버즈가 캠핑카 창문을 통해, 골동품 상점가 점점 멀어지는 것을 본다.

BUZZ VOICEBOX "A **distress signal** is coming from that rock!"

버즈 소리 상자 "조난 신호가 저 바위에서 나오고 있다!"

BONNIE'S DAD (calls back) Just toss it in a drawer.

보니 아빠 (뒤를 돌아보며 외친다) 그냥 서랍에 넣어요.

BUZZ VOICEBOX "To infinity and beyond!"

버즈 소리 상자 "무한한 공간 저 너머로!"

The RV begins heading out of the park... Mom opens a cupboard, reaches in with Buzz... No more time–!!

캠핑카가 공원에서 나가기 시작한다… 엄마가 찬장을 연 후, 버즈를 잡은 손을 뻗는다… 이제 시간이 없다-!!

BUZZ (REAL VOICE) YOUR BACKPACK'S IN THE ANTIQUE STORE! LET'S GO!

버즈 (진짜 목소리) 너의 책가방이 골동품 상점에 있다! 가자!

BONNIE SUDDENLY REMEMBERS!

보니가 갑자기 기억한다!

BONNIE (gasp) Oh, no, my backpack!

보니 (헉 한다) 오, 안 돼, 내 책가방!

WIDE ON THE RV. It suddenly brakes **mid-turn** out of the park.

캠핑카의 전체 모습. 차가 공원에서 나오며 돌다가 갑자기 멈춰 선다.

BONNIE I left my backpack in the antique store!

보니 골동품 상점에 내 책가방을 두고 왔어요!

BONNIE'S MOM (O.S.) You did?

보니 엄마 (화면 밖) 그랬어?

BONNIE'S DAD (O.S.) (frustrated sigh) Alright, **let's swing by and get it.** ❶

보니 아빠 (화면 밖) (불만스러운 한숨을 쉰다) 알았어. 빨리 잠깐 들러서 가져오자.

The RV **backs up**, and turns **in the OPPOSITE DIRECTION**.

캠핑카가 후진하면서 반대 방향으로 돈다.

EXT. CAROUSEL AREA – NIGHT
Bushes are pushed back to **reveal** THE CAROUSEL. Bo has her eyes **locked** on it. Her sheep, Giggle, Duke, Ducky & Bunny wait for her signal. She waits for the coast to be clear, Gigs on her shoulder.

외부. 회전목마 구역 – 밤
덤불이 뒤로 밀쳐져서 회전목마가 보인다. 보의 눈이 그것에 고정되어 있다. 그녀의 양들, 기글, 듀크, 덕키, 그리고 버니가 그녀의 신호를 기다리고 있다. 그녀가 주변에 위험한 요소가 모두 사라지기를 기다리고 있고, 기글이 그녀의 어깨에 올라타 있다.

---

cadet (경찰, 군대의) 사관학교 생도/후보생
distress signal 조난신호
mid-turn (좌, 우) 회전을 하다가 중간에
back up (차를) 후진시키다
in the opposite direction 반대 방향으로
reveal 드러내다, 보여주다, 밝히다
lock 고정시키다, 고착시키다

❶ **Let's swing by and get it.**
빨리 잠깐 들러서 가져오자.
swing by는 원래 가려던 경로를 벗어나(방향을 바꿔) 잠깐 들른다는 의미입니다. 비슷한 의미로 drop by가 있어요. stop by는 (특별한 이유로 시간을 내어) 들르다는 의미로 뉘앙스의 차이가 있어요.

바로 이 장면!*

GIGGLE MCDIMPLES (disgusted) I can't believe the nerve of that cowboy. Who does he think he is?

기글 맥딤플즈 (넌더리 내며) 그 카우보이 녀석 간땡이가 부었나 봐. 도대체 자기가 뭔 줄 알고 저러는 거야?

SHEEP (**in agreement**) Baaa.

양들 (동의하며) 매에.

Bo is quiet. Focused on the goal ahead.

보는 조용하다. 앞에 놓인 목표에 집중한다.

GIGGLE MCDIMPLES (to sheep) Exactly. **He was way outta line.**❶ (to Bo) You did the right thing leaving him behind.

기글 맥딤플즈 (양들에게) 그러게 말이야. 정말 심하게 오버하더라고. (보에게) 그를 남겨두고 온 건 네가 잘한 거야.

SHEEP (**affirmative**) Baaa!!!

양들 (긍정하며) 매에!!!

Bo **is lost in thought**.

보가 골똘히 생각에 잠겨 있다.

DUKE CABOOM Hey, **lambchops**.

듀크 카붐 이봐, 양 언니.

BO Hm?

보 흠?

DUKE CABOOM Coast is clear.

듀크 카붐 주변에 아무도 없다.

BO Oh!

보 오!

Bo **snaps out of** it and leads the gang forward to the carousel. They duck under the **LIP** EDGE.
UNDER THE CAROUSEL: Bo points to the CENTER OF THE RIDE.

보가 정신을 차리고 무리를 이끌고 회전목마 쪽으로 간다. 그들이 가장자리 밑에 몸을 숙인다.
회전목마 밑: 보가 놀이기구의 가운데 부분을 가리킨다.

BO Head to the middle. When the carnival leaves tomorrow, we'll hide right there.

보 중앙으로 가. 내일 축제 행사팀이 떠날 때, 우리는 바로 저기에 숨을 거야.

The others look at all the MOVING HORSE RODS (like **pistons**) rushing past between them and their **destination**. A dipping rod crushes a soda can and sends it flying. It lands in front of Duke, Ducky, and Bunny.

다른 장난감들은 그들과 그들의 목적지 사이를 빠르게 지나는 움직이는 (마치 피스톤처럼) 말 막대기들을 본다. 내려오는 막대기가 탄산음료 캔을 쭈그러뜨려 날려버린다. 그 캔이 듀크, 덕키, 그리고 버니 앞에 떨어진다.

---

in agreement ~에 동의하며
affirmative 긍정/동의하는
be동사 + lost in thought 골똘히 생각에 빠지다
lamb chop 새끼양 갈비살, 양갈비
snap out of (기분)에서 벗어나다, 정신을 차리다
lip (그릇, 구덩이의) 가장자리/테두리
piston 피스톤
destination 목적지, 도착지

❶ **He was way outta line.**
그의 행동/말은 너무 심했다.
'out of line'는 누군가의 행동이나 말이 정도를 넘어서 너무 심할 경우에 쓰는 표현이에요. 'outta line'은 'out of line'을 구어체에서 발음 나는 대로 표기한 것이고요. 중간에 낀 way는 강조부사로 '너무, 심하게, 엄청' 등의 의미로 해석하면 됩니다.

DUCKY	Oh, no way!	덕키 오, 맙소사!
BUNNY	**Stuff that!**	버니 오 이런!
DUKE CABOOM	**Awesome.**	듀크 카붐 굉장한데.

BO	Stick with me, you'll be fine. Ready?	보 나만 따르면, 문제없을 거야. 준비됐니?
BUNNY & DUCKY	NO!!	버니 & 덕키 안 돼!
GIGGLE MCDIMPLES	And another thing, Woody asked you for help–	기글 맥딤플즈 그리고 또 하나, 우디가 너에게 도움을 요청했잖아 –
BO	**On your mark...**	보 제자리에···
GIGGLE MCDIMPLES	–and he treats you like that?	기글 맥딤플즈 –그래 놓고서 너를 그런 식으로 대해?
BO	...**get set**...	보 ···준비···
GIGGLE MCDIMPLES	He only cares about himself.	기글 맥딤플즈 자기만 아는 놈이야.

Bo **stops short** – but not Ducky & Bunny. SLAM!!!

보가 갑자기 멈춘다 – 하지만 덕키와 버니는 멈추지 않는다. 꽝!!!

BO	No.	보 아니야.
BUNNY & DUCKY	(getting hit, then dragged away)	버니 & 덕키 (타격을 받고, 질질 끌려간다)

The **very** first rod **sweeps** the two plushies **out of sight**.

바로 제일 첫 번째 막대기가 두 봉제 인형들을 안 보이는 곳으로 쓸어간다.

BO	You're wrong. Woody's always trying to do right by his kid...	보 네 말은 틀렸어. 우디는 늘 자기 아이 곁에서 옳은 일을 하려는 거라고···
GIGGLE MCDIMPLES	...by putting everyone in danger. Ugh, that kinda crazy loyalty... just...	기글 맥딤플즈 ···모두를 위험에 빠뜨리고. 으, 그런 미친 의리... 그런 건 진짜···
BO	You gotta love him for it.	보 그래서 그가 멋진 거라고.

Stuff that! (영국이나 호주에서 화를 낼 때 외치는 소리) 오 이런! 망할! 됐거든!

awesome 감탄할만한, 어마어마한

On your mark! Get set! Go! (육상 경기에서 출발 신호를 알릴 때) 제자리에! 준비! 땅!

stop short (하던 일을) 갑자기 뚝 멈추다

very (장소, 시간을 강조하여) 맨, 가장

sweep 쓸다, 털다, 청소하다, (거칠게) 휩쓸고 가다

out of sight 보이지 않는 곳에, 먼 곳에

Bo turns and runs through the moving rods.

보가 돌아서서 움직이는 막대기들 사이를 통과하며 달린다.

GIGGLE MCDIMPLES Whoa, **say what** now?

기글 맥딤플즈 워, 지금 뭐라는 거야?

BUNNY & DUCKY (scream, dragged away)

버니 & 덕키 (비명, 질질 끌려가며)

GIGGLE MCDIMPLES Hey, hey, hey, Bo! **What's the plan**? **Fill me in here**!

기글 맥딤플즈 이봐, 이봐, 이봐, 보! 어쩔 작정이야? 나한테도 좀 알려줘!

Bo reaches the **overturned** skunk, hooks it with her staff, and **rights** it.

보가 뒤집힌 스컹크에게 다가가서 그녀의 지팡이로 걸어 바로 잡는다.

BO (effort)

보 (애쓰며)

Bo **reattaching** the **loose wheel**. Throwing her staff and sticky hand inside. **Whipping off** her cape. The sheep hop in as Duke rides up.

보가 헐거워진 바퀴를 다시 붙인다. 그녀의 지팡이를 던지고 끈끈이 손을 안에 넣는다. 망토를 홱 벗는다. 양들이 뛰어들고 듀크가 올라탄다.

SHEEP Baaaa!

양들 매에에!

Ducky and Bunny are thrown from the pole and land next to the skunk.

덕키와 버니가 기둥으로부터 던져져서 스컹크 옆에 떨어진다.

BO Get in! We're going back.

보 어서 타! 우린 돌아갈 거야.

The sheep happily jump in. Giggle hops onto Bo's shoulder. As Bunny & Ducky stand up, **dizzy**...

양들이 기쁘게 뛰어든다. 기글이 보의 어깨 위로 뛰어 오른다. 버니와 덕키가 일어서는데, 어지럽다…

BUNNY Hold on, we just got h–

버니 잠시만, 우린 지금 막 –

GIGGLE MCDIMPLES (**drill sergeant**) You heard Bo, we're going back! Move your plush!

기글 맥딤플즈 (훈련 교관처럼) 보가 하는 얘기 들었잖아. 우린 되돌아간다! 어서 이동해!

DUKE CABOOM **Amateurs**. (**rallying cry**)

듀크 카붐 아마추어 같으니라고. (구호를 외치듯)

The top of the skunk comes down. Bo **switches** it **on** and they **peel away**.

스컹크의 뚜껑이 내려온다. 보가 스위치를 켜고 그들이 쑹하고 달린다.

Say what? (남이 방금 한 말에 놀라며) 뭐라고? 방금 뭐라고 그랬니?

What's the plan? 이제 어쩔 셈이야?

fill someone in (on something) (~에 대해) ~에게 지금까지 있었던 일을 들려주다

overturn 뒤집히다, 뒤집다

right (정상적인 위치가 되도록) 바로 세우다/잡다

reattach 다시 달다, 재장착하다

loose wheel 헐거워진/풀린 바퀴

whip off 홱 벗다

dizzy 어지러운, 현기증이 나는

drill sergeant 교관, 훈련 담당 하사관

amateur 아마추어

rallying cry (단합을 위한) 슬로건/구호/강령

switch on 스위치를 켜다

peel away 출발하다, 떠나다

Disney · PIXAR
TOY
STORY
4

Day 25

Will Gabby's Dreams Come True?

개비의 꿈은 이루어질까?

25.mp3

NOISES in the dark. A **RIP**...a CRACK...a TEAR. Now voices:

어둠 속의 소란. 뜯고…부수고…찢는 소리. 이제 목소리가 들린다:

WOODY VOICEBOX (**pre-recorded** voice) "You're my favorite – zenned the waterho– there's a snake!"

우디 소리 상자 (녹음된 목소리) "넌 내가 제일 좋아하는 – 물 웅덩이에 독을 – 뱀이 있다!"

INT. **SEWING** "**NOTIONS**" BOOTH
It's WOODY'S POV. Looking up to the ceiling. A marching **sewing machine** foot. Benson leaning over him, cutting **thread** with his teeth.

내부. "잡화류" 재봉실
우디의 시점. 천장을 올려다본다. 행군하는 재봉틀용 페달. 벤슨이 그에게 몸을 기대며 자기 이빨로 실을 끊는다.

WOODY (**groan**)

우디 (끙 한다)

Woody lies under a sewing machine.

우디가 재봉틀 아래 누워있다.

WOODY (sigh)

우디 (한숨을 쉰다)

Woozy, he sits up.

어지러워하며, 그가 일어나 앉는다.

WOODY (effort)

우디 (애쓰며)

GABBY GABBY (O.S.) Yay!

개비개비 (화면 밖) 야호!

Woody jumps as Gabby SITS up beside him, clapping her hands with joy.

개비가 그의 옆에 앉으며 기쁨의 박수를 치자 우디가 벌떡 일어선다.

GABBY GABBY (happy laugh)

개비개비 (기쁨의 웃음)

WOODY (yelps)

우디 (소리친다)

Gabby tries her pullstring.

개비가 그녀의 풀스트링을 당겨본다.

---

rip 찢다, 뜯어 내다
pre-recorded 미리 녹음해 둔
sew 바느질, 재봉
notion 잡화, 개념, 관념, 생각
sewing machine 재봉틀
thread 실
groan 신음, 끙 하다

GABBY GABBY VOICEBOX "You are my best friend. Let's play all day!"	개비개비 소리 상자 "넌 내가 제일 좋아하는 친구야. 우리 하루 종일 같이 놀자!"
She turns to Benson, gets to her feet.	그녀가 벤슨에게 돌아서며 일어선다.
GABBY GABBY Oh, Benson! Did you hear that? Isn't that lovely?	개비개비 오, 벤슨! 들었니? 정말 사랑스럽지 않니?
She pulls it again.	그녀가 풀스트링을 다시 잡아당긴다.
GABBY GABBY VOICEBOX Time for tea.	개비개비 소리 상자 차 마실 시간이야.
GABBY GABBY Oh, thank you, Woody! Thank you!	개비개비 오, 고마워, 우디! 고맙다고!
She hugs him tight.	그녀가 그를 꽉 껴안는다.
WOODY (squeezed)	우디 (꽉 눌린 상태)
GABBY GABBY All my dreams are **coming true** because of you. (hugging him again) Thank you! Thank you! (happy laugh)	개비개비 네 덕분에 나의 모든 꿈이 이루어지고 있어. (다시 그를 안는다) 고마워! 고마워! (행복한 웃음)
WOODY Uhhh... you're welcome.	우디 어어… 천만에.
They turn at the sound of **carriage wheels**. Benson is back with Forky.	그들이 마차 바퀴 소리에 돌아선다. 벤슨이 포키와 함께 돌아왔다.
GABBY GABBY It's time, Benson.	개비개비 때가 됐어, 벤슨.
She climbs into her **pram**. Sits **next to** Forky.	그녀가 유모차에 올라탄다. 포키 옆에 앉는다.
GABBY GABBY (to Forky) Goodbye Forky. **I'm going to miss our talks.❶**	개비개비 (포키에게) 잘 가 포키. 너와 나눴던 대화가 그리울 거야.
He leans into her; she hugs him.	그가 그녀에게 몸을 기댄다; 그녀가 그를 포옹한다.
FORKY Me too. Good luck, Gabby.	포키 나도 마찬가지야. 행운을 빌어, 개비.

come true 이루어지다, 실현되다
carriage 마차, (기차의) 객차
wheel (바퀴 달린 것을) 밀다/끌다
pram 유모차
next to 옆에

❶ I'm going to miss our talks.
너와 나눴던 대화가 그리울 거야.
miss의 대표 의미는 '놓치다, 지나치다'이죠. 'miss the train (기차를 놓치다)' 이런식으로요. 또 다른 의미는 위 문장처럼 '그리워하다, 아쉬워하다'가 있습니다. 문맥에 따라 잘 해석해야겠죠.

GABBY GABBY Thank you, my little **utensil**.

개비개비 고마워, 나의 작은 포크야.

She helps him up to the sewing table. He waves back at her as Benson wheels her away in the pram.

그녀가 그를 일으켜 재봉틀 탁자로 데려간다. 그가 그녀에게 손을 흔들고 벤슨이 유모차에 그녀를 태우고 떠나간다.

FORKY Bye, Gabby! Good Bye, Benson!

포키 잘 있어, 개비! 잘 있어, 벤슨!

Benson's head **lolls** back to Forky, **mouth open wide** in... a smile?

벤슨의 머리가 포키에게 축 늘어지고 입은 헤 벌쭉 벌리고 있는데… 웃는 건가?

FORKY (nervously laughing) He is **terrifying**...

포키 (쭈뼛쭈뼛하게 웃으며) 그의 표정이 끔찍하네…

DING! The door chime sounds.

딩! 벨이 울린다.

MARGARET (O.S.) Hello.

마가렛 (화면 밖) 안녕하세요.

BONNIE'S MOM Hi.

보니 엄마 안녕하세요.

WOODY (gasp) Bonnie?

우디 (헉 한다) 보니?

Woody gets to his feet, grabs Forky, and hops down from the sewing table.

우디가 일어서며, 포키를 움켜잡고 재봉틀 탁자에서 뛰어내린다.

바로 이 장면!*

MARGARET Can I help you with anything?

마가렛 제가 뭘 도와드릴까요?

BONNIE'S MOM (O.S.) We called about the backpack?

보니 엄마 (화면 밖) 책가방 때문에 전화했었는데요?

Through a glass display case, Woody can see Bonnie and her mom at the front of the store.

유리 진열창을 통해 우디가 가게 앞에 있는 보니와 그녀의 엄마를 본다.

MARGARET Oh, yes. I couldn't find it.

마가렛 아, 네. 못 찾겠던데요.

WOODY (gasp)

우디 (헉 한다)

Woody looks down. He can't believe it. BONNIE'S BACKPACK on the floor **beside** the **glass case**.

우디가 아래를 내려다본다. 믿기지 않는다. 보니의 책가방이 진열창 옆 바닥에 놓여있다.

---

utensil 수저, (가정에서 사용하는) 기구/도구/연장
loll 나른하게 누워/서/앉아 있다, 축 늘어지다
mouth open wide 입을 크게 쫙 벌린
terrifying 놀라게 하는, 무서운
beside ~옆에
glass case 유리 상자, 유리장

MARGARET (O.S.) **Feel free to look around.**[1]

마가렛 (화면 밖) 편하게 둘러보세요.

Woody **sprints** for the backpack.

우디가 책가방을 향해 질주한다.

WOODY Quick! Before she finds it!

우디 빨리! 그녀가 찾기 전에!

Forky follows...

포키가 따라온다…

FORKY (running)

포키 (달린다)

...then suddenly STOPS.

…그러다가 갑자기 멈춘다.

FORKY (gasp)

포키 (헉 한다)

He turns. GABBY GABBY is seated in a pool of light beside a lamp on a shelf. Across the way... HARMONY, reading a book.

그가 돌아본다. 개비개비가 선반 위에 있는 램프 옆 불빛 가운데 앉아있다. 건너편에… 하모니가 책을 읽고 있다.

FORKY Look! There's Harmony.

포키 저길 봐! 하모니가 있어.

FORKY POV of Gabby, pulling her own string.

자기 줄을 당기는 개비를 보는 포키의 시점.

GABBY GABBY VOICEBOX "You make me so happy. Let's be best friends."

개비개비 소리 상자 "넌 날 정말 행복하게 해. 우리 친구 하자."

Harmony looks up. Where'd that sound come from?

하모니가 올려다본다. 저 소리는 어디에서 나는 소리지?

FORKY Oh, this is it!

포키 오, 그렇지!

ON WOODY. Running, **unaware** that Forky is **no longer** with him.

우디의 모습. 포키가 더 이상 자기 옆에 있지 않다는 것을 모른 채 달린다.

WOODY (running) We're going home, Forky!

우디 (달린다) 우린 집에 가는 거야, 포키!

He dives **feet-first** inside. He peeks out, looks around...

그가 가방에 다리를 먼저 집어 넣는다. 그가 밖을 살피며 둘러본다…

WOODY Huh? (loud whisper) FORKY?!

우디 에잉? (큰 목소리로 속삭인다) 포키?!

...and spots Forky down the aisle, transfixed by something out of sight.

…그리고 통로 아래쪽에서 뭔가 보이지 않는 것에 정신이 팔려있는 포키를 발견한다.

---

sprint 전력 질주하다
unaware ~을 알지 못하는, 눈치채지 못하는
no longer 이미 ~이 아닌, 더 이상 ~이 아닌
feet-first 발부터 먼저

1 Feel free to look around.
편하게 둘러보세요.

'Feel free to + 동사'는 부담 갖지 말고 '편하게 ~을 하라'고 말할 때 쓰는 표현이에요. 예를 들어, Feel free to ask anything. '묻고 싶은 거 있으면 아무거나 편하게 물어보세요', 또는 Feel free to help yourself! '원하는 게 있으면 마음 편하게 골라 드세요' 이런 식으로 쓸 수 있답니다.

WOODY (annoyed)

우디 (짜증이 난다)

Woody jumps out and runs to scoop Forky up.

우디가 뛰어나와 포키를 집어 들고 가려고 달린다.

FORKY No, no, no, Woody, look—it's really happening!

포키 아냐, 아냐, 아냐. 우디, 봐봐—실제 상황이야!

ON HARMONY AND GABBY GABBY. Harmony reaches to take Gabby down from the shelf, turns her over, finds her pullstring...

하모니와 개비개비 모습. 하모니가 선반에서 개비를 꺼내려고 손을 뻗고, 그녀를 뒤집어서 그녀의 풀스트링을 잡아당긴다…

GABBY GABBY VOICEBOX "I'm Gabby Gabby, and I love you."

개비개비 소리 상자 "난 개비개비야. 사랑해."

ON WOODY AND FORKY.

우디와 포키의 모습.

FORKY (gasps) Oh, I'm gonna cry.

포키 (헉 한다) 오, 나 눈물 날 것 같아.

BACK ON HARMONY. Harmony straightens Gabby's **bangs**. Her eyes **fixed on** Gabby's. **At last**.

다시 하모니의 모습. 하모니가 개비의 앞머리를 바로 잡는다. 그녀의 시선이 개비의 눈에 고정된다. 드디어.

MARGARET (O.S.) Oh, what have you got there?

마가렛 (화면 밖) 오, 그거 뭐니?

HARMONY I found this old doll.

하모니 이 옛날 인형을 발견했어요.

MARGARET (O.S.) You can take it home if you want.

마가렛 (화면 밖) 네가 원하면 집에 가져가도 좋단다.

Beat.

정적.

HARMONY Nah. Too **creepy**.

하모니 에이 아녜요. 너무 섬뜩해요.

Harmony tosses her down into an old **crate** and **scurries** away.

하모니가 그녀를 낡은 상자에 아무렇게나 내던지고 총총걸음으로 멀어진다.

WOODY (gasp)

우디 (헉 한다)

FORKY (gasp)

포키 (헉 한다)

OVERHEAD ANGLE ON GABBY IN THE CRATE. Stunned. **Discarded**.

위쪽에서 상자 안에 있는 개비를 비춘다. 멍하다. 버려졌다.

---

annoyed 짜증이 난, 약오른
bang 앞머리
fix on ~에 고정하다
at last 드디어, 마침내
creepy 오싹하게 하는, 으스스한
crate (물품 운송용 대형 나무/플라스틱/철제) 상자, 궤짝
scurry 종종걸음을 치다, 총총/허둥지둥 가다
discard 버리다, 폐기하다

FORKY	(gasp) What happened? Gabby **was supposed to be** her toy...	포키 (헉 한다) 어떻게 된 거야? 개비는 그녀의 장난감이 되는 거였는데···
BONNIE	(O.S.) There's my backpack!	보니 (화면 밖) 저기에 내 책가방이 있어요!
WOODY	(gasp)	우디 (헉 한다)

Woody turns to see Bonnie as she spots her backpack through a gap between items in the next aisle.

우디가 돌아보니 보니가 다음 통로에 있는 물건들 사이로 그녀의 책가방을 발견했다.

BONNIE	Mom! It's over here!	보니 엄마! 저기에 있어요!

Clutching Forky, Woody races **with all his might**, and...

포키를 움켜잡고, 우디가 젖 먹던 힘까지 다해서 질주한다. 그리고···

WOODY	(jump)	우디 (점프한다)

...leaps into the backpack, zipping it closed. Bonnie picks it up moments later. She **unzips** it and finds...

···그녀의 책가방으로 뛰어들며 지퍼를 잠근다. 보니가 잠시 후 가방을 집어 든다. 그녀가 지퍼를 열고 발견한다···

BONNIE	(gasp) Forky! Mom! I found him!	보니 (헉 한다) 포키! 엄마! 포키를 찾았어요!
BONNIE'S MOM	(O.S.) (relieved sigh) THERE he is.	보니 엄마 (화면 밖) (안도의 한숨) 아 거기에 있었구나.

Woody's POV through the window of the backpack: The crate in a dark corner where Gabby was discarded.

책가방에 있는 투명창을 통해 보는 우디의 시점: 어두운 구석에 있는 개비가 버려진 상자.

BONNIE'S MOM	(O.S.) Now, please leave him in there so he doesn't get lost again.	보니 엄마 (화면 밖) 이제 걔를 가방 안에 그대로 둬. 그래야 또 안 잃어버리지.

Woody's **brow furrows with concern**. Bonnie and her Mom **head for** the door.

걱정으로 우디의 이마가 찡그려진다. 보니와 그녀의 엄마가 문 쪽으로 향한다.

---

be supposed to be something 하기로 되어 있다, ~해야 한다
with all one's might 전력을 다하여, 힘껏, 젖 먹던 힘까지 다해서
unzip 지퍼를 열다
brow 〈문예체〉 이마
furrow (밭에) 고랑을 만들다, 이마에 주름살 지게 하다
with concern 걱정으로, 염려하여
head for ~으로 향하다

Day 26

There Are Plenty of Kids

세상에 애들은 많아

26.mp3

INSIDE THE BACKPACK. Woody gazes out the plastic window at Gabby's crate.

책가방 내부. 우디가 책가방의 플라스틱 창을 통해 개비의 상자를 내다본다.

FORKY (O.S.) But, what about Gabby?

포키 (화면 밖) 하지만, 개비는 어쩌지?

Woody **makes a decision**. He leans down.

우디가 결정을 내린다. 몸을 숙인다.

WOODY Forky, listen to me very carefully, this is important. Tell Buzz to get the RV to the Merry-go-Round. You understand?

우디 포키, 내 말 잘 들어. 아주 중요한 얘기야. 버즈에게 캠핑카를 메리고라운드 쪽으로 유도하라고 해. 알겠어?

FORKY **Absolutely!**[1] What is a **merry-go-round**?

포키 당연하지! 근데 메리고라운드가 뭐야?

WOODY The **spinny ride**, with lights and horses!

우디 빙빙 도는 놀이기구 있잖아. 조명도 있고 말들도 있고 그런 거!

FORKY Oh... you mean a **carousel**?

포키 오... 회전목마 말이구나?

WOODY Yes, yes, a— (surprised) Carousel. Yes! Meet me at the carousel.

우디 그래, 그래, 어— (놀란다) 회전목마. 맞아! 회전목마 앞에서 만나.

FORKY Got it.

포키 알았어.

Woody climbs out of the backpack, drops to the floor behind Margaret, and races into the shadows. Bonnie and her Mom exit the store. Margaret flips the sign in the window to CLOSED and switches off the lights.

우디가 책가방을 올라 밖으로 나가서 마가렛 뒤에 있는 바닥으로 뛰어내린 후, 그늘 속으로 질주한다. 보니와 그녀의 엄마가 가게를 나간다. 마가렛이 창문에 달린 표지판을 '영업 종료' 쪽으로 돌린 후 불을 끈다.

INT. ANTIQUE STORE – NIGHT
Woody quickly sneaks over to Gabby in the box.

내부. 골동품 상점 – 밤
우디가 재빠르게 상자 안에 있는 개비에게 몰래 다가간다.

WOODY (breathing) Gabby! Hey, Gabby!

우디 (가쁘게 숨을 쉬며) 개비! 이봐, 개비!

He peeks in. GABBY LIES in the **junk**. Her back to him, not moving.

그가 안을 엿본다. 개비가 쓰레기 속에 누워있다. 그에게 등을 돌리고 미동도 없이.

---

make a decision 결심하다
merry-go-round 회전목마
spinny ride 빙빙 도는 (놀이) 기구
carousel 회전목마
junk 쓸모없는 물건, 폐물, 쓰레기

1 Absolutely!
물론이지!
강한 동의, 허락 등을 나타내는 부사로 단독 답변으로 많이 쓰이고 부정은 Absolutely not! (전혀, 절대 안 돼)으로 써요. 문장 사이에서도 강조하는 의미로 You're absolutely right. '네가 전적으로 옳아.' 활용할 수 있어요.

GABBY GABBY You can have your voice box back. I don't need it anymore.

개비개비 네 기계 음성 상자 다시 가져가. 난 더 이상 필요 없어.

Woody climbs in and tries to pull Gabby up.

우디가 안으로 들어가서 개비를 끌고 나오려고 한다.

WOODY Oh, yes you do. Harmony wasn't your only chance, Gabby, but we have to hurry, come on-

우디 오, 필요할 텐데. 너에게 기회가 하모니만 있는 게 아니야, 개비. 하지만 서둘러야 해. 어서-

Gabby pulls her arm away. **Adamant**.

개비가 팔을 빼낸다. 요지부동이다.

GABBY GABBY No. Harmony was my chance. My time's over. Now please go away.

개비개비 아냐. 하모니가 나의 유일한 기회였어. 난 이제 끝장이야. 그러니 제발 꺼지라고.

Woody stares at her. Nope. This is not how it ends.

우디가 그녀를 지긋이 바라본다. 안 돼. 이렇게 끝나는 건 아니야.

WOODY (exhale)

우디 (숨을 내쉰다)

Woody sits down next to her. **Settles in**.

우디가 그녀의 옆에 앉는다. 자리를 잡는다.

GABBY GABBY What are you doing–?

개비개비 너 뭐 하는 거야–?

Woody places a finger over his lips. Points.

우디가 자기 입술 위로 손가락을 가져간다. 가리킨다.

WOODY You hear that?

우디 저거 들리니?

Gabby sits up, listens. Distant, **muffled shrieks** of joy can be heard. CHILDREN. Woody points to the **glimpse** of CARNIVAL ACTIVITY OUTSIDE THE WINDOW. Woody watches Gabby Gabby look out. He's got her attention.

개비가 일어나 앉아서, 듣는다. 멀리서 기쁨으로 깍 소리가 먹힌 소리로 들린다. 아이들이다. 우디가 창문 밖으로 펼쳐지는 축제의 모습을 가리킨다. 개비가 밖을 바라보는 모습을 우디가 본다. 그녀의 관심을 끌었다.

바로 이장면!*

WOODY A friend once told me, **"There are plenty of kids out there."**❶

우디 한 친구가 예전에 나에게 이렇게 말하더라고, "세상에 애들은 많아."

ON GABBY GABBY. The **yearning** in her eyes says, "If only that were true."

개비개비의 모습. 그녀의 눈망울에 비친 동경이 "그것이 정말 사실이라면 얼마나 좋을까."라고 말하고 있다.

---

adamant 단호한, 요지부동의
settle in (자리를 잡고) 적응하다
distant 먼, 떨어져 있는
muffled (소리를) 죽인, 낮춘
shriek 비명, 악
glimpse 언뜻 보다
yearning 갈망, 동경

❶ **There are plenty of kids out there.**
세상에 애들은 많아.
plenty of는 '많은'이라는 뜻으로 비슷한 단어로는 a lot of, lots of, much 등이 있어요. 가산복수명사, 불가산명사와 함께 쓰여서 plenty of time, plenty of courage, plenty of apples 등으로 활용할 수 있어요.

WOODY	And one of them is named "Bonnie." She's waiting for you right now. She just doesn't know it yet.	우디 그리고 그 아이 중의 하나는 이름이 "보니"야. 그녀가 너를 바로 지금 기다리고 있어. 아직 자신도 모르고 있긴 하지만 말이야.

Gabby isn't **convinced**.

개비가 확신하지 못한다.

GABBY GABBY	**What if... you're wrong?**❶	개비개비 만약에… 네가 잘못 생각한 거면 어떻게 하지?

Woody stands.

우디가 일어선다.

WOODY	Well... (stands) ...if you sit on a shelf the rest of your life... you'll never **find out**, will ya?	우디 글쎄… (일어선다) …네 남은 평생 계속 선반 위에 앉아서 살면… 절대 그 사실을 알 수가 없지, 안 그래?

Bo suddenly **drops down from** the shadows. Gabby and Woody turn.

보가 갑자기 어둠에서 뛰어내려온다. 개비와 우디가 돌아본다.

BO	He's right.	보 그의 말이 맞아.

She and Woody **exchange a knowing smile**.

그녀와 우디가 뭔가 아는 듯한 미소를 나눈다.

WOODY	I learned that from the best.	우디 난 최고의 실력자에게 그 사실을 배웠지.

Bo jumps into the box, reaches out a hand to help Gabby to her feet.

보가 상자 안으로 뛰어들어, 개비에게 손을 내밀며 그녀가 일어서도록 돕는다.

BO	Come on, Gabby. Let's get you to Bonnie.	보 자 어서, 개비, 보니에게 가자고.

Gabby smiles.

개비가 미소 짓는다.

EXT. GRAND BASIN STREET – NIGHT
The RV is headed out of town.

외부. 거대한 분지 거리 – 밤
캠핑카가 마을을 벗어나고 있다.

INT. RV – NIGHT
Bonnie is asleep in her car seat holding Forky upside down. The toys are under the table looking up at him.

내부. 캠핑카 – 밤
보니가 포키를 거꾸로 들고 유아용 보조 의자에서 자고 있다. 탁자 밑에 있는 장난감들이 그를 올려다본다.

BUZZ	The carousel?	버즈 회전목마?

---

convinced (전적으로) 확신하는, 납득된
find out 발견하다, 생각해 내다
drop down from ~에서 떨어지다
exchange a knowing smile (뭔가를) 알고 있는 듯한 미소를 나누다

❶ What if you're wrong?
만약 네가 틀리면 어쩌지?
What if~는 '~면 어쩌지?' 라는 근심과 우려가 담긴 표현으로 〈What if + 주어 + 동사〉 패턴으로 쓸 수 있어요. What if it rains? '비가 오면 어쩌지?', What if she didn't come? '그녀가 안 오면 어쩌지?' 이렇게요.

FORKY Yeah, it's the spinny ride with lights and horses. Woody said to meet him there.

포키 그래, 그 조명이 달리고 말들이 있는 빙빙 도는 놀이기구 말이야. 우디가 거기서 만나자고 했어.

MR. POTATO HEAD **You gotta be kiddin!**[1]

포테토헤드 말도 안 돼!

TRIXIE How do we do that?

트릭시 그걸 어떻게 하지?

BUTTERCUP Oh! We could a–

버터컵 오! 이렇게 하면 –

DOLLY We're not sending Dad to jail.

돌리 아빠를 감옥에 보내는 건 안 돼.

BUTTERCUP You're no fun.

버터컵 넌 재미가 없어.

GPS (O.S.) Left. Turn. In. Point five. miles.

GPS (화면 밖) 좌회전 후에 0.5마일 이동.

Jessie looks around the seat to the GPS screen on the **dash**.

제시가 의자 주변을 살피며 계기판에 있는 GPS 화면을 본다.

JESSIE Wait a second. I have an idea...

제시 잠깐만. 생각이 떠올랐어…

INT. SECOND CHANCE ANTIQUES – NIGHT
Gabby, Woody, and Bo are in the pram. Bo gives a signal down below to the sheep sitting in the open skunk with Duke, Bunny and Ducky. Bunny closes the skunk, it takes off down the aisle towards the open front door. Benson pushes the pram, then hops inside. They all pass behind an unaware Margaret as she **folds up** the **sandwich board** to bring it inside for the night.

내부. 세컨드 찬스 골동품 상점 – 밤
개비, 우디, 그리고 보가 유모차를 타고 있다. 보가 아래쪽에 듀크, 버니, 그리고 덕키와 함께 뚜껑이 열린 스컹크에 앉아있는 양들을 향해 신호를 준다. 버니가 스컹크 뚜껑을 닫고 통로 저편에 열린 정문을 향해 출발한다. 벤슨이 유모차를 밀며 안으로 올라탄다. 이 상황을 눈치채지 못하고 마가렛이 가게 문을 닫기 전에 밖에 있는 광고판을 접어 안으로 가지고 들어오는데 그들 모두가 그 옆을 지나간다.

EXT. GRAND BASIN STREET – NIGHT
The few people in the way **freak** as the skunk creates a path for the pram behind it.

외부. 거대한 분지 거리 – 밤
스컹크가 뒤에 있는 유모차를 위해 길을 만들어 주는 것을 본 몇몇 사람들이 기겁한다.

CONCERNED WOMAN Skunk!

겁먹은 여자 스컹크다!

CROWD Ah! Skunk!

군중 아! 스컹크!

The **caravan** jumps the **curb** into the carnival, crashing into a metal barricade and **tipping over**.

마차가 도로 경계석을 뛰어넘으며 축제 행사가 있는 쪽으로 돌진해서 철제 바리케이드에 충돌하며 뒤집힌다.

---

dash 계기판 (= dashboard)
fold up 접다, 포개다, (빨래 등을) 개다
sandwich board 샌드위치 모양으로 사람이 매고 다니는 광고판
freak 기겁하다
caravan 이동식 주택
curb 도로 경계석, (차도 가의) 연석
tip over 넘어지다, (아래위가) 뒤집히다, 뒤집어엎다

❶ You gotta be kiddin!
말도 안 돼!
이 표현은 직역하면 '넌 분명히 장난/농담하는 거야'인데, 상대방이 무엇인가 믿을 수 없는 이야기, 터무니없는 소식을 전할 때 쓰기도 하고, 도무지 말도 안 되는 장면을 목격하거나 경험했을 때 쓰기도 한답니다.

CONCERNED WOMAN (gasp)

겁먹은 여자 (헉 한다)

CROWD (gasp)

군중 (헉 한다)

ON PEOPLE WHO TURN TO SEE THE PRAM. They approach the pram and see a **mound** underneath a **sheet**. She pulls back at the sight of a frozen BENSON, mouth open.

유모차를 보려고 돌아서는 사람들 모습. 그들이 유모차로 다가와 얇은 천 밑에 불룩 나온 부분을 본다. 그녀가 입을 헤 벌리고 있는 벤슨의 모습을 보고 뒤로 물러선다.

CONCERNED WOMAN **(horrified scream)**

겁먹은 여자 (공포에 질린 비명을 지른다)

CUT TO:
WIDE ON the carnival. PAN ACROSS AND DOWN TO Bo, Woody, Gabby and the others, safely hidden in the shadows. Giggle **peeks** out to **survey** the crowd.

장면 전환:
축제 모습. 카메라가 가로질러 가다가 아래쪽으로 움직이며 보, 우디, 개비, 그리고 다른 장난감들이 그림자 속에 안전하게 숨어 있는 모습을 비춘다. 기글이 군중을 살피려고 밖을 훔쳐본다.

GIGGLE MCDIMPLES Too many people. Gonna need an **alternate route.**

기글 맥딤플즈 사람들이 너무 많아. 대안으로 다른 경로가 필요해.

GABBY GABBY Will we **make it** to the carousel **in time**?

개비개비 시간 안에 회전목마까지 갈 수 있을까?

Woody and Bo look back at Gabby. Seeing the Ferris wheel turning behind her, they get the same idea at the same time.

우디와 보가 뒤돌아서 개비를 본다. 그녀 뒤로 대관람차가 도는 것을 보고 그들이 동시에 같은 생각을 떠올린다.

BO & WOODY Yes, we Canada.

보 & 우디 예스, 위 캐나다.

They look at Duke. He stares back.

그들이 듀크를 본다. 그가 되돌아본다.

DUKE CABOOM What? What is it?

듀크 카붐 뭐? 뭔데?

INT. RV – SAME
Bonnie is **fast asleep** in the back. Dad signals to turn left, when the GPS suddenly interrupts.

내부. 캠핑카 – 동시에
보니는 뒤에서 곤히 자고 있다. 아빠가 좌회전 신호를 켜는데 GPS가 갑자기 방해한다.

TRIXIE (as GPS) **Recalculating**. Take. A. Right.

트릭시 (GPS처럼) 재탐색 중. 우. 회. 전.

Dad looks at the dash. Confused.

아빠가 계기판을 본다. 혼란스러워 한다.

BONNIE'S DAD What? A right?

보니 아빠 뭐야? 우회전하라고?

---

mound 흙/돌 더미, 언덕
sheet 시트 (침대에 깔거나 위로 덮는 얇은 천)
horrified scream 겁에 질린 비명
peek 훔쳐보다
survey 살피다, 점검하다, 조망하다
alternate 번갈아 생기는/나오는, 교체의, 교대의
route 길, 경로, 루트, 노선
make it in time 주어진 시간 안에 목적지에 도달하다
fast asleep 깊이 잠들어 있는
recalculate 다시 계산하다, 재검토하다

TRIXIE (as GPS) Right. Turn. Ahead.

BONNIE'S DAD Huh, does the GPS sound funny to you?

BONNIE'S MOM Honey, it's fine. Just drive.

BONNIE'S DAD Huh. Thought it **sounded funny**.

UNDER THE DASH: TRIXIE and MRS. POTATO HEAD (missing an ear) a in hiding. Trixie looks to Mrs. Potato Head for **instruction**. ATOP THE RV: Buzz is crouched on the roof. Focused on the lights of Grand Basin on the horizon. He talks into MRS. POTATO HEAD'S EAR:

BUZZ Another right!

BACK UNDER THE DASH.

MRS. POTATO HEAD Right!

TRIXIE (as GPS) Take. A. Nother. Right.

BONNIE'S MOM (O.S.) Huh?

BONNIE'S DAD Another right? Really?

ON THE ROOF.

BUZZ (panicked) **Turn right**!

UNDER THE DASH: Mrs. Potato Head points right **urgently**.

TRIXIE (as GPS) NOW! TURN RIGHT!!

BONNIE'S DAD & MOM (gasps)

Dad quickly turns right. Buzz almost **slides off** the roof.

BUZZ **(startled)**

트릭시 (GPS처럼) 오른쪽으로. 회전. 앞으로.

보니 아빠 어, GPS 소리가 좀 이상한 것 같지 않아요?

보니 엄마 여보, 괜찮은 것 같은데요. 그냥 운전해요.

보니 아빠 어. 좀 이상하게 들리는 것 같아서.

계기판 아래: 트릭시와 포테토 부인이 (귀 하나가 없는) 숨어 있다. 트릭시가 지시사항을 기대하며 포테토 부인을 본다.
캠핑카 꼭대기: 버즈가 지붕에 쭈그리고 앉아있다. 지평선에 거대한 분지 불빛에 집중하고 있다. 그가 포테토 부인의 귀에 대고 말을 한다:

버즈 다시 우회전!

다시 계기판 아래.

포테토 부인 우회전!

트릭시 (GPS처럼) 도세요. 다.시. 우회전.

보니 엄마 (화면 밖) 엥?

보니 아빠 또 우회전? 정말?

지붕 위.

버즈 (당황하며) 우회전!

계기판 아래: 포테토 부인이 긴급히 오른쪽을 가리킨다.

트릭시 (GPS처럼) 지금! 우회전!!

보니 아빠 & 엄마 (헉 한다)

아빠가 재빠르게 우회전을 한다. 버즈가 거의 지붕에서 미끄러져 떨어질 뻔한다.

버즈 (깜짝 놀랐다)

---

sound funny 우습게/이상하게 들리다
instruction 설명, 지시, 명령
turn right 오른쪽으로 향하다/돌다
urgently 급히, 시급하게
slide off 미끄러 떨어지다
startle 깜짝 놀라다

Day 27

Broken GPS

고장 난 GPS

27.mp3

The RV crosses all **lanes** and TAKES THE EXIT off the **highway**. INSIDE THE RV: Hamm, Rex, Slinky sit up on the table and look out the window.

캠핑카가 차선을 한꺼번에 가로지르며 고속도로에서 빠져나간다.
캠핑카 내부: 햄, 렉스, 슬링키가 탁자 위에 일어나 앉아서 창문 밖을 바라본다.

HAMM We're heading back.

햄 우리가 다시 돌아가고 있어.

SLINKY DOG There's the carousel...

슬링키 독 저기 회전목마가 있다…

REX (**nervous**) You think Woody will get there in time?

렉스 (초조하게) 우디가 시간 안에 도착할 수 있을 것 같니?

EXT. CARNIVAL – FERRIS WHEEL – NIGHT
Flanked by Bo, Woody, Gabby, and Giggle, Duke, on his bike, is at the CENTER OF THE FERRIS WHEEL. Ducky and Bunny are **revving up** his **friction** motor. A STRING OF CARNIVAL FLAGS is **fastened to** the back of his bike.

외부. 축제 – 대관람차 – 밤
우디, 개비, 그리고 기글과 오토바이를 타고 있는 듀크 옆에 있는 보가 대관람차의 중앙에 있다. 덕키와 버니가 그의 마찰형 모터의 회전속도를 올리고 있다. 한 줄로 엮인 축제 깃발들이 그의 오토바이 뒤에 단단히 묶여있다.

DUKE CABOOM Nope. No way. **Decline**. No **dice**. Rejected–

듀크 카붐 아니. 절대 아냐. 거절. 안 돼. 거절하겠어–

BO Duke, Duke, you got this.

보 듀크, 듀크, 넌 할 수 있어.

WOODY This is the fastest way to the carousel.

우디 이게 회전목마로 갈 수 있는 가장 빠른 방법이야.

Duke drops his head on his handlebars. Woody **crouches down** beside him.

듀크가 핸들에 머리를 떨군다. 우디가 그의 옆에 쭈그리고 앉는다.

WOODY You made the last jump.

우디 마지막 점프 성공했잖아.

DUKE CABOOM Yeah, but that was four feet. This is forty!

듀크 카붐 그래, 하지만 그건 4피트였다고. 이건 40피트야!

Bo **kneels down** on the other side of Duke.

보가 듀크의 반대편에서 무릎을 꿇는다.

---

lane 도로, 차선
highway 고속도로
nervous 긴장하며
flank ~이 옆/측면에 있다
rev up (엔진의) 회전 속도를 올리다
friction 마찰 (friction motor는 장난감 자동차에 달린 모터. 자동차를 앞으로 여러 번 밀다가 놓아 자동차가 앞으로 나아가게 하는 구동장치)
fasten to 고정하다
decline 감소/축소하다, 줄어들다
dice 주사위
crouch down 웅크리다
kneel down 무릎을 꿇다, 꿇어앉다

BO Exactly! Duke Caboom would never repeat a stunt.

DUKE CABOOM No. He'd never do that.

WOODY No, no, no. He's the toy that went on to crash forty feet... (points, leans in) ...into that target.

Woody points across the way to the hole in the STAR ADVENTURER SIGN.

DUKE CABOOM Yeah... he is.

Duke sits up.

DUKE CABOOM I'M DUKE CA-BOOM! Oh, man, I can DO this!

WOODY Yes, you Canada!

DUKE CABOOM **I can do it with my eyes closed.**[1]

BO Yes, you — what?

DUKE CABOOM 3-2-1—GO!

WOODY What?! What? Wait!

Too late. Duke takes off, jumping the bike from the center support to land on the nearest turning **spoke** of the Ferris wheel. As he speeds down, **a string of** carnival flags secured to the bike **unfurls** and the turning wheel raises the spoke into the perfect ramp. Duke hops his feet unto the seat of the bike.

GABBY GABBY What is he doing?

BO Oh, no...

보 내 말이! 듀크 카붐은 절대 스턴트를 두 번 반복하진 않지.

듀크 카붐 안 하지. 절대 그렇게는 안 하지.

우디 아냐, 아냐, 아냐. 그는 저 목표지점까지 40피트를… (가리킨다, 기울이며) …들이박기에 도전한 장난감이야.

우디가 건너편에 있는 별 탐험가 표지판 안에 있는 구멍을 가리킨다.

듀크 카붐 그래… 그는 그런 장난감이지.

듀크 일어나 앉는다.

듀크 카붐 난 듀크 카붐이다! 오, 야, 난 할 수 있다!

우디 예스, 유 캐나다!

듀크 카붐 난 눈 감고도 할 수 있어.

보 그래, 넌 — 뭐라고?

듀크 카붐 3-2-1—간다!

우디 뭐라고?! 뭐라고? 잠깐!

이미 늦었다. 듀크가 가장 가까운 곳에 위치한 대관람차의 돌고 있는 바큇살 위로 착지하기 위해 중앙 지지대로부터 점프를 하며 이륙한다. 그가 속도를 줄이면서 오토바이에 장착된 한 줄로 엮인 축제 깃발이 펼쳐지고 돌고 있는 바퀴가 바큇살을 완벽한 경사로로 들어올린다. 듀크가 오토바이 의자 위로 발을 올린다.

개비개비 쟤 뭐 하는 거니?

보 오, 안 돼…

---

spoke (수레바퀴의) 바큇살

a string of 여러 개의, 일련의

unfurl (동그랗게 말린 것이) 펼쳐지다/펴지다

1 I can do it with my eyes closed.
난 눈 감고도 할 수 있어.
정말 쉽게 할 수 있는 일을 흔히 한국에서는 '누워서 떡먹기야'라고 하죠. 또한 '눈감고도 하겠다'라고도 하고요. 표현 그대로 하면 사실 무척 위험한 행동이지만, 그만큼 쉽게 할 수 있다는 자신감을 은유적으로 표현한 것이죠.

DUKE CABOOM (breathing)

듀크 카붐 (거칠게 숨을 쉰다)

The flags **fluttering** behind as he **powers** off the edge...

그가 모서리에서 떨어지며 맹렬히 돌진할 때 그의 뒤로 깃발이 펄럭인다…

DUKE CABOOM (jumps)

듀크 카붐 (점프한다)

...and launches off the Ferris Wheel... **soars** over the carnival... stands, arms out... eyes closed... and smiles. **Fireworks light up** the sky behind him.

…그러고는 대관람차에서 발사된다… 축제 위로 솟구치며… 일어선다. 양팔을 벌리고… 눈은 감고… 그리고 미소 짓는다. 그의 뒤로 폭죽들이 하늘을 수놓는다.

DUKE CABOOM This is for you, Rejean.

듀크 카붐 이건 널 위한 거야, 리장.

THE BIKE MAKES IT! **Threads** a perfect **needle** THROUGH THE TARGET. Duke CRASHES in a **heap** on the roof behind.

오토바이가 성공한다! 목표지점을 통과하며 실을 완벽하게 바늘에 꿰었다. 듀크가 뒤에 있는 지붕 위 더미 속으로 쿵 하며 내려앉는다.

DUKE CABOOM (impact) Caboom. Caboom!

듀크 카붐 (충격) 카붐. 카붐!

He quickly rides around a booth **strut** to secure the line, then **strikes a** triumphant **pose**.

그가 줄을 단단히 고정시키려고 부스 버팀목 주변을 빠르게 돈다. 그리고는 의기양양한 포즈를 취한다.

GIGGLE MCDIMPLES (cheering)

기글 맥딤플즈 (환호한다)

WOODY Yes! He did it!

우디 됐다! 그가 해냈어!

BUNNY & DUCKY (cheering)

버니 & 덕키 (환호한다)

BO (cheering)

보 (환호한다)

BACK ON THE FERRIS WHEEL. The GANG ALL CHEER. Woody looks out and can see the RV in the distance heading from out of town, back towards the carousel. He hurries the others...

다시 관람차 모습. 장난감들이 모두 환호한다. 우디가 밖을 보니 멀리서 캠핑카가 마을 밖에서부터 회전목마 쪽으로 향해 오는 것이 보인다. 그가 다른 장난감들을 서두르게 한다…

WOODY Alright, **our turn.**

우디 좋아, 이제 우리 차례야.

BO You heard the Sheriff, let's go.

보 보안관 말씀 들었지, 가자고.

Ducky and Bunny go first.

덕키와 버니가 먼저 간다.

---

flutter 흔들다/펄럭이다/파닥이다
power (특정 방향으로) 맹렬히 나아가다
soar 급증/급등하다, 치솟다, 솟구치다
fireworks 불꽃놀이
light up ~을 환하게 밝히다
thread (실 등을) 꿰다
needle 바늘
heap (아무렇게나 쌓아놓은) 더미/무더기
strut 지주, 버팀대
strike a pose 포즈를 취하다
one's turn ~의 차례/순서

BUNNY & DUCKY (yelling)

버니 & 덕키 (소리친다)

Woody holds out his arm to Gabby, she takes it. They slide down next. Bo and her sheep close behind...

우디가 개비에게 팔을 뻗고 그녀가 잡는다. 그들이 그 다음으로 미끄러져 내려간다. 보와 그녀의 양들이 뒤에 바짝 붙어 있다…

WOODY YEE-HAA!

우디 이-햐!

SHEEP Baaaa!

양들 매에에!

...until the whole gang has **disappeared** through the Star Adventurer target.

모든 장난감이 별 탐험가 과녁을 통해 사라질 때까지…

INT. RV – SAME
Dad **continues** to drive.

내부. 캠핑카 – 동시에
아빠가 계속 운전을 한다.

TRIXIE (O.S.) (as GPS) Another. Right.

트릭시 (화면 밖) (GPS처럼) 또. 우회전.

Dad gives a **confused look** to the GPS.

아빠가 GPS를 혼란스러운 표정으로 쳐다본다.

바로 이 장면!*

BONNIE'S DAD Another right? But that's the wrong way.

보니 아빠 또 우회전? 하지만 그건 방향이 틀려.

Mom is **awake**.

엄마가 깼다.

BONNIE'S MOM Are you sure?

보니 엄마 확실해요?

BONNIE'S DAD Ugh, **stupid rental**. I'm **turning** us **around**.

보니 아빠 으으. 형편없는 렌터카 같으니라고. 유턴해야겠어.

TRIXIE (as GPS) No!

트릭시 (GPS처럼) 안 돼!

BONNIE'S DAD Huh?

보니 아빠 응?

TRIXIE (as GPS) Recalculating! Turn. Right.

트릭시 (GPS처럼) 재탐색 중! 도세요. 우회전.

Mom takes a closer look at the GPS.

엄마가 GPS를 가까이에서 살펴본다.

---

disappear 사라지다
continue 계속하다
confused look 혼란스러운 표정
awake 깨어 있다
stupid 멍청한, 한심한
rental 임대, 대여
turn around (몸이) 돌아서다, 빙그르르 돌다

BONNIE'S MOM Must be broken.

보니 엄마 고장 났나 봐요.

TRIXIE (as GPS) No! No!

트릭시 (GPS처럼) 아냐! 아냐!

Dad turns left, moving away from the carousel...

아빠가 좌회전하며, 회전목마로부터 멀어져 간다…

TRIXIE (freaking out)

트릭시 (기겁한다)

The stuffed unicorn sneaks under Dad's feet... and **JAMS** THE **GAS PEDAL in place**.

유니콘 봉제 인형이 아빠 발밑으로 몰래 들어간다… 그러고는 가속 페달을 꾹 누른다.

BONNIE'S DAD Aaaahhh! What's happening?! I can't! I can't!

보니 아빠 아아아아! 이게 무슨 일이야?! 할 수가 없어! 안 돼!

BONNIE'S MOM Honey, what are you doing? Slow down!

보니 엄마 여보, 뭐 하는 거예요? 속도를 줄여요!

ATOP THE RV: Buzz puts up his helmet and holds on.
BACK WITH BUTTERCUP: Dad now **places** both feet on the brake. It's a battle between Dad on the brake and Buttercup on the gas.

캠핑카 꼭대기: 버즈가 헬멧을 쓰고 잡고 있다.
다시 버터컵 모습: 아빠가 이제 양발로 브레이크를 밟는다. 브레이크를 밟고 있는 아빠와 액셀을 밟고 있는 버터컵 간의 전투다.

BONNIE'S DAD (straining) Ahh! What is—happening?! I'm—trying! It won't—stop! What—is wrong with—

보니 아빠 (안간힘을 쓰며) 아아! 대체 무슨—일이야?! 엄청—애쓰고 있다고! 근데 멈추질—않아! 대체 뭐가—잘못된 거지—

BONNIE'S MOM Press the brake. What are you doing? Press it! Harder! Watch the road!

보니 엄마 브레이크를 밟아요. 뭐 해요? 밟으라고요! 더 세게! 도로를 봐요!

OUTSIDE: **Pedestrians gawp** as the RV **lurches** and stops, lurches and stops, **making its way** down Main street.

외부: 행인들이 캠핑카가 요동치다가 멈추고, 요동치다가 멈추며 중심가로 나가고 있는 모습을 어안이 벙벙한 표정으로 보고 있다.

EXT. **MIDWAY** GAMES
Beyond the Star Adventurer booth, Bo and Woody lead the toys, jumping across the tops of the game booths, towards the carousel.

외부. 미드웨이 게임
별 탐험가 부스 저편에서 보와 우디가 장난감들을 이끌고 게임 부스들을 뛰어넘으며 회전목마 쪽으로 온다.

---

jam (세게) 밀다, 밀어 넣다
gas pedal (자동차의) 가속 페달
in place 제자리에 (있는), ~을 위한 준비가 되어있는
place (조심스럽게) 놓다/두다, 설치/배치하다
pedestrian 보행자
gawp 〈비격식〉 얼빠진 듯이 바라보다
lurch 휘청하다
make one's way 나아가다, 가다
midway (시간, 거리상으로) 중간/도중에

GIGGLE MCDIMPLES **Got a visual** on the RV heading **southbound.**

기글 맥딤플즈 남쪽으로 향하는 캠핑카가 보여.

SHEEP Baaaa!

양들 매에에!

WOODY (running) Gabby?

우디 (달리며) 개비?

Woody looks back at Gabby, to see her stopped at the edge of the roof, looking down. Woody stops, steps up next to her.

우디가 개비를 돌아보니 그녀가 지붕 모서리에 멈춰 서서, 밑을 내려다보고 있다. 우디가 멈춰서 그녀 옆으로 다가간다.

WOODY Gabby?

우디 개비?

He sees what is **holding her attention**. A LOST LITTLE GIRL (MILLIE). The child stands in the shadows behind the midway. Scared, alone.

무엇이 그녀의 관심을 끌고 있는 것인지 그가 본다. 길을 잃은 작은 소녀 (밀리). 이 아이가 미드웨이 게임 뒤 그늘 안에 서 있다. 무서워하며, 혼자다.

MILLIE (crying)

밀리 (울고 있다)

GABBY GABBY I think she's lost.

개비개비 길을 잃은 것 같아.

Joining Woody and Gabby, Bo sees Millie. Woody and Bo watch Gabby. Her eyes don't leave Millie.

우디와 개비에게 다가온 보가 밀리를 본다. 우디와 보가 개비를 지켜본다. 그녀의 시선이 밀리에게서 벗어나지 못한다.

WOODY Are you sure?

우디 너 괜찮겠어?

Gabby nods, still transfixed. Woody turns to Bo.

개비가 고개를 끄덕인다. 여전히 시선은 고정된 채로. 우디가 보에게로 돌아선다.

WOODY Change of plans.

우디 계획 변경.

---

get/have a visual ~가 보이다, 시야에 들어오다
southbound 남행의
hold someone's attention ~의 주의를 끌다

Grand Basin
RV PARK

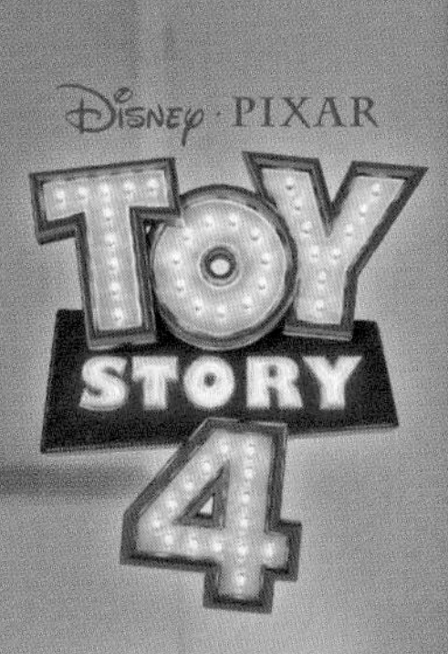
Disney · PIXAR
TOY
STORY
4

Day 28

Gabby Gabby Meets Millie

개비개비 밀리와 만나다

28.mp3

EXT. RV
The RV **lurches down the street**, the interior lights now **strobing**.

외부. 캠핑카
캠핑카가 휘청대며 거리를 달리고 있고, 내부의 불빛이 클럽 조명처럼 번쩍거린다.

BONNIE'S MOM (gasp)

보니 엄마 (헉 한다)

INT. RV – UNDER THE DASH
Mrs. Potato Head **unplugs** and **plugs electrical connectors**.

내부. 캠핑카 – 계기판 아래
포테토 부인이 전기 접속 장치를 뺐다가 꼈다가 한다.

EXT. STREET
The **chaotic** RV drives slowly through frame. They are followed by a police car.

외부. 거리
난장판이 된 캠핑카가 화면 속으로 천천히 들어온다. 경찰차가 뒤쫓고 있다.

POLICE OFFICER (over speaker) Pull. Over.

경찰관 (스피커로) 갓길로 차를 세우세요.

BONNIE'S DAD I-I can't! This is a rental. I don't know what's happening.

보니 아빠 못해요! 이거 렌터카인데. 무슨 일이 벌어지고 있는 건지 모르겠다고요.

EXT. CARNIVAL
ON THE LOST GIRL.

외부. 축제
길 잃은 소녀 모습.

MILLIE (crying)

밀리 (울고 있다)

Millie **cowers** out of **foot traffic** as people walk down the midway. Pan over to reveal the toys in hiding. Woody and Bo flanking Gabby Gabby.

사람들이 미드웨이를 걸어 내려올 때 밀리가 겁을 먹고 몸을 웅크린 자세로 사람들 사이에서 나온다. 카메라가 움직이며 숨어있는 장난감들의 모습을 비춘다. 우디와 보가 개비개비 옆에 있다.

GABBY GABBY I'm so nervous. What if she doesn't like me?

개비개비 너무 긴장돼. 만약에 저 아이가 나를 좋아하지 않으면 어떻게 하지?

WOODY Gabby—

우디 개비—

---

lurch 휘청하다
down the street 길 아래로
strobe (현란한 점멸 조명등), 섬광등, 조명이 현란하고 환한 빛을 발하다
unplug 플러그를 뽑다
plug 플러그를 끼우다
electrical connector 전기 연결 장치
chaotic 혼돈/혼란 상태인
over speaker 스피커를 사용하여
pull over (정차하거나 다른 차가 지나가도록) 길 한쪽으로 차를 대다
cower (겁을 먹고) 몸을 숙이다/웅크리다
foot traffic 도보 인파 (걷는 사람들이 많이 모인 상황)

바로 이 장면!*

GABBY GABBY	I don't know if I can do this...	개비개비 내가 해낼 수 있을지 모르겠어…
WOODY	Gabby, it's just like you said... this is the most **noble thing** a toy can do.	우디 개비, 네가 말한 대로잖아… 이것이 장난감이 할 수 있는 가장 고귀한 일이라고.

Gabby nods. She's ready.

개비가 고개를 끄덕인다. 그녀는 준비되었다.

CUT TO:
NEW ANGLE on Bo **coaxing** Gabby out from behind some **storage** crates.

장면 전환:
카메라가 움직이며 보가 개비를 달래서 창고 상자 뒤에서 나오게 하는 모습을 비스듬히 비춘다.

MILLIE	(crying)	밀리 (울고 있다)
BO	Okay. Just **edge yourself** a bit **into** the light – Not too far... That's it...	보 좋아. 불빛 속으로 조금씩 이동해 봐 – 너무 멀리 가지 말고… 바로 그거야…

Gabby sits on the ground against a **bale** of **hay**. Goes into toy mode.

개비가 건초더미에 기대며 땅바닥에 앉는다. 장난감 모드로 들어간다.

BO	Perfect.	보 완벽해.

Woody **cues** Ducky and Bunny who are peeking out **on the other side**. They whisper...

우디가 반대편에서 훔쳐보고 있는 덕키와 버니에게 큐 싸인을 보낸다. 그들이 속삭인다…

BUNNY	Winner, winner...	버니 이겨, 이겨...
DUCKY	Chicken dinner.	덕키 치킨 먹어.

They gently roll a softball in front of Millie. She turns to watch it roll past... and gently **bump** Gabby's foot. Millie looks around. She walks over to the doll...

그들이 밀리 앞으로 소프트볼을 살살 굴린다. 그녀가 몸을 돌려 옆으로 지나가는 공을 본다… 그리고 개비의 발에 살짝 부딪친다. 밀리가 주위를 둘러본다. 그녀가 인형에게 다가간다…

MILLIE	(sniffles)	밀리 (훌쩍거린다)

She PICKS GABBY UP. Touches the doll's face **in the much the same way** Harmony did. Turns her over and SEES HER STRING:

그녀가 개비를 들어올린다. 하모니가 했던 것과 거의 같은 방식으로 인형의 얼굴을 쓰다듬는다. 그녀를 뒤집어 줄을 본다:

---

noble thing 고귀한 것, 숭고한 일
coax 구슬리다, 달래다
storage 저장, 보관
edge oneself into ~에 비집고 끼어들다
bale (가벼운 것을 단단히 다져 크게 묶은) 더미/뭉치
hay 건초
cue (무엇을 하라는) 신호/큐, 신호를 주다
on the other side 건너편에, 반대편에
bump ~에 부딪치다/찧다
in much the same way 대체로 똑같이, 거의 같은 방식으로

MILLIE ....Are you lost, too?

밀리 …너도 길을 잃었니?

Millie tries Gabby's pullstring.

밀리가 개비의 풀스트링을 당겨본다.

GABBY GABBY VOICEBOX "I'm Gabby Gabby. Will you be my friend?"

개비개비 소리 상자 "난 개비개비야. 내 친구가 되어 줄래?"

The girl hugs Gabby Gabby, and then...

소녀가 개비개비를 껴안는다. 그러고는..

MILLIE (sniffling) I'll help you.

밀리 (훌쩍거리며) 내가 널 도와줄게.

...the gang watches as she **gains** the **courage** to **cautiously** approach a **SECURITY GUARD**.

…장난감들이 그녀가 용기를 모아 조심스럽게 보안요원에게 다가가는 모습을 지켜본다.

MILLIE Excuse me, can you help us?

밀리 실례지만, 우리를 도와주실 수 있나요?

SECURITY GUARD Oh, honey, what's wrong?

보안요원 오, 얘야, 왜 그러니?

The girl **hugs** Gabby Gabby **tight**.

소녀가 개비개비를 꼭 껴안는다.

MILLIE I can't find my mom and dad. (sniffling)

밀리 엄마 아빠를 찾을 수가 없어요. (훌쩍거린다)

The Security Guard takes Millie's hand...

보안요원이 밀리의 손을 잡는다…

SECURITY GUARD It's okay. We'll help you find them. I'm sure they're not far.

보안요원 안심해라. 우리가 찾아줄 테니. 아마 엄마 아빠가 멀리 계시진 않을 거야.

...and **leads** her **away**.

…그리고 그녀를 이끌고 간다.

EXT. CARNIVAL
HIGH ANGLE ON two worried parents talking to a security guard.

외부. 축제
카메라가 높은 각도에서 걱정스러운 표정으로 보안요원에게 말을 거는 부모를 비춘다.

MILLIE'S DAD She was right next to us–

밀리 아빠 그녀가 우리 바로 옆에 있었어요 -

MILLIE'S MOM She was right here...

밀리 엄마 바로 여기에 있었는데…

---

gain courage 용기를 얻다
cautiously 조심스럽게
security guard 경비원, 보안요원
hug something tight ~을 꽉 안다
lead something away ~을 델고(끌고) 가다

MILLIE'S DAD –and– and I **looked away** for one second–

밀리 아빠 -그리고- 그리고 내가 잠깐 한눈을 판 사이에—

Millie (hugging Gabby Gabby) walks into frame with the first Security Guard.

밀리가 (개비개비를 안고) 아까 그 보안요원과 함께 화면 속으로 걸어온다.

MILLIE'S DAD (seeing Millie)

밀리 아빠 (밀리를 본다)

Seeing her parents, Millie **breaks into a run**.

그녀의 부모를 보며 밀리가 황급히 뛰어온다.

MILLIE Mommy! Daddy!

밀리 엄마! 아빠!

MILLIE'S MOM Oh, **thank goodness!**❶ Are you okay?

밀리 엄마 오, 세상에나! 괜찮니?

MILLIE'S DAD We were so worried!

밀리 아빠 얼마나 걱정했다고!

ATOP THE CAROUSEL. Woody, Bo, and the gang watch as Millie is **enfolded** in her parent's arms, safe. ON THE MIDWAY, Millie **clutches** Gabby.

회전목마 꼭대기. 우디, 보, 그리고 장난감들이 밀리가 그녀의 부모 품에 안전하게 안겨 있는 것을 지켜본다. 미드웨이 위에서, 밀리가 개비를 움켜잡는다.

MILLIE ...I couldn't find you, and then I found this doll...

밀리 …아빠엄마를 못 찾았는데, 근데 이 인형이 있는 거예요…

MILLIE'S MOM You did?

밀리 엄마 그랬니?

Millie holds up her doll to her parents.

밀리가 그녀의 부모에게 인형을 높이 들어서 보여준다.

MILLIE Her name is Gabby Gabby.

밀리 얘 이름은 개비개비예요.

ATOP THE CAROUSEL, the gang **observes** like **guardian angels**. Gabby has found a home. CLOSE ON GABBY GABBY. The doll smiles up at the gang from over Millie's shoulder as Millie and her parents walk away. Gabby closes her eyes; happy.

회전목마 꼭대기에서 장난감들이 마치 수호천사처럼 지켜본다. 개비가 가족을 찾았다. 개비개비의 클로즈업된 모습. 밀리와 그녀의 부모가 멀어질 때 밀리의 어깨 너머로 개비가 장난감들을 향해 미소 짓는다. 개비가 눈을 감는다; 행복하다.

DUKE CABOOM Whoah... we actually did it.

듀크 카붐 우워… 우리가 진짜로 해냈어.

He turns to Ducky and Bunny.

그가 덕키와 버니에게로 돌아선다.

DUKE CABOOM Oh, yeah!

듀크 카붐 오, 예!

---

look away 눈길/얼굴을 돌리다
break into a run 갑자기 뛰어가다
enfold (다정하게) 안다, 감싸다
clutch 와락 움켜잡다
observe ~을 보다, 관찰/관측/주시하다
guardian angel 수호천사

❶ **Thank goodness!**
정말 다행이다!
기독교인들은 Thank God/Christ/Lord! 이렇게 직접적으로 표현하는 경우가 많지만, 근래 들어서는 특정 종교 언급을 피해 보편적으로 위의 표현을 쓰는 경향이 있습니다. 즉 God 대신 Goodness '어머나, 와, 맙소사' 라고 표현합니다.

DUCKY	(happy laughter)	덕키 (행복한 웃음)
GIGGLE MCDIMPLES	(happy laughter) That was amazing!	기글 맥딤플즈 (행복한 웃음) 정말 대단했어!
BUNNY	(happy laughter)	버니 (행복한 웃음)
DUKE CABOOM	Yes!	듀크 카붐 그래!
GIGGLE MCDIMPLES	(O.S.) We make a great team, guys.	기글 맥딤플즈 (화면 밖) 우리 팀워크가 대단하네.

Woody and Bo **share** a quiet smile. A police siren **blurts**.

우디와 보가 서로를 보며 조용히 미소 짓는다. 갑자기 경찰 사이렌이 요란하게 울린다.

POLICE OFFICER	(O.S.) (through speaker) PULL. OVER. NOW.	경찰관 (화면 밖) (스피커를 통해) 한쪽으로 세우세요. 당장.

The toys look to see BONNIE'S RV lurching toward the CAROUSEL, three police cars close behind.

장난감들이 보니 보니의 캠핑카가 휘청거리면서 회전목마 쪽으로 달리고 있고, 세 대의 경찰차가 그 바로 뒤에 붙어서 추격하고 있다.

BONNIE'S DAD	(straining for **control**)	보니 아빠 (제어하려고 안간힘을 쓰고 있다)
BONNIE'S MOM	(scared)	보니 엄마 (무서워한다)

ATOP THE RV.

캠핑카 꼭대기.

BUZZ	(into the ear) Almost... there...	버즈 (귀에 대고) 거의… 저기…

The RV reaches the carousel...

캠핑카가 회전목마에 다다른다…

BUZZ	STOP!	버즈 멈춰!

INSIDE THE RV: Mrs. Potato Head **signals** Trixie, who turns...

캠핑카 내부: 미세스 포케이토 헤드가 회전하고 있는 트릭시에게 신호를 주고…

TRIXIE	(whispers) STOP!	트릭시 (속삭인다) 멈춰!

...Buttercup **releases** the gas pedal. The RV **jolts** to a stop, **knocking over** a **trash barrel**.

…버터컵이 가속 페달에서 발을 뗀다. 캠핑카가 심하게 흔들리다가 갑자기 멈춰서며 쓰레기통을 넘어뜨린다.

BONNIE	(waking up) Are we home?	보니 (잠에서 깬다) 집에 왔어요?

---

share (감정, 생각 등을) 함께 나누다, 공유하다
blurt 불쑥 내뱉다/말하다
control 제어하다, 조종하다
signal 신호를 보내다
release (꽉 잡고 있는 것을) 놓다, 풀다
jolt (갑자기) 거칠게/덜컥거리며 움직이다
knock over 때려 눕히다, 쓰러지다
trash barrel 쓰레기통

Mom and Dad are **frozen in shock**. A KNOCKING sound.

엄마와 아빠가 충격을 받아 얼어붙었다. 노크 소리.

BONNIE'S DAD (startled) Huh?

보니 아빠 (깜짝 놀라며) 응?

Dad turns to see a POLICE OFFICER outside the driver's side window.

아빠가 돌아보니 운전석 창문 밖에 경찰관이 있다.

BONNIE'S DAD (sigh)

보니 아빠 (한숨 짓는다)

He **rolls the window down**.

그가 창문을 연다.

POLICE OFFICER Sir, will you please **step out of** the **vehicle**...

경찰관 차에서 내려주시겠습니까…

ON BUTTERCUP.

버터컵 모습.

BUTTERCUP (**snickering**) Dad's **totally going to jail**!

버터컵 (킥킥거린다) 아빠 완전 감옥가게 생겼네!

---

frozen (두려움, 공포 등) 얼어붙다, 굳은
in shock 충격 상태
roll something down (손잡이를 돌려/자동으로) 내리다, 열다
step out of ~에서 나오다
vehicle 차량, 탈 것
snicker 낄낄 웃다, 숨죽여 웃다
totally 완전히, 전적으로
going to jail 감옥에 가다

Day 29

Bo or Bonnie?

보인가 보니인가?

29.mp3

EXT. CARNIVAL
Bonnie's Dad stands beside the RV with a police officer while Mom holds a sleepy Bonnie.
INSIDE. The toys watch from the window. A POP from above– Buzz has opened the **skylight**. He **calls down**.

외부. 축제
보니의 아빠가 경찰관과 함께 캠핑카 옆에 서 있고 엄마는 졸음이 오는 보니를 안고 있다.
내부. 장난감들이 창문에서 지켜본다. 위에서 뭔가가 펑 한다– 버즈가 선루프를 열었다. 그가 아래로 외친다.

BUZZ (hushed) Everyone. Top side. Let's move. (to Forky) Forky, I've got a very important job for you.

버즈 (낮은 소리로) 모두들. 꼭대기로. 움직여. (포키에게) 포키, 네게 아주 중요한 일이 맡겨질 거야.

FORKY (gasp) For me?

포키 (헉 한다) 나한테?

OUTSIDE THE RV. The police cars **drive away** as Bonnie and her parents head back towards the RV.

캠핑카 외부. 경찰차가 멀어지고 보니와 그녀의 부모가 다시 캠핑카로 향한다.

BONNIE'S DAD (to police officer) Have a good night!

보니 아빠 (경찰관에게) 좋은 밤 보내세요!

Dad moves to open the driver door and – CLICK! The door is locked.

아빠가 운전석 문을 열려고 이동하는데 – 딸깍! 문이 잠겼다.

BONNIE'S DAD What the–?

보니 아빠 아니 이 무슨–?

Dad presses his **key fob**. The locks go up. The locks go back down.

아빠가 열쇠장치를 누른다. 잠금장치가 올라간다. 잠금장치가 다시 내려간다.

BONNIE'S DAD (O.S.) You've gotta be kidding me–

보니 아빠 (화면 밖) 이게 무슨 해괴망측한–

Reveal: pressing the door lock every time Dad unlocks it...

드러난다: 아빠가 잠금장치를 해제할 때마다 누군가가 잠금장치를 계속 누르고 있다.

FORKY (laughing)

포키 (웃는다)

CUT TO the toys **stacked vertically**, Mr. Potato Head **at the top**. He **flips** the awning switch.

위로 겹겹이 쌓아 올려진 장난감들 모습으로 장면 전환, 포테토헤드가 맨 위에 있다. 그가 차양 스위치를 탁 누른다.

---

skylight 천장에 낸 채광창, 캠핑카용 선루프
call down 아래쪽으로 부르다(소리 지르다)
drive away 차를 몰고(타고) 떠나다
key fob 전자 열쇠
stack 쌓이다, 포개지다
vertically 수직으로
at the top 맨 위에
filp 탁 누르다, 뒤집다

EXT. CAROUSEL
On the other side of the RV, Mom and Dad are too **occupied** with the door to notice the awning **unrolling** to **create** a **bridge** from the carousel roof to the RV. Buzz waves to Woody to **come on over.**[1] Bo and Woody are quiet. Knowing it means goodbye.

외부. 회전목마
캠핑카의 반대편에서 엄마와 아빠는 문에 신경 쓰느라 정신이 팔려서 차양이 펼쳐지며 회전목마 지붕과 캠핑카 사이에 다리를 만들고 있는 것을 알아채지 못한다. 버즈가 손을 흔들어 우디에게 건너오라고 하는 신호를 보낸다. 보와 우디가 아무 말도 없다. 이별이라는 것을 알기에.

BUNNY Hey... um... **So long** cowboy...

버니 이봐… 음… 잘 가 카우보이…

DUCKY Happy **trails.**

덕키 행복한 여정이 되기를.

Woody **tips** his hat.

우디가 자신의 모자를 약간 올리며 인사한다.

WOODY (impact)

우디 (충격)

Woody turns to see the Sheep at his side.

우디가 돌아보니 양들이 그의 옆에 있다.

SHEEP Baaa.

양들 매에에.

He kneels down.

그가 무릎을 꿇는다.

WOODY Billy, Goat, Gruff...

우디 빌리, 고트, 그러프…

Each sheep head looks up at him sadly.

각각의 양들 머리가 슬픈 표정으로 그를 올려다본다.

바로 이 장면!*

WOODY Take care of her, girls.

우디 그녀를 잘 돌봐줘, 얘들아.

Woody straightens to look at Bo. They hold each other's gaze.

우디가 자세를 바로 하고 보를 본다. 서로 계속 바라본다.

BO I'm, uh...

보 난, 어…

WOODY (**fumphering**)

우디 (웅얼거린다)

BO I'm glad I got to see you again.

보 널 다시 만나게 돼서 반가웠어.

They look at each other.

그들이 서로를 바라본다.

---

occupied 바쁜, 정신이 팔린
unroll (두루마리처럼 말린 것을) 펼치다/펴다
create 창조하다, 창작하다
bridge 다리, 가교
So long (작별인사) 안녕
trail (특정 목적을 위해 따라가는) 루트, 코스
tip 기울이다, 젖히다
fumpher (얼버무리려고) 웅얼거리다 (fumfer)

❶ **Come on over.**
이리 와.
이리 오라고 할 때 간단하게 Come on. 이라고 많이 쓰죠. Come on over. 도 같은 표현으로 자주 쓰입니다. 특히 유명 팝송 제목으로 알려져서 귀에 익으실 거예요.

WOODY I... I don't...

우디 난… 그게 아니라…

Bo **steps forward** to **embrace** him. They hold each other. They let go. BEAT. Woody climbs over the carousel's **edge** to stand on the awning.

보가 앞으로 다가와 그를 포옹한다. 그들이 서로를 안는다. 그들이 놓는다. 잠시 정적. 우디가 차양에 올라서려고 회전목마의 모서리 쪽으로 오른다.

He looks down to see his hands on the ledge of the carousel **mirroring** his hands on the edge of the box he didn't get into on the day that Bo was **given away**. He looks at her.

그가 회전목마의 선반처럼 튀어나온 부분에 있는 그의 손을 보니, 보가 떠나던 그날 그가 들어가지 않았던 상자 모서리에 있던 그의 손과 똑같이 닮아있다. 그가 그녀를 바라본다.

She reaches out, adjusts his hat, touches his cheek. The same way she did that day when she knew he wouldn't be coming with her. He presses his face into her **palm**, grasps her other hand... she lets go.

그녀가 손을 뻗어 그의 모자를 바로잡으며 그의 뺨을 만진다. 그가 그녀와 함께 오지 않을 것이란 걸 알면서도 그때 그날 했던 것처럼 똑같이. 우디가 그녀의 손바닥에 그의 얼굴을 바짝 대고 그녀의 다른 한쪽 손을 잡는다… 그녀가 놓는다.

WOODY (**halting**) Goodbye, Bo.

우디 (멈추며) 잘 가, 보.

Woody climbs down to the RV awning. He walks toward Buzz. **Part way** across, Woody stops. Turns back to Bo. They look at each other. Woody turns back to Buzz. Approaches him.

우디가 캠핑카 차양으로 내려간다. 그가 버즈 쪽으로 걷는다. 건너던 도중에 우디가 멈춘다. 보에게로 다시 돌아선다. 그들이 서로를 바라본다. 우디가 버즈에게로 돌아선다. 그에게 다가간다.

WOODY (looking down) Buzz... I– I...

우디 (아래를 보며) 버즈… 난– 난…

BUZZ She'll be okay. (beat) Bonnie, will be okay.

버즈 그녀는 잘 지낼 거야. (잠시 정적) 보니는, 잘 지낼 거라고.

Woody looks up at Buzz. His friend **giving permission**.

우디가 버즈를 올려다본다. 그의 친구가 허락하고 있다.

WOODY You sure?

우디 정말 그럴까?

BUZZ Hey. Listen to your inner voice.

버즈 이봐. 네 내면의 목소리에 귀를 기울여 봐.

Woody turns back to Bo. He smiles. He runs toward her. Bo hops over the carousel edge to the awning and runs toward him. They embrace.

우디가 보에게로 다시 돌아선다. 그가 미소 짓는다. 그가 그녀에게로 달려간다. 보가 회전목마 모서리를 뛰어넘어 차양 쪽으로 그를 향해 달려간다. 그들이 포옹한다.

BACK INSIDE THE RV.

다시 캠핑카 내부.

DOLLY What's taking them so–

돌리 무엇 때문에 이렇게 오래–

---

step forward 한 걸음 더 나가서
embrace 안다, 포옹하다
edge 끝, 가장자리, 모서리
mirror (거울처럼) 잘 보여주다, 반영하다
give away 거저 주다, (좋은 기회를) 저버리다
palm 손바닥
halt 멈추다, 주저하다, 머뭇거리며 말하다
part way 도중에
give permission 허가를 주다

Buzz pops open the skylight. BACK ON THE AWNING. ALL THE TOYS step off the RV onto the awning to see Bo standing with Woody.

버즈가 천장의 창을 펑 하며 연다. 다시 차양 모습. 모든 장난감이 캠핑카에서 내려 차양으로 올라와서 보와 우디가 함께 서 있는 것을 본다.

REX (gasp)

렉스 (헉 한다)

HAMM Is it really her?

햄 저기 정말 그녀 맞아?

JESSIE Bo...?

제시 보…?

MR. POTATO HEAD I can't believe it!

포테토헤드 세상에 이럴 수가!

DOLLY (gasp)

돌리 (헉 한다)

JESSIE (gasp)

제시 (헉 한다)

REX That **looks like** her.

렉스 그녀하고 비슷하게 생겼는데.

SLINKY DOG I don't believe it! It's Bo!

슬링키 독 말도 안 돼! 보야!

The toys reach Woody and Bo.

장난감들이 우디와 보에게 다가선다.

BO (softly) Jessie...

보 (다정하게) 제시…

JESSIE Bo...

제시 보…

They hug. Woody looks at the faces of all of his friends, old and new. He takes off HIS BADGE and pins it to Jessie's shirt. Smiles, sadly. Jessie suddenly understands.

그들이 포옹한다. 우디가 자신의 오래된, 그리고 새로운 친구들 모두의 얼굴을 바라본다. 그가 자신의 배지를 떼서 제시의 옷에 꽂아준다. 슬픈 표정으로 미소 짓는다. 제시가 그 순간 이해한다.

JESSIE **(catching breath)**

제시 (잠시 호흡을 가다듬는다)

Overcome, she hugs Woody. Bullseye leaps forward, **licking** Woody's face.

슬픔을 극복하고 그녀가 우디를 포옹한다. 불즈 아이가 앞으로 뛰쳐나오며 우디의 얼굴을 핥는다.

WOODY (impact; laughter)

우디 (충격; 웃음)

---

look like ~인 것처럼 보인다

catch breath 숨을 돌리다, 한숨 돌리다, 숨을 가다듬다

overcome 극복하다

lick 핥다, 핥아먹다

The rest of the toys move in to join the **group hug**.

나머지 장난감들이 안쪽으로 이동하며 단체포옹을 한다.

JESSIE & MRS. POTATO HEAD (laughing)

제시 & 포테토 부인 (웃는다)

MR. POTATO HEAD (laughing)

포테토헤드 (웃는다)

SLINKY DOG (laughing)

슬링키 독 (웃는다)

HAMM (laughing)

햄 (웃는다)

MRS. POTATO HEAD (laughing)

포테토 부인 (웃는다)

HAMM (laughing)

햄 (웃는다)

WOODY (laughing)

우디 (웃는다)

JESSIE (laughing)

제시 (웃는다)

SLINKY DOG (laughing)

슬링키 독 (웃는다)

WOODY (laughing)

우디 (웃는다)

...**except** Buzz, who **hangs back**. The **laughter dies down**. Woody and Buzz share a look. Shaking his head, Woody steps forward. A warm hug. **Bittersweet**. Letting go, they smile at each other. Woody suddenly looks down. Forky is **clinging to** his knees. Woody **bends down**.

…뒤에 남아있는 버즈만 빼고, 웃음이 사그라진다. 우디와 버즈가 눈빛교환을 한다. 고개를 저으며 우디가 앞으로 나온다. 따뜻한 포옹. 시원섭섭하다. 보내주면서 그들이 서로를 향해 미소 짓는다. 우디가 갑자기 밑을 내려다본다. 포키가 그의 무릎에 매달려있다. 우디가 몸을 숙인다.

WOODY So long, Forky.

우디 잘 지내, 포키.

They hug. Buzz smiles, then suddenly **realizes**–

그들이 포옹한다. 버즈가 미소 짓다가 순간적으로 깨닫는다 –

BUZZ Forky? Who's watching the doors?

버즈 포키? 문은 누가 지키고 있는 거야?

ENGINE starts.

엔진 소리가 난다.

WOODY (gasp)

우디 (헉 한다)

---

the rest of ~ (~ 가운데서) 남은 것(사람)들
group hug 여러 명이 함께 껴안는 것
except ~빼고, ~제외하고
hang back (다른 사람들이 다 떠난 후에) 뒤에 남다, 망설이다, 주저하다
laughter 웃음
die down 차츰 잦아들다/약해지다
bittersweet 괴로우면서도 즐거운, 쓰면서 달콤한
cling to something ~에 매달리다
bend down 몸을 굽히다
relize 깨닫다

The toys **scatter** – Woody and Bo back to the carousel, Bonnie's toys to the RV. INSIDE THE RV. Mom helps Bonnie into her seat. Suddenly–

장난감들이 황급히 흩어진다 – 우디와 보가 회전목마로 돌아오고, 보니의 장난감들은 캠핑카로 돌아간다. 캠핑카 내부. 엄마가 보니를 도와 자리에 앉힌다. 그 순간–

BONNIE'S MOM Oh, my goodness, the awning. What is going on?

보니 엄마 맙소사. 차양. 어떻게 된 거지?

As she turns to flip the switch, the toys drop to the bed behind her from the skylight. Bonnie turns to see... her favorite toy, **nestled** in with all of her other toys... except Woody. ATOP THE CAROUSEL Woody and Bo watch as the RV pulls away from the carnival. He turns to her. They look at each other. Smile. BEAT. Bo reaches for his hat... then yanks it down, covering his eyes. She takes off running. Grinning, Woody chases her to the peak of the carousel roof, where they watch the RV drive down main street toward the highway. INSIDE THE RV, BONNIE'S TOYS are gathered at the REAR WINDOW, watching the carnival grow **further and further away**.

그녀가 돌면서 스위치를 탁 누르는 순간, 장난감들이 천장에 달린 창에서 그녀 뒤에 있는 침대로 떨어진다. 보니가 돌아보니… 그녀가 제일 좋아하는 장난감이 편안히 누워있다. 그녀의 다른 모든 장난감과 함께… 우디만 빼고. 회전목마 꼭대기에서 우디와 보가 캠핑카가 축제에서 멀어지고 있는 모습을 바라본다. 그가 그녀에게로 돌아선다. 그들이 서로를 바라본다. 미소 짓는다. 잠시 정적. 보가 그의 모자로 손을 뻗어서… 홱 잡아당겨 그의 눈을 가린다. 그녀가 달리기 시작한다. 활짝 웃고, 우디가 그녀를 따라 회전목마 지붕 꼭대기로 가고, 거기에서 그들은 고속도로 쪽을 향해서 중심가를 달리고 있는 캠핑카를 바라본다. 캠핑카 내부. 보니의 장난감들이 뒤쪽 창문에 모여서 축제가 점점 더 멀어지는 모습을 바라본다.

REX Does this mean Woody's a lost toy?

렉스 그럼 이제 우디가 잊혀진 장난감이 되는 건가?

BUZZ (quietly) He's not lost. **Not anymore.**[1]

버즈 (조용하게) 그는 잊혀지지 않았어. 더 이상 그렇지 않아.

CLOSE ON BUZZ, gaze fixed on the carousel.

버즈의 모습이 클로즈업되고, 그의 시선이 회전목마에서 떠나질 못한다.

BUZZ (to self) To infinity...

버즈 (혼잣말로) 무한한 공간…

CLOSE ON WOODY, Bo at his side, as they watch the RV drive away.

우디의 모습이 클로즈업되고, 그의 옆에 보. 그들은 캠핑카가 멀어지고 있는 모습을 바라본다.

WOODY (to self) ...and beyond.

우디 (혼잣말로) …저 너머로.

ZOOM OUT ON THE CAROUSEL AND **FAIRGROUNDS** AND PAN UP TO A **FULL MOON**.

회전목마의 모습과 축제 마당이 점점 멀어지며 사라지고 카메라가 위로 향하며 보름달을 비춘다.

THE END.

끝.

---

scatter (흩)뿌리다, 황급히 흩어지다
nestle (아늑한, 포근한 곳에) 따뜻이 앉다/눕다
further and further away 점점 더 멀어지다
fairground 축제 마당, 장터, 박람회장
full moon 보름달

1 Not anymore.
이젠 아니야.
not anymore과 no longer 모두 '더 이상 ~아니다, 하지 않다'라는 의미지만, not anymore가 더 자연스럽게 쓰인답니다. 단독으로도 쓰이지만 문장에서도 다음과 같이 활용할 수 있어요. I don't need it anymore. '저는 더 이상 그게 필요 없어요.'

Day 30

Making It Happen for Toys

장난감들 소원 들어주기

30.mp3

EXT. **SEASIDE** TOWN – DAY
On a sign: WELCOME TO NEW STANTON BEACH. Crane up to see the carnival set up next to the beach, ocean in the background.

외부. 해변 마을 – 낮
표지판 문구: 뉴스탠튼 해변에 오신 걸 환영합니다. 카메라가 올라가면서 배경으로 바다가 보이고, 해변 옆으로 축제 세트를 비춘다.

EXT. CARNIVAL – STAR ADVENTURER BOOTH
On the Star Adventurer booth: the bored carnie listening to headphones. A LITTLE BOY holding a carnival prize **skips** past.

외부. 축제 – 별 탐험가 부스
따분해진 축제 진행 요원이 헤드폰을 꽂고 음악을 듣고 있다. 축제에서 받은 상품을 들고 있는 작은 소년이 옆으로 지나간다.

LITTLE BOY　Yay!

작은 소년　오 예!

In the booth: Prizes attached to the wall (where Buzz used to be).

부스 안쪽 깊은 곳: 벽에 붙은 상품들. (버즈가 예전에 달렸던 곳)

바로 이 장면!*

CARNIVAL PRIZE FROG #1　(sigh) There goes another one.

축제 상품 개구리 1　(한숨을 쉰다) 저기 또 하나 지나간다.

CARNIVAL PRIZE FROG #2　(**morose**) We're never getting out of here.

축제 상품 개구리 2　(뚱하게) 우린 절대 여기서 못 벗어나.

BUNNY　(O.S.) **Psst**, Frog legs.

버니　(화면 밖) 잠깐, 개구리 다리들.

DUCKY　(O.S.) Up here, **Rainbow Connection**.

덕키　(화면 밖) 여기 위야, 레인보우 커넥션.

Reveal: Ducky and Bunny hanging there, **disguised** as prizes.

모습이 보인다: 덕키와 버니가 상품처럼 위장해서 매달려 있다.

BUNNY　You Mr. **Toads** wanna **take a wild ride** with a kid?

버니　이봐 두꺼비 양반, 아이와 같이 신나게 타고 싶나?

DUCKY　We can make that happen...

덕키　원하면 우리가 해 줄 수 있는데…

CARNIVAL PRIZE FROG #1　You CAN?!

축제 상품 개구리 1　너희가 할 수 있다고?!

---

seaside (휴가 등을 위해 찾는) 해변, 바닷가

skip 깡충깡충/팔짝팔짝 뛰며 가다

morose 시무룩한, 뚱한

psst 잠깐, 저기요 (조용히 남의 관심을 끌기 위해 내는 소리)

Rainbow Connection 1979년에 개봉된 'The Muppets'라는 어린이 영화에서 Kermit the frog라는 개구리가 부른 노래 제목

disguise 변장/가장하다

toad 두꺼비

take a wild ride 자동차/오토바이/보트를 타고 신나게 질주하다

CARNIVAL PRIZE FROG #2 Really?

축제 상품 개구리 2 진짜?

DUCKY Oh, yeah! Leave it to us, **Jeremiah.**[1]

덕키 오, 당연하지! 우리에게 맡겨보라고, 속고만 살았군.

The frogs smile. A LITTLE GIRL shoots at the target and **clearly misses**. Behind the scenes, Ducky and Bunny pull down a target. DING! The **kid's jaw drops**. Below the counter, Bo gives the signal, Duke and Woody toss the Carnival Frog onto the counter next to the girl.

개구리가 미소 짓는다. 작은 소녀가 과녁을 향해 쏘지만, 완전히 빗나간다. 뒤에 숨어서, 덕키와 버니가 과녁을 내린다. 딩동댕! 아이의 입이 딱 벌어진다. 판매대 밑에서, 보가 신호를 보내고, 듀크와 우디가 축제 개구리를 소녀 옆 판매대 위로 던진다.

LITTLE GIRL (happy laugh)

작은 소녀 (행복한 웃음)

Woody and Bo peek out from behind the counter as the girl runs off with the frog. They smile at each other.

우디와 보가 소녀가 개구리를 들고 뛰어가는 모습을 판매대 위에서 훔쳐본다. 그들이 서로를 보며 미소 짓는다.

CUT BACK TO:
At the Star Adventurer, a long **conga line** of kids step up, shoot, miss, win, prize. Step, shoot, miss, win, prize. Step, shoot, miss, win, prize. Carnie **oblivious**.

다시 장면 전환:
별 탐험가 게임에 아이들이 콩가 춤 줄처럼 길게 줄을 섰다가 앞으로 나아가 쏘고, 못 맞추고, 이기고, 상을 받는다. 다가간다, 쏜다, 못 맞춘다, 이긴다, 상품. 다가간다, 쏜다, 못 맞춘다, 이긴다, 상품. 행사 직원은 의식하지 못한다.

EXT. STAR ADVENTURER BOOTH – NIGHT
Carnie still oblivious, unaware that his booth has been completely **cleaned out**.

외부. 별 탐험가 부스 – 밤
행사 직원이 여전히 의식하지 못하고, 그의 부스가 완전히 깨끗하게 비워졌음을 알아채지 못한다.

WOODY Alright, nice job, gang!

우디 좋아, 잘했어, 얘들아!

BO Every prize with a kid.

보 아이들 모두에게 상품 하나씩.

GIGGLE MCDIMPLES (laughs) What's next?

기글 맥딤플즈 (웃는다) 이젠 어떻게 하지?

DUCKY Leave that to us.

덕키 그건 우리에게 맡겨.

BUNNY We know EXACTLY what to do.

버니 무엇을 해야 할지 우리가 정확하게 알고 있지.

DUCKY MmmHmm.

덕키 그럼 그럼.

CUT TO:
EXT. STAR ADVENTURER BOOTH – NIGHT

장면 전환:
외부. 별 탐험가 부스 – 밤

---

clearly 또렷하게, 분명히, 명백히

miss 빗 맞히다, 못 맞히다

someone's jaw drops 놀라서 입이 딱 벌어지다

conga line 콩가 춤 (길게 줄을 서서 각자 앞 사람을 잡고 빙글빙글 돌아가며 추는 빠른 춤)

oblivious 의식/자각/감지하는 못하는, 잘 잊는

clean out 말끔히 씻어내다

❶ Jeremiah
예레미야, 비관론자

예레미야는 히브리의 예언자로 '눈물을 무기로 삼은 선지자'로 알려져 있어요. 그는 늘 슬픔과 비극을 예언해서 '비관적 예언자'라고 불렸는데, 그런 유래로 오늘날에도 부정적이고 나쁜말을 하는 사람을 Jeremiah라고 부르기도 한답니다.

STAR ADVENTURER CARNIE (yawns)

별 탐험가 행사 직원 (하품한다)

Carnie yawns, turns, and sees the game booth is empty of all toys. He leans over the counter. **BAM**! Ducky and Bunny **attach to** his face, just like in The Key.

행사 직원이 하품하고, 돌아보는데 게임 부스에 장난감이 하나도 없이 텅 비었다. 그가 판매대 너머로 몸을 기울인다. 팩! 덕키와 버니가 그의 얼굴에 찰싹 붙는다. '더 키'처럼.

BUNNY PLUSH RUSH! That's right!

버니 봉제 인형 공격! 그래 맞아!

DUCKY PLUSH RUSH! How you like THAT?! Huh?! You got PLUSH Rushed, son!

덕키 봉제 인형 공격! 맛이 어떠냐?! 응?! 지금 넌 봉제 인형한테 공격당한 거라고, 이놈아!

STAR ADVENTURER CARNIE (panic)

별 탐험가 행사 직원 (충격에 빠진다)

The carnie knocks Ducky and Bunny away, falls to the ground, **backs away in terror**. Bunny shoots lasers from his eyes at the carnie's feet.

행사 직원이 덕키와 버니를 내치며 바닥에 넘어져서 겁을 먹고 뒷걸음질 친다. 버니가 행사 직원의 발에 눈에서 레이저를 쏜다.

STAR ADVENTURER CARNIE (panic)

별 탐험가 행사 직원 (충격에 빠진다)

DUCKY Dance, HA HA! Dance! Get your knees up! Let's see those feet move!

덕키 춤을 춰라, 하 하! 춤을! 무릎을 들어! 발 움직이는 것 좀 보자고!

The carnie runs. Ducky and Bunny **hulk out** and GROW as tall as the Ferris wheel behind the carnie.

행사 직원이 도망간다. 덕키와 버니가 헐크처럼 변하며 직원 뒤에 있는 대관람차만큼 커진다.

BUNNY (**maniacal demon** laughter)

버니 (미치광이 같은 악마 웃음)

STAR ADVENTURER CARNIE (inhale) Ahhhh–

별 탐험가 행사 직원 (숨을 들이쉰다) 아아아 –

The carnie now toy sized **in comparison**. Huge laser **blasts** from Bunny's eyes **cause** off screen **explosions**.

행사 직원이 상대적으로 장난감처럼 작아 보인다. 버니의 눈에서 발사되는 레이저 광선으로 화면에 폭발이 일어난다.

EXT. CARNIVAL – NIGHT
Fantasy over. Back to reality:

외부. 축제 – 밤
환상이 끝난다. 다시 현실로:

BUNNY **Pew**! Pew! Pew!

버니 피융! 피융! 피융!

---

yawn 하품하다
bam 퍽, 탕 (크게 후려칠 때나 총이 발사될 때 나는 소리)
attach to ~에 붙다
back away 뒷걸음질 치다, 피하다
in terror 깜짝 놀라서
hulk out 종잡을 수 없이 갑자기 화가 치밀다, 분개하다
maniacal 미친 듯한
demon 악마, 악인, 악령
in comparison ~와 비교하여
blast 폭발하다
cause 유발하다, 야기하다
explosion 폭발
pew 미래의 레이저 총 발사할 때 나는 소리, 피융

DUCKY **(destruction, mayhem)**

덕키 (파괴, 아수라장)

Woody, Bo, Giggle, and Duke stare at them.

우디, 보, 기글, 그리고 듀크가 그들을 응시한다.

BO (**sarcastic**) OR, we could get more toys to kids...

보 (비아냥대며) 그게 아니라면, 우리가 아이들에게 장난감을 더 줄 수도 있을텐데…

WOODY Yeah... let's do that.

우디 그래… 그렇게 하자.

Bo and Woody exit. Eyes wide, Duke rolls forward on his bike.

보와 우디가 나간다. 눈이 휘둥그레져서 듀크가 오토바이를 타고 앞으로 온다.

BUNNY (shooting laser **sfx**)

버니 (레이저 발사 특수 효과)

DUKE CABOOM Do you... really have laser eyes?

듀크 카붐 너 정말… 레이저 눈이 있는 거야?

BUNNY Yeah.

버니 그럼.

DUKE CABOOM Whoa.

듀크 카붐 와.

CUT TO:
INT. BONNIE'S ROOM - DAY
Bonnie enters, drops off her backpack and leaves.

장면 전환:
내부. 보니의 방 - 낮
보니가 들어와, 책가방을 떨구고 나간다.

BONNIE Hi toys. Bye Toys.

보니 안녕 장난감들. 잘 있어 장난감들.

Something stirs inside the backpack. The bag unzips and Jessie gets out. The toys approach.

책가방 안에서 뭔가가 약간씩 움직인다. 가방이 열리고 제시가 나온다. 장난감들이 다가온다.

DOLLY Jessie's back!

돌리 제시가 돌아왔다!

TRIXIE What's **first grade** like? Tell me everything.

트릭시 1학년 생활은 어때? 하나도 빠짐없이 다 얘기해 줘.

JESSIE Well, it was–

제시 흠, 그게 –

BUZZ How was "**Present** and Explain"?

버즈 "소개하고 설명하기"는 어땠어?

HAMM Uh... you mean "**Show and Tell**", there, big guy.

햄 어… 그건 "보여주고 말하기"라고 말하는 거야, 덩치 씨.

---

destruction 파괴, 파멸
mayhem 대혼란, 아수라장
sarcastic 비꼬는, 비아냥대는
sfx 특수 효과 (= special effects)
something stir 젓다, 섞다, 약간 흔들리다, 움직이다/꿈쩍하다
first grade 초등학교 1학년
present (특정한 방식으로) 보여주다, 나타내다, 묘사하다
show-and-tell (수업 활동) 학생들이 각자의 물건을 가져와서 발표하기

BUTTERCUP	You see any kids eat paste?	버터컵 혹시 풀 먹는 아이도 있었어?
JESSIE	Guys, listen. Bonnie had a great day in First Grade. She even made a new friend in class.	제시 얘들아, 들어봐, 보니는 1학년 첫날을 아주 잘 보냈어. 학급에서 새로운 친구도 사귀었어.
REX	Oh, she's already making friends!	렉스 오, 벌써 친구도 사귀는구나!
JESSIE	No, no, she MADE a new friend. (inside the bag) Come on out, it's okay.	제시 아니, 아니, 새 친구를 만들었다고. (가방 내부) 어서 나오렴, 괜찮아.

Jessie gently **coaxes** something out of the bag. Another **handmade** doll, this one made from a plastic fork. Pipe cleaner arms, a **construction** paper dress, googly eyes. The crowd parts to reveal... Forky, **gob-smacked**.

제시가 가방에 있는 뭔가를 어르고 달랜다. 또 하나의 손으로 만든 인형이다. 이번엔 플라스틱 포크로 만든 거다. 파이프클리너 팔들, 판지로 만든 드레스, 왕방울 눈알들. 장난감들이 옆으로 비켜서니 보인다, 포키가 까무러치듯 놀란다.

FORKY	**(overwhelmed)**	포키 (벅차오른다)

Romantic music **SWELLS**. They **waddle** towards each other.

로맨틱 음악이 점점 큰소리로 울린다. 그들이 서로에게 뒤뚱뒤뚱 다가선다.

FORKY	Hi. I'm, uh... I'm Forky.	포키 안녕, 난, 어… 난 포키야.
KAREN BEVERLY	T-t... trash?	캐런 비벌리 쓰-쓰… 쓰레기?
FORKY	No, no. TOY. I am a... WE are all toys. **Unique**... beautiful toys.	포키 아니, 아니, 장난감. 난 어… 우린 모두가 장난감이야. 특별하고… 아름다운 장난감들.

Transfixed.

시선이 얼어붙었다.

FORKY	I will explain everything.	포키 내가 다 설명해 줄게.
KAREN BEVERLY	How am I alive?	캐런 비벌리 난 어떻게 살아있는 거지?
FORKY	I don't know.	포키 나도 몰라.

IRIS IN ON Forky, **starry-eyed**. One googly eye **shifts**; **iris placement adjusts**, then closes to black. CREDITS ROLL.

꿈꾸는 듯한 눈빛의 포키의 모습이 화면 중앙에서부터 점점 둥글게 퍼진다. 한 쪽 왕방울 눈이 이동하고; 카메라의 조리개 위치가 조종되다가, 닫히면서 어두워진다. 크레딧이 올라간다.

---

coax 구슬리다, 달래다
handmade 손으로 만든, 수제의
construction 건설, 공사
gob-smacked 〈비격식〉 너무 놀라 정신을 못 차리는
overwhelm (감정이) 휩싸다, 압도하다, 뒤덮다
swell 붓다, 부풀다, (강렬한 감정으로 마음이) 가득하다/벅차다
waddle (오리처럼) 뒤뚱뒤뚱 걷다
unique 독특한, 유일무이한
iris in 〈영화 기법〉 아이리스인, 화면 중앙에서 시작해서 점점 둥글게 퍼지는 기법
starry-eyed 〈비격식〉 꿈꾸는 듯한 눈빛의
shift 옮기다, 이동하다
iris (안구의) 홍채, (카메라의) 조리개
placement (어디에) 놓기, 설치, 배치
adjust (약간) 조정/조절하다

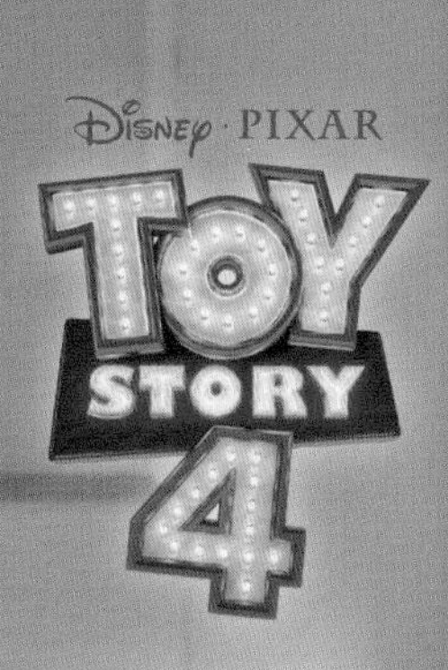
Disney · PIXAR
TOY STORY 4

ANTIQUES

당신의 독학을 함께하는 길벗이지톡!

어학과 관련된 다양한 정보와 유용한 무료 학습 자료까지 SNS에서 만나 보세요!

1 | 네이버 포스트 http://post.naver.com/gilbuteztok

길벗이지톡 도서 소개뿐만이 아니라 다양한 어학 학습 콘텐츠와 외국어 관련하여 읽을거리, 지식, 정보 등을 전달하는 다채로운 콘텐츠가 매주 업데이트 됩니다.

2 | 페이스북 https://www.facebook.com/gilbuteztok/

길벗이지톡 도서의 소식을 누구보다도 깊고 빠르게 전달해드리는 길벗이지톡 출판사의 페이스북 페이지입니다. 각종 플랫폼에 올라오는 도서 관련 콘텐츠들이 페이지를 통해 공유되고 있습니다.

바로 가기

3 | 완독의 기쁨 카페 http://cafe.naver.com/readingnjoy

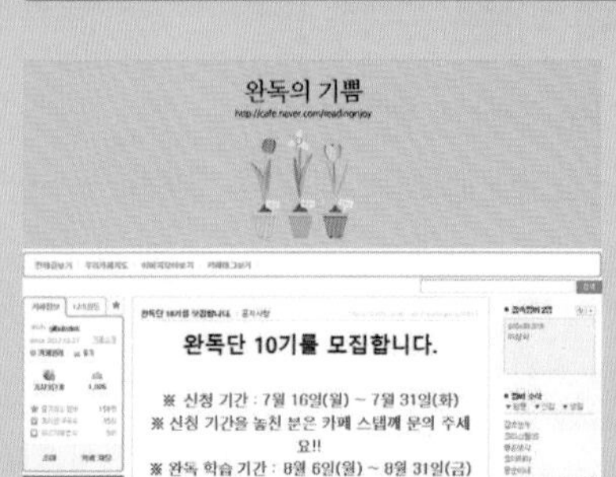

"어학책 한권 완독한적 있니?"

매달 20일 코스로 외국어 학습서 한권을 정해서 완독을 목표로 함께 공부하는 길벗이지톡 온라인 스터디 카페입니다. 언어권 별로 다양한 클래스가 열리며, 완독목표 커리큘럼 제공, 사은품 증정 등 다양한 서비스를 제공하고 있습니다. 도서가 있으시다면 누구나 참여 가능합니다.

바로 가기

DISNEY · PIXAR
토이
스토리
4

〈토이 스토리 4〉의 30장면만 익히면 영어 왕초보도 영화 주인공처럼 말할 수 있다!

영어 고수들은 영화로 영어 공부한다!
재미는 기본! 생생한 구어체 표현과 정확한 발음까지 익힐 수 있는 최고의 영어 학습법! 영화 한 편으로 영어 고수가 된다!

하루 한 장면, 30일 안에 영화 한 편을 정복한다!
필요 없는 장면은 걷어내고 실용적인 표현이 가득한 30장면만 공략한다! 30일이면 영어 왕초보도 영화 주인공처럼 말할 수 있다!

디즈니 애니메이션으로 현지에서 쓰는 생생한 표현을 익힌다!
다시 돌아온 추억의 장난감들! 〈토이 스토리 4〉 대본으로 미국 현지에서 쓰는 생생한 표현을 익힌다!

구성 | 스크립트북 + 워크북 + mp3 CD 1장

값 18,000원

ISBN 979-11-5924-229

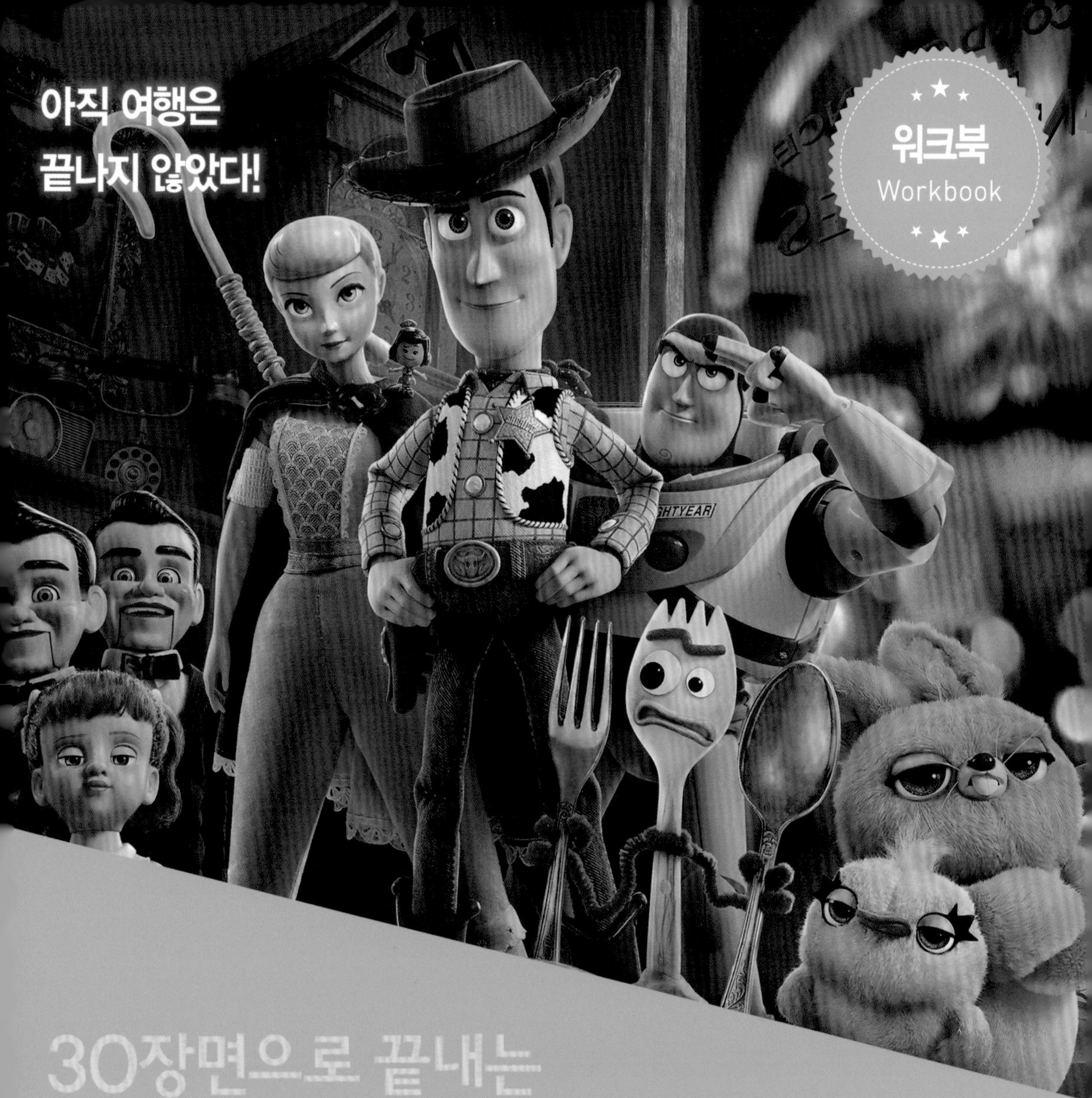

아직 여행은
끝나지 않았다!

워크북
Workbook

30장면으로 끝내는

스크린 영어회화

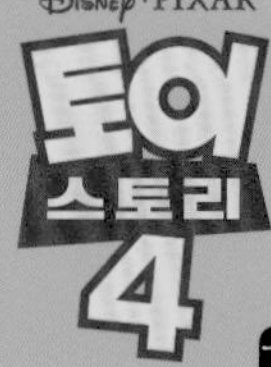

전체 대본을 실은
스크립트북

30장면 집중훈련
워크북

디즈니 추천 성우의
mp3 CD

30장면으로 끝내는

스크린 영어회화

DISNEY · PIXAR

토이 스토리 4

해설 **라이언 강**

이 책의 학습법

이 책은 스크립트북과 워크북, 전 2권으로 구성되어 있습니다. 이 책은 워크북으로 전체 대본에서 뽑은 30장면을 집중 훈련할 수 있습니다.

오늘 공부할 장면에 대한 간단한 설명입니다.

Warm up! 오늘 배울 표현

오늘 배울 핵심표현을 살짝. 이 표현을 내가 영어로 말할 수 있는지 테스트해보세요.

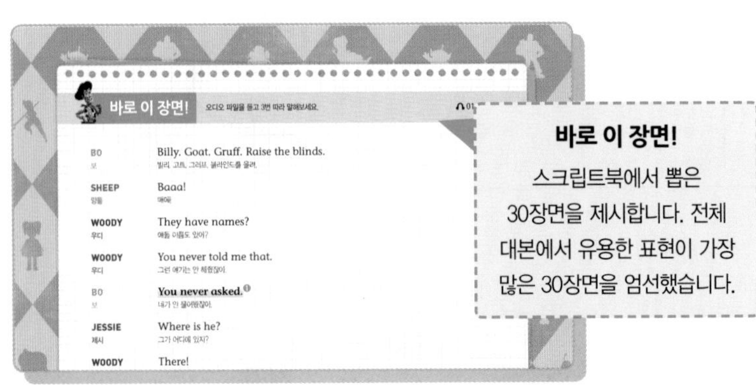

바로 이 장면!

스크립트북에서 뽑은 30장면을 제시합니다. 전체 대본에서 유용한 표현이 가장 많은 30장면을 엄선했습니다.

장면 파헤치기

'바로 이 장면!'에서 뽑은 핵심 표현들을 친절한 설명과 유용한 예문을 통해 깊이 있게 알아봅니다.

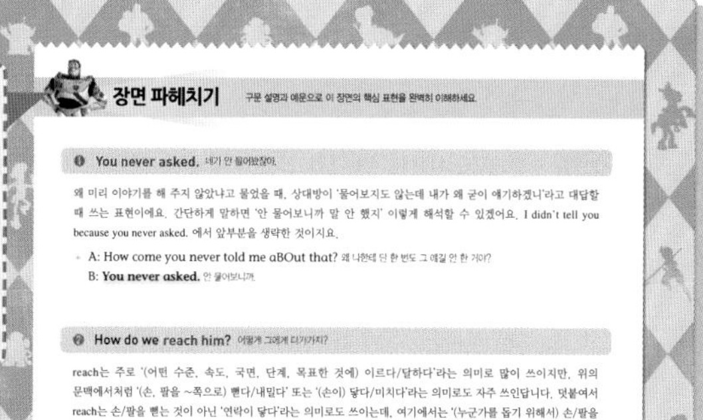

장면 파헤치기 구문 설명과 예문으로 이 장면의 핵심 표현을 완벽히 이해하세요.

❶ You never asked. 네가 안 물어봤잖아.

왜 미리 이야기를 해 주지 않았냐고 물었을 때, 상대방이 '물어보지도 않는데 내가 왜 굳이 얘기하겠니'라고 대답할 때 쓰는 표현이에요. 간단하게 말하면 '안 물어보니까 말 안 했지' 이렇게 해석할 수 있겠어요. I didn't tell you because you never asked. 에서 앞부분을 생략한 것이지요.

A: How come you never told me aBOut that? 왜 나한테 단 한 번도 그 얘길 안 한 거야?
B: **You never asked.** 안 물어보니까.

❷ How do we reach him? 어떻게 그에게 다가가지?

reach는 주로 '(어떤 수준, 속도, 국면, 단계, 목표한 것에) 이르다/달하다'라는 의미로 많이 쓰이지만, 위의 문맥에서처럼 '(손, 팔을 ~쪽으로) 뻗다/내밀다' 또는 '(손이) 닿다/미치다'라는 의미로도 자주 쓰인답니다. 덧붙여서 reach는 손/팔을 뻗는 것이 아닌 '연락이 닿다'라는 의미로도 쓰이는데, 여기에서는 '(누군가를 돕기 위해서) 손/팔을 쭉 뻗어서 ~에게 접근하는/닿는'다는 의미와 '연락이 닿다'라는 의미로 reach를 활용하는 연습을 해 볼게요.

영화 속 패턴 익히기 오늘 배운 장면에서 뽑은 핵심 패턴으로 다양한 표현을 만들어 보세요.

01-2.mp3

reach ~에 닿다/연락하다.

Step 1 기본 패턴 연습하기

1 I can't **reach under my bed.** 침대 밑으로는 손이 안 닿는다.
2 Jack **reached into the cookie jar.** 잭이 쿠키 용기 안쪽으로 손을 넣었다.
3 **Reach** as far as you can. 최대한 멀리까지 팔을 뻗어라.
4 She tried to .... 그녀는 로프 꼭대기까지 손을 뻗어 올라가려고 했다.
5 Noah could barely .... 노아는 페달에 거의 발이 안 닿을 지경이었다.

영화 속 패턴 익히기

영화에 나오는 패턴을 활용하여 다양한 표현을 만들 수 있습니다. Step1에서 기본 패턴을 익히고, Step2에서 패턴을 응용하고, Step3에서 실생활 대화에서 패턴을 적용하는 훈련을 합니다.

확인학습 문제를 풀며 오늘 배운 표현을 완벽히 내 것으로 만드세요.

A | 영화 속 대화를 완성해 보세요.

BO Billy. Goat. Gruff. ❶ .... the blinds. 빌리, 고트, 그러프, 블라인드를 올려.
SHEEP Baaa! 매애!
WOODY They have names? 얘들 이름도 있어?
WOODY ❷ .... me that. 그런 얘기는 안 해줬잖아.
BO ❸ .... 네가 안 물어봤잖아.
JESSIE ❹ ....? 그가 어디에 있지?
WOODY ❺ ....! 저기다!
BUZZ ❻ .... we ❼ ....? 어떻게 그에게 다가가지?
BO & WOODY ❽ ....! 장난감 잡아당기기 작전!
WOODY Slink! 슬링크!

정답 A
❶ Raise
❷ You never told
❸ You never asked
❹ Where is he
❺ There
❻ How do
❼ reach him

확인학습

오늘 배운 표현과 패턴을 확인해 보는 코너입니다. 문제를 풀며 표현들을 완벽히 내 것으로 만드세요.

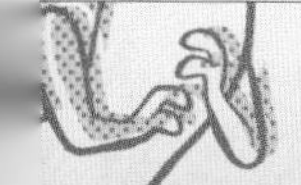

차례

Contents

Disney · PIXAR
TOY STORY 4

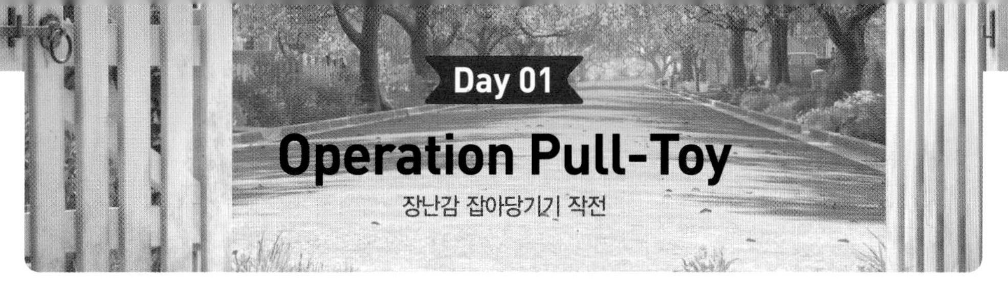

Day 01
Operation Pull-Toy
장난감 잡아당기기 작전

더 이상 예전처럼 아이들이 놀아주지 않아 박스 속에 담겨 창고에 갇힌 채로[stuck] 찬밥신세가 된 장난감들의 9년 전 모습으로 〈토이 스토리 4〉의 이야기는 시작됩니다. 오지랖도 넓고 책임감[a sense of responsibility] 투철한 우디가 언제나처럼[as always] 동료 장난감을 구하기 위해 직접 나서려고 합니다. 폭우 속에서 배수구에[channel drain] 걸려 집으로 돌아오지 못한 RC카 장난감을 구출하기 위해 우디가 다른 장난감들의 도움을 받아 창문 밖으로 나가 고군분투하는데[struggle] 일이 생각보다 쉽지 않아요. 겨우 RC카를 구해서 드디어 창문을 통해 집으로 들어오려고 하는데 바로 그 순간, 창문이 쾅 하고 닫혀버리네요. 앗, 이를 어째요!

오늘 등장하는 표현들입니다. 어떤 표현이 들어가야 할지 생각해 보세요.

* ______________. 네가 안 물어봤잖아.
* How do we ______________? 어떻게 그에게 다가가지?
* ______________! 장난감 잡아당기기 작전!
* ______________, Woody! 알았다, 우디!

바로 이 장면!

오디오 파일을 듣고 3번 따라 말해보세요.

01-1.mp3

BO 보	Billy. Goat. Gruff. Raise the blinds. 빌리. 고트. 그러프. 블라인드를 올려.
SHEEP 양들	Baaa! 매에!
WOODY 우디	They have names? 얘들 이름도 있어?
WOODY 우디	You never told me that. 그런 얘기는 안 해줬잖아.
BO 보	**You never asked.**[1] 네가 안 물어봤잖아.
JESSIE 제시	Where is he? 그가 어디에 있지?
WOODY 우디	There! 저기다!
BUZZ 버즈	**How do we reach him?**[2] 어떻게 그에게 다가가지?
BO & WOODY 보 & 우디	**Operation Pull-Toy!**[3] 장난감 잡아당기기 작전!
WOODY 우디	Slink! 슬링크!
SLINKY DOG 슬링키 독	**You got it**, Woody![4] 알았다. 우디!
BO 보	Barbies! 바비!
BO 보	Go! 가!

장면 파헤치기

구문 설명과 예문으로 이 장면의 핵심 표현을 완벽히 이해하세요.

❶ You never asked. 네가 안 물어봤잖아.

왜 미리 이야기를 해 주지 않았냐고 물었을 때, 상대방이 '물어보지도 않는데 내가 왜 굳이 얘기하겠니'라고 대답할 때 쓰는 표현이에요. 간단하게 말하면 '안 물어보니까 말 안 했지' 이렇게 해석할 수 있겠어요. I didn't tell you because you never asked. 에서 앞부분을 생략한 것이지요.

* A: How come you never told me aBOut that? 왜 나한테 단 한 번도 그 얘길 안 한 거야?
B: **You never asked.** 안 물어보니까.

❷ How do we reach him? 어떻게 그에게 다가가지?

reach는 주로 '(어떤 수준, 속도, 국면, 단계, 목표한 것에) 이르다/달하다'라는 의미로 많이 쓰이지만, 위의 문맥에서처럼 '(손, 팔을 ~쪽으로) 뻗다/내밀다' 또는 '(손이) 닿다/미치다'라는 의미로도 자주 쓰인답니다. 덧붙여서 reach는 손/팔을 뻗는 것이 아닌 '연락이 닿다'라는 의미로도 쓰이는데, 여기에서는 '(누군가를 돕기 위해서) 손/팔을 쭉 뻗어서 ~에게 접근하는/닿는'다는 의미와 '연락이 닿다'라는 의미로 reach를 활용하는 연습을 해 볼게요.

★ 영화 속 패턴 익히기

❸ Operation Pull-Toy! 장난감 잡아당기기 작전!

작전명을 말할 때 앞에 Operation을 넣고 그 뒤에 명칭을 넣어 표현합니다. 특히, 군사작전명을 말할 때 자주 쓰는 표현이지요. 예를 들어, 90년대 초반에 있었던 걸프전쟁의 작전명은 Operation Desert Storm '작전명 사막의 폭풍'으로 유명하고, 영화로도 제작됐던 세계2차대전 당시의 히틀러 암살 작전은 Operation Valkyrie '작전명 발키리'로 유명하지요.

* A: What's the name of the current military operation in Afghanistan?
지금 현재 아프가니스탄에서 벌어지고 있는 군사작전명이 무엇인가?
B: It's called **Operation Enduring Freedom.** '항구적 자유 작전'입니다.

❹ You got it, Woody! 알았다. 우디!

'You got it!'은 상대방의 말을 받아서 맞장구치며 '그렇고 말고, 바로 그거야'라고 표현할 때도 쓰고, 상대방의 의뢰나 요구에 대한 답으로 '알았어, 좋아, 그렇게 할게'라는 의미로 쓰기도 합니다.

* **You got it**, John. I'll get to it right away. 알았어, 존. 바로 그 일에 돌입할게.
* **You got it**! That's exactly what I wanted. 바로 그거야. 내가 원한 게 바로 그거였다고.

영화 속 패턴 익히기

오늘 배운 장면에서 뽑은 핵심 패턴으로 다양한 표현을 만들어 보세요.

01-2.mp3

reach ~에 닿다/연락하다.

Step 1 기본 패턴 연습하기

1 I can't **reach under my bed.** 침대 밑으로는 손이 안 닿는다.

2 Jack **reached into the cookie jar.** 잭이 쿠키 용기 안쪽으로 손을 넣었다.

3 **Reach** as far as you can. 최대한 멀리까지 팔을 뻗어라.

4 She tried to ______________________. 그녀는 로프 꼭대기까지 손을 뻗어 올라가려고 했다.

5 Noah could barely ______________________. 노아는 페달에 거의 발이 안 닿을 지경이었다.

Step 2 패턴 응용하기 | reach someone

1 I'll try to **reach him** on his cell phone. 그에게 휴대폰으로 연락해 볼게.

2 You can **reach me** by email. 제 이메일로 연락해도 돼요.

3 You've **reached the Johnson's residence.** 당신은 존슨 가족에게 연락하셨습니다.

4 I've tried to ______________________. 하루 종일 그녀에게 연락을 시도해 봤다.

5 ______________________ this number. 이 번호로 연락주세요.

Step 3 실생활에 적용하기

A 손이 닿나요?

B No, it's too far.

A How about we try using this stick? This might help.

A Can you reach it?

B 아니요, 너무 먼데요.

A 그러면 이 막대기를 사용하면 어떨까요? 이게 도움이 될 것도 같은데.

정답 Step 1 4 reach the top of the rope 5 reach the pedals Step 2 4 reach her all day 5 Reach me at

확인학습

문제를 풀며 오늘 배운 표현을 완벽히 내 것으로 만드세요.

A | 영화 속 대화를 완성해 보세요.

BO Billy. Goat. Gruff. ❶ ________ the blinds.
빌리. 고트. 그러프. 블라인드를 올려.

SHEEP Baaa! 매에!

WOODY They have names? 얘들 이름도 있어?

WOODY ❷ ________ me that. 그런 얘기는 안 해줬잖아.

BO ❸ ________. 네가 안 물어봤잖아.

JESSIE ❹ ________? 그가 어디에 있지?

WOODY ❺ ________! 저기다!

BUZZ ❻ ________ we ❼ ________? 어떻게 그에게 다가가지?

BO & WOODY ❽ ________! 장난감 잡아당기기 작전!

WOODY Slink! 슬링크!

SLINKY DOG ❾ ________, Woody! 알았다, 우디!

BO Barbies! 바비!

BO ❿ ________! 가!

B | 다음 빈칸을 채워 문장을 완성해 보세요.

1 그녀는 로프 꼭대기까지 손을 뻗어 올라가려고 했다.
She tried to ________.

2 노아는 페달에 거의 발이 안 닿을 지경이었다.
Noah could barely ________.

3 제 이메일로 연락해도 돼요.
You can ________ by email.

4 하루 종일 그녀에게 연락을 시도해봤다.
I've tried to ________.

5 이 번호로 연락주세요.
________ this number.

정답 A

❶ Raise
❷ You never told
❸ You never asked
❹ Where is he
❺ There
❻ How do
❼ reach him
❽ Operation Pull-Toy
❾ You got it
❿ Go

정답 B

1 reach the top of the rope
2 reach the pedals
3 reach me
4 reach her all day
5 Reach me at

Day 02
Farewell With Bo
보와의 이별

앤디의 집에서 함께 지내던 램프 인형 보와 헤어지던 그날, 우디는 그녀를 보내지 않으려고 애쓰지만, try hard not to let her go 보는 이제 다른 아이에게 가야 할 때가 된 것 같다며 우디에게 애쓰지 말라고 하며 이별을 고하네요. 그날 이후, 세월은 또다시 흐르고 흘러as the years went by 앤디가 성장해서have grown up 그의 장난감들을 보니라는 소녀에게 물려주지요. 이제 예전 앤디가 그랬던 것처럼 보니가 우디를 손에 들고 푸른 하늘을 배경으로 마당에서 뛰어노네요. 보와의 헤어짐은 이제 오랜 옛날 이야기가an old story 되고 우디를 포함한 예전 앤디의 장난감들은 평범한 일상을everyday lives 살고 있어요.

오늘 등장하는 표현들입니다. 어떤 표현이 들어가야 할지 생각해 보세요.

* ________ is that you– 앤디를 위한 최선은 네가–
* ________ the next kid. 이제 다음 아이를 맞이해야 할 때야.
* Oh, ________! 오, 별말씀을요!
* I'm glad it all ________. 모든 게 다 잘돼서 다행이고요.

바로 이 장면!

오디오 파일을 듣고 3번 따라 말해보세요. 02-1.mp3

BO 보
WOODY–!
우디–!

WOODY 우디
Quick! We'll sneak in the hedges before he's back–
서둘러! 그가 돌아오기 전에 울타리 안쪽으로 숨어야 돼–

BO 보
Woody, it's okay...
우디, 괜찮아…

WOODY 우디
Wha–? No! No, no. You can't go. **What's best for Andy** is that you–①
뭐라고–? 안 돼! 안 돼, 안 된다고, 넌 가면 안 돼, 앤디를 위한 최선은 네가–

BO 보
Woody. I'm not Andy's toy.
우디, 난 앤디의 장난감이 아니야.

WOODY 우디
Wha–What?
뭐–뭐라고?

BO 보
It's time for the next kid.②
이제 다음 아이를 맞이해야 할 때야.

VISITOR HUSBAND 방문자 남편
And thank you again for everything. I really appreciate it.
다시 한 번 이 모든 것에 감사해요. 정말 고마워요.

ANDY'S MOM 앤디 엄마
Oh, **my pleasure**!③ I'm glad it all **worked out**.④
오, 별말씀을요! 모든 게 다 잘돼서 다행이에요.

BO 보
You know...
있잖아…

BO 보
...Kids lose their toys every day. Sometimes they get left in the yard... or put in the wrong box.
…아이들은 늘 장난감을 잃어버리잖아. 어떨 때는 마당에 두고 가기도 하고… 다른 상자에 잘못 넣기도 하고 말이야.

WOODY 우디
And that box gets taken away...
그리고 그 상자가 버려지기도 하고…

장면 파헤치기

구문 설명과 예문으로 이 장면의 핵심 표현을 완벽히 이해하세요.

❶ What's best for Andy is that you– 앤디를 위한 최선은 네가–

〈What's best for + 명사〉는 '~을 위한 최선'이라는 의미의 표현이에요. 최상급 앞에 the가 들어간다고 생각해서 What's best 사이에 the를 넣어서 What's the best 이렇게 쓰면 안 돼요. best 앞에 언제 the가 들어가고 언제 안 들어가는지를 문법적으로 설명하려면 꽤 복잡해지니까 이럴 땐 그냥 하나의 관용표현이라고 생각하고 'What's best for'라고 있는 그대로 외우는 것이 좋아요.

* **What's best for me** is what's best for you. 나에게 최선인 것이 너에게도 최선인 거야.
* It's **what's best for your kids**. 이것이 당신의 아이들을 위한 최선의 방법이에요.

❷ It's time for the next kid. 이제 다음 아이를 맞이해야 할 때야.

'~을 해야 할 때다'라고 말할 때 'It's time for ~'의 형식으로 표현해요. 뒤에 동사가 따라올 경우에는 전치사를 for 대신에 to로 바꿔주세요. 예를 들어, It's time for dinner. '저녁식사 시간이야'라는 표현을 It's time to have dinner. '저녁 먹을 시간이야' 이런 식으로 쓸 수도 있으니까요.

★영화 속 패턴 익히기

❸ Oh, my pleasure! 오, 별말씀을요!

여기에서는 '천만에요'라고 해석하지 않고 '내가 좋아서 한 일이에요!'라고 해석했지만, 위의 표현은 상대방이 고맙다고 'Thank you!'라고 말할 때 대답하는 여러 가지의 표현 중 하나에요. 많은 학습자가 가장 잘 알고 있는 You're welcome. '천만에요' 말고도, 같은 상황에서 쓸 수 있는 표현은 Sure, no problem, any time 등 참 많답니다.

* A: Thank you for helping me. 도와줘서 고마워요.
  B: **My pleasure!** 천만에요.

❹ I'm glad it all worked out. 모든 게 다 잘돼서 다행이에요.

'work out'은 '(건강, 몸매 관리 등을 위해) 운동하다'라는 의미로 많이 쓰이지만, 어떤 일이 '잘 풀리다/좋게 진행되다'라는 의미로도 자주 쓰인답니다.

* Our relationship didn't **work out**. 우리의 관계는 계속 가질 못했다.
* I hope it **works out**. 그 일이 잘되길 바라요.

영화 속 패턴 익히기

오늘 배운 장면에서 뽑은 핵심 패턴으로 다양한 표현을 만들어 보세요.

02-2.mp3

It's time for ~
~을 해야 할 때다.

Step 1 기본 패턴 연습하기

1 **It's time for** lunch. 점심 먹을 시간이야.
2 **It's time for** bed. 잠자러 갈 시간이야.
3 **It's time for** a change. 지금은 변화가 필요한 때다.
4 ______________ you to leave. 네가 떠나야 할 때가 됐다.
5 ______________ to go. 이제 나 가봐야 해.

Step 2 패턴 응용하기 | It's time to + 동사

1 **It's time to** study. 공부할 시간이다.
2 **It's time to** say goodbye. 헤어져야 할 시간이다.
3 **It's time to** move on. 이제 앞으로 나아가야 할 때다.
4 ______________ about it. 그것에 대해 이야기를 할 때가 되었다.
5 ______________ serious. 이제 좀 진지해져야 할 때다.

Step 3 실생활에 적용하기

A Come on down. 저녁 먹을 시간이야.
B Already? What time is it?
A It's way past 7:30.

A 내려와라. It's time for dinner.
B 벌써요? 지금 몇 시인데요?
A 7시 반도 훨씬 더 지났어.

정답 Step 1 4 It's time for 5 It's time for me Step 2 4 It's time to talk 5 It's time to get

확인학습

문제를 풀며 오늘 배운 표현을 완벽히 내 것으로 만드세요.

A | 영화 속 대화를 완성해 보세요.

BO WOODY–! 우디–!

WOODY Quick! We'll sneak in the hedges ❶ __________ – 서둘러! 그가 돌아오기 전에 울타리 안쪽으로 숨어야 돼–

BO Woody, it's okay... 우디, 괜찮아…

WOODY Wha–? No! No, no. You can't go. ❷ __________ Andy is that you– 뭐라고–? 안 돼! 안 돼, 안 된다고, 넌 가면 안 돼, 앤디를 위한 최선은 네가–

BO Woody. ❸ __________. 우디, 난 앤디의 장난감이 아니야.

WOODY Wha–What? 뭐–뭐라고?

BO ❹ __________ the next kid. 이제 다음 아이를 맞이해야 할 때야.

VISITOR HUSBAND And thank you ❺ __________. I really ❻ __________. 다시 한 번 이 모든 것에 감사해요. 정말 고마워요.

ANDY'S MOM Oh, ❼ __________! I'm glad it all ❽ __________. 오, 별말씀을요! 모든 게 다 잘돼서 다행이에요.

BO You know... 있잖아…

BO ...Kids lose their toys every day. Sometimes they ❾ __________ in the yard... or put ❿ __________. …아이들은 늘 장난감을 잃어버리잖아. 어떨 때는 마당에 두고 가기도 하고… 다른 상자에 잘못 넣기도 하고 말이야.

WOODY And that box gets taken away... 그리고 그 상자가 버려지기도 하고…

B | 다음 빈칸을 채워 문장을 완성해 보세요.

1 점심 먹을 시간이야.

__________ lunch.

2 지금은 변화가 필요한 때다.

__________ a change.

3 이제 나 가봐야 해.

__________ to go.

4 그것에 대해 이야기를 할 때가 되었다.

__________ about it.

5 이제 좀 진지해져야 할 때다.

__________ serious.

정답 A

❶ before he's back
❷ What's best for
❸ I'm not Andy's toy
❹ It's time for
❺ again for everything
❻ appreciate it
❼ my pleasure
❽ worked out
❾ get left
❿ in the wrong box

정답 B

1 It's time for
2 It's time for
3 It's time for me
4 It's time to talk
5 It's time to get

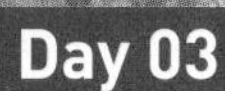

Day 03

Dust-Bunny Woody

먼지뭉치 우디

아침밥을 먹고 보니가 오기만을 오매불망[night and day] 기다리는 장난감 친구들. 보니가 오면 데리고 놀아주겠지 하고 우디도 간절히[sincerely] 원하지만, 요즘엔 왠지 보니의 우디를 향한 애정이[affection] 예전 같지 않아요. 우디가 이번 일주일 동안 놀이대상으로 선택받지 못한 날이 세 번이나 될 정도로 보니의 관심이 시들해 졌네요[wane]. 우디 뿐만 아니라 다른 장난감 친구들도 요즘엔 보니가 자주 놀아주질 않아서 상자 속에서 온몸이 뻐근해[feel stiff] 질 정도라니까요.

오늘 등장하는 표현들입니다. 어떤 표현이 들어가야 할지 생각해 보세요.

* ________ we ever got to play that? 우리가 저 놀이 마지막으로 한 게 언제였더라?
* ________. 좋은 시절이었지.
* I don't ________. 따로 세어 보질 않아서.
* ________. 꽤 됐다고.

바로 이 장면!

오디오 파일을 듣고 3번 따라 말해보세요. 03-1.mp3

MELEPHANT BROOKS 멜리펀트 브룩스
Wow... they're doing "hat shop."
우와… '모자 가게' 놀이 하나 봐.

CARL REINEROCEROS 칼 레이너로소로스
When's the last time we ever got to play that?[1]
우리가 저 놀이 마지막으로 한 게 언제였더라?

CHAIROL BURNETT 의자 버넷
Remember when she played house?
보니가 집 놀이 했던 거 기억나?

MELEPHANT BROOKS 멜리펀트 브룩스
I liked "House."
'집' 놀이 재미있었는데.

BITEY WHITE 바이티 와이트
Those were the days.[2]
좋은 시절이었지.

MELEPHANT BROOKS 멜리펀트 브룩스
It was basic. You made a house, you lived in it, done.
아주 쉬웠잖아. 집을 짓고, 그 안에 살면, 끝.

OLD TIMER 올드 타이머
That's the third time you haven't been picked this week.
네가 선택받지 못한 게 이번 주만 세 번째네.

WOODY 우디
I don't know. I don't **keep count.**[3]
그런가. 따로 세어 보질 않아서.

OLD TIMER 올드 타이머
Oh, you don't have to. I'll do it for you.
오, 그럴 필요 없어. 내가 대신해 줄 테니까.

WOODY 우디
Okay, okay, okay I get it. **It's been awhile.**[4]
알았다, 알았어, 그래 알아들어. 꽤 됐다고.

OLD TIMER 올드 타이머
Ooh, looky there, you got your first dust bunny.
우우, 여기 좀 봐, 너의 첫 먼지뭉치네.

장면 파헤치기

구문 설명과 예문으로 이 장면의 핵심 표현을 완벽히 이해하세요.

❶ When's the last time we ever got to play that? 우리가 저 놀이 마지막으로 한 게 언제였더라?

'When's the last time ~'은 '마지막으로 ~한 게 언제였니?'라는 질문할 때 쓰는 패턴식 문장이에요. 그런데 이 문장에서 when 다음에 나오는 be동사가 현재형으로 보이는데, 주로 일상적으로는 과거형으로 써서 was를 넣어주는 것이 좋아요. 'When was the last time ~?' 이렇게요. 뒤에서 패턴 연습을 할 때는 위의 질문에 대한 대답의 형식으로 'The last time ~'으로 시작하는 문장도 함께 공부해 볼게요.

★영화 속 패턴 익히기

❷ Those were the days. 좋은 시절이었지.

옛 시절을 회상하며 '그때가 좋았지', '옛날이 좋았는데'라는 의미의 표현을 하고 싶을 때 딱 어울리는 영어표현이랍니다. the good days 부분을 the good times 혹은 the good old days로 바꿔서 써도 같은 의미예요.

* **Those were the good times.** 그땐 정말 좋은 시절이었지.
* **Those were the good old days.** 옛날에 참 좋았지.

❸ I don't keep count. 따로 세어 보질 않아서.

keep count는 '~을 계속 세다, ~의 수를 기억하다'라는 의미예요. 왠지 keep counting이라고 해야 맞을 것 같지만 여기에서 count는 동사가 아니라 명사로 '계산, 셈'이라는 뜻으로 쓰인 것이어서 keep count라고 하는 것이 맞습니다. 중간에 a를 넣어서 keep a count라고 할 수도 있어요.

* I've been **keeping count** of how many times she's called today.
  그녀가 오늘 몇 번을 전화했는지 계속 세어 보았다.
* There are so many you can't **keep count**. 너무 많아서 셀 수가 없다.

❹ It's been awhile. 꽤 됐다고.

오랜만에 만나는 사람에게 쓰는 영어표현 중 가장 흔하게 우리가 알고 있는 것은 Long time no see. 이죠? 이 표현이 식상하다면 같은 상황에서 쓸 수 있는 다른 표현들도 알아두시면 좋을 것 같아요. 아래의 예문에 더 많은 표현이 나와 있어요.

* **It's been a long time.** 오랜만이야.
* **It's been ages.** 정말 오랜만이군.

영화 속 패턴 익히기

오늘 배운 장면에서 뽑은 핵심 패턴으로 다양한 표현을 만들어 보세요.

03-2.mp3

When was the last time + 주어 + 동사 ~을 마지막으로 한 게 언제였니?

Step 1 기본 패턴 연습하기

1 **When was the last time** you had a lot of fun? 마지막으로 정말 재미있게 놀았던 게 언제니?

2 **When was the last time** you tried something new? 마지막으로 새로운 걸 시도해 본 게 언제니?

3 **When was the last time** we had snow in April? 4월에 눈 오는 걸 마지막으로 본 게 언제니?

4 ______________________ called you? 그녀가 너에게 마지막으로 전화한 게 언제니?

5 ______________________ got together? 우리가 마지막으로 만났던 게 언제지?

Step 2 패턴 응용하기 | The last time + 주어 + 동사

1 **The last time** I saw Jim was in 1990. 짐을 마지막으로 본 건 1990년이었어.

2 **The last time** she came here was a year ago. 그녀가 여기에 마지막으로 온 건 1년 전이었어.

3 **The last time** we talked was at the festival. 우리가 마지막으로 대화를 나눈 건 축제 때였지.

4 ______________________ was when my grandmother passed away.
그들이 마지막으로 만났던 건 우리 할머니께서 돌아가셨을 때였다.

5 ______________________ me a letter was two years ago.
그가 내게 마지막으로 편지를 보낸 것은 2년 전이었어.

Step 3 실생활에 적용하기

A 넌 마지막으로 울어본 게 언제니?
B I have never cried in my life.
A That can't be true. I know you must have cried when you were a baby.

A When was the last time you cried?
B 난 평생 한 번도 운 적이 없어.
A 그럴 리가 없어. 아기였을 땐 분명히 울었을 테니까.

정답 Step 1 4 When was the last time she 5 When was the last time we Step 2 4 The last time they met 5 The last time he wrote

확인학습

문제를 풀며 오늘 배운 표현을 완벽히 내 것으로 만드세요.

A | 영화 속 대화를 완성해 보세요.

MELEPHANT BROOKS Wow… they're doing "❶ ______________." 우와… '모자 가게' 놀이 하나 봐.

CARL REINEROCEROS ❷ ______________ we ever got to play that? 우리가 저 놀이 마지막으로 한 게 언제였더라?

CHAIROL BURNETT ❸ ______________ she played house? 보니가 집 놀이 했던 거 기억나?

MELEPHANT BROOKS I liked "House." '집' 놀이 재미있었는데.

BITEY WHITE ❹ ______________. 좋은 시절이었지.

MELEPHANT BROOKS It ❺ ______________. You made a house, you lived in it, done. 아주 쉬웠잖아. 집을 짓고, 그 안에 살면, 끝.

OLD TIMER That's ❻ ______________ you haven't been picked this week. 네가 선택받지 못한 게 이번 주만 세 번째네.

WOODY I don't know. I don't ❼ ______________. 그런가. 따로 세어 보질 않아서.

OLD TIMER Oh, you don't have to. I'll ❽ ______________. 오, 그럴 필요 없어. 내가 대신해 줄 테니까.

WOODY Okay, okay, okay I get it. ❾ ______________. 알았다, 알았어, 그래 알아들어. 꽤 됐다고.

OLD TIMER Ooh, looky there, you got ❿ ______________ bunny. 우우, 여기 좀 봐, 너의 첫 먼지뭉치네.

B | 다음 빈칸을 채워 문장을 완성해 보세요.

1 마지막으로 새로운 걸 시도해 본 게 언제니?

______________ you tried something new?

2 그녀가 너에게 마지막으로 전화한 게 언제니?

______________ called you?

3 우리가 마지막으로 만났던 게 언제지?

______________ got together?

4 그들이 마지막으로 만났던 건 우리 할머니께서 돌아가셨을 때였다.

______________ was when my grandmother passed away.

5 그가 내게 마지막으로 편지를 보낸 것은 2년 전이었어.

______________ me a letter was two years ago.

정답 A

❶ hat shop
❷ When's the last time
❸ Remember when
❹ Those were the days
❺ was basic
❻ the third time
❼ keep count
❽ do it for you
❾ It's been awhile
❿ your first dust

정답 B

1 When was the last time
2 When was the last time she
3 When was the last time we
4 The last time they met
5 The last time he wrote

Day 04

Kindergarten Orientation Day

유치원 예비 교육 하는 날

오늘은 보니가 유치원에 입학하기 전 예비 교육을[orientation] 하러 가는 날이에요. 보니는 처음으로[for the first time] 유치원에 가려니 겁부터 나나 봐요. 좋아하는 장난감을 하나 품에 안고 가면 마음이 조금은 편해질 것 같은데, 아빠가 유치원에는 장난감을 가지고 갈 수 없다며 단호하게[firmly] 말씀하시네요. 울상이 된[about to cry] 보니. 이런 보니를 보고 우디가 가만히 있을 수는 없겠죠. 장난감 대장 돌리의 만류에도 불구하고, 우디가 몰래[surreptitiously] 보니의 책가방에 들어가서 보니와 함께 유치원에 갑니다. 한편, 보니는 유치원에서 공예[craft] 시간에 새로운 친구를 만듭니다. 이름이 '포키'라고 하네요.

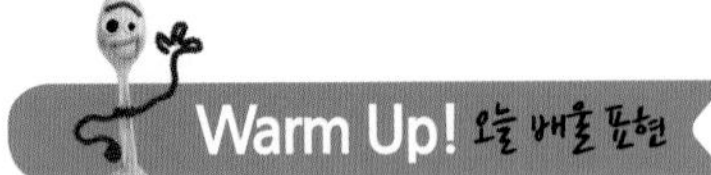

오늘 등장하는 표현들입니다. 어떤 표현이 들어가야 할지 생각해 보세요.

* It can be ______________ kid. 아이들에겐 너무 힘들 수도 있다고.
* Having a buddy with them to ______________ it can really help things.
  그 시간을 잘 견뎌낼 수 있도록 친구가 같이 있으면 정말 도움이 된다고.
* ______________ sound like a broken record but Bonnie's not Andy.
  근데 내가 같은 얘기 맨날 또 하고 그러고 싶지 않지만, 보니는 앤디가 아니라고.
* ______________. 그거야 나도 알지.

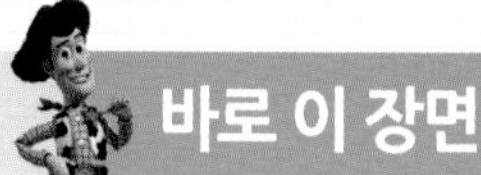

바로 이 장면!

오디오 파일을 듣고 3번 따라 말해보세요.

04-1.mp3

WOODY 우디

S'cuse me, Dolly?
잠시만 실례해도 될까, 돌리?

DOLLY 돌리

Woody, can't you see I'm threatening everyone? Go back to the closet!
우디, 내가 모두를 위협하고 있는 것 안 보여? 다시 옷장으로 돌아가!

WOODY 우디

Yeah, I know, I know. It's just— I'm worried about Bonnie. A toy should go with her to orientation.
그래, 알아, 알아. 그냥 난— 보니가 걱정돼서 그래. 예비 교육에 장난감이 하나라도 따라가야 할 것 같아서.

DOLLY 돌리

Didn't you hear Dad? You'll get Bonnie in trouble.
아빠 말씀 못 들었니? 네가 그러면 보니가 곤란해진다고.

WOODY 우디

Yeah, but kindergarten is so different. It can be **too much for** kid.❶ Having a buddy with them to **get through** it can really help things.❷ I remember with Andy, I would go to school with him.
알아, 하지만 유치원은 정말 다른 곳이야. 아이들에겐 너무 힘들 수도 있다고. 그 시간을 잘 견뎌낼 수 있도록 친구가 같이 있으면 정말 도움이 된다고. 예전에 앤디와 있을 때, 내가 학교에 같이 따라가고 그랬거든.

DOLLY 돌리

Uh huh. I'm sorry, Woody, **I hate to** sound like a broken record but Bonnie's not Andy.❸
그래그래. 미안해, 우디. 근데 내가 같은 얘기 맨날 또 하고 그러고 싶지 않지만, 보니는 앤디가 아니라고.

WOODY 우디

No, no, no, of course, **I get that**,❹ but, if you would just hear me—
아니, 아니, 아니, 당연하지, 그거야 나도 알지, 하지만, 내 말을 잘 들어보라고—

DOLLY 돌리

Places everyone!
모두 제자리로!

장면 파헤치기

구문 설명과 예문으로 이 장면의 핵심 표현을 완벽히 이해하세요.

❶ It can be too much for kid. 아이들에겐 너무 힘들 수도 있다고.

'too much for ~'은 '~에게 힘에 겨운, 도저히 감당할 수 없는'의 의미로 쓰이는 표현이에요. 무엇이 됐건 너무 과해서 감당할 수 없을 때 too much라고 말하면 웬만하면 다 통할 거예요.

* You are **too much for** me to handle. 넌 내가 감당하기엔 너무 벅차다.
* This is **too much for** one day. 이건 하루에 다 하기엔 너무 벅차다.

❷ Having a buddy with them to get through it can really help things.

그 시간을 잘 견뎌낼 수 있도록 친구가 같이 있으면 정말 도움이 된다고.

'get through'는 '어려운 일을 무사히 헤쳐나가다, 잘 참고 견디며 이겨내다'라는 의미로 쓰이는 숙어예요. 팝송에 보면 사랑하는 사람과 함께 있고 싶은데 그럴 수 없어서 밤을 혼자 외로이 보내기가 힘들다고 하며 쓰는 가사의 일부로 get through the night '밤을 무사히 잘 견뎌내다'라는 표현이 자주 등장한답니다.

* I need tutoring to **get through** my exams. 난 과외를 받아야 시험을 무사히 치를 수 있어.
* This coffee will **get** me **through** the day. 이 커피가 내게 오늘 하루를 버티게 해 줄 거야.

❸ I hate to sound like a broken record but Bonnie's not Andy.

근데 내가 같은 얘기 맨날 또 하고 그러고 싶지 않지만, 보니는 앤디가 아니라고.

〈I hate to + 동사〉는 문자 그대로 '~하는 게 싫다'라는 뜻인데, 'I hate to sound like ~' 또는 'I hate to say this'와 같은 조합으로 쓰면 '정말 이런 말 하고 싶진 않은데'라는 의미가 된답니다. 덧붙여서, 〈I hate + that절〉도 '~하는 게 정말 싫다/짜증난다'라는 뜻으로 자주 쓰이는 형식이니, 패턴으로 같이 연습할게요.

★ 영화 속 패턴 익히기

❹ I get that. 그거야 나도 알지.

상대방의 말을 '알아들었다'고 하거나 어떤 상황인지 '이해했다'라고 할 때 구어체에서는 동사를 get으로 쓰는 경우가 많아요. 어떤 상황에서 get이 '이해하다, 알다, 알아듣다'는 의미로 쓰이는지 아래의 예문들로 살펴볼게요.

* **I get that** you don't like school. 네가 학교를 싫어한다는 건 나도 알겠어.
* You are tired. **I get that**. 그래 피곤하겠지. 그건 나도 알아.

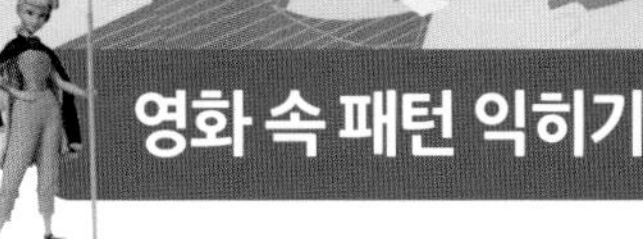

영화 속 패턴 익히기

오늘 배운 장면에서 뽑은 핵심 패턴으로 다양한 표현을 만들어 보세요.

04-2.mp3

I hate to + 동사, but ~

~하고 싶진 않아, 하지만 ~

Step 1 기본 패턴 연습하기

1 **I hate to** do this, but can you lend me some money? 이러고 싶진 않은데, 돈 좀 꿔 줄 수 있니?

2 **I hate to** say this, but I can't accept your offer. 나도 이러고 싶진 않지만, 네 제안을 받아들일 수가 없네.

3 **I hate to** break it to you, but he's a fraud. 네게 이런 소식을 전하고 싶진 않지만, 그 사람 사기꾼이야.

4 ______________ you this, but that ship has sailed. 정말 이렇게 말하고 싶진 않지만, 버스는 이미 떠났어.

5 ______________, but I have no other choice. 그녀를 보내고 싶진 않지만, 나도 어쩔 수 없다.

Step 2 패턴 응용하기 | I hate + that 절

1 **I hate that** I love you. 널 사랑하는 내 자신이 싫어.

2 **I hate that** you're happy. 네가 행복하다는 게 짜증나.

3 **I hate that** I can't hate you. 널 미워할 수가 없는 내 자신이 싫어.

4 ______________ smokes. 내 남편이 담배 피우는 거 정말 싫다.

5 ______________ be together. 우리가 함께할 수 없어서 화가 난다.

Step 3 실생활에 적용하기

A I got it right, didn't I?

B 인정하고 싶진 않지만 네가 맞췄어.

A All right!

A 내가 맞췄네, 그지?

B I hate to admit it but you did get it right.

A 오 예!

정답 Step 1 4 I hate to tell 5 I hate to let her go Step 2 4 I hate that my husband 5 I hate that we can't

문제를 풀며 오늘 배운 표현을 완벽히 내 것으로 만드세요.

A | 영화 속 대화를 완성해 보세요.

WOODY S'cuse me, Dolly? 잠시만 실례해도 될까, 돌리?

DOLLY Woody, can't you see I'm ❶ ______________? Go back to the closet!
우디, 내가 모두를 위협하고 있는 것 안 보여? 다시 옷장으로 돌아가!

WOODY Yeah, I know, I know. It's just— I'm ❷ ______________ Bonnie. A toy should go with her to orientation. 그래, 알아, 알아. 그냥 난— 보니가 걱정돼서 그래. 예비 교육에 장난감이 하나라도 따라가야 할 것 같아서.

DOLLY ❸ ______________ Dad? You'll get Bonnie in trouble.
아빠 말씀 못 들었니? 네가 그러면 보니가 곤란해진다고.

WOODY Yeah, but kindergarten is so different. It can be ❹ ______________ kid. Having a buddy with them to ❺ ______________ it can really help things. I remember with Andy, I would ❻ ______________. 알아, 하지만 유치원은 정말 다른 곳이야. 아이들에겐 너무 힘들 수도 있다고. 그 시간을 잘 견뎌낼 수 있도록 친구가 같이 있으면 정말 도움이 된다고. 예전에 앤디와 있을 때, 내가 학교에 같이 따라가고 그랬거든.

DOLLY Uh huh. I'm sorry, Woody, ❼ ______________ sound like a ❽ ______________ but Bonnie's not Andy. 그래그래. 미안해, 우디. 근데 내가 같은 얘기 맨날 또 하고 그러고 싶지 않지만, 보니는 앤디가 아니라고.

WOODY No, no, no, of course, ❾ ______________, but, if you would just hear me—
아니, 아니, 아니, 당연하지, 그거야 나도 알지, 하지만, 내 말을 잘 들어보라고—

DOLLY ❿ ______________ everyone! 모두 제자리로!

정답 A

❶ threatening everyone
❷ worried about
❸ Didn't you hear
❹ too much for
❺ get through
❻ go to school with him
❼ I hate to
❽ broken record
❾ I get that
❿ Places

B | 다음 빈칸을 채워 문장을 완성해 보세요.

1 이러고 싶진 않은데, 돈 좀 꿔 줄 수 있겠니?
______________ do this, but can you lend me some money?

2 정말 이렇게 말하고 싶진 않지만, 버스는 이미 떠났어.
______________ you this, but that ship has sailed.

3 그녀를 보내고 싶진 않지만, 나도 어쩔 수가 없다.
______________, but I have no other choice.

4 내 남편이 담배 피우는 거 정말 싫다.
______________ smokes.

5 우리가 함께할 수 없어서 화가 난다.
______________ be together.

정답 B

1 I hate to
2 I hate to tell
3 I hate to let her go
4 I hate that my husband
5 I hate that we can't

Day 05

Is Forky a Toy or Trash?

포키는 장난감인가 쓰레기인가?

유치원 예비 교육을 무사히 마치고 돌아온 보니. 그리고 그녀와 함께 집으로 온 새 친구, 포키. 우디는 장난감 친구들에게 보니가 유치원에 적응하는데^adjust 이 새 친구 포키가 얼마나 큰 역할을 했는지 영웅담을 늘어놓습니다^tell epic tales. 그런데, 이 포키라는 친구, 좀 이상해요. 생긴 것도 포크 같기도 하고 숟가락 같기도 하고, 흐느적흐느적^wobbly 팔은 앙상하니^bony 길쭉하고, 하는 행동도 보통 장난감들하고는 너무 다른걸요. 장난감 친구들이 우디에게 이 친구는 대체 왜 자꾸 쓰레기통에 들어가려고 하느냐고 묻자, 우디의 대답, 얘가 원래^originally 쓰레기로 만들어져서 그렇다네요. 그렇다면, 이 포키라는 친구는 쓰레기일까요? 장난감일까요?

Warm Up! 오늘 배울 표현

오늘 등장하는 표현들입니다. 어떤 표현이 들어가야 할지 생각해 보세요.

* Because he was ________ trash. 왜냐하면 얘는 쓰레기를 가지고 만든 것이라서 그래.
* You gotta ________. 내 얘기를 좀 믿었으면 해.
* This toy is crucial to Bonnie ________ kindergarten.
  이 장난감이 보니가 유치원에 적응하는데 아주 중대한 역할을 맡고 있다고.
* Woody, ________ about all this?
  우디, 이 일에 대해서 네가 좀 너무 오버하는 거 아니니?

바로 이 장면!

오디오 파일을 듣고 3번 따라 말해보세요. 05-1.mp3

TRIXIE 트릭시

Woody, I have a question. Um, well actually, not just one, I have all of them. I have all the questions.

우디, 물어볼 게 하나 있어. 음, 근데 실은, 하나가 아니고, 엄청 많아. 질문이 산더미같이 많다고.

BUTTERCUP 버터컵

Uh… why does he want to go to the trash?

어… 재가 왜 쓰레기통으로 가고 싶어 하는 거지?

WOODY 우디

Because he was **made from** trash.[1] Look, I know this is a little strange, but you gotta **trust me on this**[2] – Forky is THE most important toy to Bonnie right now.

왜냐하면 얘는 쓰레기를 가지고 만든 것이라서 그래. 그래, 이게 좀 이상하게 들릴 거라는 건 나도 아는데, 그래도 내 얘기를 좀 믿었으면 해 – 포키가 보니에게 있어서는 지금 가장 중요한 장난감이라는 거야.

FORKY 포키

Trash. Trash! Trash?

쓰레기. 쓰레기! 쓰레기?

MR. PRICKLEPANTS 미스터 프릭클팬츠

Important? He's a spork!

중요하다고? 얘는 스포크잖아!

WOODY 우디

Yes, yeah, I know, but this spork- this toy- is crucial to Bonnie **getting adjusted to** kindergarten.[3]

그래, 그래, 알아, 하지만 이 스포크– 이 장난감이 보니가 유치원에 적응하는데 아주 중대한 역할을 맡고 있다고.

DOLLY 돌리

Woody, **aren't you being a little dramatic** about all this?[4]

우디, 이 일에 대해서 네가 좀 너무 오버하는 거 아니니?

WOODY 우디

I know this is new to everybody, but you should see how much this little guy means to Bonnie. When she started playing with him, she had the biggest smile on her face, I wish you could have seen it—

이런 일이 모두에게 아주 생소한 일이라는 건 나도 알아. 하지만 이 아이가 보니에게 얼마나 큰 의미가 있는지 너희들이 알아야만 해. 그녀가 얘하고 놀기 시작했을 때 그녀의 얼굴이 정말 얼마나 행복해 보였다고, 너희들이 그 표정을 봤어야 했는데—

장면 파헤치기

구문 설명과 예문으로 이 장면의 핵심 표현을 완벽히 이해하세요.

❶ Because he was made from trash. 왜냐하면 얘는 쓰레기를 가지고 만든 것이라서 그래.

'made from ~'은 '~으로부터 만들어진'이라는 의미인데, 어떤 재료를 이용해서 무엇을 만들었을 때 쓰는 표현이에요. 비슷한 상황에서 made of나 made out of와 같은 숙어들도 쓸 수 있는데, 각자 뉘앙스의 차이가 있답니다.

* Tofu is **made from** soybeans. 두부는 콩을 가지고 만든다.
* Paper is **made from** wood. 종이는 나무로 만들지.

❷ You gotta trust me on this. 내 얘기를 좀 믿었으면 해.

상대방에게 조언하거나 정보를 전할 때, 정말 거짓말 하나도 안 보태고 진심으로 하는 말이니 내 말을 꼭 좀 믿어 달라고 할 때 쓰는 표현이에요.

* You can **trust me on this.** 이 부분에 대해선 내 말을 믿어.
* **Trust me on this**. You'll love it. 진짜야. 네가 정말 마음에 들어 할 거라고.

❸ This toy is crucial to Bonnie getting adjusted to kindergarten.
이 장난감이 보니가 유치원에 적응하는데 아주 중대한 역할을 맡고 있다고.

adjust는 '조정/조절하다, 적응하다'라는 의미로 쓰이는 동사예요. 이것을 〈get adjusted to + 명사구〉 형식으로 만들어서 '~에 적응하다, 적응하게 되다'라는 의미로 쓰는 경우가 많답니다.

* I don't want to **get adjusted to** this environment. 이 환경에 적응하고 싶지 않다.
* It takes a while to **get adjusted to** a new living space. 새로운 주거환경에 익숙해지려면 시간이 좀 걸린다.

❹ Woody, aren't you being a little dramatic about all this?
우디, 이 일에 대해서 네가 좀 너무 오버하는 거 아니니?

dramatic은 '오버하는, 극적인, 과장된'이라는 뜻의 형용사예요. 어떤 사람의 행동에 대해서 dramatic하다고 하면, 마치 drama를 찍는 것처럼 연기를 하듯이 너무 오버하는 것 같다는 의미예요. 뉘앙스를 더 강조할 때는 앞에 over를 넣어서 overdramatic이라고 할 때도 있답니다.

★ 영화 속 패턴 익히기

영화 속 패턴 익히기

오늘 배운 장면에서 뽑은 핵심 패턴으로 다양한 표현을 만들어 보세요.

05-2.mp3

being a little dramatic 좀 과하게 행동하는, 오버하는

Step 1 기본 패턴 연습하기

1 You are **being a little dramatic**. 너 좀 오버하고 있어.

2 I think she's **being a little dramatic**. 그녀가 좀 오버하는 것 같아.

3 My dad's **being a little dramatic** about my GPA. 내 성적에 대해서 아빠가 너무 예민하게 반응하신다.

4 We are ________________ the whole situation.
우리가 이 모든 상황에 대해서 너무 과하게 반응하는 것 같다.

5 Am I ________________ about this? 이것에 대해서 내가 너무 오버하는 건가?

Step 2 패턴 응용하기 | being overdramatic

1 Am I **being overdramatic**? 내 심하게 오버하는 건가?

2 As always, you are **being overdramatic**. 언제나 그렇듯이, 넌 오버하고 있다.

3 He's **being overdramatic** again. 그가 또 오버한다.

4 ________________! 그만 좀 오버해라!

5 You are ________________ nothing. 아무것도 아닌 일에 너무 극적으로 반응하고 있어.

Step 3 실생활에 적용하기

A It's not like you're dying or anything.
B 내가 좀 오버했나?
A Totally.

A 뭐 네가 죽거나 그런 것도 아니잖아.
B Am I being a little dramatic?
A 완전.

정답 Step 1 4 being a little dramatic about 5 being a little dramatic Step 2 4 Stop being overdramatic 5 being overdramatic about

확인학습

문제를 풀며 오늘 배운 표현을 완벽히 내 것으로 만드세요.

A | 영화 속 대화를 완성해 보세요.

TRIXIE Woody, ❶ ______. Um, well actually, not just one, I have all of them. I have all the questions. 우디, 물어볼 게 하나 있어. 음, 근데 실은, 하나가 아니고, 엄청 많아. 질문이 산더미같이 많다고.

BUTTERCUP Uh… ❷ ______ go to the trash? 어… 재가 왜 쓰레기통으로 가고 싶어 하는 거지?

WOODY Because he was ❸ ______ trash. Look, I know this is ❹ ______, but you gotta ❺ ______ – Forky is THE most important toy to Bonnie right now. 왜냐하면 얘는 쓰레기를 가지고 만든 것이라서 그래. 그래, 이게 좀 이상하게 들릴 거라는 건 나도 아는데, 그래도 내 얘기를 좀 믿었으면 해 – 포키가 보니에게 있어서는 지금 가장 중요한 장난감이라는 거야.

FORKY Trash. Trash! Trash? 쓰레기. 쓰레기! 쓰레기?

MR. PRICKLEPANTS Important? He's a spork! 중요하다고? 얘는 스포크잖아!

WOODY Yes, yeah, I know, but this spork- this toy- is crucial to Bonnie ❻ ______ kindergarten. 그래, 그래, 알아, 하지만 이 스포크– 이 장난감이 보니가 유치원에 적응하는데 아주 중대한 역할을 맡고 있다고.

DOLLY Woody, ❼ ______ about all this? 우디, 이 일에 대해서 네가 좀 너무 오버하는 거 아니니?

WOODY I know this is ❽ ______, but you should see how much this little guy means to Bonnie. When she started ❾ ______, she had the biggest smile on her face, I wish you could ❿ ______ it— 이런 일이 모두에게 아주 생소한 일이라는 건 나도 알아, 하지만 이 아이가 보니에게 얼마나 큰 의미가 있는지 너희들이 알아야만 해. 그녀가 얘하고 놀기 시작했을 때 그녀의 얼굴이 정말 얼마나 행복해 보였다고, 너희들이 그 표정을 봤어야 했는데–

B | 다음 빈칸을 채워 문장을 완성해 보세요.

1 내 성적에 대해서 아빠가 너무 예민하게 반응하신다.
My dad's ______ about my GPA.

2 우리가 이 모든 상황에 대해서 너무 과하게 반응하는 것 같다.
We are ______ the whole situation.

3 이것에 대해서 내가 너무 오버 반응하는 건가?
Am I ______ about this?

4 그만 좀 오버해라!
______!

5 아무것도 아닌 일에 너무 극적으로 반응하고 있어.
You are ______ nothing.

정답 A

❶ I have a question
❷ why does he want to
❸ made from
❹ a little strange
❺ trust me on this
❻ getting adjusted to
❼ aren't you being a little dramatic
❽ new to everybody
❾ playing with him
❿ have seen

정답 B

1 being a little dramatic
2 being a little dramatic about
3 being a little dramatic
4 Stop being overdramatic
5 being overdramatic about

Day 06

Going on a Road Trip

캠핑카 여행

포키를 너무나도 좋아하는 보니를 위해서 우디는 어떻게든^no matter what it takes^ 포키가 보니의 곁을 지킬 수 있도록^keep an eye on him^ 노력하고 있어요. 그런데, 포키는 틈만 나면 쓰레기통으로 들어가려고 하죠. 그 안이 가장 아늑하고^cozy^ 편하다면서요. 유치원 입학을 앞두고 보니의 가족이 자동차 여행을^a road trip^ 떠나는데, 보니는 당연히 포키를 데려가지요. 그런데, 포키를 혼자 두면^leave him alone^ 분명히 쓰레기통 속으로 사라져 버릴 테니, 그를 돌보기 위해 우디와 장난감 친구들 모두 여행을 따라갑니다.

오늘 등장하는 표현들입니다. 어떤 표현이 들어가야 할지 생각해 보세요.

* ______________! 정신 차리고 일어나야지!
* Who wants to ______________? 자동차 여행 가고 싶은 사람은 누구?
* He's ______________... 그가 이 안에 어딘가 있을 텐데…
* Let's eat some breakfast and ______________. 아침은 먹고 출발하자.

바로 이 장면!

오디오 파일을 듣고 3번 따라 말해보세요.

06-1.mp3

BONNIE'S DAD Let's go!
보니 아빠 가자!

BONNIE'S DAD **Rise and shine!**[1]
보니 아빠 정신 차리고 일어나야지!

BONNIE'S DAD Who wants to **go on a road trip**?[2]
보니 아빠 자동차 여행 가고 싶은 사람은 누구?

BONNIE Me!
보니 저요!

BONNIE I'm gonna bring Dolly, and Buttercup, and Forky, and....
보니 돌리하고, 버터컵, 그리고 포키 데려갈 거예요 그리고…

BONNIE Forky? Where are you?
보니 포키? 어디 갔니?

BONNIE'S DAD He's **gotta be here somewhere**...[3]
보니 아빠 이 안에 어딘가 있을 텐데…

BONNIE Forky? Forky!
보니 포키? 포키!

BONNIE'S DAD Come on!
보니 아빠 어서!

BONNIE'S DAD Let's eat some breakfast and **hit the road**.[4]
보니 아빠 아침은 먹고 출발하자.

BONNIE Let's go, Forky!
보니 가자, 포키!

장면 파헤치기

구문 설명과 예문으로 이 장면의 핵심 표현을 완벽히 이해하세요.

❶ Rise and shine! 정신 차리고 일어나야지!

아침에 이제 일어나야 할 시간인데 여전히 단잠에 빠져 깨어나지 못하고 있는 사람을 깨울 때 외치는 표현이에요. 직역하면 '일어나라 빛을 발하라!'인데, 이 의미로 쓰이기보다는 실제로는 '기상!', '이제 일어날 시간이야!'라는 의미로 주로 쓰인답니다.

* **Rise and shine!** It's time to get up! 기상! 일어날 시간이야!
* It's time to **rise and shine**. 잠에서 깨어 일어날 시간이야.

❷ Who wants to go on a road trip? 자동차 여행 가고 싶은 사람은 누구?

'여행을 가다'라고 할 때 영어학습자들은 go to a trip이라고 하는 사람들이 참 많은데, 여행이라는 단어는 '장소'가 아닌 '행위'를 뜻하기 때문에 전치사를 to로 쓰지 않고 on을 쓴답니다. 그래서, go to a trip이 아닌 go on a trip이 되는 거예요. to는 장소 앞에 들어가는데, 예를 들어, go on a trip to Hawaii. '하와이로 여행을 가다' 이렇게 쓸 수 있지요. 출장, 휴가, 소풍 등을 갈 때도 마찬가지로 전치사를 on으로 쓴답니다. 패턴으로 익혀 보도록 할게요.

★ 영화 속 패턴 익히기

❸ He's gotta be here somewhere... 그가 이 안에 어딘가 있을 텐데…

He's gotta는 He has got to를 구어체에서 축약형으로 표현한 거예요. got to를 줄여서 발음할 때 '가러'라고 하는데 그것을 발음 나는 대로 표기하면 gotta가 되지요. 위의 문장에서처럼 got to be와 somewhere를 같이 써서 '어딘가에 있을 거야'라는 의미로 활용할 수 있답니다.

* I know you are in **here somewhere**. 네가 이 안에 어딘가 있다는 거 알아.
* My glasses **must be somewhere** in the room. 분명 내 안경이 이 방 어딘가에 있을 텐데.

❹ Let's eat some breakfast and hit the road. 아침은 먹고 출발하자.

hit the road는 직역하면 '도로를 때리자'인데, 이 표현은 '자동차 여행을 떠나다'라는 의미의 관용적인 표현이에요. 꼭 자동차 여행이 아니더라도 길을 나서는 것을 표현할 때 자주 쓰인답니다. '출발하다, 가다'라는 의미로 해석되는 경우가 많아요.

* It's time for me to **hit the road**. 이제 내가 가봐야 할 시간이다.
* Let's **hit the road** already! 자 이제 빨리 출발하자고!

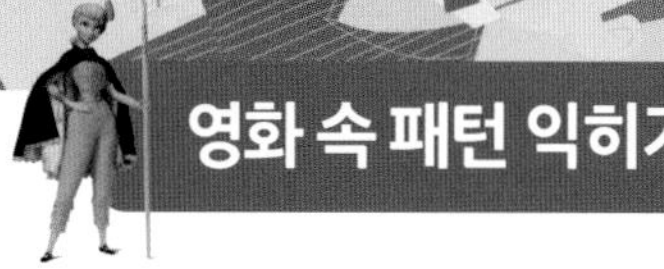

영화 속 패턴 익히기

오늘 배운 장면에서 뽑은 핵심 패턴으로 다양한 표현을 만들어 보세요.

06-2.mp3

go on a road/boat/school/business/weekend trip

~여행을 가다.

Step 1 기본 패턴 연습하기

1 Let's **go on a road trip**! 자동차 여행을 떠나자!

2 I'm **going on a boat trip** for three days. 3일간 보트 여행을 갈 거야.

3 We are **going on a school trip** next month. 다음 달에 우리 학교여행을 가요.

4 Are you ______________________? 출장 가는 거야?

5 We ______________________ to Jeju Island. 우린 제주도로 주말여행을 갔었다.

Step 2 패턴 응용하기 | go/be on (a) vacation/picnic/date

1 I'm **going on vacation** this weekend. 이번 주말에 휴가를 간다.

2 Let's **go on a picnic** to the park. 공원으로 소풍 가자.

3 We **are on a date**. 우린 데이트 중이야.

4 My parents ______________________. 우리 부모님은 휴가를 보내는 중이에요.

5 My class ______________________ tomorrow. 내일 우리 학급에서 소풍을 가요.

Step 3 실생활에 적용하기

A Are you going anywhere this weekend?
B 하와이로 가족 여행 갈 거야.
A I'm so jealous.

A 이번 주말에 어디 가니?
B My family is going on a trip to Hawaii.
A 정말 샘난다.

정답 Step 1 4 going on a business trip 5 went on a weekend trip Step 2 4 are on vacation 5 is going on a picnic

확인학습

문제를 풀며 오늘 배운 표현을 완벽히 내 것으로 만드세요.

A | 영화 속 대화를 완성해 보세요.

BONNIE'S DAD ❶ ______________! 가자!

BONNIE'S DAD ❷ ______________! 정신 차리고 일어나야지!

BONNIE'S DAD Who wants to ❸ ______________?
자동차 여행 가고 싶은 사람은 누구?

BONNIE ❹ ______________! 저요!

BONNIE ❺ ______________ Dolly, and Buttercup, and Forky, and.... 돌리하고, 버터컵, 그리고 포키 데려갈 거예요 그리고…

BONNIE Forky? ❻ ______________? 포키? 어디 갔니?

BONNIE'S DAD He's ❼ ______________...
이 안에 어딘가 있을 텐데…

BONNIE Forky? Forky! 포키? 포키!

BONNIE'S DAD ❽ ______________! 어서!

BONNIE'S DAD Let's ❾ ______________ and ❿ ______________ ______________. 아침은 먹고 출발하자.

BONNIE Let's go, Forky! 가자, 포키!

B | 다음 빈칸을 채워 문장을 완성해 보세요.

1 다음 달에 우린 학교여행을 가요.
We are ______________ next month.

2 출장 가는 거야?
Are you ______________?

3 우린 제주도로 주말여행을 갔었다.
We ______________ to Jeju Island.

4 우리 부모님은 휴가를 보내는 중이에요.
My parents are ______________.

5 내일 우리 학급에서 소풍을 가요.
My class ______________ tomorrow.

정답 A

❶ Let's go
❷ Rise and shine
❸ go on a road trip
❹ Me
❺ I'm gonna bring
❻ Where are you
❼ gotta be here somewhere
❽ Come on
❾ eat some breakfast
❿ hit the road

정답 B

1 going on a school trip
2 going on a business trip
3 went on a weekend trip
4 on a vacation
5 is going on a picnic

Day 07

Keeping an Eye on Forky

포키 사수하기

여행을 떠난 보니의 가족이 캠핑카를 타고 고속도로를 달리다가 주유소에[gas station] 들렀어요. 거기에서도 여전히 포키는 쓰레기통에 들어가려고 발버둥칩니다[struggle]. 우디는 포키가 사라질까 봐 안절부절못하며[antsy] 한시도 포키에게서 눈을 떼지 않고 있어요. 해가 지고 보니 가족이 타고 있는 캠핑카가 휴게소에[rest area] 들렀을 때도, 포키는 변함없이 쓰레기통을 찾아 달아나려고 하죠. 한편, 잠자는 시간까지도 포키를 지키고 있는 우디가 안쓰러운지[out of sympathy] 버즈가 그를 도우려고 하네요. 버즈가 우디에게 왜 그렇게까지 포키를 지키려고 하느냐고 묻자, 우디는 자기 내면의 소리가 아무리 힘들어도 포기하면 안 된다고 말하고 있다고 하는군요.

오늘 등장하는 표현들입니다. 어떤 표현이 들어가야 할지 생각해 보세요.

* __________ when Andy was little but... 앤디가 어렸을 때 넌 없어서 잘 모르겠지만…
* I'll __________ Forky. 내가 포키를 지켜볼게.
* That little voice inside me would never __________ if I gave up.
  내가 포기한다면 내 안에 있는 작은 목소리가 나를 절대 가만두지 않을 거야.
* __________? 그게 누구라고 생각하니?

바로 이 장면!

오디오 파일을 듣고 3번 따라 말해보세요. 07-1.mp3

BUZZ 버즈
You doing okay?
괜찮은 거야?

WOODY 우디
I don't know, Buzz, I know **you weren't around** when Andy was little but... ❶ I don't remember it being this hard...
모르겠어, 버즈, 앤디가 어렸을 때 넌 없어서 잘 모르겠지만… 그때도 이렇게 힘든 적은 없었던 것 같은데…

BUZZ 버즈
Want me to take next watch? I'll **keep an eye on** Forky. ❷
이제 내가 보초를 설까? 내가 포키를 지켜볼게.

WOODY 우디
No, no. I need to do this. That little voice inside me would never **leave me alone** if I gave up. ❸
아냐, 아냐. 이건 내가 해야 하는 일이야. 내가 포기한다면 내 안에 있는 작은 목소리가 나를 절대 가만두지 않을 거야.

BUZZ 버즈
Hmmm... **Who do you think it is?** ❹
흐음… 그게 누구라고 생각하나?

WOODY 우디
Who?
누구?

BUZZ 버즈
The voice inside of you. Who do you think it is?
네 안에 있는 목소리. 그게 누구인 것 같아?

WOODY 우디
Uh. Me. You know, my conscience? The part of you that... tells you things? What you're really thinking?
어. 나지. 그러니까, 내 양심이랄까? 이것저것 자기에게 말을 해 주는 자신의 일부? 자신이 진짜로 생각하는 그런 거?

BUZZ 버즈
Fascinating.
멋지군.

BUZZ 버즈
So your inner voice... advises you.
그러니까 너의 내면의 목소리가… 네게 조언을 한다.

장면 파헤치기

구문 설명과 예문으로 이 장면의 핵심 표현을 완벽히 이해하세요.

❶ You weren't around when Andy was little but... 앤디가 어렸을 때 넌 없어서 잘 모르겠지만…

〈be동사 + around〉는 '주변/근처에 있다'라는 의미로 해석될 수 있어요. 누군가가 집이나 집무실 등 주로 머무는 공간 주변에 있는지 혹은 없는지를 표현할 때 쓰이는 경우가 많답니다.

* **My dad was never around** when I was little. 내가 어렸을 때 우리 아빠는 집에 계신 적이 없어.
* Are **your parents around**? 부모님 여기에 계시니?

❷ I'll keep an eye on Forky. 내가 포키를 지켜볼게.

'keep an eye on something'은 '~을 계속 지켜보다/감시하다'라는 의미의 숙어예요. 관용적으로 쓰이는 표현이니만큼 an eye의 관사 an도 꼭 넣어주셔야 해요. 눈을 꼭 하나만 이용해서 보는 것은 아니지만, 표현 자체가 an eye로 되어 있으니까 그대로 써야 어색하지 않답니다.

* Can you **keep an eye on** my bag? 내 가방 좀 지켜봐 줄래?
* Make sure to **keep an eye on** your children. 아이들에게서 한시라도 눈을 떼시면 안 됩니다.

❸ That little voice inside me would never leave me alone if I gave up.

내가 포기한다면 내 안에 있는 작은 목소리가 나를 절대 가만두지 않을 거야.

누군가가 괴롭히고 귀찮게 할 때 우리는 '제발 그만 좀 괴롭히고 나 혼자 좀 있게 내버려둬!'라고 하죠? 그럴 때 쓰는 표현이 가장 간단한 표현이 'Leave me alone!'이에요. 꼭 명령형으로만 써야 하는 것도 아니고 인칭을 바꿔서 쓸 수 있으니까 문맥에 맞춰 바꿔가며 잘 활용해 주세요.

* **Leave me alone** and go away! 날 좀 귀찮게 하지 말고 가 버리라고!
* I'll **leave you alone** for now. 일단 지금은 널 혼자 있게 해 줄게.

❹ Who do you think it is? 그게 누구라고 생각하니?

'누구니?'라고 할 때는 'Who is it?'이라고 하지만, '누구라고 생각하니?'라고 할 때는 'Who do you think it is?'라고 해요. 이러한 문장을 통해서 의문문 속에 do you think를 넣어 활용하는 방법을 연습해 보세요. 위의 문장이 it is로 끝나는 것과 같이 이러한 문장은 끝부분이 '주어 + 동사' 형식인 것을 기억해 주시고요. 의문사를 who에서 what으로 바꾸는 것도 패턴 문장으로 같이 연습해 볼게요.

★영화 속 패턴 익히기

영화 속 패턴 익히기

오늘 배운 장면에서 뽑은 핵심 패턴으로 다양한 표현을 만들어 보세요.

07-2.mp3

Who do you think + 주어 + 동사? 네 생각엔 ~가 누구라고 생각하니?

Step 1 기본 패턴 연습하기

1 **Who do you think** you are? 넌 네가 누구라고 생각하니?

2 **Who do you think** they'll believe? 넌 그들이 누구를 믿을 것이라고 생각하니?

3 **Who do you think** I look like? 네가 보기엔 내가 누굴 닮은 것 같니?

4 ________________ is? 넌 그녀가 누구라고 생각하니?

5 ________________ should hire? 넌 우리가 누굴 고용해야 한다고 생각하니?

Step 2 패턴 응용하기 | What do you think + 주어 + 동사

1 **What do you think** he wants? 네 생각엔 그가 무엇을 원하는 것 같니?

2 **What do you think** we should do? 네 생각엔 우리가 무엇을 해야 할 것 같니?

3 **What do you think** they are after? 네 생각엔 그들이 노리는 게 무엇인 것 같니?

4 ________________ say? 네 생각엔 그녀가 뭐라고 할 것 같니?

5 ________________ doing? 네 생각엔 그가 뭘 하고 있는 것 같니?

Step 3 실생활에 적용하기

A Jack said he could go out with any girl he wants.

B 자기가 대체 뭐라고 생각하는 거야?

A I think he's kind of delusional.

A 잭이 자기가 원하는 여자는 누구든 사귈 수 있다고 하더라.

B Who does he think he is?

A 좀 망상이 심한 것 같아.

정답 Step 1 4 Who do you think she 5 Who do you think we Step 2 4 What do you think she'll 5 What do you think he is

확인학습

문제를 풀며 오늘 배운 표현을 완벽히 내 것으로 만드세요.

A | 영화 속 대화를 완성해 보세요.

BUZZ You doing okay? 괜찮은 거야?

WOODY I don't know, Buzz, I know ❶ ______________ when Andy was little but… I ❷ ______________ it being this hard… 모르겠어, 버즈, 앤디가 어렸을 때 넌 없어서 잘 모르겠지만… 그때도 이렇게 힘든 적은 없었던 것 같은데…

BUZZ Want me to take next watch? I'll ❸ ______________ Forky. 이제 내가 보초를 설까? 내가 포키를 지켜볼게.

WOODY No, no. I ❹ ______________. That little voice inside me would never ❺ ______________ if I gave up. 아냐, 아냐. 이건 내가 해야 하는 일이야. 내가 포기한다면 내 안에 있는 작은 목소리가 나를 절대 가만두지 않을 거야.

BUZZ Hmmm… ❻ ______________? 흐음… 그게 누구라고 생각하나?

WOODY Who? 누구?

BUZZ The ❼ ______________. Who do you think it is? 네 안에 있는 목소리. 그게 누구인 것 같아?

WOODY Uh. Me. You know, ❽ ______________? The part of you that… tells you things? What you're ❾ ______________? 어. 나지. 그러니까, 내 양심이랄까? 이것저것 자기에게 말을 해 주는 자신의 일부? 자신이 진짜로 생각하는 그런 거?

BUZZ Fascinating. 멋지군.

BUZZ So your inner voice… ❿ ______________. 그러니까 너의 내면의 목소리가… 네게 조언을 한다.

B | 다음 빈칸을 채워 문장을 완성해 보세요.

1 넌 네가 누구라고 생각하니?
______________ you are?

2 네가 보기엔 내가 누굴 닮은 것 같니?
______________ I look like?

3 넌 그녀가 누구라고 생각하니?
______________ is?

4 네 생각엔 그녀가 뭐라고 할 것 같니?
______________ say?

5 네 생각엔 그가 뭘 하고 있는 것 같니?
______________ doing?

정답 A

❶ you weren't around
❷ don't remember
❸ keep an eye on
❹ need to do this
❺ leave me alone
❻ Who do you think it is
❼ voice inside of you
❽ my conscience
❾ really thinking
❿ advises you

정답 B

1 Who do you think
2 Who do you think
3 Who do you think she
4 What do you think she'll
5 What do you think he is

Day 08

Walking Together

함께 걷기

캠핑카에서 떨어진 포키를 쫓아 우디도 차에서 뛰어 내리고 그들은 캠핑카 여행에서 낙오됩니다[fall behind the line]. 우디와 포키는 캠핑카가 떠난 길을 따라 터덜터덜 걸어가며 이런저런 대화를 나누며 서로에 대해 더 알아갑니다[get to know each other]. 우디는 앤디와 즐거웠던 추억을[happy memories] 얘기하고, 버즈와의 짜증나고 기이했던 첫 만남에 대한 얘기도 하네요. 포키는 자신이 쓰레기통에 집착하는[obsessed] 이유를 쓰레기통 안은 아늑하고 포근한 집 같기 때문이라네요. 우디는 보니가 포키와 함께 있을 때 느끼는 감정이[emotion] 네가 쓰레기통에 있을 때 느끼는 감정과 같다고 하자, 포키는 그 순간 보니에게 자신이 어떤 존재인지 깨닫게 됩니다.

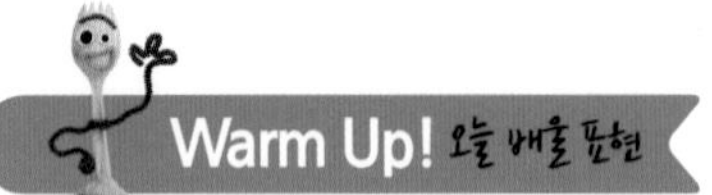

Warm Up! 오늘 배울 표현

오늘 등장하는 표현들입니다. 어떤 표현이 들어가야 할지 생각해 보세요.

* ____________________. 오해는 하지 말아.
* Somehow you find yourself ____________________, sitting in a closet just feeling...
  어찌 됐건 그 오랜 세월이 흐른 후, 너는 옷장 안에 앉아서 그냥 느낌이…
* ____________________. 너의 목적이 달성된 느낌.
* ____________________? 대체 넌 왜 그렇게 쓰레기에 집착하는 거야?

바로 이 장면!

오디오 파일을 듣고 3번 따라 말해보세요. 08-1.mp3

WOODY 우디
Well then, you watch 'em grow up, become a full person... And then they leave. They go off and do things you'll never see – **Don't get me wrong**, you still feel good about it[1] – But then somehow you find yourself **after all those years**, sitting in a closet just feeling...[2]
그러면서, 그들이 성장하고, 어른이 되는 것을 보는 거지… 그리고 그들은 떠나지. 그들이 떠나서는 네가 절대 볼 수 없는 것들을 해 – 오해는 하지 말아, 그렇게 된 것에 대해서 여전히 기분이 좋긴 하니까 – 하지만 어찌 됐건 그 오랜 세월이 흐른 후, 너는 옷장 안에 앉아서 그냥 느낌이…

FORKY 포키
Useless?
쓸모없는 느낌?

WOODY 우디
Yeah.
응.

FORKY 포키
Your purpose fulfilled.[3]
너의 목적이 달성된 느낌.

WOODY 우디
Exactly.
정확히 그런 느낌.

FORKY 포키
Woody, I know what your problem is.
우디, 네 문제가 뭔지 알 것 같아.

WOODY 우디
You do?
그래?

FORKY 포키
You're just like me. Trash!
너도 나랑 똑같아. 쓰레기야!

WOODY 우디
What is it with you and trash?[4]
대체 넌 왜 그렇게 쓰레기에 집착하는 거야?

FORKY 포키
It's warm.
따뜻하거든.

WOODY 우디
Ew.
으으.

FORKY 포키
It's cozy.
아늑하고.

WOODY 우디
I guess...
그럴 수도 있겠네…

장면 파헤치기

구문 설명과 예문으로 이 장면의 핵심 표현을 완벽히 이해하세요.

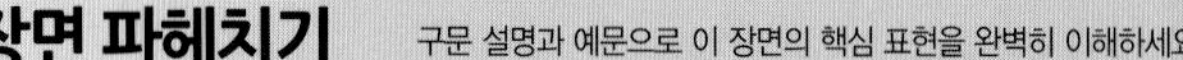

❶ Don't get me wrong. 오해는 하지 말아.

상대방이 나의 말을 듣고 오해할 수도 있을 것 같다는 생각이 들 때, 본론을 이야기하기에 앞서 '오해는 하지 말아줘'라는 뜻으로 이 표현을 먼저 쓰는 경우가 많아요.

* **Don't get me wrong.** I'm not saying you're bad. 오해하지 마. 네가 나쁘다는 건 아니니까.
* **Don't get me wrong.** I still love you more than anything in the world.
  오해는 하지 마. 난 아직도 널 세상 그 무엇보다도 더 사랑하니까.

❷ Somehow you find yourself after all those years, sitting in a closet just feeling...

어찌 됐건 그 오랜 세월이 흐른 후, 너는 옷장 안에 앉아서 그냥 느낌이…

after all those years는 아마도 너무 오랜 세월이 지났기 때문에 이미 잊었거나 더 이상 그와 관련된 그 무엇도 하지 않을 것이라고 생각하겠지만, 그럼에도 불구하고, 그토록 오랜 세월이 지났음에도 여전히 잊지 않고 있고 그와 관련된 행위를 하고 있음을 나타낼 때 쓰는 표현이에요. after all this time, after all these years 등도 같은 의미로 쓸 수 있답니다.

* I've decided to do it again **after all this time.** 정말 오랜 세월이 지났지만 다시 한 번 해 보기로 마음먹었다.
* I still miss you **after all these years.** 정말 오랜 세월이 지났음에도 불구하고 여전히 네가 그립다.

❸ Your purpose fulfilled. 너의 목적이 달성된 느낌.

purpose는 '목적' 그리고 fulfill은 '실현하다, 성취하다'라는 의미인데, 이 둘이 합쳐지면 '삶의 목적을 달성/실현하다'라는 의미가 된답니다. 주로 fulfill one's purpose의 형식으로 쓰여요.

* I have **fulfilled my purpose.** 난 네 삶의 목적을 달성했다.
* Do you want to **fulfill your purpose** in life? 네 삶의 목적을 달성하고 싶니?

❹ What is it with you and trash? 대체 넌 왜 그렇게 쓰레기에 집착하는 거야?

〈What is it with + 명사 + and + 명사?〉은 어떤 두 대상의 관계가 도무지 납득이 되지 않을 경우에 '재들 둘은 도대체 왜 저러는 거지?', '저 둘의 관계는 도대체 뭐야?'와 같은 의미로 쓸 수 있는 패턴이에요. 예를 들어, 강아지들이 유난스럽게 양말만 보면 사족을 못 쓰고 달려드는 모습을 보고 한마디 할 때 'What is it with dogs and socks?' 이런 식으로 표현하지요. 뒤에서 패턴 문장으로 연습할 때, What is it 형식을 이용해서 쓰는 〈What is it + that절〉 '~은/것은 무엇이지?' 패턴도 같이 살펴볼게요.

★ 영화 속 패턴 익히기

영화 속 패턴 익히기

오늘 배운 장면에서 뽑은 핵심 패턴으로 다양한 표현을 만들어 보세요.

08-2.mp3

What is it with ~ and ~? ~는 대체 왜 이렇게 ~에 집착하는 거야?

Step 1 기본 패턴 연습하기

1 **What is it with** you and milk? 넌 대체 왜 그렇게 우유에 집착하는 거니?

2 **What is it with** cats and boxes? 고양이들은 왜 상자만 보면 환장을 하지?

3 **What is it with** guys and cars? 남자들은 왜 그렇게 차에 집착하는 걸까?

4 ________________ and handbags? 여자들은 왜 그렇게 핸드백에 집착하는 걸까?

5 ________________ and vegetables? 아이들은 대체 왜 그렇게 야채를 싫어하는 걸까?

Step 2 패턴 응용하기 | What is it + that절

1 **What is it that** you want? 네가 원하는 것은 무엇이니?

2 **What is it that** I don't know? 내가 모르는 것이 무엇이지?

3 **What is it that** you don't do anymore? 네가 더 이상 안 하는 것이 있다면 그건 무엇이니?

4 ________________ want to know? 사람들이 알고 싶어 하는 것은 무엇일까?

5 ________________ holding in her hands? 그녀가 손에 들고 있는 것이 무엇이니?

Step 3 실생활에 적용하기

A What did you have for lunch?
B I had a Ham and Egg sandwich.
A 넌 대체 왜 그렇게 샌드위치만 먹냐?

A 점심에 뭐 먹었니?
B 햄에그 샌드위치 먹었어.
A What is it with you and sandwiches?

정답 Step 1 4 What is it with girls 5 What is it with kids Step 2 4 What is it that people 5 What is it that she is

확인학습

문제를 풀며 오늘 배운 표현을 완벽히 내 것으로 만드세요.

A | 영화 속 대화를 완성해 보세요.

WOODY Well then, you watch 'em ❶ ____________, become a full person... And ❷ ____________. They go off and do things you'll never see – ❸ ____________, you still feel good about it – But then somehow you find yourself ❹ ____________, sitting in a closet just feeling... 그러면서, 그들이 성장하고, 어른이 되는 것을 보는 거지… 그리고 그들은 떠나지. 그들이 떠나서는 네가 절대 볼 수 없는 것들을 해 – 오해는 하지 말아, 그렇게 된 것에 대해서 여전히 기분이 좋긴 하니까 – 하지만 어찌 됐건 그 오랜 세월이 흐른 후, 너는 옷장 안에 앉아서 그냥 느낌이…

FORKY ❺ ____________? 쓸모없는 느낌?

WOODY Yeah. 응.

FORKY ❻ ____________. 너의 목적이 달성된 느낌.

WOODY Exactly. 정확히 그런 느낌.

FORKY Woody, ❼ ____________ is. 우디, 네 문제가 뭔지 알 것 같아.

WOODY You do? 그래?

FORKY You're ❽ ____________. Trash! 너도 나랑 똑같아. 쓰레기야!

WOODY ❾ ____________? 대체 넌 왜 그렇게 쓰레기에 집착하는 거야?

FORKY It's warm. 따뜻하거든.

WOODY Ew. 으으.

FORKY It's ❿ ____________. 아늑하고.

WOODY I guess... 그럴 수도 있겠네…

B | 다음 빈칸을 채워 문장을 완성해 보세요.

1 남자들은 왜 그렇게 차에 집착하는 걸까?

____________ guys and cars?

2 여자들은 왜 그렇게 핸드백에 집착하는 걸까?

____________ and handbags?

3 아이들은 대체 왜 그렇게 야채를 싫어하는 걸까?

____________ and vegetables?

4 사람들이 알고 싶어 하는 것은 무엇일까?

____________ want to know?

5 그녀가 손에 들고 있는 것이 무엇이니?

____________ holding in her hands?

정답 A

❶ grow up
❷ then they leave
❸ Don't get me wrong
❹ after all those years
❺ Useless
❻ Your purpose fulfilled
❼ I know what your problem
❽ just like me
❾ What is it with you and trash
❿ cozy

정답 B

1 What is it with
2 What is it with girls
3 What is it with kids
4 What is it that people
5 What is it that she is

Day 09

A Strange Encounter

이상한 만남

캠핑장으로 가던 길에 어떤 마을에 들어섰는데, 마을의 골동품 상점antique store 앞에서 우디는 묘한 끌림을 느낍니다. 가게 진열창display window 안에는 오래전 헤어졌던 보의 램프가 있었어요. 혹시나 보를 여기서 다시 만날meet again 수 있지 않을까 기대한 우디는 포키와 함께 가게 안으로 들어갑니다. 그런데, 보는 보이지 않고, 왠지 불길한ominous 느낌의 그림자가 그들 앞에 드리우네요. 유모차 안에 누워있던 개비개비라고 하는 인형이 벤슨이라는 으스스하게 생긴 복화술사 인형과a ventriloquist dummy 함께 나타나 그들에게 보를 찾아줄 수 있다며 같이 가자고 제안하는데, 아무래도 뭔가 꺼림직하게 영 내키지 않네요be in no mood to.

오늘 등장하는 표현들입니다. 어떤 표현이 들어가야 할지 생각해 보세요.

* ________________? 그러면 정말 진기한 일이지 않나?
* Oh, ________________... 오, 진짜 그럴 필요까지는 없는데…
* ________________. 고장이 난 건 소리 상자야.
* ________ it's the same type. 분명히 같은 종류일 거야.

바로 이 장면!

오디오 파일을 듣고 3번 따라 말해보세요. 09-1.mp3

GABBY GABBY 개비개비	May I ask, when were you made? 네가 만들어진 게 언제인지 물어봐도 될까?
WOODY 우디	Me? Oh, I'm not sure. Late fifties? 나? 오, 글쎄 확실하진 않은데. 아마 50년대 후반쯤?
GABBY GABBY 개비개비	Me too! Gee, I wonder if we were made in the same factory. **Wouldn't that be something?**❶ I gotta say, you are in great condition. 나도 그런데! 이런, 우리 혹시 같은 공장에서 만들어진 거 아냐. 그러면 정말 진기한 일이지 않냐? 너 근데, 상태가 정말 좋구나.
WOODY 우디	Well... I try to stay active. 뭐… 내가 항상 활동적으로 살려고 노력을 하니까.
GABBY GABBY 개비개비	And look at that, you have a voicebox like me. Benson, show him. 이것 좀 봐, 너도 나처럼 소리 상자가 있구나. 벤슨, 그에게 보여줘.
WOODY 우디	Oh, **that's really not necessary**...❷ 오, 진짜 그럴 필요까지는 없는데…
GABBY GABBY VOICEBOX 개비개비 소리 상자	I'm Gabby Gabby and I love you... 난 개비개비야. 사랑해...
FORKY 포키	Wow, you need to fix that. 우와, 너 그거 고쳐야겠다.
GABBY GABBY 개비개비	My record works just fine. **It's the voicebox that's broken.**❸ Does yours still work? 내 녹음기는 문제없어. 고장이 난 건 소리 상자야. 네 건 여전히 잘되니?
WOODY 우디	Hey! 야!
WOODY VOICEBOX 우디 소리 상자	There's a snake in my boot! 내 부츠 속에 뱀이 들어 있다!
GABBY GABBY 개비개비	Listen to that! Let's see it. **I bet** it's the same type.❹ 오호 소리 멋진데! 좀 보자. 분명히 같은 종류일 거야.

장면 파헤치기

구문 설명과 예문으로 이 장면의 핵심 표현을 완벽히 이해하세요.

❶ Wouldn't that be something? 그러면 정말 진기한 일이지 않나?

something '무엇'이 something special '뭔가 특별한 것'의 의미로 쓰인 문장이에요. 우리말로도 '그에겐 뭔가가 있어'라고 하면 '그에겐 뭔가 독특한/특별한 게 있어'라는 의미가 되듯이 영어로도 같은 방식으로 something만 써서 표현한답니다.

* **There's something** about Ryan. 라이언에겐 뭔가 특별한 것이 있어.
* **Isn't that something?** 대단하지 않아?

❷ Oh, that's really not necessary... 오, 진짜 그럴 필요까지는 없는데…

necessary는 '꼭 필요한, 불가피한'이라는 의미의 형용사예요. 긍정문에서도 많이 쓰이지만, 구어체에서는 '꼭 그럴 필요까진 없다'는 의미로 부정문에서 활용되는 경우가 많지요. necessary를 부사로 만들어 necessarily라고 쓰고, 그 앞에 not을 넣어 상대방이 하는 말에 대해서 '꼭 그렇다고 만은 볼 수 없어', '꼭 그런 건 아냐'라는 뜻으로 쓰기도 한답니다.

* I don't think **that's necessary**. 꼭 그럴 필요까지는 없을 것 같은데.
* **Not necessarily.** 꼭 그런 것은 아냐.

❸ It's the voicebox that's broken. 고장이 난 건 소리 상자야.

〈It's + 명사 + that's ~〉 '~한 건 ~야'라는 의미로 쓰는 패턴을 연습해 볼게요. 예를 들어, It's the noise that's giving me a headache. '내 머리를 아프게 하는 건 그 소음이야' 이런 식으로 쓸 수 있는 표현이에요. 더불어서 〈It's + 사람 + who's ~〉도 같이 연습할게요.

★ 영화 속 패턴 익히기

❹ I bet it's the same type. 분명히 같은 종류일 거야.

bet은 원래 내기를 할 때 '돈을 걸다'라는 의미인데, 평상시에는 돈을 걸 정도로 확실한 자신의 감정을 표현하며 '~이 틀림없다/분명하다'라는 뜻으로 쓰인답니다. I bet으로 문장을 시작하면 I'm sure와 거의 같은 뜻으로 '~가 분명해, 분명히 ~일 거야'라는 의미가 되죠.

* **I bet** you are busy taking care of your children. 넌 분명 아이들 돌보느라 바쁠 테지.
* **I bet** she's not interested in me. 그녀는 분명 나에게 관심이 없을 거야.

영화 속 패턴 익히기

오늘 배운 장면에서 뽑은 핵심 패턴으로 다양한 표현을 만들어 보세요.

09-2.mp3

It's ~ that's ~

~한 건 ~이다.

Step 1 기본 패턴 연습하기

1 **It's the money that's** ruining your life. 네 인생을 망치는 건 돈이야.

2 **It's the time that's** scarce. 부족한 건 시간이야.

3 **It's the hope that's** important. 중요한 건 희망이지.

4 ______________________ wrong. 잘못된 건 그 제도라고.

5 ______________________ all this noise. 이 시끄러운 소리의 진원지는 그 개야.

Step 2 패턴 응용하기 | It's + 사람 + who's ~

1 **It's Dori who's** controlling him. 그를 조종하고 있는 건 도리야.

2 **It's you who's** crazy. 미친 건 너라고.

3 **It's me who's** been calling. 계속 전화했던 사람이 나였어.

4 ______________________ getting married. 결혼하는 사람이 내 전 여자친구야.

5 ______________________ the victim. 피해자가 당신의 아들이에요.

Step 3 실생활에 적용하기

A The plan sounds very elaborate.
B 중요한 건 세밀함이니까.
A You can say that again.

A 계획이 아주 구체적이구나.
B It's the detail that's important.
A 지당하신 말씀.

정답 Step 1 4 It's the system that's 5 It's the dog that's making Step 2 4 It's my ex-girlfriend who's 5 It's your son who's

확인학습

문제를 풀며 오늘 배운 표현을 완벽히 내 것으로 만드세요.

A | 영화 속 대화를 완성해 보세요.

GABBY GABBY May I ask, when ❶ __________?
네가 만들어진 게 언제인지 물어봐도 될까?

WOODY Me? Oh, I'm not sure. ❷ __________?
나? 오, 글쎄 확실하진 않은데. 아마 50년대 후반쯤?

GABBY GABBY Me too! Gee, I wonder if we were made in the same factory. ❸ __________?
I gotta say, you are in great condition.
나도 그런데! 이런, 우리 혹시 같은 공장에서 만들어진 거 아냐. 그러면 정말 진기한 일이지 않나? 너 근데, 상태가 정말 좋구나.

WOODY Well... I try to ❹ __________.
뭐… 내가 항상 활동적으로 살려고 노력을 하니까.

GABBY GABBY And ❺ __________, you have a voicebox like me. Benson, show him.
이것 좀 봐, 너도 나처럼 소리 상자가 있구나. 벤슨, 그에게 보여줘.

WOODY Oh, ❻ __________...
오, 진짜 그럴 필요까지는 없는데…

GABBY GABBY VOICEBOX I'm Gabby Gabby and I love you...
난 개비개비야. 사랑해...

FORKY Wow, you ❼ __________. 우와, 너 그거 고쳐야겠다.

GABBY GABBY My record works just fine. ❽ __________ __________. Does yours ❾ __________?
내 녹음기는 문제없어. 고장이 난 건 소리 상자야. 네 건 여전히 잘되니?

WOODY Hey! 야!

WOODY VOICEBOX There's a snake in my boot! 내 부츠 속에 뱀이 들어 있다!

GABBY GABBY Listen to that! Let's see it. ❿ __________ it's the same type. 오호 소리 멋진데! 좀 보자. 분명히 같은 종류일 거야.

정답 A

❶ were you made
❷ Late fifties
❸ Wouldn't that be something
❹ stay active
❺ look at that
❻ that's really not necessary
❼ need to fix that
❽ It's the voicebox that's broken
❾ still work
❿ I bet

B | 다음 빈칸을 채워 문장을 완성해 보세요.

1 네 인생을 망치는 건 돈이야.
__________ ruining your life.

2 중요한 건 희망이지.
__________ important.

3 잘못된 건 그 제도라고.
__________ wrong.

4 결혼 하는 사람이 내 전 여자친구야.
__________ getting married.

5 피해자가 당신의 아들이에요.
__________ the victim.

정답 B

1 It's the money that's
2 It's the hope that's
3 It's the system that's
4 It's my ex-girlfriend who's
5 It's your son who's

Day 10

There's Only One Forky!

세상에 포키는 단 하나뿐이야!

포키와 우디가 음산한spooky 기운을 발산하는 인형 개비개비와 그녀의 심복들로 보이는 인형들에게 쫓기고be chased 있어요. 우디는 어떻게 해서든 포키를 데리고 빨리 보니에게로 돌아가려고 하는데, 개비개비는 이들을 보내줄 생각이 없나 봐요. 잡히려는 순간, 우디가 기지를 발휘해equal to the occasion 자기 등에 고리를 당겨 녹음된 소리가 나게 해서 가게 주인 할머니의 손녀 하모니의 관심을 끄네요draw attention. 하모니가 우디를 데리고 축제에 가려고 합니다. 한편meanwhile, 캠핑카에서 잠에서 깬 보니는 포키가 없어진 걸 알고 당황하며 울기 시작하네요. 엄마가 다시 비슷한 장난감을 만들자고 하자, 포키가 아니면 의미가 없다며 보니가 더욱 슬퍼합니다.

Warm Up! 오늘 배울 표현

오늘 등장하는 표현들입니다. 어떤 표현이 들어가야 할지 생각해 보세요.

* ______, honey? 왜 그러니, 얘야?
* ______! 그가 없어졌어요!
* ______ he's here somewhere. 분명히 그는 여기 어딘가에 있을 거야.
* ______. 세상에 포키는 하나밖에 없다고요.

바로 이 장면!

오디오 파일을 듣고 3번 따라 말해보세요.

10-1.mp3

BONNIE 보니	Forky? Where's Forky?! 포키? 포키 어디 있지?!
BONNIE 보니	Mom! Dad! 엄마! 아빠!
BONNIE'S DAD 보니 아빠	**What's wrong**, honey?[1] 왜 그러니, 얘야?
BONNIE'S MOM 보니 엄마	Are you okay? 괜찮니?
BONNIE 보니	I can't find Forky! **He's missing!**[2] 포키를 찾을 수가 없어요! 그가 없어졌어요!
BONNIE'S MOM 보니 엄마	Bonnie, it'll be alright. **I'm sure** he's here somewhere.[3] 보니, 괜찮을 거야. 분명히 여기 어딘가에 있을 거야.
BONNIE'S MOM 보니 엄마	You know if we don't find him, you can make a new one... 그를 못 찾으면 새로운 애를 만들면 되잖니···
BONNIE 보니	No. **There's only one Forky.**[4] 안 돼요. 세상에 포키는 하나밖에 없다고요.
BONNIE'S DAD 보니 아빠	Uh... let's go look outside, maybe he... he fell on the ground somewhere...? 어··· 밖으로 나가서 찾아보자, 어쩌면 그가··· 바닥 어딘가 떨어졌으려나...?

장면 파헤치기

구문 설명과 예문으로 이 장면의 핵심 표현을 완벽히 이해하세요.

❶ What's wrong, honey? 왜 그러니, 얘야?

상대방이 당황한 표정을 하고 있거나 건강 상태가 안 좋아 보일 때 '괜찮아?', '왜 그래?'라고 물을 때 쓰는 표현이에요.

* You look pale. **What's wrong?** 얼굴이 창백하네. 무슨 일 있니?
* **What's wrong?** Are you okay? 너 왜 그러니? 괜찮아?

❷ He's missing! 그가 없어졌어요!

miss는 '그리워하다', '놓치다' 등의 뜻으로 쓰이는 동사이지만, 위의 문장에서 쓰인 missing은 동사 miss와는 상관없는 '실종된/없어진/분실된'이라는 의미의 형용사랍니다. 문맥에 따라 해석에 유의해야 합니다.

* My 4-year old daughter **is missing.** 4살 된 우리 딸이 없어졌어요.
* How many **are missing**? 몇 명이 실종된 거야?

❸ I'm sure he's here somewhere. 분명히 그는 여기 어딘가에 있을 거야.

문장을 시작할 때 I'm sure를 쓰면 '분명히 ~일 거야', '~임이 분명해'라는 의미로 강한 확신을 표현할 수 있답니다. 덧붙여서 이것을 의문문으로 바꿔서 'Are you sure ~?'의 형식으로 쓰면 '~가 분명해/확실해?'라는 뜻의 문장이 되죠. 이 두 가지를 패턴 문장으로 연습해 볼게요.

★ 영화 속 패턴 익히기

❹ There's only one Forky. 세상에 포키는 하나밖에 없다고요.

자녀가 소중히 여기던 장난감/인형이 망가졌거나 분실되었을 때 엄마 아빠가 그 아이에게 주로 하는 말은 '새 것으로 다시 사줄게'이죠. 그렇게 말하면 자녀들은 하나같이 이렇게 대답하죠, '세상에 ~는 단 하나밖에 없단 말이에요!'라고 말이에요. 위의 문장은 그럴 때 쓰는 표현이에요.

* **There's only one person** I want to meet. 내가 만나고 싶은 사람은 단 한 사람이야.
* **There's only one place** I want to go. 내가 가고 싶은 곳은 단 한 곳이야.

영화 속 패턴 익히기

오늘 배운 장면에서 뽑은 핵심 패턴으로 다양한 표현을 만들어 보세요.

10-2.mp3

I'm sure + 주어 + 동사 　분명히 ~일(할) 거야.

Step 1 기본 패턴 연습하기

1 **I'm sure** you'll like it. 분명 네 마음에 들 거야.

2 **I'm sure** the guy is great. 분명 그 남자는 대단한 사람일 거야.

3 **I'm sure** nothing will happen. 분명 아무 일도 없을 거야.

4 ________________ all true. 분명 다 사실일 거야.

5 ________________ the answer. 분명 넌 답을 알고 있겠지.

Step 2 패턴 응용하기 | Are you sure ~

1 **Are you sure** you don't want it? 정말 이걸 원하지 않아?

2 **Are you sure** you want to delete? 정말 이걸 지우고 싶어?

3 **Are you sure** about that? 그것에 대해서 확실해?

4 ________________ not coming? 그가 안 오는 거 확실해?

5 ________________ is pregnant? 그녀가 임신한 거 확실해?

Step 3 실생활에 적용하기

A I'm so nervous about the interview.	A 면접 때문에 너무 긴장된다.
B 넌 분명히 잘할 거야.	B I'm sure you'll do great.
A I really hope so.	A 정말 그러길 바라.

정답 Step 1 4 I'm sure it's 5 I'm sure you know Step 2 4 Are you sure he's 5 Are you sure she

확인학습

문제를 풀며 오늘 배운 표현을 완벽히 내 것으로 만드세요.

A | 영화 속 대화를 완성해 보세요.

BONNIE Forky? Where's Forky?! 포키? 포키 어디 있지?!

BONNIE Mom! Dad! 엄마! 아빠!

BONNIE'S DAD ❶ ______________, honey? 왜 그러니, 얘야?

BONNIE'S MOM ❷ ______________? 괜찮니?

BONNIE I ❸ ______________ Forky! ❹ ______________!
포키를 찾을 수가 없어요! 그가 없어졌어요!

BONNIE'S MOM Bonnie, it'll ❺ ______________. ❻ ______________ he's here somewhere.
보니, 괜찮을 거야. 분명히 여기 어딘가에 있을 거야.

BONNIE'S MOM You know if we don't find him, you ❼ ______________... 그를 못 찾으면 새로운 애를 만들면 되잖니…

BONNIE No. ❽ ______________.
안 돼요. 세상에 포키는 하나밖에 없다고요.

BONNIE'S DAD Uh... let's ❾ ______________, maybe he... he fell ❿ ______________...?
어… 밖으로 나가서 찾아보자. 어쩌면 그가… 바닥 어딘가 떨어졌으려나…?

B | 다음 빈칸을 채워 문장을 완성해 보세요.

1 분명 아무 일도 없을 거야.
______________ nothing will happen.

2 분명 다 사실일 거야.
______________ all true.

3 분명 넌 답을 알고 있겠지.
______________ the answer.

4 정말 이걸 원하지 않아?
______________ you don't want it?

5 그녀가 임신한 거 확실해?
______________ is pregnant?

정답 A

❶ What's wrong
❷ Are you okay
❸ can't find
❹ He's missing
❺ be alright
❻ I'm sure
❼ can make a new one
❽ There's only one Forky
❾ go look outside
❿ on the ground somewhere

정답 B

1 I'm sure
2 I'm sure it's
3 I'm sure you know
4 Are you sure
5 Are you sure she

Day 11

Listening to the Inner Voice

내면의 소리에 귀 기울이기

포키가 없어진 것을 알게 된 보니가 울고, 포키와 우디가 돌아오지 않자 캠핑카에 있던 장난감 친구들이 공황 상태에 빠집니다[in panic]. 그나마 지금 의지할 수 있는[can count on] 존재는 버즈 밖에 없다고 생각해서인지 그에게 이제 어떻게 해야 하냐고 질문 공세를 퍼붓고 있어요[bombard him with questions]. 벅찬 책임감과[sense of responsibility] 압박을 느낀 버즈는 어려운 결정을 내릴 때 우디가 쓰던 방법을 생각해 냅니다. 그것은 바로, 내면의 소리에 귀를 기울이는 것이에요. 버즈는 자기 소리 상자를 켜서 그것을 내면의 소리로 신봉하기[believe in] 시작합니다. 소리 상자에서 나오는 메시지를 듣고 그에 맞춰 행동하는데, 그 지시대로 움직이는 게 맞을까요?

Warm Up! 오늘 배울 표현

오늘 등장하는 표현들입니다. 어떤 표현이 들어가야 할지 생각해 보세요.

* ______ everyone jumping out the window? 대체 왜 다들 창문 밖으로 뛰어내리는 거야?
* Woody and Forky were ______ on the highway... 우디와 포키를 마지막으로 본 건 고속도로였어…
* The slingshot maneuver is ______! 우리가 할 수 있는 것은 새총 작전뿐이다!
* ______, Woody! 내가 간다, 우디!

바로 이 장면!

오디오 파일을 듣고 3번 따라 말해보세요. 11-1.mp3

JESSIE 제시
Buzz!
버즈!

DOLLY 돌리
Okay. **What is with** everyone jumping out the window?❶
참 내. 대체 왜 다들 창문 밖으로 뛰어내리는 거야?

BUZZ 버즈
Woody and Forky were **last seen** on the highway...❷ but where is the highway?
우디와 포키를 마지막으로 본 건 고속도로였어… 그런데 고속도로는 어디에 있지?

BUZZ VOICEBOX 버즈 소리 상자
"The slingshot maneuver is **all we've got**!❸ Full speed ahead!"
"우리가 할 수 있는 것은 새총 작전뿐이다! 전속력으로 전진!"

BUZZ 버즈
Thanks inner voice.
고마워 내면의 목소리.

BUZZ 버즈
The highway!
고속도로다!

BUZZ 버즈
On my way, Woody!❹
내가 간다, 우디!

장면 파헤치기 구문 설명과 예문으로 이 장면의 핵심 표현을 완벽히 이해하세요.

❶ What is with everyone jumping out the window? 대체 왜 다들 창문 밖으로 뛰어내리는 거야?

일상적이지 않은 모습이나 행동, 사건에 대해서 의아해하며 '대체 왜 저러는 거지?'라고 물을 때 쓰는 표현이 'What is with ~?'예요. 비슷한 상황에서 'What's the deal with ~?' 형식의 표현도 자주 쓰인답니다.

* **What is it with** that new TV show? 대체 그 신규 프로그램이 뭐 어쨌다고 다들 난리야?
* **What is it with** you people? 너희들 대체 왜 이러는 거니?

❷ Woody and Forky were last seen on the highway... 우디와 포키를 마지막으로 본 건 고속도로였어…

〈be동사 + last seen〉은 '마지막으로 목격된'이라는 의미로 실종된 대상에 대해서 수사하면서 주로 쓰는 표현이에요.

* The missing child **was last seen** at her apartment. 실종된 아이는 그녀가 살던 아파트에서 마지막으로 목격되었다.
* This is the place where the dog **was last seen**. 그 개가 마지막으로 목격된 것이 여기다.

❸ The slingshot maneuver is all we've got! 우리가 할 수 있는 것은 새총 작전뿐이다!

all we've got은 문장의 끝에 올 수도 있고 맨 앞에 주어구로 올 수도 있는데, 두 경우 모두 '우리가 가진 것은 ~뿐이다'라는 의미로 해석할 수 있어요. 더 간단하게 all we've got 대신에 all we have라고만 해도 의미는 같아요. 여기에서는 all we've got으로 같이 패턴 연습을 해 볼게요.

★ 영화 속 패턴 익히기

❹ On my way, Woody! 내가 간다, 우디!

on one's way는 '~하는 중에, 도중에'라는 의미인데, one's 부분에 정관사 the를 대신 넣어도 같은 의미로 쓸 수 있답니다.

* I'm **on my way** to work. 난 지금 직장에 가는 중이야.
* I'll pick up the pizza **on the way** back. 내가 돌아오는 길에 피자 픽업해 올게.

영화 속 패턴 익히기

오늘 배운 장면에서 뽑은 핵심 패턴으로 다양한 표현을 만들어 보세요.

11-2.mp3

주어 + 동사 + all we've got! 우리가 가진 것은 ~ 뿐이다!

Step 1 기본 패턴 연습하기

1 This is **all we've got.** 우리가 가진 것은 이것뿐이야.

2 Hope is **all we've got.** 우리가 가진 것은 오직 희망뿐이다.

3 Love is **all we've got.** 우리가 가진 것은 오직 사랑뿐이다.

4 Your trust ______________. 우리가 가진 것은 너의 신뢰뿐이야.

5 Debt ______________. 우리가 가진 것은 빚뿐이야.

Step 2 패턴 응용하기 | All I've got is ~

1 **All I've got** is this moment. 내가 가진 것은 지금 바로 이 순간뿐이야.

2 **All I've got** is time. 내게 있는 것은 시간뿐이야.

3 **All I've got** is 10 days. 내게 주어진 건 딱 10일뿐이야.

4 ______________ my prayers. 내가 할 수 있는 것은 기도밖에 없어.

5 ______________ my reputation. 내게 남은 것은 내 명성뿐이야.

Step 3 실생활에 적용하기

A How much do we have?
B 50달러가 우리가 가진 전부예요.
A Oh, no. That won't be enough.

A 돈이 얼마나 있지?
B $50 is all we've got.
A 오 이런. 그걸로는 부족한데.

정답 Step 1 4 is all we've got 5 is all we've got Step 2 4 All I've got is 5 All I've got is

확인학습

문제를 풀며 오늘 배운 표현을 완벽히 내 것으로 만드세요.

A | 영화 속 대화를 완성해 보세요.

JESSIE Buzz! 버즈!

DOLLY Okay. ❶ ________ everyone ❷ ________ ________? 참 내. 대체 왜 다들 창문 밖으로 뛰어내리는 거야?

BUZZ Woody and Forky were ❸ ________ on the highway... but ❹ ________? 우디와 포키를 마지막으로 본 건 고속도로였어… 그런데 고속도로는 어디에 있지?

BUZZ VOICEBOX "The ❺ ________ maneuver is ❻ ________! ❼ ________ speed ❽ ________!" "우리가 할 수 있는 것은 새총 작전뿐이다! 전속력으로 전진!"

BUZZ Thanks ❾ ________. 고마워 내면의 목소리.

BUZZ The highway! 고속도로다!

BUZZ ❿ ________, Woody! 내가 간다, 우디!

B | 다음 빈칸을 채워 문장을 완성해 보세요.

1 우리가 가진 것은 오직 희망뿐이다.
Hope is ________.

2 우리가 가진 것은 너의 신뢰뿐이야.
Your trust ________.

3 우리가 가진 것은 빚뿐이야.
Debt ________.

4 내가 할 수 있는 것은 기도밖에 없어.
________ my prayers.

5 내게 남은 것은 내 명성뿐이야.
________ my reputation.

정답 A

❶ What is with
❷ jumping out the window
❸ last seen
❹ where is the highway
❺ slingshot
❻ all we've got
❼ Full
❽ ahead
❾ inner voice
❿ On my way

정답 B

1 all we've got
2 is all we've got
3 is all we've got
4 All I've got is
5 All I've got is

Day 12

When Woody Met Bo Peep

우디가 보핍을 만났을 때

축제 행사가 벌어지고 있는 공원의 회전목마[merry-go-round] 주변에서 운명처럼 다시 보핍을 만난 우디. 골동품 상점 진열창에서 봤던 보의 램프가 어쩐지 심상치 않아[extraordinary] 보였는데, 이렇게 만나게 된다니 정말 반갑네요. 우디와 보가 서로 안부를 묻고 인사를 나누는데, 보의 곁에는 예전부터 그녀가 돌보던 양 인형들이 함께 있네요. 그 양들이 스컹크 모양의 스노우모빌 같은 차량을[vehicle] 운전하고 온 것 같아요. 못 보고 지낸 오랜 세월[a long time] 동안 보는 참 많은 경험을 했나 봐요. 예전의 청순한[pure and innocent] 이미지는 온데간데없고 지금의 그녀에게선 누구에게도 기대지 않고 혼자서 자신의 인생을 개척해 나가는 듯한 강하고[tough] 씩씩한 기운이 느껴져요.

Warm Up! 오늘 배울 표현

오늘 등장하는 표현들입니다. 어떤 표현이 들어가야 할지 생각해 보세요.

* ______ all this stuff? 이런 건 다 어디에서 난 거야?
* ______. 여기저기서.
* ______! 환상의 7년!
* ______ the things I've seen. 내가 얼마나 많은 것을 봤는지 넌 상상도 못할 거야.

바로 이 장면!

오디오 파일을 듣고 3번 따라 말해보세요. 12-1.mp3

BO 보
Okay. Let's get a look at you. You need any repairs?
자 그럼. 네 상태 좀 보자. 어디 수리할 데는 없고?

WOODY 우디
Repairs? No, I'm fine–
수리라고? 아니, 난 괜찮아–

SHEEP 양들
BAAA!
매에!

BO 보
Hey! Nice find, girls.
이야! 아주 잘 찾았네, 자매들.

WOODY 우디
Where'd you get all this stuff?[1]
이런 건 다 어디에서 난 거야?

BO 보
Here and there.[2] You know, some kids play rougher than others, so I try to be prepared.
여기저기서. 알잖아, 어떤 아이들은 다른 아이들보다 거칠게 노니까 미리 대비해 놓는 거야.

WOODY 우디
How long have you been out on your own?
너 혼자된 지는 얼마나 된 거니?

BO 보
Seven fantastic years![3]
환상의 7년!

WOODY 우디
Seven?!
7년?!

BO 보
You would not believe the things I've seen.[4]
내가 얼마나 많은 것을 봤는지 넌 상상도 못할 거야.

SHEEP 양들
BAAA!
매에!

장면 파헤치기

구문 설명과 예문으로 이 장면의 핵심 표현을 완벽히 이해하세요.

❶ Where'd you get all this stuff? 이런 건 다 어디에서 난 거야?

'~는 어디서 난 거니?' 또는 '~을 어디에서 구한/얻은 거니?'라는 의미로 'Where did you get ~?' 패턴으로 문장을 쓴답니다. 구어체에서는 Where did you를 붙여서 Where'd you로 축약형으로 많이 쓰는데, 이 경우에 발음은 '웨어쥬'가 되지요.

* **Where'd you get** that idea? 그 아이디어는 어디에서 얻게 된 거니?
* **Where'd you get** those shoes? 그 신발은 어디에서 난 거니?

❷ Here and there. 여기저기서.

here and there는 문자 그대로 '여기저기'라는 의미예요. 문맥에 따라서는 '여기저기에'가 되기도 하고 '여기저기에서'가 되기도 하니 상황에 맞춰 매끄럽게 해석해 주세요.

* People ran **here and there.** 사람들이 여기저기 뛰어다녔다.
* I've lived **here and there.** 난 여기저기에 살았다.

❸ Seven fantastic years! 환상의 7년!

fantastic은 구어체에서 자주 쓰는 형용사로 '기막히게 좋은, 환상적인'이라는 의미가 있어요. 이 단어를 특정기간 사이에 넣어서 쓰기도 하는데, 위의 예에서처럼 seven years '7년' 사이에 넣어 '환상적인 7년'이라는 의미로 썼네요. 형용사를 fantastic 대신에 다른 것들로도 활용 가능하니 아래의 예문을 통해 확인해 보세요.

* We had spent **five amazing months** in New Zealand. 우린 뉴질랜드에서 멋진 5개월을 보냈다.
* After **three horrible weeks**, the weather finally changed for the better.
  끔찍한 3주가 지난 후, 마침내 날씨가 좋아졌다.

❹ You would not believe the things I've seen. 내가 얼마나 많은 것을 봤는지 넌 상상도 못할 거야.

'You would not believe ~'는 상대방에게 이야기를 해 주기에 앞서 긴장감을 더해주는 기능을 하는데, '(너무나도 놀라운 일이라) 넌 아마 못 믿을 거야'라는 뉘앙스로 쓰는 표현이에요. 패턴 문장을 만들어 보며 익히도록 할게요.

★ 영화 속 패턴 익히기

영화 속 패턴 익히기

오늘 배운 장면에서 뽑은 핵심 패턴으로 다양한 표현을 만들어 보세요.

12-2.mp3

You would not believe ~ ~을 넌 아마 못 믿을 거야.

Step 1 기본 패턴 연습하기

1 **You would not believe** your eyes. 아마 네 눈을 못 믿을 거다.

2 **You would not believe** who I met this morning. 오늘 아침에 내가 누굴 만났는지 넌 아마 못 믿을 거야.

3 **You would not believe** what I'm about to say. 내가 지금 하려는 말을 넌 아마 못 믿을 거야.

4 ______________________ rich he is. 그가 얼마나 부자인지 넌 아마 못 믿을 거야.

5 ______________________ happened yesterday. 어제 무슨 일이 있었는지 넌 아마 못 믿을 거야.

Step 2 패턴 응용하기 | 주어 + would not believe ~

1 My dad **would not believe** how much I spent today. 우리 아빠는 내가 오늘 얼마를 썼는지 안 믿으려고 하더라.

2 My mom **would not believe** what I told her. 우리 엄마는 내가 그녀에게 한 말을 못미더워 하더라고.

3 They **would not believe** what Jack said. 그들은 잭이 한 말을 믿지 않으려고 했다.

4 ______________________ good it is. 이게 얼마나 좋은지 아마 그는 믿지 못할 거야.

5 ______________________ handsome I am now.
내가 지금은 얼마나 멋져졌는지 아마 그녀는 믿지 못할 거야.

Step 3 실생활에 적용하기

A 내가 지금 방금 누구와 마주쳤는지 넌 아마 못 믿을걸.
B Who?
A Tom!

A You would not believe who I bumped into just now.
B 누군데?
A 톰!

정답 Step 1 4 You would not believe how 5 You would not believe what Step 2 4 He would not believe how 5 She would not believe how

확인학습

문제를 풀며 오늘 배운 표현을 완벽히 내 것으로 만드세요.

A | 영화 속 대화를 완성해 보세요.

BO Okay. Let's get a ❶ __________. You need ❷ __________ __________? 자 그럼. 네 상태 좀 보자. 어디 수리할 데는 없고?

WOODY Repairs? No, I'm fine– 수리라고? 아니, 난 괜찮아–

SHEEP BAAA! 매에!

BO Hey! ❸ __________, girls. 이야! 아주 잘 찾았네, 자매들.

WOODY ❹ __________ all this stuff? 이런 건 다 어디에서 난 거야?

BO ❺ __________. You know, some kids play ❻ __________ __________, so I try to be ❼ __________. 여기저기서. 알잖아, 어떤 아이들은 다른 아이들보다 거칠게 노니까 미리 대비해 놓는 거야.

WOODY How long have you been ❽ __________? 너 혼자된 지는 얼마나 된 거니?

BO ❾ __________! 환상의 7년!

WOODY Seven?! 7년?!

BO ❿ __________ the things I've seen. 내가 얼마나 많은 것을 봤는지 넌 상상도 못할 거야.

SHEEP BAAA! 매에!

B | 다음 빈칸을 채워 문장을 완성해 보세요.

1 내가 지금 하려는 말을 넌 아마 못 믿을 거야.
__________ what I'm about to say.

2 그가 얼마나 부자인지 넌 아마 못 믿을 거야.
__________ rich he is.

3 어제 무슨 일이 있었는지 넌 아마 못 믿을 거야.
__________ happened yesterday.

4 이게 얼마나 좋은지 아마 그는 믿지 못할 거야.
__________ good it is.

5 내가 지금은 얼마나 멋져졌는지 아마 그녀는 믿지 못할 거야.
__________ handsome I am now.

정답 A

❶ look at you
❷ any repairs
❸ Nice find
❹ Where'd you get
❺ Here and there
❻ rougher than others
❼ prepared
❽ out on your own
❾ Seven fantastic years
❿ You would not believe

정답 B

1 You would not believe
2 You would not believe how
3 You would not believe what
4 He would not believe how
5 She would not believe how

Day 13

Woody Has a Kid

우디에겐 아이가 있다

보의 친구 인형들이 계속 나타나서 우디와 인사를 나누네요. 기글 맥딤플즈라고 하는 초소형miniature 경찰 인형부터 컴뱃combat 인형 등 보의 주변에 있는 친구들도 꽤 다양하군요various. 보와 그녀의 친구 장난감들은 축제에 온 아이들이 자신들과 놀아줄 거라는 기대감에 심장이 콩닥콩닥거리며pit-a-pat 흥분해 있어요. 장난감들이 정말 재미있을 거라며 우디에게 같이 가자고 세안을propose 하는데, 우디는 어서 포키를 찾아 자신의 아이인 보니에게 돌아가야 한다며 사양합니다decline. 그에게 아이가 있다는 것을 들은 장난감들이 그건 요즘 세상에 굉장히 특별한 일이라며 놀라는군요.

오늘 등장하는 표현들입니다. 어떤 표현이 들어가야 할지 생각해 보세요.

* ______________? 어디 가는 거야?
* ______________ they've got two piñatas. 소문에 의하면 피냐타가 두 개가 있다고 하더라.
* ______________? 너희들도 같이 갈 거니?
* Way to ______________, soldier. 극히 낮은 확률을 뚫고 성공하다니 대단하군, 제군.

바로 이 장면!

오디오 파일을 듣고 3번 따라 말해보세요. 13-1.mp3

BO 보
Where you headed?[1]
어디 가는 거야?

COMBAT CARL 컴뱃 칼
Combat Carl just heard there's a birthday party at the playground on main street.
중심가에 있는 놀이터에서 생일파티가 있다고 컴뱃 칼이 방금 들었어.

VOLCANO ATTACK COMBAT CARL 볼케이노 어택 컴뱃 칼
Rumor has it they've got two piñatas.[2]
소문에 의하면 피냐타가 두 개가 있다고 하더라.

ICE ATTACK COMBAT CARL 아이스 어택 컴뱃 칼
That could be twenty to thirty kids.
그러면 아이들이 20명에서 30명쯤은 오겠네.

BO 보
Nice.
좋았어.

COMBAT CARL 컴뱃 칼
Oh yeah! Combat Carl's gettin' played with.
오 예! 컴뱃 칼하고도 누군가 놀아줄 거야.

COMBAT CARL 컴뱃 칼
You guys in?[3]
너희들도 같이 갈 거니?

BO 보
You bet! Woody, you are gonna love this.
당연하지! 우디, 너도 정말 좋아할 거야.

WOODY 우디
Uh- no, I can't... sir.
어- 아니에요, 난 못 가요… 아저씨.

WOODY 우디
Bo, I need to get back to my kid.
보, 난 내 아이에게 돌아가 봐야 해.

ICE ATTACK COMBAT CARL & VOLCANO ATTACK COMBAT CARL 아이스 어택 컴뱃 칼 & 볼케이노 어택 컴뱃 칼
What?
뭐라고?

COMBAT CARL 컴뱃 칼
What?! You got a kid?
뭐라고?! 너에게 아이가 있다고?

WOODY 우디
Yeah...
네…

COMBAT CARL 컴뱃 칼
Way to **beat the odds**, soldier.[4]
극히 낮은 확률을 뚫고 성공하다니 대단하군, 제군.

장면 파헤치기

구문 설명과 예문으로 이 장면의 핵심 표현을 완벽히 이해하세요.

❶ Where you headed? 어디 가는 거야?

head는 머리라는 뜻의 명사이기도 하지만, 동사로 쓰일 때는 어떤 특정 방향으로 '가다, 향하다'라는 의미가 된답니다. 위의 표현은 Where 다음에 따라오는 be동사 'are'가 생략되었는데, 구어체에서는 이렇게 be동사는 생략해서 쓰는 경우가 많아요.

* A: **Where you headed?** 어디 가는 거니?
B: I'm headed to school. 학교 간다.

❷ Rumor has it they've got two piñatas. 소문에 의하면 피냐타가 두 개가 있다고 하더라.

〈Rumor has it (that) + 주어 + 동사〉는 '~하다는 소문이 있더라'라는 의미의 표현이에요. 'Rumor has it (that) ~'을 바꿔서 'There's a rumor (that) ~' 이라고 써도 의미는 같아요. 같은 상황에서 Rumor says (that) ~ 이렇게 쓸 수도 있고, The rumor is (that) ~ 이렇게 표현할 수도 있답니다. 같은 의미의 표현 중 Rumor를 넣지 않은 경우도 있는데, 〈The word on the street is (that) + 주어 + 동사〉가 바로 그러한 경우에요. 여기에서는 'Rumor has it (that) ~'과 'The word on the street is (that) ~'을 활용해서 패턴 연습을 해 볼게요.

★ 영화 속 패턴 익히기

❸ You guys in? 너희들도 같이 갈 거니?

이 문장에서는 앞부분에 be동사 'are'가 생략된 거예요. 원래 문장은 'Are you guys in?'이에요. 위와 같이 문장에 전치사 in만 넣어서 어떤 일에 같이 동참한다는 의미의 표현을 만들 수 있어요.

* Are **you in** or not? 넌 같이 동참하는 거니, 아니니?
* **I'm in.** 나도 함께할게.

❹ Way to beat the odds, soldier. 극히 낮은 확률을 뚫고 성공하다니 대단하군, 제군.

beat the odds '불리함을 극복하다, 가능성이 거의 없는 일을 해내다, 낮은 확률을 뒤엎다'라는 의미의 숙어예요. 그리고, 〈Way to + 동사〉는 직역하면 '~을 하는 방식'이지만, '~하다니 정말 대단해/멋져/훌륭해!'와 같은 의미로도 자주 쓰이는 표현이랍니다. 주로, 뒤에 나오는 동사로 go가 있는데, 'Way to go!'라고 하면 '정말 잘했어!'라는 뜻이 되지요.

* Jeremy somehow managed to **beat the odds.**
제레미가 어떻게 했는지는 몰라도 간신히 극히 낮은 확률을 뚫고 성공했다.

* Professor Anderson helped me **beat the odds.**
앤더슨 교수님께서 내가 극히 낮은 확률을 뒤엎을 수 있도록 도와주셨다.

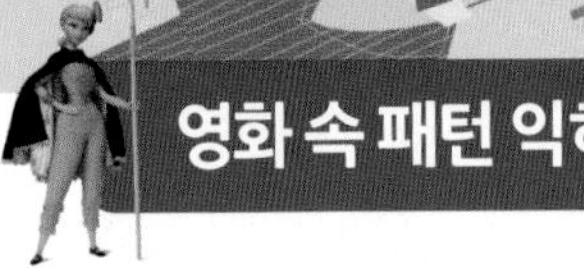

영화 속 패턴 익히기

오늘 배운 장면에서 뽑은 핵심 패턴으로 다양한 표현을 만들어 보세요.

13-2.mp3

Rumor has it (that) + 주어 + 동사 소문에 의하면 ~라고 하더라.

Step 1 기본 패턴 연습하기

1 **Rumor has it that** Chris is seeing Debby. 소문에 의하면 크리스가 데비하고 사귄다고 하더라.

2 **Rumor has it** the guy is a thief. 소문에 의하면 그 남자는 절도범이라고 하더라.

3 **Rumor has it** you broke up with Jane. 네가 제인하고 헤어졌다는 소문이 있더라.

4 ______________________ is going bankrupt. 그 회사가 파산한다는 소문이 있더라.

5 ______________________ going back to show biz. 빈스가 다시 연예계로 복귀한다는 소문이 있더라.

Step 2 패턴 응용하기 | The word on the street is (that) ~

1 **The word on the street is** that you quit your job. 소문을 들어보니 네가 직장을 그만둔다고 하던데.

2 **The word on the street is** she is pregnant. 그녀가 임신했다는 소문이 있던데.

3 **The word on the street is** that he will be back next month. 그가 다음달에 돌아온다는 소문이 들리더라.

4 ______________________ your little sister is a real looker.
네 여동생이 그렇게 예쁘다는 소문이 있던데.

5 ______________________ that the government will be raising taxes again.
정부에서 또 세금을 올린다고 하는 소문이 있더라.

Step 3 실생활에 적용하기

A 소문에 너하고 해리하고 결혼한다고 하던데?

B What? Who said that?

A Like I said, it's a rumor.

A Rumor has it that you and Harry are getting married?

B 뭐야? 누가 그래?

A 방금 말했듯이, 소문에 그렇다고.

정답 Step 1 4 Rumor has it that the company 5 Rumor has it that Vince is Step 2 4 The word on the street is 5 The word on the street is

확인학습

문제를 풀며 오늘 배운 표현을 완벽히 내 것으로 만드세요.

A | 영화 속 대화를 완성해 보세요.

BO ❶ ______________? 어디 가는 거야?

COMBAT CARL Combat Carl just heard ❷ ______________ at the playground on main street.
중심가에 있는 놀이터에서 생일파티가 있다고 컴뱃 칼이 방금 들었어.

VOLCANO ATTACK COMBAT CARL ❸ ______________ they've got two piñatas. 소문에 의하면 피냐타가 두 개가 있다고 하더라.

ICE ATTACK COMBAT CARL That could be ❹ ______________.
그러면 아이들이 20명에서 30명쯤은 오겠네.

BO Nice. 좋았어.

COMBAT CARL Oh yeah! Combat Carl's gettin' ❺ ______________.
오 예! 컴뱃 칼하고도 누군가 놀아줄 거야.

COMBAT CARL ❻ ______________? 너희들도 같이 갈 거니?

BO You bet! Woody, you are ❼ ______________.
당연하지! 우디, 너도 정말 좋아할 거야.

WOODY Uh- no, I can't... sir. 어- 아니에요, 난 못 가요… 아저씨.

WOODY Bo, I need to ❽ ______________ my kid.
보, 난 내 아이에게 돌아가 봐야 해.

ICE ATTACK COMBAT CARL & VOLCANO ATTACK COMBAT CARL What? 뭐라고?

COMBAT CARL What?! You ❾ ______________? 뭐라고?! 너에게 아이가 있다고?

WOODY Yeah... 네…

COMBAT CARL Way to ❿ ______________, soldier.
극히 낮은 확률을 뚫고 성공하다니 대단하군, 제군.

B | 다음 빈칸을 채워 문장을 완성해 보세요.

1 소문에 의하면 크리스가 데비하고 사귄다고 하더라.
______________ Chris is seeing Debby.

2 그 회사가 파산한다는 소문이 있더라.
______________ is going bankrupt.

3 빈스가 다시 연예계로 복귀한다는 소문이 있더라.
______________ going back to show biz.

4 네 여동생이 그렇게 예쁘다는 소문이 있던데.
______________ your little sister is a real looker.

5 정부에서 또 세금을 올린다고 하는 소문이 있더라.
______________ that the government will be raising taxes again.

정답 A

❶ Where you headed
❷ there's a birthday party
❸ Rumor has it
❹ twenty to thirty kids
❺ played with
❻ You guys in
❼ gonna love this
❽ get back to
❾ got a kid
❿ beat the odds

정답 B

1 Rumor has it that
2 Rumor has it that the company
3 Rumor has it that Vince is
4 The word on the street is
5 The word on the street is

Day 14

In Pursuit of Forky

포키를 찾아서

우디의 부탁으로 보와 그녀의 장난감 친구들은 아이들 파티에 가지 않고 포키를 찾기 위해 골동품 상점으로 출발합니다. 이제 곧 포키 구하기saving Forky 대작전이 펼쳐지겠군요. 그런데, 골동품 상점에 붙잡혀 있는 포키는 예상과는 다르게contrary to our expectations 편하게 잘 지내고 있네요. 개비개비와 같이 놀면서 우디에 대해서 이야기도 나누고 개비개비와 소꿉장난도play house 함께 하고 그러면서 말이에요. 한편, 우디를 구하기 위해 홀로 나선 버즈는 축제 행사 부스에booth 장난감 타기 행사 상품으로 다른 장난감들과 함께 벽에 매달려 있어요hanging on the wall.

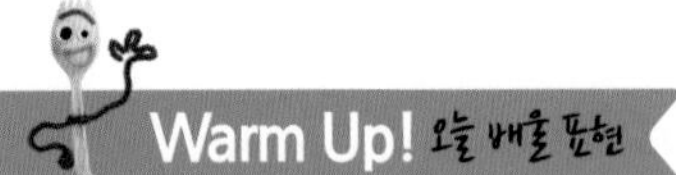

오늘 등장하는 표현들입니다. 어떤 표현이 들어가야 할지 생각해 보세요.

* ______________. 내가 평생을 알고 지낸 장난감이야.
* I don't think he's ever ______________ him. 아무래도 그가 그를 잊지 못하는 것 같아.
* ______________ show up and take our top prize spot, you're wrong.
  네가 그냥 막 나타나서 우리의 1등상 자리를 빼앗을 수 있다고 생각하면 그건 오산이야.
* ______________, pal. 우린 다 그런 희망을 품고 산다고, 이 친구야.

바로 이 장면!

오디오 파일을 듣고 3번 따라 말해보세요.

14-1.mp3

GABBY GABBY 개비개비
Now, about our friend Woody. I want to know everything about him.
자 이제, 우리 친구 우디 말인데. 난 그에 관해 모든 것을 알고 싶어.

FORKY 포키
Oh, yeah Woody... **I've known that guy my whole life.** [1] Two days. Hey, did you know that Bonnie was not his first kid? He had this other kid, Andy... and you know what? I don't think he's ever **gotten over** him... [2]
아, 그래 우디… 내가 평생을 알고 지낸 장난감이야. 이틀. 참, 보니가 그의 첫 번째 아이가 아니었다는 거 알고 있었어? 그에겐 앤디라고 하는 어떤 다른 아이가 있었는데… 근데 그거 알아? 아무래도 우디는 그를 잊지 못하는 것 같아…

BUNNY 버니
Psst. Hey! Lightyear.
저기요. 이봐! 라이트이어.

DUCKY 덕키
Hey– up here, Astro-boy.
이봐 – 여기 위쪽, 우주소년.

BUNNY 버니
If you think you can just show up and take our top prize spot, you're wrong. [3]
네가 그냥 막 나타나서 우리의 1등상 자리를 빼앗을 수 있다고 생각하면, 그건 오산이야.

DUCKY 덕키
Dead wrong.
완전 오산이지.

BUZZ 버즈
You don't understand. I'm trying to...
너희가 오해한 거야. 난 단지…

DUCKY 덕키
–cheat the system and get with a kid? Yeah, we know.
– 속임수를 써서 아이와 함께하려고? 그래, 알지.

BUZZ 버즈
No, I need—
아냐, 내가 원하는 건 –

BUNNY 버니
–A child to shower you with unconditional love? **Join the club**, pal. [4]
– 무조건적인 사랑을 너에게 무한히 베풀 아이? 우린 다 그런 희망을 품고 산다고, 이 친구야.

DUCKY 덕키
Yeah, join the club.
맞아, 다 마찬가지지.

장면 파헤치기

구문 설명과 예문으로 이 장면의 핵심 표현을 완벽히 이해하세요.

❶ I've known that guy my whole life. 내가 평생을 알고 지낸 장난감이야.

누구와 얼마 동안 알고 지낸 사이라고 말할 때 〈I've known + 사람 + (for) + 기간〉의 형식으로 표현하는데, 구어체에서는 for를 생략하는 경우도 많아요.

* **I've known Larry for almost 10 years.** 난 래리와 알고 지낸 지 거의 10년 됐다.
* **We've known each other for so long.** 우린 알고 지낸 지 정말 오래됐다.

❷ I don't think he's ever gotten over him. 아무래도 그가 그를 잊지 못하는 것 같아.

'get over something/someone'은 '~을 이겨내다/극복하다' 또는 '~에 대한 미련을 버리다'라는 의미로 쓰이는 표현이에요. 주로 실연을 당한 친구가 옛 연인을 못 잊고 힘들어하며 사는 모습을 보며 '이제 그 사람은 좀 잊어라'라고 말할 때 쓰이는 경우가 많아요. '그를/그녀를 잊어라'라는 표현은 'Forget him/her!' 이라고 하지 않고 'Get over him/her!' 이라고 한다는 것 기억해 주세요.

* **Get over** her and move on! 그녀를 잊고 이제 네 인생을 살아!
* Have you **gotten over** your cold yet? 감기 이제 다 나았니?

❸ If you think you can just show up and take our top prize spot, you're wrong.

네가 그냥 막 나타나서 우리의 1등상 자리를 빼앗을 수 있다고 생각하면, 그건 오산이야.

'If you think you can just ~'는 상대방이 나에 대한 배려 없이 무례하게 마구 밀어붙이듯이 행동을 할 때 '네가 그냥 막 나타나서 네 맘대로 ~할 수 있다고 생각한다면'이라는 의미로 쓰는 표현이에요. 문장의 끝맺음은 다양한 방식으로 할 수 있지만, 주로 you're wrong 또는 think again과 같은 표현이 많이 쓰인답니다. ★영화 속 패턴 익히기

❹ Join the club, pal. 우린 다 그런 희망을 품고 산다고, 이 친구야.

이 표현의 의미는 '(별로 유쾌하지 않은 일을 겪고 있는 사람과) 같은 신세가 되다'인데, 주로 상대방이 어떤 일을 겪고 자신과 같은 상황이 되었을 때 놀리듯이 관용적으로 쓰는 표현이에요. 예를 들어, 여자친구에게 차인 친구에게 Join the club! 이라고 하면 '(나도 너와 같은 상황인데) 너도 같은 신세가 되었구나' 라고 말할 때 쓴답니다.

* **Join the club!** You are not alone. 우린 같은 처지야. 넌 혼자가 아니라고.
* You say you failed? **Join the club.** 너 실패했다고? 나도 같은 처지야.

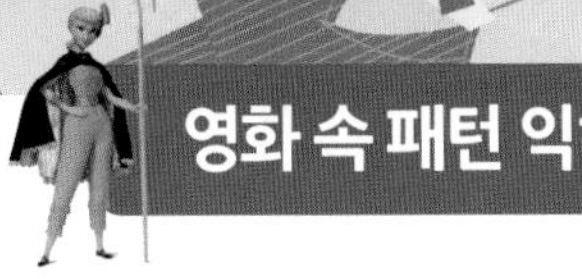

영화 속 패턴 익히기

오늘 배운 장면에서 뽑은 핵심 패턴으로 다양한 표현을 만들어 보세요.

14-2.mp3

If you think you can just ~ 네가 막 나타나서 네 맘대로 ~할 수 있다고 생각한다면~

Step 1 기본 패턴 연습하기

1 **If you think you can just** say things to me, you are wrong.
네 맘대로 나한테 막말해도 괜찮다고 생각한다면, 그건 오산이야.

2 **If you think you can just** get away with lying, you are wrong.
거짓말하고도 그냥 넘어갈 거라 생각한다면, 그건 잘못 생각한 거야.

3 **If you think you can** just order me around, you might want to think again.
네가 나한테 막 이래라저래라 해도 된다고 생각한다면, 다시 한번 생각하는 게 좋을 거야.

4 ________________ here and act like you're the boss, think again. 네 맘대로 막 들어와서 대장처럼 굴어도 된다고 생각한다면, 다시 생각해 봐.

5 ________________ anything from my bag, you are dead wrong!
내 가방에서 아무거나 막 가져가도 된다고 생각한다면, 완전 잘못 생각한 거야!

Step 2 패턴 응용하기 | If + 주어 + think + 주어 + can just ~

1 **If she thinks she can just** show up late, she might want to think again.
그녀가 늦어도 그렇게 대수롭지 않게 생각한다면, 아마 다시 생각하는 것이 좋을 거야.

2 **If he thinks he can just** change the rules whenever he wants, he's wrong.
그가 자기 마음대로 아무 때나 막 규정을 바꿔도 된다고 생각한다면, 그건 오산이야.

3 **If Karen thinks she can just** come over whenever she wants, that's unacceptable.
원하면 아무 때나 와도 된다고 캐런이 생각하고 있다면, 그건 용납할 수 없어.

4 ________________ back and everything will go back to normal, she's wrong. 수가 맘대로 다시 와서 모든 게 다 예전처럼 돌아갈 거라고 생각한다면, 그건 잘못 생각하는 거야.

5 ________________ me like that, he's wrong.
밥이 나를 막 그런 식으로 조종해도 된다고 생각한다면, 그는 잘못 생각하는 거야.

Step 3 실생활에 적용하기

A I'm sorry but I used your phone just now.
B How could you? 물어보지도 그렇게 막 써도 된다고 생각한다면, 그건 네가 잘못 생각하는 거야.
A Hey, I said I'm sorry.

A 미안한데 방금 내가 네 전화 좀 썼어.
B 어떻게 그럴 수가? If you think you can just use my phone without asking, you're wrong.
A 야, 미안하다고 했잖아.

정답 Step 1 4 If you think you can just walk in 5 If you think you can just take Step 2 4 If Sue thinks she can just come 5 If Bob thinks he can just control

확인학습

문제를 풀며 오늘 배운 표현을 완벽히 내 것으로 만드세요.

A | 영화 속 대화를 완성해 보세요.

GABBY GABBY Now, about our friend Woody. I ❶ __________ about him. 자 이제, 우리 친구 우디 말인데, 난 그에 관해 모든 것을 알고 싶어.

FORKY Oh, yeah Woody... ❷ __________. Two days. Hey, did you know that Bonnie was not his first kid? He had ❸ __________, Andy... and you know what? I don't think he's ever ❹ __________ him... 아, 그래 우디··· 내가 평생을 알고 지낸 장난감이야. 이틀, 참, 보니가 그의 첫 번째 아이가 아니었다는 거 알고 있었어? 그에겐 앤디라고 하는 어떤 다른 아이가 있었는데··· 근데 그거 알아? 아무래도 우디는 그를 잊지 못하는 것 같아···

BUNNY Psst. Hey! Lightyear. 저기요, 이봐! 라이트이어.

DUCKY Hey– up here, Astro-boy. 이봐– 여기 위쪽, 우주소년.

BUNNY ❺ __________ show up and take our ❻ __________, you're wrong. 네가 그냥 막 나타나서 우리의 1등상 자리를 빼앗을 수 있다고 생각하면, 그건 오산이야.

DUCKY ❼ __________. 완전 오산이지.

BUZZ You ❽ __________. I'm trying to... 너희가 오해한 거야. 난 단지···

DUCKY –cheat the system and get with a kid? Yeah, we know. –속임수를 써서 아이와 함께하려고? 그래, 알지.

BUZZ No, I need— 아냐, 내가 원하는 건–

BUNNY –A child to shower you with ❾ __________? ❿ __________, pal. –무조건적인 사랑을 너에게 무한히 베풀 아이? 우린 다 그런 희망을 품고 산다고, 이 친구야.

DUCKY Yeah, join the club. 맞아, 다 마찬가지지.

B | 다음 빈칸을 채워 문장을 완성해 보세요.

1 거짓말하고도 그냥 넘어갈 거라 생각한다면, 그건 잘못 생각한 거야.
__________ get away with lying, you are wrong.

2 네 맘대로 막 들어와서 대장처럼 굴어도 된다고 생각한다면, 다시 생각해 봐.
__________ here and act like you're the boss, think again.

3 내 가방에서 아무거나 막 가져가도 된다고 생각한다면, 완전 잘못 생각한 거야!
__________ anything from my bag, you are dead wrong!

4 수가 맘대로 다시 와서 모든 게 다 예전처럼 돌아갈 거라고 생각한다면, 그건 잘못 생각하는 거야.
__________ back and everything will go back to normal, she's wrong.

5 밥이 나를 막 그런 식으로 조종해도 된다고 생각한다면, 그는 잘못 생각하는 거야.
__________ me like that, he's wrong.

정답 A

❶ want to know everything
❷ I've known that guy my whole life
❸ this other kid
❹ gotten over
❺ If you think you can just
❻ top prize spot
❼ Dead wrong
❽ don't understand
❾ unconditional love
❿ Join the club

정답 B

1 If you think you can just
2 If you think you can just walk in
3 If you think you can just take
4 If Sue thinks she can just come
5 If Bob thinks he can just control

Day 15

Back to the Antique Store

다시 골동품 상점으로

스컹크모빌을 타고 골동품 상점으로 이동하는 보와 그의 친구들 그리고 우디. 스컹크모빌을 운전하는 양들의 실수로 차량 전복사고가rollover 납니다. 장난감 친구들은 골동품 상점으로 잠입하기sneak in 위해 지붕을 통해 차양awning 위로 떨어지는 작전을 펼치려는데, 그들 앞에 버즈가 나타났네요. 실로 오랜만에 다시 만나게 된 버즈와 보가 너무나도 기뻐하며 인사를 나누고, 우디는 버즈가 갑자기 나타나자 어안이 벙벙하네요dumbfounded. 그런데, 버즈와 함께 축제 행사에 부스에 걸려있던 장난감들 버니와 덕키가 갑자기 어디선가out of nowhere 나타납니다.

오늘 등장하는 표현들입니다. 어떤 표현이 들어가야 할지 생각해 보세요.

* Okay, ________. 자, 다 털어놔 봐.
* ________? 어떻게 된 영문이야?
* Heavy ________ at the entrance. 입구에 사람들이 많이 몰려 있네.
* Let's ________. 골동품 뒤지러 가자고.

바로 이 장면!

오디오 파일을 듣고 3번 따라 말해보세요. 15-1.mp3

GIGGLE MCDIMPLES 기글 맥딤플즈	Okay, **spill it.**[1] The cowboy. **What's the deal?**[2] 자, 다 털어놔 봐. 카우보이라고. 어떻게 된 영문이야?
BO 보	There's no deal. 아무 영문도 없는데.
GIGGLE MCDIMPLES 기글 맥딤플즈	Uh huh... Don't do this to yourself, cowboy's got a kid. 어 허… 스스로를 힘들게 만들지 마. 저 카이보이에겐 아이가 있다고.
BO 보	Giggle— 기글—
GIGGLE MCDIMPLES 기글 맥딤플즈	Trust me, I've been there. You know about me and He-Man. I'm not proud. Shh, here he comes! Oh, man! 내 말 들어, 내가 다 경험해 봐서 알아. 나하고 히맨과의 관계에 대해서 너도 알잖아. 자랑스러운 건 아냐. 쉿, 그가 온다! 오, 친구!
WOODY 우디	What? 무슨 일이야?
GIGGLE MCDIMPLES 기글 맥딤플즈	No not you... 아니, 네가 아니라…
BO 보	Second Chance Antiques. Straight ahead. 세컨드 찬스 골동품 상점. 직진 방향.
GIGGLE MCDIMPLES 기글 맥딤플즈	Heavy **foot traffic** at the entrance.[3] 입구에 사람들이 많이 몰려 있네.
BO 보	Easiest way in is... 제일 쉽게 들어가는 방법은…
BO & GIGGLE MCDIMPLES 보 & 기글 맥딤플즈	The roof. 지붕.
BO 보	Let's **go antiquing.**[4] 골동품 뒤지러 가자고.

장면 파헤치기

구문 설명과 예문으로 이 장면의 핵심 표현을 완벽히 이해하세요.

❶ Okay, spill it. 자, 다 털어놔 봐.

네가 뭔가 숨기고 있다는 것을 다 안다, 그러니 '어서 말해라, 전부 털어놔라!'라는 의미로 'Spill it!'이라는 표현을 써요. 간단하게 말하면, 'Tell me!'와 같은 표현이지요. Spill은 원래 '엎지르다, 쏟다, 흐르다'라는 의미의 동사인데, 구어체에서 관용적으로 '(비밀, 숨긴 감정 등을) 털어놓다, 쏟아놓다'는 의미로 자주 쓰여요. spill out 또는 spill the beans라고 표현하는 경우도 많으니 함께 알아두세요.

* Laura **spilled out** all her anger. 로라가 그녀의 분노를 모두 쏟아놓았다.
* So, what's going on? **Spill** the beans. 그래서 어떻게 된 거니? 솔직히 털어놔 봐.

❷ What's the deal? 어떻게 된 영문이야?

'What's the deal?'은 '어떻게 되어 가는 거니? 도대체 무슨 일이야? 어떻게 된 영문이야?'라는 의미로 쓰이는 표현이에요. 여러분들이 잘 아는 쉬운 표현으로 'What's going on?'과 같은 뉘앙스라고 볼 수 있어요. 뒤에 with를 붙여서 '~에 대해서 왜 이리 난리지/호들갑이지?'라는 의미로 'What's the deal with ~?'의 패턴으로도 활용 가능하니 함께 연습해 볼게요.

★ 영화 속 패턴 익히기

❸ Heavy foot traffic at the entrance. 입구에 사람들이 많이 몰려 있네.

traffic은 특정 시간에 도로에 있는 '차량들, 교통(량)'을 뜻하는데, foot traffic은 차량이 아닌 걸어 다니는 사람들의 foot 즉, '발' 교통량을 의미해요. 쉽게 말해, '유동인구'라는 뜻이지요. 앞에 heavy를 붙여서 heavy foot traffic이라고 하면 '많은 유동인구'를 뜻하는 것이에요.

* The **foot traffic** in this area is on the rise. 이 지역의 유동인구가 늘고 있다.
* Here's a tip to drive **foot traffic** to your business.
  당신의 가게에 사람들의 발길을 끌어들일 수 있는 방법을 알려드릴게요.

❹ Let's go antiquing. 골동품 뒤지러 가자고.

antique은 '골동품'이라는 의미의 명사지만, 위의 문장에서처럼 'go antiquing'이라고 숙어처럼 만들어서 '골동품을 사러 가다'라는 의미로 쓰일 수도 있어요. 평상시에 자주 쓰는 표현은 아니고 상황에 맞게 말장난하듯이 만들어서 쓴 표현이라고 볼 수 있겠네요. 비슷한 방식으로 '춤추는 club에 놀러 가다'는 의미로 'go clubbing'이라고 표현하기도 한답니다.

* Let's **go clubbing**. 클럽에 놀러 가자.
* Let's **go hiking**. 하이킹하러 가자.

영화 속 패턴 익히기

오늘 배운 장면에서 뽑은 핵심 패턴으로 다양한 표현을 만들어 보세요.

15-2.mp3

What's the deal? 어떻게 된 영문이야?

Step 1 기본 패턴 연습하기

1 **What's the deal**? Why is he so mad? 어찌 된 영문이야? 걔가 왜 저렇게 화가 난 거야?

2 You called me at 3 in the morning. **What's the deal**? 새벽 3시에 전화를 걸다니. 대체 무슨 일이야?

3 **What's the deal**? Why is this place so popular? 대체 무슨 영문이니? 여기가 왜 이렇게 인기가 많은 거야?

4 He threatened me to get out. ______________? 그가 나보고 나가라고 위협하더라고. 대체 왜 그런 거지?

5 ______________? Why is everyone looking at me? 대체 무슨 영문이지? 왜 다들 나를 쳐다보는 거냐고?

Step 2 패턴 응용하기 | What's the deal with ~?

1 **What's the deal with** the law? 다들 그 법안에 대해서 왜 그리 난리지?

2 **What's the deal with** 5G? 다들 5G에 대해서 왜 그리 난리지?

3 **What's the deal with** organic food? 유기농 식품에 대해서 사람들이 왜 그리 호들갑이지?

4 ______________ Black Friday? 블랙프라이데이가 뭐 그리 대단하다고 다들 그리 난리지?

5 ______________ the book? 그 책이 어떻길래 다들 저렇게 난리야?

Step 3 실생활에 적용하기

A 대체 무슨 영문이니? 너 왜 이렇게 화가 난 건데?

B I'm not angry. I'm just disappointed about you being late again.

A I'm terribly sorry.

A What's the deal? Why are you so angry?

B 나 화 안 났어. 그냥 네가 또 늦어서 조금 실망했을 뿐이야.

A 정말 미안해.

정답 Step 1 4 What's the deal 5 What's the deal Step 2 4 What's the deal with 5 What's the deal with

확인학습

문제를 풀며 오늘 배운 표현을 완벽히 내 것으로 만드세요.

A | 영화 속 대화를 완성해 보세요.

GIGGLE MCDIMPLES Okay, ❶ __________. The cowboy. ❷ __________ __________? 자, 다 털어놔 봐. 카우보이라고. 어떻게 된 영문이야?

BO There's ❸ __________. 아무 영문도 없는데.

GIGGLE MCDIMPLES Uh huh... Don't ❹ __________, cowboy's got a kid. 어 허… 스스로를 힘들게 만들지 마. 저 카이보이에겐 아이가 있다고.

BO Giggle— 기글—

GIGGLE MCDIMPLES Trust me, I've ❺ __________. You know about me and He-Man. I'm not ❻ __________. Shh, here he comes! Oh, man! 내 말 들어. 내가 다 경험해 봐서 알아. 나하고 히맨과의 관계에 대해서 너도 알잖아. 자랑스러운 건 아냐. 쉿. 그가 온다! 오. 친구!

WOODY What? 무슨 일이야?

GIGGLE MCDIMPLES No not you... 아니, 네가 아니라…

BO Second Chance Antiques. ❼ __________. 세컨드 찬스 골동품 상점. 직진 방향.

GIGGLE MCDIMPLES Heavy ❽ __________ at the entrance. 입구에 사람들이 많이 몰려 있네.

BO ❾ __________ in is... 제일 쉽게 들어가는 방법은…

BO & GIGGLE MCDIMPLES The roof. 지붕.

BO Let's ❿ __________. 골동품 뒤지러 가자고.

B | 다음 빈칸을 채워 문장을 완성해 보세요.

1 어찌 된 영문이야? 쟤가 왜 저렇게 화가 난 거야?
__________? Why is he so mad?

2 그가 나보고 나가라고 위협하더라고. 대체 왜 그런 거지?
He threatened me to get out. __________?

3 대체 무슨 영문이지? 왜 다들 나를 쳐다보는 거냐고?
__________? Why is everyone looking at me?

4 블랙프라이데이가 뭐 그리 대단하다고 다들 그리 난리지?
__________ Black Friday?

5 그 책이 어떻길래 다들 저렇게 난리야?
__________ the book?

정답 A

❶ spill it
❷ What's the deal
❸ no deal
❹ do this to yourself
❺ been there
❻ proud
❼ Straight ahead
❽ foot traffic
❾ Easiest way
❿ go antiquing

정답 B

1 What's the deal
2 What's the deal
3 What's the deal
4 What's the deal with
5 What's the deal with

Day 16

The RV Got a Flat Tire

캠핑카 타이어에 펑크 나다

버즈가 우디와 옛 친구 보와 재회의[reunite] 기쁨을 나누고 무사히 가게 안 잠입에 성공합니다. 그 시간 캠핑카에 남아있는 장난감 친구들은 패닉에 빠져 우왕좌왕합니다[run about in confusion]. 곧 보니의 가족이 곧 떠나려는 조짐이 보이거든요. 제시는 무슨 결심이 섰는지 캠핑카 창문 밖으로 뛰어내립니다. 잠시 후, 푸시식 소리가[hissing noise] 들리고 캠핑카가 털썩 내려 앉네요[slump]. 제시가 못으로 캠핑카 타이어에 펑크를 낸 거였어요[puncture a tire]. 보니의 아빠는 화가 잔뜩 났지만[mad], 그 덕분에 우디, 포키, 그리고 버즈가 돌아올 시간을 벌었네요.

오늘 등장하는 표현들입니다. 어떤 표현이 들어가야 할지 생각해 보세요.

* ____________ –fluff. 보푸라기가 – 엄청나네.
* So ____________ we get up there? 그렇다면 우리가 저 위에 어떻게 올라갈 수 있는 거지?
* ____________. 계획을 고수해.
* ____________. 알겠다. 오버.

바로 이 장면!

오디오 파일을 듣고 3번 따라 말해보세요. 16-1.mp3

DUCKY 덕키	**There's so much**–fluff.[1] 보푸라기가 – 엄청나네.
WOODY 우디	So **how do you propose** we get up there?[2] 그렇다면 우리가 저 위에 어떻게 올라갈 수 있는 거지?
BO 보	We could go straight across. 곧장 건너갈 수 있어.
WOODY 우디	How? 어떻게?
BUZZ 버즈	That's quite a jump. 점프해야 할 거리가 상당한데.
BO 보	We know the perfect toy to help. 우리를 돕기에 최적화된 장난감이 있지.
BONNIE'S MOM 보니 엄마	Oh, Bonnie! Check it out. Look at all this cool stuff. 오, 보니! 이것 좀 봐봐. 멋진 것들이 정말 많구나.
WOODY 우디	Bonnie! 보니!
WOODY 우디	We've gotta get Forky now! 당장 포키를 찾아야만 해!
BO 보	Woody, don't– 우디, 안 돼 –
BO 보	**Stick to the plan.**[3] 계획을 고수해.
GIGGLE MCDIMPLES 기글 맥딤플즈	Ten-four. 10–4.
GIGGLE MCDIMPLES 기글 맥딤플즈	Follow me. 나를 따르라.
BUZZ 버즈	**Roger that.**[4] 알겠다, 오버.

장면 파헤치기

구문 설명과 예문으로 이 장면의 핵심 표현을 완벽히 이해하세요.

❶ There's so much-fluff. 보푸라기가-엄청나네.

무엇인가의 양이 아주 많다고 할 때 셀 수 없는 것을 표현할 때는 〈There's so much + 명사〉를 쓰고 셀 수 있는 것을 표현할 때는 〈There are so many + 명사(복수형)〉을 써요. 구어체에서는 'There are so many ~'에서 There are 부분을 문법상으로는 옳지 않더라도 편의상 There's 라고 하는 경우가 많은데, 여기에서 패턴 연습을 할 때는 문법 규칙에 맞추어 There are로 쓸게요.

★ 영화 속 패턴 익히기

❷ So how do you propose we get up there? 그렇다면 우리가 저 위에 어떻게 올라갈 수 있는 거지?

위의 문장에서 propose는 '제안하다'라는 의미의 동사로 쓰였어요. 〈How do you propose + 주어 + 동사?〉의 형식으로 쓰이는 문장은 '~에 대해서 너는 어떻게 제안하니?'라는 의미로 해석할 수 있는데, 조금 더 자연스럽게 '~을 어떻게 하라는 거니?'라고 의역하면 좋겠네요.

* **How do you propose** we do that? 우리보고 그걸 어떻게 하라는 거야?
* **How do you propose** I get this information? 이 정보를 나보고 어떻게 구하라는 얘기야?

❸ Stick to the plan. 계획을 고수해.

stick은 '~에 붙이다, 박다'라는 의미를 가진 동사예요. 이 단어 뒤에 to를 넣으면, '굳게 지키다, 방침을 고수하다'라는 의미를 가진 숙어가 된답니다.

* **Stick to the basics!** 기본에 충실해라!
* You should **stick to** what you are good at. 네가 잘할 수 있는 것을 고수해야 한다.

❹ Roger that. 알겠다, 오버.

이 표현은 군에서 무전기로 통신할 때 쓰는 '알았다, 오버!' 라는 표현이에요. 그런데, 군에서뿐만 아니라 평상시에 상대방의 말에 대답을 하는 경우에도 쓸 수 있어요. 이 경우엔 '알겠어'라는 의미랍니다.

* A: Return to base! 본부로 돌아오라!
  B: **Roger that.** 알겠다, 오버.

영화 속 패턴 익히기

오늘 배운 장면에서 뽑은 핵심 패턴으로 다양한 표현을 만들어 보세요.

16-2.mp3

There's so much ~ ~의 양이 엄청나네

Step 1 기본 패턴 연습하기

1 **There's so much** to do. 할 게 정말 많다.

2 **There's so much** to learn. 배울 것이 정말 많다.

3 **There's so much** homework. 숙제가 정말 많다.

4 ______________ I want to say. 하고 싶은 말이 정말 많다.

5 ______________ going on in the world. 세상에는 참 많은 일이 벌어지고 있다.

Step 2 패턴 응용하기 | There's so many ~

1 **There are so many** things to do. 할 일이 참 많아.

2 **There are so many** things I want to tell you. 너에게 해 주고 싶은 말이 정말 많아.

3 **There are so many** things to learn. 배워야 할 것이 참 많아.

4 ______________ reasons to be happy. 행복해야 할 이유들이 수도 없이 많구나.

5 ______________ people here. 여기에 사람들 진짜 많다.

Step 3 실생활에 적용하기

A It's been awhile.
B Yeah, it's so nice to see you.
A 우리 밀린 할 얘기가 참 많네.

A 정말 오랜만이다.
B 그러게, 만나서 정말 반갑다.
A There's so much to catch up on.

정답 Step 1 4 There's so much 5 There's so much Step 2 4 There are so many 5 There are so many

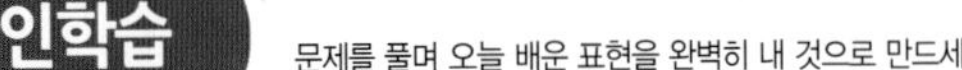

확인학습

문제를 풀며 오늘 배운 표현을 완벽히 내 것으로 만드세요.

A | 영화 속 대화를 완성해 보세요.

DUCKY	❶ ______________ –fluff. 보푸라기가 – 엄청나네.
WOODY	So ❷ ______________ we get up there? 그렇다면 우리가 저 위에 어떻게 올라갈 수 있는 거지?
BO	We could ❸ ______________. 곧장 건너갈 수 있어.
WOODY	How? 어떻게?
BUZZ	That's ❹ ______________. 점프해야 할 거리가 상당한데.
BO	We know the ❺ ______________. 우리를 돕기에 최적화된 장난감이 있지.
BONNIE'S MOM	Oh, Bonnie! ❻ ______________. Look at ❼ ______________. 오, 보니! 이것 좀 봐봐. 멋진 것들이 정말 많구나.
WOODY	Bonnie! 보니!
WOODY	We've gotta get Forky now! 당장 포키를 찾아야만 해!
BO	Woody, don't– 우디, 안 돼 –
BO	❽ ______________. 계획을 고수해.
GIGGLE MCDIMPLES	Ten-four. 10–4.
GIGGLE MCDIMPLES	❾ ______________. 나를 따르라.
BUZZ	❿ ______________. 알겠다, 오버.

B | 다음 빈칸을 채워 문장을 완성해 보세요.

1 배울 것이 정말 많다.
______________ to learn.

2 하고 싶은 말이 정말 많다.
______________ I want to say.

3 세상에는 참 많은 일이 벌어지고 있다.
______________ going on in the world.

4 행복해야 할 이유들이 수도 없이 많구나.
______________ reasons to be happy.

5 여기에 사람들 진짜 많다.
______________ people here.

정답 A

❶ There's so much
❷ how do you propose
❸ go straight across
❹ quite a jump
❺ perfect toy to help
❻ Check it out
❼ all this cool stuff
❽ Stick to the plan
❾ Follow me
❿ Roger that

정답 B

1 There's so much
2 There's so much
3 There's so much
4 There are so many
5 There are so many

Day 17

How to Get a Hold of the Key

열쇠를 손에 넣는 방법

보니가 골동품 상점 안으로 들어온 것을 보고 우디는 어떻게든 빨리 포키를 찾아서 원상태로 돌려놓고 싶어 하지만 개비개비의 보초 인형들이[guards] 지키고 있어서 섣불리[hastily] 움직였다가는 오히려 봉변을 당할 수도 있을 것 같아요. 그런데, 우디가 급한 나머지 서두르다가 악당들의[villains] 공격을 받게 되고, 보와 양들이 그를 구출하려고[rescue] 하다가, 양들이 악당들에게 잡히고 말았어요. 보가 화가 나서 우디에게 가만히 있는 게 돕는 거니 제발 맘대로 나서지 말라고 하네요. 한편, 다른 장난감들은 개비개비가 포키를 가둬놓고 있는[confined] 진열장 열쇠를 손에 넣는 방법을 연구하고 있어요.

Warm Up! 오늘 배울 표현

오늘 등장하는 표현들입니다. 어떤 표현이 들어가야 할지 생각해 보세요.

* ______________ . 방해하지 말아줘.
* Giggle knows ______________ . 그건 기글이 알아서 할 거야.
* ______________ . 설마 진담은 아니지.
* You know what, ______________ . 이봐, 그런 일은 우리에게 맡겨.

바로 이 장면!

오디오 파일을 듣고 3번 따라 말해보세요.

17-1.mp3

WOODY 우디	Just tell me how to help. 그냥 내가 어떻게 도우면 좋을지 말해 줘.
BO 보	You really wanna help? 진짜 돕고 싶긴 한 거야?
BO 보	Then **stay out of my way.**[1] I'm getting my sheep back. 그러면 방해하지 말아줘. 내 양들을 찾아야 하니까.
WOODY 우디	What about the others? 다른 장난감들은 어떻게 하고?
BO 보	Giggle knows **what to do.**[2] 그건 기글이 알아서 할 거야.
MARGARET 마가렛	Here you go. I believe this piece is from South America. 여기요. 제가 알기론 이게 아마 남미에서 온 걸 거예요.
GIGGLE MCDIMPLES 기글 맥딤플즈	There's our objective. 우리 목표가 저기 있군.
CUSTOMER 고객	It's so beautiful— 정말 아름답네요—
GIGGLE MCDIMPLES 기글 맥딤플즈	We have to get that key. 저 열쇠를 손에 넣어야만 해.
GIGGLE MCDIMPLES 기글 맥딤플즈	It's the only way inside the cabinet. 저게 있어야만 진열장에 들어갈 수가 있어.
BUZZ 버즈	**You can't be serious.**[3] How are we supposed to do that? 설마 진담은 아니지. 우리가 그걸 어떻게 할 수 있겠어?
DUCKY 덕키	You know what, **leave that to us.**[4] 이봐, 그런 일은 우리에게 맡겨.
BUNNY 버니	We know exactly what to do. 우리가 어떻게 해야 할지 아주 잘 알지.
DUCKY 덕키	MmmHmm. 음흠 물론이지.

장면 파헤치기

구문 설명과 예문으로 이 장면의 핵심 표현을 완벽히 이해하세요.

❶ Stay out of my way. 방해하지 말아줘.

'stay out of ~'는 자기와 상관없는 일에 '관여하지 않다' 또는 문제가 될 소지를 가지고 있는 일, 소란, 말썽 따위를 '피하다'라는 뜻으로 쓰이는 숙어예요.

* **Stay out of my life.** 내 인생을 방해하지 마라.
* Try to **stay out of trouble**! 말썽을 일으키지 않도록 노력해라!

❷ Giggle knows what to do. 그건 기글이 알아서 할 거야.

'what to do'는 '무엇을 해야 할지'라는 뜻을 가진 관용구예요. 동사를 바꿔가며 what to say '무슨 말을 해야 할지', what to buy '무엇을 사야 할지'와 같이 활용할 수도 있지요. 여기에서는 what to do에만 초점을 맞춰서 패턴 문장을 만들어볼게요. 이와 비슷한 유형의 표현 〈how to + 동사〉 '~을 하는 방법'도 같이 연습해 보아요.

★ 영화 속 패턴 익히기

❸ You can't be serious. 설마 진담은 아니지.

상대방의 말이 믿기지가 않을 때, '그럴 리가 없어', '넌 지금 진심으로 말하는 것일 수가 없어'라는 의미로 쓰는 표현이에요. 여기에서 쓰인 can't는 어떤 일을 할 수 있고 없고의 능력을 의미하는 것이 아니라 '~할 가능성/개연성이 없다'는 의미예요.

* A: I'm getting married next week. 나 다음 주에 결혼한다.
  B: **You can't be serious.** 설마.

❹ You know what, leave that to us. 이봐, 그런 일은 우리에게 맡겨.

'leave something to someone'은 '~에게 ~을 맡기다/남기다', '~가 ~하도록 내버려 두다'라는 의미로 쓰이는 표현이에요. leave는 '떠나다'라는 의미 외에 '그대로 두다, 남기다' 또는 '(관리나 처리 등을) 맡기다'라는 의미로도 자주 쓰이는 동사이니만큼 이런 방식으로 쓰이는 문장도 잘 익혀두셔야 해요.

* **Leave it all to me.** 내게 다 맡겨.
* **Leave your message with my secretary.** 내 비서에게 용건을 남기세요.

영화 속 패턴 익히기

오늘 배운 장면에서 뽑은 핵심 패턴으로 다양한 표현을 만들어 보세요.

17-2.mp3

what to do 무엇을 해야 할지

Step 1 기본 패턴 연습하기

1 Tell me **what to do**. 무엇을 해야 할지 내게 말해 줘.

2 I don't know **what to do**. 무엇을 해야 할지 모르겠어.

3 I'll tell you **what to do** in Seoul. 서울에 가면 무엇을 해야 하는지 얘기해 줄게.

4 Here are some tips on ______________ you are bored. 심심할 때 무엇을 하면 좋은지 조언해 줄게.

5 Knowing ______________ not enough. 무엇을 해야 할지 아는 것만으로는 충분하지 않다.

Step 2 패턴 응용하기 | how to

1 I'll teach you **how to** cook. 요리하는 방법을 가르쳐 줄게.

2 This map will show you **how to** get to the palace. 이 지도가 궁에 가는 방법을 보여줄 거야.

3 Learn **how to** drive. 운전하는 법을 배워라.

4 Do you know ______________ Cantonese? 광둥어를 할 수 있니?

5 This book talks about ______________ with stress. 이 책에는 스트레스에 대처하는 방법에 대해 쓰여 있어.

Step 3 실생활에 적용하기

A 뭘 해야 할지 알겠니?
B I have no idea.
A Come here. I'll give you some tips.

A Do you know what to do?
B 전혀 모르겠는데.
A 이리 와봐. 내가 조언을 좀 해 줄게.

정답 Step 1 4 what to do when 5 what to do is Step 2 4 how to speak 5 how to deal

확인학습

문제를 풀며 오늘 배운 표현을 완벽히 내 것으로 만드세요.

A | 영화 속 대화를 완성해 보세요.

WOODY	Just tell me ❶ ______________. 그냥 내가 어떻게 도우면 좋을지 말해 줘.
BO	You really wanna help? 진짜 돕고 싶긴 한 거야?
BO	Then ❷ ______________. I'm getting ❸ ______________. 그러면 방해하지 말아줘. 내 양들을 찾아야 하니까.
WOODY	What ❹ ______________? 다른 장난감들은 어떻게 하고?
BO	Giggle knows ❺ ______________. 그건 기글이 알아서 할 거야.
MARGARET	❻ ______________. I believe this piece is from South America. 여기요. 제가 알기론 이게 아마 남미에서 온 걸 거예요.
GIGGLE MCDIMPLES	There's our ❼ ______________. 우리 목표가 저기 있군.
CUSTOMER	It's so beautiful— 정말 아름답네요—
GIGGLE MCDIMPLES	We have to get that key. 저 열쇠를 손에 넣어야만 해.
GIGGLE MCDIMPLES	It's the ❽ ______________ the cabinet. 저게 있어야만 진열장에 들어갈 수가 있어.
BUZZ	❾ ______________. How are we supposed to do that? 설마 진담은 아니지. 우리가 그걸 어떻게 할 수 있겠어?
DUCKY	You know what, ❿ ______________. 이봐, 그런 일은 우리에게 맡겨.
BUNNY	We know exactly what to do. 우리가 어떻게 해야 할지 아주 잘 알지.
DUCKY	MmmHmm. 음흠 물론이지.

B | 다음 빈칸을 채워 문장을 완성해 보세요.

1 무엇을 해야 할지 모르겠어.
I don't know ______________.

2 심심할 때 무엇을 하면 좋은지 조언해 줄게.
Here are some tips on ______________ you are bored.

3 무엇을 해야 할지 아는 것만으로는 충분하지 않다.
Knowing ______________ not enough.

4 광둥어를 할 수 있니?
Do you know ______________ Cantonese?

5 이 책에는 스트레스에 대처하는 방법에 대해 쓰여 있어.
This book talks about ______________ with stress.

정답 A

❶ how to help
❷ stay out of my way
❸ my sheep back
❹ about the others
❺ what to do
❻ Here you go
❼ objective
❽ only way inside
❾ You can't be serious
❿ leave that to us

정답 B

1 what to do
2 what to do when
3 what to do is
4 how to speak
5 how to deal

Day 18

Playing Hide and Seek

숨바꼭질 놀이

우디가 가게로 다시 돌아왔다는[come back] 소식을 듣고 포키는 반가워서 뛰어나가려고 하지만, 그는 지금 개비개비에게 인질처럼 잡혀 있습니다. 개비개비가 원하는 것은 바로 우디. 우디를 잡을 때까지 포키를 숨겨 둬야 하는 상황이죠. 그래서 개비개비는 포키에게 숨바꼭질을[hide and seek] 하자고 제안합니다. 우디 때문에 아끼는 양들이 개비 일당에게 잡혀 있고[held hostage], 보는 그들을 구출하기 위해 다른 장난감에게 도움을 청하러[ask for help] 은밀한 곳으로 들어갑니다. 그곳에서 허세[bluff] 가득한 친구 '듀크 카붐'을 만나게 됩니다.

오늘 등장하는 표현들입니다. 어떤 표현이 들어가야 할지 생각해 보세요.

* What were you doing ______________ Gabby Gabby?
  뭐 때문에 개비개비와 엮이는 짓을 한 거야?
* ______________. 그러면 좋을 게 없다는 건 너도 잘 알잖아.
* ______________. 도무지 이해가 안 되는군.
* So ______________. 이제 이렇게 할 작정이야.

바로 이 장면!

오디오 파일을 듣고 3번 따라 말해보세요. 18-1.mp3

DUKE CABOOM 듀크 카붐

What were you doing **getting tangled up with** Gabby Gabby?[1] **You know better.**[2]
뭐 때문에 개비개비와 엮이는 짓을 한 거야? 그러면 좋을 게 없다는 건 너도 잘 알잖아.

BO 보

Yeah, some toy thought it would be a good idea to wander into the aisle.
그러게 말이야, 어떤 얼빠진 장난감이 통로에서 배회해도 괜찮을 거라 생각한 것 같더라고.

DUKE CABOOM 듀크 카붐

That doesn't make any sense.[3]
도무지 이해가 안 되는군.

BO 보

It doesn't, does it?
그렇지 이해가 안 되지, 그렇지?

DUKE CABOOM 듀크 카붐

Everybody knows the best route is behind the shelves.
선반 뒤로 다녀야 가장 안전하다는 건 누구나 다 아는 사실이잖아.

BO 보

That would have been a better route, wouldn't it?
그쪽으로 다녔으면 더 좋았겠지, 안 그래?

DUKE CABOOM 듀크 카붐

Wow, this toy sounds like a complete idiot.
우와, 그 장난감 진짜 바보 같은걸.

BO 보

He does.
내 말이.

DUKE CABOOM 듀크 카붐

Wait, are you that toy?
잠깐, 네가 그 장난감이니?

BO 보

So **here's the plan:**[4] We need to jump over the aisle to Gabby's cabinet. And YOU are the toy to do it.
자 이제 이렇게 할 작정이야: 우리는 통로를 뛰어넘어 개비의 진열장으로 가야 해. 그런데 네가 그 일을 할 적임자야.

장면 파헤치기

구문 설명과 예문으로 이 장면의 핵심 표현을 완벽히 이해하세요.

❶ What were you doing **getting tangled up with** Gabby Gabby? 뭐 때문에 개비개비와 엮이는 짓을 한 거야?

tangle은 실, 머리카락 등이 '엉킨 것' 또는 혼란스럽게 '꼬인/엉망인 상태'를 뜻하는 명사로도 쓰이고, '헝클리다/헝클어지다'라는 의미의 동사로도 쓰이는 단어예요. 이 단어가 들어간 'get tangled up with ~'는 '~와 (복잡하게) 엉키다/엮이다'라는 의미의 숙어이고요. 능동태로 써서 'tangle with ~'라고 하면 '엉키다/엮이다' 이외에도 '~와의 언쟁/싸움에 휘말리다'라는 의미가 되기도 한답니다.

★영화 속 패턴 익히기

❷ You know better. 그러면 좋을 게 없다는 건 너도 잘 알잖아.

상대방이 철없어 보이는 행동을 할 때 쓰는 표현이에요. 주로, 부모가 자식에게 쓰는 경우가 많지요. 이 문장 뒤에 than that을 붙여서, You know better than that. '(그런 행동을 하지 말아야 한다는 것쯤은) 너도 잘 알고 있잖니' 이렇게 쓸 수도 있고요. 상황과 문맥에 따라 자연스럽게 '너 그 정도로 어리석진 않잖니' 라고 해석해도 좋을 것 같아요.

* Come on, **you know better** than that. 왜 이래, 너 그 정도로 어리석진 않잖아.
* There's no excuse for your behavior. **You know better.**
  네 행동에 대해서는 변명의 여지가 없어. 너 그 정도는 아니잖니.

❸ That doesn't make any sense. 도무지 이해가 안 되는군.

'make sense'는 '의미가 통하다, 이해되다'라는 뜻이에요. 상대방의 말에 대해 That makes sense. 라고 표현하면 '아 그래, 그거 납득이 되네'라는 의미로, 그와 반대로 That doesn't make sense. 하면 '납득이 안 되는데/그건 좀 이해가 안 되는데'라고 해석하면 자연스럽겠죠.

* Do you really think **that makes any sense**? 그게 정말 말이 된다고 생각하니?
* That makes perfect **sense**. 완벽하게 납득이 되네.

❹ So here's the plan. 이제 이렇게 할 작정이야.

어떻게 할지에 대한 작정/계획을 이야기하기에 앞서서 '좋아, 들어봐', '자 이렇게 할 거야'라는 의미로 툭 내던지듯 쓰는 표현이에요.

* **Here's the plan.** You go in there and call me if there's anything weird.
  자 이렇게 하자. 네가 그 안에 들어가서 뭐든 이상한 게 있으면 나에게 전화를 해.
* All right, **here's the plan.** I stay here. You leave. 좋아, 이렇게 하자고. 내가 여기에 있고, 넌 떠나고.

영화 속 패턴 익히기

오늘 배운 장면에서 뽑은 핵심 패턴으로 다양한 표현을 만들어 보세요.

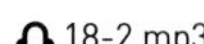 18-2.mp3

get tangled up with ~와 복잡하게 엮이다.

Step 1 기본 패턴 연습하기

1 Don't **get tangled up with** those delinquents. 저런 불량한 애들하고 엮이지 말아라.

2 It's not a good idea to **get tangled up with** that guy. 저 남자하고 엮이는 건 좋지 않아.

3 Why did you **get tangled up with** Mindy in the first place? 애초에 네가 왜 민디하고 엮인 거니?

4 You don't ______________________________ that kind of people.
저런 류의 사람들하고 엮이는 걸 넌 원치 않겠지.

5 Try not to ______________________ the police. 경찰과 엮이지 않도록 해라.

Step 2 패턴 응용하기 | tangle with

1 You picked the wrong man to **tangle with**. 네가 건드릴 사람을 잘못 골랐어.

2 The lines are **tangled with** one another. 선들이 서로 엉켰다.

3 My thoughts get **tangled with** themselves when I think about it.
내 생각은 내가 고민할수록 더 복잡해졌다.

4 They ____________________ their boss. 그들은 그들의 상사에게 대들었다.

5 I ____________________ Kyle if I were you. 내가 너라면 카일과 엮이진 않을 거야.

Step 3 실생활에 적용하기

A 대체 어떻게 저런 놈들하고 엮인 거니?

B I was too naive.

A I think you were.

A How did you get tangled up with that bunch?

B 내가 너무 순진했어요.

A 그랬던 것 같구나.

정답 Step 1 4 want to get tangled up with 5 get tangled up with Step 2 4 tangled with 5 wouldn't tangle with

확인학습

문제를 풀며 오늘 배운 표현을 완벽히 내 것으로 만드세요.

A | 영화 속 대화를 완성해 보세요.

DUKE CABOOM What were you doing ❶ ______________ Gabby Gabby? ❷ ______________. 뭐 때문에 개비개비와 엮이는 짓을 한 거야? 그러면 좋을 게 없다는 건 너도 잘 알잖아.

BO Yeah, some toy thought it ❸ ______________ to wander into the aisle. 그러게 말이야, 어떤 얼빠진 장난감이 통로에서 배회해도 괜찮을 거라 생각한 것 같더라고.

DUKE CABOOM ❹ ______________. 도무지 이해가 안 되는군.

BO It doesn't, ❺ ______________? 그렇지 이해가 안 되지, 그렇지?

DUKE CABOOM Everybody knows ❻ ______________ behind the shelves. 선반 뒤로 다녀야 가장 안전하다는 건 누구나 다 아는 사실이잖아.

BO That would have been a better route, ❼ ______________? 그쪽으로 다녔으면 더 좋았겠지, 안 그래?

DUKE CABOOM Wow, this toy sounds ❽ ______________. 우와, 그 장난감 진짜 바보 같은걸.

BO He does. 내 말이.

DUKE CABOOM Wait, ❾ ______________? 잠깐, 네가 그 장난감이니?

BO So ❿ ______________: We need to jump over the aisle to Gabby's cabinet. And YOU are the toy to do it. 자 이제 이렇게 할 작정이야: 우리는 통로를 뛰어넘어 개비의 진열장으로 가야 해. 그런데 네가 그 일을 할 적임자야.

B | 다음 빈칸을 채워 문장을 완성해 보세요.

1 애초에 네가 왜 민디하고 엮인 거니?
Why did you ______________ Mindy in the first place?

2 저런 류의 사람들하고 엮이는 걸 넌 원치 않겠지.
You don't ______________ that kind of people.

3 경찰과 엮이지 않도록 해라.
Try not to ______________ the police.

4 그들은 그들의 상사에게 대들었다.
They ______________ their boss.

5 내가 너라면 카일과 엮이진 않을 거야.
I ______________ Kyle if I were you.

정답 A

❶ getting tangled up with
❷ You know better
❸ would be a good idea
❹ That doesn't make any sense
❺ does it
❻ the best route is
❼ wouldn't it
❽ like a complete idiot
❾ are you that toy
❿ here's the plan

정답 B

1 get tangled up with
2 want to get tangled up with
3 get tangled up with
4 tangled with
5 wouldn't tangle with

Day 19

Duke Once Had a Kid

듀크에게도 한때는 아이가 있었지

개비개비의 진열장 꼭대기에 이르기 위해서는 듀크 카붐의 오토바이 스턴트 실력이 절대적으로absolutely 필요한 상황. 그런데, 듀크에게는 여전히 극복되지 않은 트라우마가trauma 있었으니, 한때 그를 소유했던 아이 리장에게서 버려졌던discarded 기억입니다. TV 광고advertisement 속의 듀크 카붐과 실제 듀크 카붐은 너무나도 달랐기 때문이죠. 멋지고 시원하게 점프해서 하늘 높이 날아오르기는soar to the sky 광고 속에서만 가능한 일이었죠. 리장에게 버림받은 듀크는 그에 큰 상처를 받고 점프 공포증이 생겼답니다. 이에 보는 할 수 있다고 계속 격려합니다cheer up.

오늘 등장하는 표현들입니다. 어떤 표현이 들어가야 할지 생각해 보세요.

- Show us some more poses, ＿＿＿＿＿＿＿＿? 포즈 몇 개만 더 보여줄래, 응 어때?
- It was the happiest ＿＿＿＿＿＿＿＿ of my life. 내 평생 가장 행복했던 크리스마스 다음 날이었지.
- I was ready to finally do ＿＿＿＿＿＿＿＿.
  난 마침내 내가 애초에 만들어진 목적을 실행에 옮길 준비가 되어있었지.
- ＿＿＿＿＿＿＿＿, why Rejean! 이건 옳지 않아, 리장 왜 그랬냐고!

바로 이 장면!

오디오 파일을 듣고 3번 따라 말해보세요.

19-1.mp3

BO
보

Ahhhhh, ha, ha, hey, Duke, show us some more poses, **whadaya say?**[1]
아아아, 하, 하, 이봐, 듀크, 포즈 몇 개만 더 보여줄래, 응 어때?

DUKE CABOOM
듀크 카붐

I had a kid...
내게도 아이가 있었지…

BO
보

Oh, no.
오, 이런.

DUKE CABOOM
듀크 카붐

...Rejean.
…리장.

DUKE CABOOM
듀크 카붐

Rejean was so excited when he got me after Christmas...
크리스마스가 끝나고 리장이 날 선물로 받았을 때 정말 좋아했었지...

DUKE CABOOM
듀크 카붐

It was the happiest **Boxing Day** of my life...[2]
내 평생 가장 행복했던 크리스마스 다음 날이었지…

COMMERCIAL ANNOUNCER
광고 아나운서

Duke Caboom, riding the amazing Caboom stunt cycle. CA-BOOOOOM!
놀라운 카붐 스턴트 오토바이에 올라탄 듀크 카붐, 카부우우우우움!

DUKE CABOOM
듀크 카붐

I was ready to finally do **what I was made to do**.[3]
난 마침내 내가 애초에 만들어진 목적을 실행에 옮길 준비가 되어있었지.

COMMERCIAL ANNOUNCER
광고 아나운서

CA-BOOOOOM!
카-부우우우우움!

DUKE CABOOM
듀크 카붐

But when Rejean realized I couldn't jump as far as the toy in the commercial.
하지만 리장이 내가 광고 속의 장난감처럼 멀리 점프하지 못한다는 것을 알게 됐지.

DUKE CABOOM
듀크 카붐

...It's a commercial! It's not real! Rejean threw me away! **It's not fair**, why Rejean![4] WHY!
…그건 광고잖아! 진짜가 아니라고! 리장이 날 버렸어! 이건 옳지 않아, 리장 왜 그랬냐고! 왜!

장면 파헤치기

구문 설명과 예문으로 이 장면의 핵심 표현을 완벽히 이해하세요.

❶ Show us some more poses, whadaya say? 포즈 몇 개만 더 보여줄래, 응 어때?

Whadaya는 What do you를 구어체에서 발음 나는 대로 표기한 것이에요. What do you say? 는 어떤 제안을 한 후, 상대방이 그것을 하고 싶은지 그렇지 않은지 의견을 물을 때 '어때?', '어떻게 생각해?' 라는 의미로 쓰는 표현이에요. 예를 들어, Let's go fishing tonight. What do you say? '오늘 밤에 낚시 가자. 어때?' 이런 식으로 쓰는데, 뒤에서 패턴 문장을 통해 더 살펴보도록 할게요.

★ 영화 속 패턴 익히기

❷ It was the happiest Boxing Day of my life. 내 평생 가장 행복했던 크리스마스 다음 날이었지.

서양권 나라들에서 크리스마스 바로 다음 날 할인행사를 특별히 크게 하는데 그 날을 '박싱 데이'라고 불러요. 박싱 데이가 원래는 전통적으로 가난한 사람들에게 선물과 기부를 하는 날인데, 현대에 들어와서는 크리스마스 재고 등 연말에 재고를 털어내기 위해 소매상들이 물건 가격을 대폭 할인 판매하여 소비자들의 쇼핑을 유도하는 날이 되었답니다. 유럽국가들뿐만 아니라 미국과 캐나다에서도 박싱 데이에 큰 할인행사를 많이 해요.

* I love shopping on **Boxing Day.** 난 박싱데이에 쇼핑하는 게 너무 좋다.
* Do they have **Boxing Day** in Korea? 한국에도 박싱데이가 있나요?

❸ I was ready to finally do what I was made to do.

난 마침내 내가 애초에 만들어진 목적을 실행에 옮길 준비가 되어있었지.

'what I was made to do'는 창조주가 나를 이 세상에 보내신 목적, 또는 내가 이 세상에 태어난 목적을 뜻하는데, made 부분을 born으로 바꿔서 'what I was born to do'라고 할 수도 있어요.

* I don't think I'm doing **what I was made to do.** 내가 태어난 목적대로 살고 있는 것 같지가 않아요.
* This is **what I was made to do.** 내가 태어난 목적이 바로 이거예요.

❹ It's not fair, why Rejean! 이건 옳지 않아, 리장 왜 그랬냐고!

fair는 '공평한, 공정한'이라는 의미의 형용사인데, '타당한, 온당한, 옳은'이라는 뜻으로도 해석이 가능해요. 그래서, 'It's not fair.'라는 표현은 공정성을 논할 때 쓰이기도 하지만, '그건 옳지 않아'라는 뜻으로도 쓰인답니다.

* Why do you treat me this way? **It's just not fair.** 왜 나를 이렇게 대접하는 거죠? 정말 이건 옳지 않아요.
* **It's not fair.** Eric always gets more! 이건 공정하지 않아요. 에릭이 맨날 더 받잖아요!

영화 속 패턴 익히기

오늘 배운 장면에서 뽑은 핵심 패턴으로 다양한 표현을 만들어 보세요.

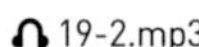
19-2.mp3

~, what do you say? (~하는 게) 어때?

Step 1 기본 패턴 연습하기

1 Let's go shopping, **what do you say**? 쇼핑하러 갈까, 어때?

2 How about we sell the car? **What do you say**? 그 차 팔까? 어때?

3 Let's go to the movies tonight, **what do you say**? 오늘 밤에 영화 보러 갈까, 어때?

4 Let's call it a day, ____________________? 오늘은 이제 그만할까, 어때?

5 Maybe we could hang out tomorrow, ____________________? 우리 내일 같이 놀까, 어때?

Step 2 패턴 응용하기 | What do you say to ~?

1 **What do you say to** that? 그거 하는 거 어때?

2 **What do you say to** a drink? 술 한잔 할까?

3 **What do you say to** a week in Guam? 일주일간 괌 여행 어때?

4 ____________________ a meal out? 외식하는 거 어때?

5 ____________________ for dinner? 저녁은 초밥으로 하는 거 어때?

Step 3 실생활에 적용하기

A 수영하러 갈까, 어때?

B Swimming? It's freezing out.

A We can swim indoors.

A Let's go swimming, what do you say?

B 수영? 지금 밖에 엄청 추워.

A 실내수영장 가면 되잖아.

정답 Step 1 4 what do you say 5 what do you say Step 2 4 What do you say to 5 What do you say to sushi

확인학습

문제를 풀며 오늘 배운 표현을 완벽히 내 것으로 만드세요.

A | 영화 속 대화를 완성해 보세요.

BO Ahhhhh, ha, ha, hey, Duke, ❶ __________ some more poses, ❷ __________?
아아아, 하, 하, 이봐, 듀크, 포즈 몇 개만 더 보여줄래, 응 어때?

DUKE CABOOM I had a kid... 내게도 아이가 있었지…

BO Oh, no. 오, 이런.

DUKE CABOOM ...Rejean. …리장.

DUKE CABOOM Rejean was so excited ❸ __________ Christmas... 크리스마스가 끝나고 리장이 날 선물로 받았을 때 정말 좋아했었지...

DUKE CABOOM It was the happiest ❹ __________ of my life...
내 평생 가장 행복했던 크리스마스 다음 날이었지…

COMMERCIAL ANNOUNCER Duke Caboom, ❺ __________ Caboom stunt cycle. CA-BOOOOOM!
놀라운 카붐 스턴트 오토바이에 올라탄 듀크 카붐. 카부우우우우움!

DUKE CABOOM I was ready to finally do ❻ __________.
난 마침내 내가 애초에 만들어진 목적을 실행에 옮길 준비가 되어있었지.

COMMERCIAL ANNOUNCER CA-BOOOOOM! 카-부우우우우움!

DUKE CABOOM But when Rejean realized I couldn't ❼ __________ the toy in the commercial.
하지만 리장이 내가 광고 속의 장난감처럼 멀리 점프하지 못한다는 것을 알게 됐지.

DUKE CABOOM ...It's a commercial! ❽ __________! Rejean ❾ __________! ❿ __________, why Rejean! WHY!
…그건 광고잖아! 진짜가 아니라고! 리장이 날 버렸어! 이건 옳지 않아, 리장 왜 그랬냐고! 왜!

B | 다음 빈칸을 채워 문장을 완성해 보세요.

1 오늘 밤에 영화 보러 갈까, 어때?
Let's go to the movies tonight, __________?

2 오늘은 이제 그만할까, 어때?
Let's call it a day, __________?

3 우리 내일 같이 놀까, 어때?
Maybe we could hang out tomorrow, __________?

4 외식하는 거 어때?
__________ a meal out?

5 저녁은 초밥으로 하는 거 어때?
__________ for dinner?

정답 A

❶ show us
❷ whadaya say
❸ when he got me after
❹ Boxing Day
❺ riding the amazing
❻ what I was made to do
❼ jump as far as
❽ It's not real
❾ threw me away
❿ It's not fair

정답 B

1 what do you say
2 what do you say
3 what do you say
4 What do you say to
5 What do you say to sushi

Day 20

Living Without a Kid

아이 없이 산다는 것

포키 구하기 작전 중 우디와 보는 그동안의 밀린 이야기를 나누네요(catch up on things with each other). 아이 없이 살아가고 있는 보의 삶을 안쓰러워 하는(feel pity for her) 우디에게 보는 놀아주는 아이 없이 사는 것도 그 나름의(of its own) 행복이 있다고 말하네요. 세상에는 생각보다 멋진 것들이 많다고 하고요. 우디에게 아이의 품에서 편하게(without difficulty) 살던 곳에서 벗어나 세상을 경험해 보고 싶은 마음은 없느냐고 묻자, 우디는 잠시 머뭇거리다가 그럴 생각은 없노라고 대답합니다. 우디에겐 아이와의 관계가 자기 존재의 의미이니까요.

오늘 등장하는 표현들입니다. 어떤 표현이 들어가야 할지 생각해 보세요.

* __________ getting out there and seeing the world?
  넌 이곳을 벗어나서 세상을 보고 싶다는 생각 해 본 적 있니?
* __________. 이 늙은 장난감한테 새로운 걸 가르치려고 해 봐야 다 부질없는 짓이야.
* __________ in the store in the first place? 넌 애초에 어쩌다가 이 가게에 들어오게 된 거야?
* __________! 정말 근사하다!

바로 이 장면!

오디오 파일을 듣고 3번 따라 말해보세요.

20-1.mp3

WOODY 우디
You really don't think you'll ever be in a kid's room again, huh?
정말 넌 다시는 아이의 방에 들어가게 될 것이라고는 생각하지 않나 보구나, 응?

BO 보
Nope. And now with the carnival traveling through, it's our chance to hop a ride and leave town.
안 하지. 그리고 이제 축제 여행이 다 끝났으니 우리에겐 지금이 차에 올라타서 마을을 떠날 기회인 거야.

WOODY 우디
You're- you're leaving?
너- 너 떠나려고?

BO 보
Sure am. **You ever think about** getting out there and seeing the world?[1]
당연하지. 넌 이곳을 벗어나서 세상을 보고 싶다는 생각 해 본 적 있니?

WOODY 우디
Without a kid...? ...No.
아이 없이…? …아니.

WOODY 우디
You can't teach this old toy new tricks.[2]
이 늙은 장난감한테 새로운 걸 가르치려고 해 봐야 다 부질없는 짓이야.

BO 보
You'd be surprised...
과연 그럴까…

BO 보
So... **How'd you end up** in the store in the first place?[3]
그래서… 넌 애초에 어쩌다가 이 가게에 들어오게 된 거야?

WOODY 우디
Well, I... I saw your lamp in the window... and... I thought maybe...uh... maybe you were inside, and so I, uh... I...
아, 내… 내가 창문으로 네 램프를 봤어… 그리고… 생각했지 혹시 어쩌면…어… 네가 안에 있을지도 모른다고, 그래서 내, 어… 내가…

WOODY 우디
Wow.
우와.

BO 보
Yeah.
그래.

WOODY 우디
Will you look at that![4]
정말 근사하다!

장면 파헤치기

구문 설명과 예문으로 이 장면의 핵심 표현을 완벽히 이해하세요.

❶ You ever think about getting out there and seeing the world?
넌 이곳을 벗어나서 세상을 보고 싶다는 생각 해 본 적 있니?

'~에 대해서 생각해 본 적 있니?'라고 물을 때는 'Have you thought about ~?'으로 문장을 시작하는데, 위에서처럼 현재형으로 (Do) you ever think about이라고 표현할 수도 있어요. 현재형으로 쓰이는 경우에 정확히 따져서 해석을 하면 '~에 대해 생각해 본 적 있니?' 보다는 '(삶을 살아가다가) ~에 대한 생각을 하기도 하니?'라고 해야 맞겠지만, 그렇게 하면 아무래도 해석이 매끄럽지 않아서 편의상 '~에 대해서 생각해 본 적 있니?'로 번역을 했어요.

* Do **you ever think about** how lucky you are to have parents like us?
  우리 같은 부모를 만나서 네가 얼마나 운이 좋은 건지 생각해 본 적 있니?
* Do **you ever think** about what you want to be? 나중에 뭐가 되고 싶은지 생각해 본 적 있니?

❷ You can't teach this old toy new tricks. 이 늙은 장난감한테 새로운 걸 가르치려고 해 봐야 다 부질없는 짓이야.

이미 오랜 세월에 걸쳐 습관이 자리 잡은 사람에게 아무리 새로운 방법이나 기술을 가르치려고 해 봐야 소용없다는 의미로 쓰이는 관용표현, 'You can't teach an old dog new tricks.'를 상황에 맞게 살짝 변형해서 쓴 문장이에요.

* A: He won't even listen to me. 그가 내 말을 들으려고도 하지 않아.
  B: **You can't teach an old dog new tricks.** 고집불통이라 아무리 말해 봐야 소용없어.

❸ How'd you end up in the store in the first place? 넌 애초에 어쩌다가 이 가게에 들어오게 된 거야?

end up은 '(결국 어떤 처지에) 처하게 되다'라는 의미의 숙어예요. 여기에서는 How did you와 함께 써서 '어쩌다가/어떻게 네가 ~한 상황에 처하게 되었느냐?'라는 의미를 가진 패턴으로 문장을 만들어 볼 텐데, How did you를 줄인 How'd you 형식을 유지하면서 쓰도록 할게요. 그다음에는 주어를 바꿔가며 더 활용도를 높여 보도록 하겠습니다.

★ 영화 속 패턴 익히기

❹ Will you look at that! 정말 근사하다!

위의 문장은 끝에 나오는 부호를 물음표로 쓰면 '저것 좀 보겠니?'라는 의미가 되지만, 위에서와 같이 느낌표로 쓰면 '와, 이것 좀 봐라! / 정말 근사하구나!' 라는 뜻의 감탄문이 된답니다.

* **Will you look at** this mess! 어찌 이런 난장판이 있을 수가!
* **Will you look at** the size of that mosquito! 저 모기의 엄청난 사이즈 좀 봐라!

 오늘 배운 장면에서 뽑은 핵심 패턴으로 다양한 표현을 만들어 보세요.

20-2.mp3

How'd you end up ~? 넌 어쩌다가 ~하게 된 거야?

Step 1 기본 패턴 연습하기

1 **How'd you end up** living like this? 넌 어쩌다가 이렇게 살게 된 거니?

2 **How'd you end up** homeless? 넌 어쩌다가 집도 없이 이렇게 노숙자로 살게 된 거니?

3 **How'd you end up** here? 너 어쩌다가 여기에 있게 된 거니?

4 ________________ a professional golfer? 넌 어쩌다가 프로 골퍼가 된 거야?

5 ________________ your job? 넌 어쩌다가 이 일을 하게 된 거야?

Step 2 패턴 응용하기 | How did + 주어 + end up ~?

1 **How did she end up** with you? 그녀가 어쩌다가 너와 사귀게 된 거니?

2 **How did he end up** in jail? 그가 어쩌다가 감옥에 가게 된 거니?

3 **How did I end up** falling for you? 난 어쩌다가 너에게 빠지게 된 걸까?

4 ________________ in Vancouver? 너희 가족은 어쩌다가 밴쿠버에서 살게 된 거니?

5 ________________ so rich? 그들은 어떻게 해서 이렇게 부자가 된 거니?

Step 3 실생활에 적용하기

A 넌 어쩌다가 작가가 된 거니?
B I've always wanted to be a writer ever since I was very little.
A Is that so? I had no idea.

A How'd you end up being a writer?
B 난 원래 아주 어렸을 때부터 작가가 되는 게 꿈이었어.
A 그래? 난 전혀 몰랐네.

정답 Step 1 4 How'd you end up being 5 How'd you end up with Step 2 4 How did your family end up 5 How did they end up being

확인학습

문제를 풀며 오늘 배운 표현을 완벽히 내 것으로 만드세요.

A | 영화 속 대화를 완성해 보세요.

WOODY You really don't think ❶ ________ in a kid's room again, huh? 정말 넌 다시는 아이의 방에 들어가게 될 것이라고는 생각하지 않나 보구나, 응?

BO Nope. And now with the carnival traveling through, it's ❷ ________ hop a ride and leave town. 안 하지. 그리고 이제 축제 여행이 다 끝났으니 우리에겐 지금이 차에 올라타서 마을을 떠날 기회인 거야.

WOODY You're- you're ❸ ________? 너- 너 떠나려고?

BO Sure am. ❹ ________ getting out there and ❺ ________? 당연하지. 넌 이곳을 벗어나서 세상을 보고 싶다는 생각 해 본 적 있니?

WOODY Without a kid...? ...No. 아이 없이…? …아니.

WOODY ❻ ________. 이 늙은 장난감한테 새로운 걸 가르치려고 해 봐야 다 부질없는 짓이야.

BO You'd be surprised... 과연 그럴까…

BO So... ❼ ________ in the store ❽ ________? 그래서… 넌 애초에 어쩌다가 이 가게에 들어오게 된 거야?

WOODY Well, I... I saw your lamp in the window... and... I thought maybe...uh... ❾ ________, and so I, uh... I... 아, 내… 내가 창문으로 네 램프를 봤어… 그리고… 생각했지 혹시 어쩌면…어… 네가 안에 있을지도 모른다고, 그래서 내, 어… 내가…

WOODY Wow. 우와.

BO Yeah. 그래.

WOODY ❿ ________! 정말 근사하다!

B | 다음 빈칸을 채워 문장을 완성해 보세요.

1 넌 어쩌다가 이렇게 살게 된 거니?

________ living like this?

2 넌 어쩌다가 프로 골퍼가 된 거야?

________ a professional golfer?

3 넌 어쩌다가 이 일을 하게 된 거야?

________ your job?

4 너희 가족은 어쩌다가 밴쿠버에서 살게 된 거니?

________ in Vancouver?

5 그들은 어떻게 해서 이렇게 부자가 된 거니?

________ so rich?

정답 A

❶ you'll ever be
❷ our chance to
❸ leaving
❹ You ever think about
❺ seeing the world
❻ You can't teach this old toy new tricks
❼ How'd you end up
❽ in the first place
❾ maybe you were inside
❿ Will you look at that

정답 B

1 How'd you end up
2 How'd you end up being
3 How'd you end up with
4 How did your family end up
5 How did they end up being

Day 21

Chaotic Rescue Mission

혼돈의 구출 작전

포키와 양들을 구하려는 작전을 펼치던 보와 우디, 그리고 버즈를 비롯한 그들의 무리the gang. 다른 한편에서 그들과 맞서는 개비개비와 그녀의 부하들subordinates. 이 두 무리의 밀고 당기는push and pull 갈등만으로도conflict 정신이 없는데, 가게 안에 머물던 드래곤이라는 고양이가 갑자기 이들 사이에 끼어들면서get involved in 구출 작전이 난항을 겪게 되네요. 고양이의 목줄에 매달린 우디는 풀스트링 옆의 솔기까지seam 뜯기면서 정신 줄을 붙잡고 있기가 점점 힘들어지고, 양들은 바닥에 곤두박질치며 다리에 상처를 입고 말았어요.

오늘 등장하는 표현들입니다. 어떤 표현이 들어가야 할지 생각해 보세요.

* I'm ______________. 난 너무 귀여워서 죽기엔 아깝단 말야.
* ______________. 난 그저 대화를 나누고 싶을 뿐이야.
* YOU'RE MY FAVORITE ______________! 넌 내가 제일 좋아하는 부하야!
* ______________ THE WATERHOLE! 누가 우물에 독을 넣었어!

바로 이 장면!

오디오 파일을 듣고 3번 따라 말해보세요. 21-1.mp3

DUCKY 덕키	Take the bunny! 버니를 데려가!
DUCKY 덕키	I'm **too cute to die.**[1] Please! Please! 난 너무 귀여워서 죽기엔 아깝단 말야. 제발! 제발!
BUZZ 버즈	Hi-ya! 안녕!
BUZZ 버즈	Woody! 우디!
GABBY GABBY 개비개비	**I just want to talk.**[2] 난 그저 대화를 나누고 싶을 뿐이야.
WOODY **우디**	Yeah, with my voicebox! 그래, 내 소리 상자하고!
BUZZ 버즈	Pull! 당겨!
WOODY **우디**	WHOAH! 우오워!
WOODY VOICEBOX **우디 소리 상자**	YOU'RE MY FAVORITE **DEPUTY**![3] 넌 내가 제일 좋아하는 부하야!
WOODY VOICEBOX **우디 소리 상자**	**SOMEBODY'S POISONED** THE WATERHOLE![4] 누가 우물에 독을 넣었어!

장면 파헤치기

구문 설명과 예문으로 이 장면의 핵심 표현을 완벽히 이해하세요.

❶ I'm too cute to die. 난 너무 귀여워서 죽기엔 아깝단 말야.

〈주어 + be동사 + too + 형용사 + to + 동사〉는 '~하기엔 너무 ~하다'라는 의미로 패턴화하여 쓸 수 있는 표현이에요. 예를 들어, You're too smart to fail. '낙제하기엔 네가 너무 똑똑해', She's too much to handle. '그녀는 감당하기에 너무 벅찬 사람이다' 이런 식으로 쓸 수 있지요. 우선, 문장의 끝에 나오는 동사를 die로 고정해서 패턴 문장을 만들고, 그다음엔 동사를 바꿔가면서 연습해 보도록 할게요.

★ 영화 속 패턴 익히기

❷ I just want to talk. 난 그저 대화를 나누고 싶을 뿐이야.

'난 그냥/단지/그저 ~하고 싶을 뿐이야'라고 할 때는 〈I just want to + 동사〉 형식으로 문장을 써요. '그냥 ~하고 싶었을 뿐이야'라고 과거형으로 표현하고 싶을 때는 want만 wanted로 바꿔서 〈I just wanted to + 동사〉의 형식으로 쓰면 된답니다.

* **I just want to be happy.** 난 그저 행복하고 싶을 뿐이야.
* **I just want to say**, thank you. 난 그저 고맙다는 말을 하고 싶은 것뿐이야.

❸ YOU'RE MY FAVORITE DEPUTY! 넌 내가 제일 좋아하는 부하야!

deputy는 어떤 조직에서 가장 높은 '회장/사장/부장' 등의 다음 가는 직급을 표현할 때 쓰는 '부~, ~보, ~대행/대리'와 같은 의미를 가진 단어예요. 예를 들어, 학교의 교감을 a deputy head of school이라고 표현한답니다. 그런데, 미국에서는 보안관보를 deputy라고 부르기도 해요. 이 장면에서는 deputy를 '보안관' 우디의 '부하'로 해석했어요.

* I'd like you to meet Aeron Davis, my **deputy**. 나의 부하, 아론 데이비스와 인사 나누세요.
* She works as a **deputy** manager. 그녀는 직급이 차장이다.

❹ SOMEBODY'S POISONED THE WATERHOLE! 누가 우물에 독을 넣었어!

〈Somebody + (has) 과거/과거분사 ~〉는 알 수 없는 누군가가 어떤 악한 일을 저질렀음을 타인에게 말할 때 쓰는 문장의 형식이에요. '누가/누군가가 ~을 저질렀다/했다'는 의미가 되지요.

* **Somebody put** something in my drink. 누가 내 음료에 뭔가를 넣었다.
* **Somebody broke** into my house. 누가 우리 집에 무단침입했다.

영화 속 패턴 익히기

오늘 배운 장면에서 뽑은 핵심 패턴으로 다양한 표현을 만들어 보세요.

21-2.mp3

be동사 + too + 형용사 + to die

죽기엔 너무 ~하다.

Step 1 기본 패턴 연습하기

1 I'm **too smart to die.** 난 죽기엔 너무 똑똑하다.

2 Eugene is **too young to die.** 유진은 죽기엔 너무 어리다.

3 My grandfather is **too healthy to die.** 우리 할아버지께서는 돌아가시기엔 너무 건강하셔.

4 That guy ______________. 그는 너무 멍청해서 죽기도 어려워.

5 My grandmother ______________. 우리 할머니께서는 돌아가시기엔 너무 에너지가 넘치셔.

Step 2 패턴 응용하기 | too + 형용사 + to + 동사

1 This cake is **too pretty to eat.** 이 케이크는 너무 예뻐서 먹기 아깝다.

2 He's **too stupid to be** a teacher. 그는 교사가 되기엔 너무 무식해.

3 That news is **too good to be** true. 그 뉴스는 너무 좋아서 사실인 게 믿기지 않을 정도야.

4 No one ______________ basketball. 그 누구도 너무 작아서 농구를 못 할 사람은 없어.

5 That project ______________. 그 프로젝트는 너무 거대해서 실패하기가 어려울 정도야.

Step 3 실생활에 적용하기

A Henry is diagnosed with cancer.

B Oh, no! 죽기엔 그는 너무 어리잖아.

A Who said anything about dying? Cancer is a curable disease.

A 헨리가 암진단을 받았어.

B 안 돼! He is too young to die.

A 누가 죽는데? 암은 고칠 수 있는 질병이야.

정답 Step 1 4 is too dumb to die 5 is too energetic to die Step 2 4 is too small to play 5 is too big to fail

확인학습

문제를 풀며 오늘 배운 표현을 완벽히 내 것으로 만드세요.

A | 영화 속 대화를 완성해 보세요.

DUCKY ❶ ________ the ❷ ________! 버니를 데려가!

DUCKY I'm ❸ ________. Please! Please!
난 너무 귀여워서 죽기엔 아깝단 말야. 제발! 제발!

BUZZ ❹ ________! 안녕!

BUZZ Woody! 우디!

GABBY GABBY ❺ ________.
난 그저 대화를 나누고 싶을 뿐이야.

WOODY Yeah, ❻ ________!
그래, 내 소리 상자하고!

BUZZ ❼ ________! 당겨!

WOODY WHOAH! 우오워!

WOODY VOICEBOX YOU'RE MY FAVORITE ❽ ________!
넌 내가 제일 좋아하는 부하야!

WOODY VOICEBOX ❾ ________ THE ❿ ________
________! 누가 우물에 독을 넣었어!

B | 다음 빈칸을 채워 문장을 완성해 보세요.

1 유진은 죽기엔 너무 어리다.
Eugene is ________.

2 그는 너무 멍청해서 죽기도 어려워.
That guy ________.

3 우리 할머니께서는 돌아가시기엔 너무 에너지가 넘치셔.
My grandmother ________.

4 그 누구도 너무 작아서 농구를 못 할 사람은 없어.
No one ________ basketball.

5 그 프로젝트는 너무 거대해서 실패하기가 어려울 정도야.
That project ________.

정답 A

❶ Take
❷ bunny
❸ too cute to die
❹ Hi-ya
❺ I just want to talk
❻ with my voicebox
❼ Pull
❽ DEPUTY
❾ SOMEBODY'S POISONED
❿ WATERHOLE

정답 B

1 too young to die
2 is too dumb to die
3 is too energetic to die
4 is too small to play
5 is too big to fail

Day 22

Something Called 'Loyalty'

'의리'라는 것

고양이와 개비 무리에 쫓기고 엎치락뒤치락 아수라장chaos 속에, 우디의 장난감 친구들은 여기저기 상처를 입고 만신창이가wrecked 되고 말았어요. 이런 상황에 여전히 개비 무리에게 잡혀있는 포키를 구하러 가야 한다는 우디. 장난감 친구들은 우디의 고집을insistence 이해하지 못합니다. 친구들이 이렇게 다치고 또 위험에 빠질be in danger 수 있는데 어떻게 자기만 생각하냐고요. 우디는 자기에게 남은 일이left to do 그것뿐이라고, 잊혀진 장난감은 이해 못할 '의리'loyalty 때문이라고 항변합니다.

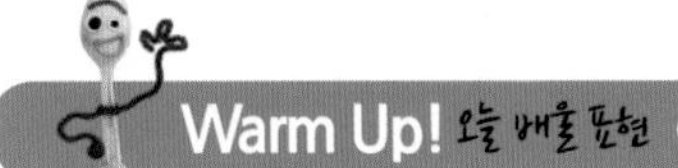

오늘 등장하는 표현들입니다. 어떤 표현이 들어가야 할지 생각해 보세요.

* ______________. 그냥.
* So the rest of us ______________? 그럼 우리 여기 남은 장난감들은 신경도 안 써?
* ______________. 내 얘기는 그런 뜻은 아니야.
* ______________ "loyalty." 이런 걸 "의리"라고 부르는 거야.

바로 이 장면!

오디오 파일을 듣고 3번 따라 말해보세요. 22-1.mp3

BO 보
Why?!
왜?!

WOODY 우디
Just– because.[1]
–그냥.

BO 보
Why?
왜?

WOODY 우디
BECAUSE IT'S ALL I HAVE LEFT TO DO! I don't have anything else.
왜냐하면 내게 남은 일이 그것밖에 없으니까! 내겐 이것밖에 할 일이 없어.

BO 보
So the rest of us **don't count**?[2]
그럼 우리 여기 남은 장난감들은 신경도 안 써?

WOODY 우디
T-**that's not what I meant.**[3] Bonnie needs Forky.
내 얘기는 그런 뜻은 아니야. 보니에겐 포키가 필요하다고.

BO 보
No. YOU need Bonnie... Open your eyes Woody. There's plenty of kids out there... It can't be just about the one you're still clinging to.
아니. 네가 보니를 필요로 하는 거야… 눈을 떠 우디. 세상에는 아이들이 정말 많아… 네가 미련을 갖는 단 하나의 아이 때문에 이럴 필요는 없다고.

WOODY 우디
It's called "loyalty."[4] Something a lost toy wouldn't understand.
이런 걸 "의리"라고 부르는 거야. 잊혀진 장난감은 이해 못할 테지만.

장면 파헤치기

구문 설명과 예문으로 이 장면의 핵심 표현을 완벽히 이해하세요.

❶ Just because. 그냥.

상대방이 '왜 그랬니?'라고 물어올 때 구체적으로 대답하기가 귀찮거나 어려운 경우가 있지요? 그럴 때, 우리말로는 '그냥'이라고 대답하죠. 이것과 똑같은 영어 표현이 Just because랍니다.

* A: Why did you break up with Clayton? 너 왜 클레이튼하고 헤어진 거니?
  B: **Just because.** 그냥.

❷ So the rest of us don't count? 그럼 우리 여기 남은 장난감들은 신경도 안 써?

count의 기본적인 의미는 '수를 세다, 계산하다'이죠. 조금 더 나아가서 이 단어는 '계산에 넣다, 포함시키다'라는 의미로도 쓰인답니다. 그래서, count를 '~로 계산하다/치다'라고 하면 문맥이 매끄럽게 해석되는 경우가 많아요.

* That **doesn't count.** 그건 안 친다.
* Billiard **doesn't count** as a sport. 당구는 스포츠로 쳐주질 않는다.

❸ That's not what I meant. 내 얘기는 그런 뜻은 아니야.

위의 문장에서 쓰인 meant는 '(특정한 의도를 담아) ~뜻으로 말하다'라는 의미를 가진 단어 mean의 과거형이에요. 상대방이 내 말을 오해한 것 같을 때, '그건 내가 의도한 뜻과 다르다'라고 말할 때 쓰는 표현이지요.

* **No, that's not what I meant.** I meant I don't know him that well yet.
  아니, 내 얘기는 그런 뜻이 아니야. 난 그냥 내가 아직은 그를 잘 모른다는 얘기지.
* **That's not what I meant.** I just didn't want to lose you.
  내 얘기는 그런 뜻이 아니야. 난 단지 널 잃고 싶지 않아서 그런 거야.

❹ It's called "loyalty." 이런 걸 "의리"라고 부르는 거야.

loyalty는 사전적인 의미로 '충실, 충성, 충성심'이라는 뜻을 가진 명사예요. 그런데, 이 장면과 같은 상황에서 조금 더 자연스럽게 해석하면 '의리'라는 단어가 더 잘 어울릴 것 같아요. 여기에서는 It's called를 활용한 패턴 문장을 연습해 볼게요. 〈It's called + 명사구〉는 '이런 것을 (소위) ~라고 부르지'라는 뜻으로 그 상황에 쓰인 명사의 중요성/의미를 부각하고 싶을 때 쓰는 표현이지요. 따옴표 안에 명사를 넣어 더 강조하기도 하고, 때로는 관사 a와 함께 써서 잘난 척을 하거나 비아냥거리는 말투로 쓰는 경우도 있어요. 같은 의미로 〈They call it + 명사구〉를 쓰기도 하는데 이 표현도 뒤에서 패턴 문장으로 같이 살펴볼게요.

★ 영화 속 패턴 익히기

영화 속 패턴 익히기

오늘 배운 장면에서 뽑은 핵심 패턴으로 다양한 표현을 만들어 보세요.

22-2.mp3

It's called ~ 이런 걸 (소위) ~라고 부른다.

Step 1 기본 패턴 연습하기

1 **It's called** "fashion." 이런 걸 "패션"이라고 하지.

2 **It's called** "democracy." 이런 걸 "민주주의"라고 부르지.

3 **It's called** a miracle. 이건 걸 소위 기적이라고 하지.

4 ______________ "insight." 이런 걸 "통찰력"이라고 하지.

5 ______________ a joke. 이런 걸 소위 농담이라고 하지.

Step 2 패턴 응용하기 | They call it + 명사구

1 **They call it** magic. 이것을 마법이라고 하지.

2 **They call it** puppy love. 이런 걸 풋사랑이라고 하지.

3 **They call it** a selfie. 이런 걸 셀카라고 불러.

4 ______________________. 이런 걸 자유라고 하지.

5 ______________ the Golden Gate Bridge. 이것이 소위 말하는 금문교란다.

Step 3 실생활에 적용하기

A What do you call these feelings?
B 그런 걸 바로 "사랑"이라고 하지.
A Aha! I've fallen in love.

A 이런 기분을 뭐라고 부르죠?
B It's called "Love."
A 아하! 내가 사랑에 빠진 거로군요.

정답 Step 1 4 It's called 5 It's called Step 2 4 They call it freedom 5 They call it

확인학습

문제를 풀며 오늘 배운 표현을 완벽히 내 것으로 만드세요.

A | 영화 속 대화를 완성해 보세요.

BO Why?! 왜?!

WOODY ❶ ________________. - 그냥.

BO Why? 왜?

WOODY BECAUSE ❷ ________________ TO DO! I don't have ❸ ________________.
왜냐하면 내게 남은 일이 그것밖에 없으니까! 내겐 이것밖에 할 일이 없어.

BO So the rest of us ❹ ________________?
그럼 우리 여기 남은 장난감들은 신경도 안 써?

WOODY T-❺ ________________. Bonnie needs Forky.
내 얘기는 그런 뜻은 아니야. 보니에겐 포키가 필요하다고.

BO No. YOU need Bonnie... ❻ ________________ Woody. There's ❼ ________________ out there... It can't be ❽ ________________ you're still clinging to.
아니. 네가 보니를 필요로 하는 거야… 눈을 떠 우디. 세상에는 아이들이 정말 많아… 네가 미련을 갖는 단 하나의 아이 때문에 이럴 필요는 없다고.

WOODY ❾ ________________ "loyalty." Something a lost toy ❿ ________________.
이런 걸 "의리"라고 부르는 거야. 잊혀진 장난감은 이해 못할 테지만.

B | 다음 빈칸을 채워 문장을 완성해 보세요.

1 이건 걸 소위 기적이라고 하지.
________________ a miracle.

2 이런 걸 "통찰력"이라고 하지.
________________ "insight."

3 이런 걸 소위 농담이라고 하지.
________________ a joke.

4 이런 걸 자유라고 하지.
________________.

5 이것이 소위 말하는 금문교란다.
________________ the Golden Gate Bridge.

정답 A

❶ Just because
❷ IT'S ALL I HAVE LEFT
❸ anything else
❹ don't count
❺ that's not what I meant
❻ Open your eyes
❼ plenty of kids
❽ just about the one
❾ It's called
❿ wouldn't understand

정답 B

1 It's called
2 It's called
3 It's called
4 They call it freedom
5 They call it

Day 23

A Chance to Be Loved

사랑받을 수 있는 기회

서로 마음에 상처를 준 채 보와 다른 장난감들이 떠나고 뒤에 남겨진left behind 버즈와 우디. 버즈가 우디에게 이제 보니가 있는 캠핑카로 돌아가자고 하자, 우디는 자신은 무슨 일이 있어도 포키를 구출해서save 보니에게 데려다줘야 한다고 말합니다. 결국 우디 혼자 가게로 돌아가고 어떻게 할지 고민하던 버즈는 내면의 소리 명령에command 따라 다시 캠핑카로 향합니다. 가게에서 개비 무리와 대면한come face to face 우디는 이제 옆에 도와줄 친구가 아무도 없습니다. 개비가 포키를 볼모로 잡으면서까지 우디를 집요하게stubbornly 원하는 이유는 무엇일까요?

오늘 등장하는 표현들입니다. 어떤 표현이 들어가야 할지 생각해 보세요.

* Riding a bike with him ________. 처음으로 자전거를 탔던 그 순간.
* You've been there through all their ________. 그들의 우여곡절을 네가 모두 함께 겪었지.
* ________ a chance for just one of those moments.
  내가 유일하게 원하는 것이 그러한 순간을 경험할 기회야.
* ________ be loved the way you have.
  네가 사랑받았던 것처럼 나도 사랑받을 수 있다면 난 뭐든지 다 할 거야.

바로 이 장면!

오디오 파일을 듣고 3번 따라 말해보세요. 23-1.mp3

GABBY GABBY
개비개비

I can only imagine what it must have been like for you. All that time you spent with Andy... riding a bike with him **for the first time**,❶ comforting him when he skinned his knee, proudly watching him grow up, and then you got a second chance with Bonnie, giving her comfort when she's scared at school, helping her when she needs it most. You've been there through all their **ups and downs**...❷ Please. Be honest with me – was it as wonderful as it sounds?

네가 어떤 기분이었을지 난 그저 상상을 해 볼 수 있을 뿐이야. 앤디와 함께 했던 수많은 순간들… 처음으로 자전거를 탔던 그 순간, 그의 무릎이 까졌을 때 위로해 주던 일, 성장하는 것을 대견하게 지켜보던 일, 그리고 보니와 다시 한 번 기회를 얻게 되어, 그녀가 학교에서 무서워할 때 위로해 주고, 그녀가 정말 필요로 할 때 도움을 주는 것. 그들의 우여곡절을 네가 모두 함께 겪었지… 제발. 솔직히 말해 줄래 – 듣기에는 참 달콤한 얘긴데, 실제로도 그렇게 좋았었니?

WOODY
우디

...It was.

…그랬지.

GABBY GABBY
개비개비

All I want is a chance for just one of those moments.❸ **I'd give anything to** be loved the way you have.❹

내가 유일하게 원하는 것이 그러한 순간을 경험할 기회야. 네가 사랑받았던 것처럼 나도 사랑받을 수 있다면 난 뭐든지 다 할 거야.

장면 파헤치기

구문 설명과 예문으로 이 장면의 핵심 표현을 완벽히 이해하세요.

❶ Riding a bike with him for the first time. 처음으로 자전거를 탔던 그 순간.

'처음으로'라는 표현을 'for the first time'이라고 해요. '난생/태어나서 처음으로'라고 하고 싶다면, 뒤에 in my life를 넣어서 'for the first time in my life' 이렇게 쓰면 되고요.

* I fell in love **for the first time.** 내 태어나서 처음으로 사랑에 빠졌다.
* Wayne was hospitalized **for the first time** in his life. 웨인은 난생 처음 입원했다.

❷ You've been there through all their ups and downs. 그들의 우여곡절을 네가 모두 함께 겪었지.

ups and downs는 올라갔다가 내려갔다가 하는 인생의 굴곡에 대해서 말할 때 쓰는 표현이에요. '오르내림, 기복, 고저, 성하였다가 쇠하였다가 하기, 부침, 우여곡절'과 같은 우리말로 해석이 가능하겠네요. up and down이 아니라 두 단어 모두 뒤에 s가 붙어서 ups and downs 라는 것에 유념해 주세요.

* We've had our share of **ups and downs**, like any couple.
우리도 나름대로 우여곡절을 겪었어요, 여느 다른 커플들과 똑같이.
* The company has gone through **ups and downs** over the years.
그 회사는 지난 몇 년간 잘될 때도 있었고 안될 때도 있었다.

❸ All I want is a chance for just one of those moments.
내가 유일하게 원하는 것이 그러한 순간을 경험할 기회야.

'All I want is ~'는 '내가 원하는 것의 전부는 ~이다'라는 의미로 많이 쓰이는 패턴 표현이에요. 예를 들어, All I want is you. '내가 원하는 것의 전부는 너뿐이야', 또는 All I want is to be loved. '내가 원하는 것의 전부는 사랑을 받는 것이야' 이렇게 쓸 수 있지요.

* **All I want is** to be with you. 내가 유일하게 원하는 것은 너와 함께하는 것이야.
* **All I need is** a little more time. 난 그저 시간이 조금 더 필요할 뿐이야.

❹ I'd give anything to be loved the way you have.
네가 사랑받았던 것처럼 나도 사랑받을 수 있다면 난 뭐든지 다 할 거야.

〈I'd give anything to + 동사〉는 '~할 수 있다면 난 뭐든지 다 하겠다'라는 뜻으로 쓸 수 있는 패턴 표현이에요. 동사로 give가 쓰여서 직역을 하면 '뭐든지 다 주겠다'가 되지만, 실제 의미는 '뭐든지 다 줄 용의가 있다'는 표현으로 자연스럽게 '뭐든지 다 하겠다'로 해석하는 것이 좋겠어요. 여기에서 I'd는 I would의 축약된 표현이라는 것도 알아두시고요.

★ 영화 속 패턴 익히기

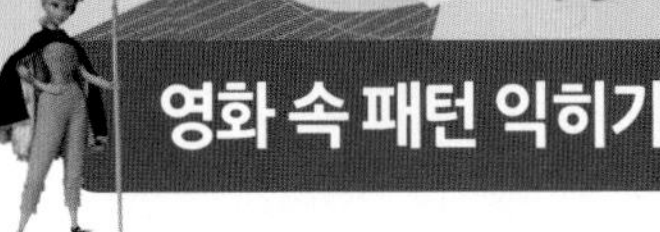

영화 속 패턴 익히기

오늘 배운 장면에서 뽑은 핵심 패턴으로 다양한 표현을 만들어 보세요.

23-2.mp3

I'd give anything to ~ ~를 위해서라면 난 뭐든지 다 할 거야.

Step 1 기본 패턴 연습하기

1 **I'd give anything to** be with you. 너와 함께할 수만 있다면 난 뭐든지 다 할 거야.

2 **I'd give anything to** go back to that moment. 그 순간으로 돌아갈 수만 있다면 난 뭐든지 다 할 거야.

3 **I'd give anything to** make you understand me. 네가 나를 이해해 줄 수만 있다면 난 뭐든지 다 할 거야.

4 ________________ finish my degree. 내 학위를 마칠 수만 있다면 난 뭐든지 다 할 거야.

5 ________________ a billionaire. 억만장자가 될 수만 있다면 난 뭐든지 다 할 거야.

Step 2 패턴 응용하기 | 주어 + would give anything to + 동사

1 Rosa **would give anything to** get into Harvard. 로사는 하버드에 들어갈 수만 있다면 뭐든지 다 할 거야.

2 Pat **would give anything to** be young again. 팻은 다시 젊어질 수만 있다면 뭐든지 다 할 거야.

3 Adam **would give anything to** see you again. 아담은 널 다시 볼 수만 있다면 뭐든지 다 할 거야.

4 The alien ________________ human. 그 외계인은 인간이 될 수만 있다면 뭐든지 다 할 거야.

5 She ________________. 그녀는 임신할 수만 있다면 뭐든지 다 할 거야.

Step 3 실생활에 적용하기

A What do you wish for the most in life?

B 난 다시 어린 시절로 돌아갈 수만 있다면 정말 소원이 없겠어.

A You must have a lot of fond memories as a kid.

A 평생 가장 이루고 싶은 소원이 있다면 넌 그게 무엇이니?

B I'd give anything to be a kid again.

A 넌 어린 시절에 대한 좋은 추억이 많은가 보구나.

정답 Step 1 4 I'd give anything to 5 I'd give anything to be Step 2 4 would give anything to be 5 would give anything to be pregnant

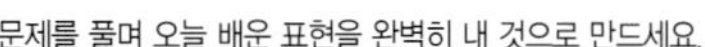

확인학습

문제를 풀며 오늘 배운 표현을 완벽히 내 것으로 만드세요.

A | 영화 속 대화를 완성해 보세요.

GABBY GABBY I can ❶ ________ what it must have been like for you. All that time you spent with Andy... riding a bike with him ❷ ________, comforting him when ❸ ________, proudly watching him grow up, and then you got a second chance with Bonnie, giving her comfort when she's ❹ ________, helping her when ❺ ________. You've been there through all their ❻ ________... Please. ❼ ________ me – was it as wonderful ❽ ________? 네가 어떤 기분이었을지 난 그저 상상을 해 볼 수 있을 뿐이야. 앤디와 함께 했던 수많은 순간들… 처음으로 자전거를 탔던 그 순간, 그의 무릎이 까졌을 때 위로해 주던 일, 성장하는 것을 대견하게 지켜보던 일, 그리고 보니와 다시 한 번 기회를 얻게 되어, 그녀가 학교에서 무서워할 때 위로해 주고, 그녀가 정말 필요로 할 때 도움을 주는 것. 그들의 우여곡절을 네가 모두 함께 겪었지… 제발, 솔직히 말해 줄래 – 듣기에는 참 달콤한 얘긴데, 실제로도 그렇게 좋았었니?

WOODY ...It was. …그랬지.

GABBY GABBY ❾ ________ a chance for just one of those moments. ❿ ________ be loved the way you have. 내가 유일하게 원하는 것이 그러한 순간을 경험할 기회야. 네가 사랑받았던 것처럼 나도 사랑받을 수 있다면 난 뭐든지 다 할 거야.

B | 다음 빈칸을 채워 문장을 완성해 보세요.

1 너와 함께할 수만 있다면 난 뭐든지 다 할 거야.
________ be with you.

2 내 학위를 마칠 수만 있다면 난 뭐든지 다 할 거야.
________ finish my degree.

3 억만장자가 될 수만 있다면 난 뭐든지 다 할 거야.
________ a billionaire.

4 그 외계인은 인간이 될 수만 있다면 뭐든지 다 할 거야.
The alien ________ human.

5 그녀는 임신할 수만 있다면 뭐든지 다 할 거야.
She ________.

정답 A

❶ only imagine
❷ for the first time
❸ he skinned his knee
❹ scared at school
❺ she needs it most
❻ ups and downs
❼ Be honest with
❽ as it sounds
❾ All I want is
❿ I'd give anything to

정답 B

1 I'd give anything to
2 I'd give anything to
3 I'd give anything to be
4 would give anything to be
5 would give anything to be pregnant

Day 24

Leaving Woody Behind

우디 두고 가기

우디를 가게에 혼자 남기고 떠나 온 장난감들이 보의 지휘에 따라 축제 행사 회전목마에[carousel] 올라타서 마을을 벗어나기 위한 작전을 세우고[plan an operation] 있어요. 하지만 옛정[old friendship] 때문인지 그를 혼자 두고 온 보의 마음이 편칠 않습니다. 기글이 우디에 대해 불만을[complaint] 말하자 가만히 듣고 있던 보는 결국 우디에게 돌아가기로 결정합니다. 그렇게 '의리'를 중시하는 장난감이기 때문에 우디가 매력이 있는[attractive] 친구라고 말이에요. 결국 나머지 친구들도 보와 함께 가게로 돌아갑니다. 참 의리 있는 장난감들이네요.

오늘 등장하는 표현들입니다. 어떤 표현이 들어가야 할지 생각해 보세요.

* I can't believe the ________ of that cowboy. 그 카우보이 녀석 간땡이가 부었나 봐.
* ________. 그러게 말이야.
* He was way ________. 그가 정말 심하게 오버하더라고.
* ________! 오 이런!

바로 이 장면!

오디오 파일을 듣고 3번 따라 말해보세요.

24-1.mp3

GIGGLE MCDIMPLES
기글 맥딤플즈

I can't believe the **nerve** of that cowboy.[1] Who does he think he is?
그 카우보이 녀석 간땡이가 부었나 봐. 도대체 자기가 뭔 줄 알고 저러는 거야?

SHEEP
양들

Baaa.
매에.

GIGGLE MCDIMPLES
기글 맥딤플즈

Exactly.[2] He was way **outta line**.[3] You did the right thing leaving him behind.
그러게 말이야. 정말 심하게 오버하더라고. 그를 남겨두고 온 건 네가 잘한 거야.

SHEEP
양들

Baaa!!!
매에!!!

DUKE CABOOM
듀크 카붐

Hey, lambchops.
이봐, 양 언니.

BO
보

Hm?
흠?

DUKE CABOOM
듀크 카붐

Coast is clear.
주변에 아무도 없다.

BO
보

Oh!
오!

BO
보

Head to the middle. When the carnival leaves tomorrow, we'll hide right there.
중앙으로 가. 내일 축제 행사팀이 떠날 때, 우리는 바로 저기에 숨을 거야.

DUCKY
덕키

Oh, no way!
오, 맙소사!

BUNNY
버니

Stuff that![4]
오 이런!

DUKE CABOOM
듀크 카붐

Awesome.
굉장한데.

장면 파헤치기

구문 설명과 예문으로 이 장면의 핵심 표현을 완벽히 이해하세요.

❶ I can't believe the nerve of that cowboy. 그 카우보이 녀석 간땡이가 부었나 봐.

nerve의 기본적인 정의는 '신경'이지만, 어려움이나 위험에 맞서는 '용기, 대담성'을 뜻하기도 해요. 우리말로 '배짱'하고 어감이 거의 같지요. '배짱'을 구어체로는 guts라고도 하는데 같이 알아두시면 좋겠어요.

* Do you have the **nerve**? 넌 그럴 배짱이 있니?
* I can't believe you have a **nerve** to call me a loser. 너에게 나를 패배자라고 부를만한 배짱이 있다니 놀랍구나.

❷ Exactly. 그러게 말이야.

상대방의 발언에 대해서 전적으로 동의를 할 때 맞장구치며 쓰는 표현이에요. 풀어서 해석하면 '네 말이 정확하게 맞아'라는 의미가 되는데, 상황에 맞게 '그렇지!' '바로 그거야!' '내 말이!' 이런 식으로도 해석이 가능해요. 이 단어를 발음할 때 유의할 점은 '이그젝틀리'가 아니라 '이그젝클리'라는 것이에요. 비슷한 유형으로 perfectly가 있는데 이 단어도 '퍼펙틀리'라고 발음하지 않고 '퍼펙클리'라고 한답니다.

* A: You mean you are firing me? 나를 해고하겠단 말인가요?
  B: **Exactly.** 바로 그렇다네.

❸ He was way outta line. 그가 정말 심하게 오버하더라고.

'out of line'은 누군가의 행동이나 말이 정도를 넘어서 너무 심할 경우에 쓰는 표현이에요. 'outta line'은 'out of line'을 구어체에서 발음 나는 대로 표기한 것이고요. 중간에 낀 way는 강조 부사로 '너무, 심하게, 엄청' 등의 의미로 해석하면 된답니다. 뒤에서 패턴 문장을 통해서 out of line과 way out of line을 문장에서 활용하는 법을 익혀볼게요.

★ 영화 속 패턴 익히기

❹ Stuff that! 오 이런!

영국이나 호주에서 화를 낼 때 외치는 소리로 '오 이런! 망할! 됐거든! 젠장!'과 같은 의미의 표현이에요. Stuff는 일정하게 쓰고 뒤에 나오는 목적어는 it, them, you 등으로 상황에 맞게 바꿔 쓸 수 있답니다.

* My boss told me to work harder. Well, **stuff him!** 직장 상사가 나보고 더 열심히 일하라고 하네. 첫, 됐거든!
* **Stuff that!** I'm not your servant! 이런 젠장! 난 네 하인이 아니라고!

영화 속 패턴 익히기

오늘 배운 장면에서 뽑은 핵심 패턴으로 다양한 표현을 만들어 보세요.

24-2.mp3

be동사 + out of line

말/행동이 도를 넘다.

Step 1 기본 패턴 연습하기

1 Am I **out of line**? 내가 너무 심했나?

2 Your behavior is **out of line**. 네 행동이 지나쳤다.

3 Calling me stupid is **out of line**. 나더러 바보라고 한 건 말이 지나쳤어.

4 ______________ when I made those remarks. 그런 발언을 한 건 내가 심했다.

5 He ______________ he asked about my personal life.
나에게 사적인 질문을 한 건 그가 좀 심했어.

Step 2 패턴 응용하기 | way out of line

1 That comment was **way out of line**. 그 발언은 너무 심했다.

2 The price is **way out of line**. 가격이 너무 도가 지나쳤다.

3 You were **way out of line** when you said that. 그 말을 한 건 네가 너무 도가 지나친 거였어.

4 He was ______________ he punched me. 그가 나를 때린 건 정말 너무 도가 지나쳤어.

5 Their parenting methods ______________. 그들의 양육법은 너무 도가 지나치다.

Step 3 실생활에 적용하기

A You are useless.
B 야, 그건 너무 심하잖아.
A Sorry, I didn't mean to hurt you.

A 넌 쓸모없는 존재야.
B Hey, that's out of line.
A 미안해, 상처를 줄 의도는 없었어.

정답 Step 1 4 I was out of line 5 was out of line when Step 2 4 way out of line when 5 are way out of line

확인학습

문제를 풀며 오늘 배운 표현을 완벽히 내 것으로 만드세요.

A | 영화 속 대화를 완성해 보세요.

GIGGLE MCDIMPLES	I can't believe the ❶ __________ of that cowboy. Who does ❷ __________? 그 카우보이 녀석 간땡이가 부었나 봐. 도대체 자기가 뭔 줄 알고 저러는 거야?
SHEEP	Baaa. 매에.
GIGGLE MCDIMPLES	❸ __________. He was way ❹ __________. You did the ❺ __________ him behind. 그러게 말이야. 정말 심하게 오버하더라고. 그를 남겨두고 온 건 네가 잘한 거야.
SHEEP	Baaa!!! 매에!!!
DUKE CABOOM	Hey, lambchops. 이봐, 양 언니.
BO	Hm? 흠?
DUKE CABOOM	Coast ❻ __________. 주변에 아무도 없다.
BO	Oh! 오!
BO	Head ❼ __________. When the carnival ❽ __________, we'll hide right there. 중앙으로 가. 내일 축제 행사팀이 떠날 때, 우리는 바로 저기에 숨을 거야.
DUCKY	Oh, ❾ __________! 오, 맙소사!
BUNNY	❿ __________! 오 이런!
DUKE CABOOM	Awesome. 굉장한데.

정답 A

❶ nerve
❷ he think he is
❸ Exactly
❹ outta line
❺ right thing leaving
❻ is clear
❼ to the middle
❽ leaves tomorrow
❾ no way!
❿ Stuff that

B | 다음 빈칸을 채워 문장을 완성해 보세요.

1 네 행동이 지나쳤다.
Your behavior is __________.

2 그런 발언을 한 건 내가 심했다.
__________ when I made those remarks.

3 나에게 사적인 질문을 한 건 그가 좀 심했어.
He __________ he asked about my personal life.

4 그가 나를 때린 건 정말 너무 도가 지나쳤어.
He was __________ he punched me.

5 그들의 양육법은 너무 도가 지나치다.
Their parenting methods __________.

정답 B

1 out of line
2 I was out of line
3 was out of line when
4 way out of line when
5 are way out of line

Day 25

Will Gaby's Dreams Come True?

개비의 꿈은 이루어질까?

개비개비가 그렇게도 우디를 계속 쫓아 다니고chase 원했던 이유가 드러납니다. 소리 상자voicebox 고장으로 아이들에게 버림받았다고 생각한 개비는 그것을 되찾아 고치면 다시 누군가에게 선택받을 수to be chosen 있다고 생각한 거죠. 그래서 우디의 소리 상자가 필요했던 거고요. 뚝딱뚝딱 수리가 끝나고 예전의 목소리를 되찾은recover 개비개비, 과연 가게 주인 할머니의 손녀인 하모니의 관심을 받을 수 있을까요?

오늘 등장하는 표현들입니다. 어떤 표현이 들어가야 할지 생각해 보세요.

* ________? 제가 뭘 도와드릴까요?
* We ________ the backpack? 책가방 때문에 전화했었는데요?
* ________ look around. 편하게 둘러보세요.
* Oh, ________! 오, 그렇지!

바로 이 장면!

오디오 파일을 듣고 3번 따라 말해보세요. 25-1.mp3

MARGARET 마가렛	**Can I help you with anything?**[1] 제가 뭘 도와드릴까요?
BONNIE'S MOM 보니 엄마	We **called about** the backpack?[2] 책가방 때문에 전화했었는데요?
MARGARET 마가렛	Oh, yes. I couldn't find it. 아, 네. 못 찾겠던데요.
MARGARET 마가렛	**Feel free to** look around.[3] 편하게 둘러보세요.
WOODY 우디	Quick! Before she finds it! 빨리! 그녀가 찾기 전에!
FORKY 포키	Look! There's Harmony. 저길 봐! 하모니가 있어.
GABBY GABBY VOICEBOX 개비개비 소리 상자	"You make me so happy. Let's be best friends." "넌 날 정말 행복하게 해. 우리 친구 하자."
FORKY 포키	Oh, **this is it!**[4] 오, 그렇지!
WOODY 우디	We're going home, Forky! 우린 집에 가는 거야, 포키!
WOODY 우디	Huh? FORKY?! 에잉? 포키?!
FORKY 포키	No, no, no, Woody, look—it's really happening! 아냐, 아냐, 아냐, 우디, 봐봐—실제상황이야!
GABBY GABBY VOICEBOX 개비개비 소리 상자	"I'm Gabby Gabby, and I love you." "난 개비개비야, 사랑해."
FORKY 포키	Oh, I'm gonna cry. 오, 나 눈물 날 것 같아.

장면 파헤치기

구문 설명과 예문으로 이 장면의 핵심 표현을 완벽히 이해하세요.

❶ Can I help you with anything? 제가 뭘 도와드릴까요?

'도와드릴까요?'를 가장 간단히 표현하면 'Can I help you?'이지만, 이 표현은 낯선 사람이 내 집이나 사무실과 같은 곳에서 어슬렁거리거나 뭔가 수상한 행동을 하는 것 같을 때 '거기서 뭐 하시는 거죠?'와 같은 어감으로 쓰는 경우가 많아서, 일반적인 상황에서 '제가 뭘 도와드릴까요?'라고 할 때는 뒤에 with를 넣어서 with anything과 같은 문구를 넣어서 쓰는 것이 더 좋겠어요.

* **Can I help you with** that? 내가 그것 좀 도와줄까?
* **Can I help you with anything** else? 또 다른 것도 도와줄까?

❷ We called about the backpack? 책가방 때문에 전화했었는데요?

'~에 대해서 (문의하거나 경찰서에 신고하려고) 전화를 하다'라는 의미로 call about을 써요. 'I called about ~' 형식으로 문장을 만들어서 '~에 대해서 제가 전화했는데요'라는 의미로 쓸 수 있답니다.

* I **called about** the advertisement in the paper. 신문에 나온 광고 보고 연락했어요.
* Are you the one who **called about** the news? 그 뉴스에 대해서 전화한 사람이 당신인가요?

❸ Feel free to look around. 편하게 둘러보세요.

〈Feel free to + 동사〉는 부담 갖지 말고 '편하게 ~을 하라'고 말할 때 쓰는 표현이에요. 예를 들어, Feel free to ask anything. '묻고 싶은 거 있으면 아무거나 편하게 물어보세요', 또는 Feel free to help yourself! '원하는 게 있으면 마음 편하게 골라 드세요' 이런 식으로 쓸 수 있답니다. 더 많은 패턴 문장으로 뒤에서 연습해 볼게요. 비슷한 상황에서 자주 쓰이는 'Help oneself to~' '편하게 가져다 드세요'라는 표현도 같이 살펴볼게요. ★영화 속 패턴 익히기

❹ Oh, this is it! 오, 그렇지!

자신이 찾던/원했던 것을 발견했거나, 어떤 만족스러운 결과를 얻게 되었을 때, '그래, 바로 이거야!'라는 의미로 쓰는 표현이에요. 기대하는 일이 막 시작되었음을 나타낼 때도 쓰이고요.

* **This is it!** This is what I dreamed about. 바로 이거야! 이게 내가 꿈꿔왔던 것이라고.
* **This is it!** This is what we needed. 바로 이거야! 이게 우리가 필요로 했던 것이라고.

영화 속 패턴 익히기

오늘 배운 장면에서 뽑은 핵심 패턴으로 다양한 표현을 만들어 보세요.

25-2.mp3

feel free to ~ 자유롭게/편하게 ~하세요.

Step 1 기본 패턴 연습하기

1 **Feel free to** contact me. 언제든지 자유롭게 연락주세요.

2 **Feel free to** ask any questions. 어떤 질문이라도 편하게 하세요.

3 **Feel free to** drop by anytime. 언제든지 편하게 들르세요.

4 Please, ______________ around. 얼마든지 둘러보세요.

5 Please, ______________ your thoughts. 의견이 있으면 편하게 나눠주세요.

Step 2 패턴 응용하기 | help oneself to ~

1 **Help yourself to** more dessert. 편하게 디저트 더 가져다 드세요.

2 There's plenty of food, **help yourselves to** more. 음식은 충분하니, 편하게들 더 가져다 드세요.

3 He **helped himself to** coffee at the counter. 그가 판매대에서 자유롭게 커피를 가져다 마셨다.

4 You are welcome ______________ the cake. 자유롭게 케이크 가져다 드세요.

5 The dogs ______________ leftover food. 개들이 먹다 남은 음식을 자유롭게 가져다 먹었다.

Step 3 실생활에 적용하기

A 강의 중에 어떤 질문이라도 편하게 하세요.	A Feel free to ask any questions during the lecture.
B Any questions?	B 어떤 질문이라도요?
A Anything related to the topic.	A 주제에 관련된 것이라면.

정답 Step 1 4 feel free to look 5 feel free to share Step 2 4 to help yourself to 5 helped themselves to some

확인학습

문제를 풀며 오늘 배운 표현을 완벽히 내 것으로 만드세요.

A | 영화 속 대화를 완성해 보세요.

MARGARET ❶ ______________________?
제가 뭘 도와드릴까요?

BONNIE'S MOM We ❷ ______________ the backpack?
책가방 때문에 전화했었는데요?

MARGARET Oh, yes. ❸ ______________. 아, 네. 못 찾겠던데요.

MARGARET ❹ ______________ look around.
편하게 둘러보세요.

WOODY Quick! ❺ ______________ finds it!
빨리! 그녀가 찾기 전에!

FORKY Look! There's Harmony. 저길 봐! 하모니가 있어.

GABBY GABBY VOICEBOX "You ❻ ______________. Let's be best friends." "넌 날 정말 행복하게 해. 우리 친구 하자."

FORKY Oh, ❼ ______________! 오, 그렇지!

WOODY We're ❽ ______________, Forky!
우린 집에 가는 거야, 포키!

WOODY Huh? FORKY?! 에잉? 포키?!

FORKY No, no, no, Woody, look—it's ❾ ______________ ______________! 아냐, 아냐, 아냐, 우디, 봐봐—실제상황이야!

GABBY GABBY VOICEBOX "I'm Gabby Gabby, and I love you."
"난 개비개비야. 사랑해."

FORKY Oh, I'm ❿ ______________. 오, 나 눈물 날 것 같아.

B | 다음 빈칸을 채워 문장을 완성해 보세요.

1 어떤 질문이라도 편하게 하세요.
______________ ask any questions.

2 얼마든지 둘러보세요.
Please, ______________ around.

3 의견이 있으면 편하게 나눠주세요.
Please, ______________ your thoughts.

4 자유롭게 케이크 가져다 드세요.
You are welcome ______________ the cake.

5 개들이 먹다 남은 음식을 자유롭게 가져다 먹었다.
The dogs ______________ leftover food.

정답 A

❶ Can I help you with anything
❷ called about
❸ I couldn't find it
❹ Feel free to
❺ Before she
❻ make me so happy
❼ this is it
❽ going home
❾ really happening
❿ gonna cry

정답 B

1 Feel free to
2 feel free to look
3 feel free to share
4 to help yourself to
5 helped themselves to some

Day 26

There Are Plenty of Kids

세상에 애들은 많아

예쁜 목소리를 되찾고 다시 하모니의 사랑을 받을 수 있을 거라 기대했던 개비개비는 하모니가 그녀를 외면하자[look away] 낙심합니다[despair]. 우디는 세상에는 하모니 말고도 아이들이 정말 많다고[There are plenty of kids] 하며, 개비를 위로하며[console] 보니에게 함께 가기를 제안합니다. 그 와중에 캠핑카는 집으로 출발하려는데, 우디와 접선을 위해 장난감 친구들은 시간 끌기[time-wasting] GPS 조종 합동 작전을[joint operation] 펼칩니다. 버즈가 캠핑카 지붕에서 방향 지시를 내리면 계기판 아래에서[under the dash] 포테토 부인이 지시를 전달, 트릭시가 GPS 흉내를 내서 보니 아빠를 혼란 시키는[confuse] 작전이죠. 이 작전이 잘 들어 먹혔는지 보니 아빠는 갈팡질팡 운전을 하네요.

오늘 등장하는 표현들입니다. 어떤 표현이 들어가야 할지 생각해 보세요.

* One of them ________ "Bonnie." 그 아이 중의 하나는 이름이 "보니"야.
* ________? 만약에… 네가 잘못 생각한 거면 어떻게 하지?
* ________, will ya? 네 남은 평생 계속 선반 위에 앉아서 살면… 절대 그 사실을 알 수가 없지, 안 그래?
* I ________. 난 최고의 실력자에게 그 사실을 배웠지.

바로 이 장면!

오디오 파일을 듣고 3번 따라 말해보세요. 26-1.mp3

WOODY 우디

A friend once told me, "There are plenty of kids out there."

한 친구가 예전에 나에게 이렇게 말하더라고, "세상에 애들은 많아."

WOODY 우디

And one of them **is named** "Bonnie."[1] She's waiting for you right now. She just doesn't know it yet.

그리고 그 아이 중의 하나는 이름이 "보니"야. 그녀가 너를 바로 지금 기다리고 있어. 아직 자신도 모르고 있긴 하지만 말이야.

GABBY GABBY 개비개비

What if... you're wrong?[2]

만약에… 네가 잘못 생각한 거면 어떻게 하지?

WOODY 우디

Well... **if you sit on a shelf the rest of your life... you'll never find out,** will ya?[3]

글쎄… 네 남은 평생 계속 선반 위에 앉아서 살면… 절대 그 사실을 알 수가 없지, 안 그래?

BO 보

He's right.

그의 말이 맞아.

WOODY 우디

I **learned that from the best.**[4]

난 최고의 실력자에게 그 사실을 배웠지.

BO 보

Come on, Gabby. Let's get you to Bonnie.

자 어서, 개비. 보니에게 가자고.

장면 파헤치기

구문 설명과 예문으로 이 장면의 핵심 표현을 완벽히 이해하세요.

❶ One of them is named "Bonnie." 그 아이 중의 하나는 이름이 "보니"야.

〈named + 이름〉은 '이름이 ~인, ~이라는 이름을 가진'의 뜻으로 쓰이는 표현이에요. 참고로, be name (someone/something) after (someone/something)은 '~의 이름을 따서 이름을 짓다'라는 뜻의 숙어입니다.

* I **was named** after my grandfather. 제 이름은 우리 할아버지 이름을 따라서 지은 이름이에요.
* I know a girl **named** Mona Lisa. 난 모나리자라는 여자아이를 알아.

❷ What if... you're wrong? 만약에… 네가 잘못 생각한 거면 어떻게 하지?

'What if ~?'는 (만약에 혹시라도) '~이라면 어떻게 될까? / 어쩌지?'라는 의미의 숙어예요. 아직 일어나지 않은 일이 만약 발생하면 어떻게 되는가를 가정할 때 쓰는 표현이랍니다.

* **What if** we lose? 우리가 지면 어떻게 해?
* **What if** no one shows up? 아무도 안 오면 어떻게 해?

❸ If you sit on a shelf the rest of your life... you'll never find out, will ya?

네 남은 평생 계속 선반 위에 앉아서 살면… 절대 그 사실을 알 수가 없지, 안 그래?

이 표현은 굉장히 길지만, 핵심이 되는 부분은 If you와 you'll never가 되겠어요. '만약 ~하고 (혹은 하지 않고) 있으면, 절대/결코 ~하지 못한다'는 의미로 패턴 문장을 만들어서 연습하면 꽤 유용하게 쓸 수 있을 거예요. 뒤에서 패턴 연습을 할 때는, 조금 더 구체적으로 패턴을 만들어서 'If you sit and there do nothing ~' '가만히 앉아서 아무것도 안하고 있으면 ~' 형식으로도 문장을 만들어 볼게요. ★영화 속 패턴 익히기

❹ I learned that from the best. 난 최고의 실력자에게 그 사실을 배웠지.

이 표현은 나를 가르친 사람이 최고의 실력자라는 사실을 강조할 때 쓰는 표현이에요. 관용적으로 많이 쓰이는 표현이기도 하고, 1999년에 전설의 팝가수 Whitney Houston이 불렀던 곡의 제목이기도 하답니다.

* I **learned from the best.** There's no doubt. 난 최고에게 배웠어. 의심의 여지가 없다고.
* I'm proud of my skills because I **learned from the best.**
  난 내가 가진 기술이 자랑스러워 왜냐하면 최고의 고수에게 배웠으니까.

영화 속 패턴 익히기

오늘 배운 장면에서 뽑은 핵심 패턴으로 다양한 표현을 만들어 보세요.

26-2.mp3

If you (don't) ~, you'll never ~

네가 ~한다면(하지 않는다면), 넌 절대/평생 ~하지 못할 거야.

Step 1 기본 패턴 연습하기

1 **If you** never try, **you'll never** know. 한 번도 시도하지 않는다면, 넌 평생 모르고 살 것이야.

2 **If you** don't ask, **you'll never** know. 묻지 않으면, 절대 알 수 없는 거야.

3 **If you** don't start somewhere, **you'll never** get anywhere. 어디에서라도 시작하지 않으면, 그 어디에도 다다를 수가 없지.

4 ______________ halfway to the mountain, ______________ the view.
산에 반만 오르다가 그만두면, 절대 경치를 볼 수 없지.

5 ______________ leap, ______________ what it's like to fly.
뛰어오르지 않으면, 난다는 것이 어떤 기분인지 절대 알 수 없을 거야.

Step 2 패턴 응용하기 | If you sit there and do nothing, ~

1 **If you sit there and do nothing**, then nothing will happen.
거기 앉아서 아무것도 하지 않으면, 아무 일도 일어나지 않아.

2 **If you sit there and do nothing**, you deteriorate.
거기 앉아서 아무것도 하지 않으면, 네 상태는 점점 더 악화되는 거야.

3 **If you sit there and do nothing**, you cannot achieve anything.
거기 앉아서 아무것도 하지 않으면, 아무것도 이룰 수 없는 거야.

4 ______________________, nothing is going to change.
거기 앉아서 아무것도 하지 않으면, 아무것도 변하지 않아.

5 ______________________, you will never get her back.
거기 앉아서 아무것도 하지 않으면, 그녀를 영원히 되찾지 못할 거야.

Step 3 실생활에 적용하기

A I think I'm going to quit.
B 지금 포기하면, 성공이란 게 어떤 느낌인지 넌 영원히 알 수 없을 거야.
A It's all right. I don't want to know that.

A 아무래도 포기해야 할 것 같아.
B If you quit now, you'll never know what success feels like.
A 괜찮아. 그런 건 몰라도 돼.

정답 Step 1 4 If you stop, you'll never see 5 If you don't, you'll never know Step 2 4 If you sit there and do nothing 5 If you sit there and do nothing

확인학습

문제를 풀며 오늘 배운 표현을 완벽히 내 것으로 만드세요.

A | 영화 속 대화를 완성해 보세요.

WOODY A friend ❶ ______________, "There are ❷ ______________ out there." 한 친구가 예전에 나에게 이렇게 말하더라고, "세상에 애들은 많아."

WOODY And one of them ❸ ______________ "Bonnie." She's ❹ ______________ right now. She just doesn't ❺ ______________. 그리고 그 아이 중의 하나는 이름이 "보니"야. 그녀가 너를 바로 지금 기다리고 있어. 아직 자신도 모르고 있긴 하지만 말이야.

GABBY GABBY ❻ ______________? 만약에… 네가 잘못 생각한 거면 어떻게 하지?

WOODY Well... ❼ ______________, will ya? 글쎄… 네 남은 평생 계속 선반 위에 앉아서 살면… 절대 그 사실을 알 수가 없지, 안 그래?

BO He's right. 그의 말이 맞아.

WOODY I ❽ ______________. 난 최고의 실력자에게 그 사실을 배웠지.

BO ❾ ______________, Gabby. ❿ ______________ to Bonnie. 자 어서, 개비. 보니에게 가자고.

정답 A

❶ once told me
❷ plenty of kids
❸ is named
❹ waiting for you
❺ know it yet
❻ What if... you're wrong
❼ if you sit on a shelf the rest of your life... you'll never find out
❽ learned that from the best
❾ Come on
❿ Let's get you

B | 다음 빈칸을 채워 문장을 완성해 보세요.

1 묻지 않으면, 절대 알 수 없는 거야.
______________ don't ask, ______________ know.

2 산에 반만 오르다가 그만두면 절대 경치를 볼 수 없지.
______________ halfway to the mountain, ______________ the view.

3 뛰어오르지 않으면 난다는 것이 어떤 기분인지 절대 알 수 없을 거야.
______________ leap, ______________ what it's like to fly.

4 거기 앉아서 아무것도 하지 않으면 아무것도 변하지 않아.
______________, nothing is going to change.

5 거기 앉아서 아무것도 하지 않으면 그녀를 영원히 되찾지 못할 거야.
______________, you will never get her back.

정답 B

1 If you, you'll never
2 If you stop, you'll never see
3 If you don't, you'll never know
4 If you sit there and do nothing
5 If you sit there and do nothing

Day 27

Broken GPS

고장 난 GPS

우디를 만나기 위해 회전목마로 가려면 캠핑카를 다시 유턴하게 만들어야 하는데, 유일한 방법은 운전하는 보니 아빠가 핸들을 돌리게 하는 방법뿐. 그런데, 보니 아빠한테 장난감들이 직접 말할 수는 없으니 GPS 목소리를 흉내 내서[impersonate] 아빠를 속이려고[deceive] 하네요. 아빠가 GPS 소리가 이상하다고[weird] 느끼지만, 일단은 GPS 시키는 대로 가고 있는데, 가다가 보니 아무래도 방향이 잘못되었다는 확신이 들자[convinced] 차를 다시 돌리려고 해요. 급해진 나머지 장난감들이 가속 페달을[gas pedal] 밟아서 보니 아빠와 엄마가 크게 당황하는 상황입니다.

오늘 등장하는 표현들입니다. 어떤 표현이 들어가야 할지 생각해 보세요.

* I'm ______________. 유턴해야겠어.
* ______________. 우회전.
* ______________. 고장 났나 봐요.
* ______________! 속도를 줄여요!

바로 이 장면!

오디오 파일을 듣고 3번 따라 말해보세요. 27-1.mp3

BONNIE'S DAD 보니 아빠
Another right? But that's the wrong way.
또 우회전? 하지만 그건 방향이 틀려.

BONNIE'S MOM 보니 엄마
Are you sure?
확실해요?

BONNIE'S DAD 보니 아빠
Ugh, stupid rental. I'm **turning us around**.[1]
으으, 형편없는 렌터카 같으니라고. 유턴해야겠어.

TRIXIE 트릭시
No!
안 돼!

BONNIE'S DAD 보니 아빠
Huh?
응?

TRIXIE 트릭시
Recalculating! **Turn. Right.**[2]
재탐색 중! 도세요. 우회전.

BONNIE'S MOM 보니 엄마
Must be broken.[3]
고장 났나 봐요.

TRIXIE 트릭시
No! No!
아냐! 아냐!

BONNIE'S DAD 보니 아빠
Aaaahhh! What's happening?! I can't! I can't!
아아아아! 이게 무슨 일이야?! 할 수가 없어! 안 돼!

BONNIE'S MOM 보니 엄마
Honey, what are you doing? **Slow down!**[4]
여보, 뭐 하는 거예요? 속도를 줄여요!

BONNIE'S DAD 보니 아빠
Ahh! What is—happening?! I'm—trying! It won't—stop! What—is wrong with—
아아! 대체 무슨—일이야?! 엄청—애쓰고 있다고! 근데 멈추질—않아! 대체 뭐가—잘못된 거지—

BONNIE'S MOM 보니 엄마
Press the brake. What are you doing? Press it! Harder! Watch the road!
브레이크를 밟아요. 뭐 해요? 밟으라고요! 더 세게! 도로를 봐요!

장면 파헤치기

구문 설명과 예문으로 이 장면의 핵심 표현을 완벽히 이해하세요.

❶ I'm turning us around. 유턴해야겠어.

'turn around'는 '(몸이) 돌아서다, 빙그르르 돌다'라는 의미의 숙어예요. 위의 대화문에서는 차를 반대 방향으로 돌리는 것을 이해하기 쉽게 유턴한다고 표현한 거랍니다. 영어로 '유턴하다'라는 표현은 원래 'make a U-turn'이라고 해요.

* **Turn around** and face me! 뒤로 돌아서 나를 마주 봐!
* The car **turned around** and went the other way. 그 차가 빙 돌더니 반대 방향으로 갔다.

❷ Turn. Right. 우회전.

'우회전하다'는 영어로 turn right 또는 make a right turn이라고 해요. 구어체에서는 make a right이라고만 표현하는 경우도 많고요. 덧붙여서, '좌회전하다'는 turn left 또는 make a left (turn)이라고 하죠. 위에서 Turn. Right. 이렇게 나눠서 쓴 것은 단어 하나하나 또박또박 발음하는 대사의 느낌을 살리기 위해서 그런 것이지 평상시에는 이렇게 쓰지는 않는답니다.

* **Turn left.** 좌회전하세요.
* Make a **right turn** at the light. 신호등에서 우회전하세요.

❸ Must be broken. 고장 났나 봐요.

위의 문장에서는 주어를 생략했지만, 일반적으로 〈주어 + must be ~〉라는 표현은 '분명/아마 ~일 거다'라고 강한 추측을 나타낼 때 쓰는 표현이에요. 〈주어 + must be + 사람〉은 비록 처음 보는 사람이지만 그 사람에 대해서 이미 누군가에게 들어서 익히 알고 있다는 뜻으로 쓰이는데, 예를 들어, 처음 만난 사람에게 You must be Michael. 이라고 하면 '당신이 마이클이군요' 이렇게 쓸 수 있는 것이죠.

★ 영화 속 패턴 익히기

❹ Slow down! 속도를 줄여요!

'속도를 줄이다'는 표현은 slow down이라고 하고, '속도를 올리다'는 표현은 speed up이라고 합니다.

* **Slow down** a little bit. 조금만 더 천천히.
* **Slow down** or you're going to crash. 속도를 줄여요. 안 그러면 충돌한다고요.

영화 속 패턴 익히기

오늘 배운 장면에서 뽑은 핵심 패턴으로 다양한 표현을 만들어 보세요.

27-2.mp3

주어 + must be ~

(강한 추측) 분명 ~한 것 같다.

Step 1 기본 패턴 연습하기

1 The rioters **must be** gone. 폭도들이 사라진 것 같다.

2 Every word **must be** there for a reason. 모든 단어에는 분명 그 나름의 존재 이유가 있을 것이다.

3 It **must be** the money you wanted. 네가 원했던 것은 분명 돈일 것이다.

4 ________________ out of your mind. 넌 분명 정신이 나간 것 같다.

5 The things that go in that dish ________________.
그 요리 안에 들어간 것들은 분명 최고의 재료들일 것이다.

Step 2 패턴 응용하기 | 주어 + must be + 사람

1 You **must be** Jerry. 네가 제리구나.

2 He **must be** your dad. 저분이 네 아빠로구나.

3 She **must be** your daughter. 그녀가 네 딸이로구나.

4 That ________________ crush. 저 남자가 네가 반한 남자로구나.

5 That kid ________________ your students. 저 아이는 네 학생들 중 하나로구나.

Step 3 실생활에 적용하기

A 너 배고프구나.	A You must be hungry.
B How do you know that? I'm starving to death.	B 어떻게 알았어요? 배고파 죽겠어요.
A The look on your face says you're hungry.	A 네 얼굴에 나 배고파요 라고 쓰여 있어.

정답 Step 1 4 You must be 5 must be the best Step 2 4 guy must be your 5 must be one of

확인학습

문제를 풀며 오늘 배운 표현을 완벽히 내 것으로 만드세요.

A | 영화 속 대화를 완성해 보세요.

BONNIE'S DAD Another right? But ❶ ______________.
또 우회전? 하지만 그건 방향이 틀려.

BONNIE'S MOM ❷ ______________? 확실해요?

BONNIE'S DAD Ugh, stupid rental. I'm ❸ ______________.
으으, 형편없는 렌터카 같으니라고. 유턴해야겠어.

TRIXIE No! 안 돼!

BONNIE'S DAD Huh? 응?

TRIXIE Recalculating! ❹ ______________.
재탐색 중! 도세요. 우회전.

BONNIE'S MOM ❺ ______________. 고장 났나 봐요.

TRIXIE No! No! 아냐! 아냐!

BONNIE'S DAD Aaaahhh! ❻ ______________?! I can't! I can't! 아아아아! 이게 무슨 일이야?! 할 수가 없어! 안 돼!

BONNIE'S MOM Honey, what are you doing? ❼ ______________!
여보, 뭐 하는 거예요? 속도를 줄여요!

BONNIE'S DAD Ahh! What is—happening?! I'm—❽ ______________! It won't—stop! What—❾ ______________—
아아! 대체 무슨—일이야?! 엄청—애쓰고 있다고! 근데 멈추질—않아! 대체 뭐가—잘못된 거지—

BONNIE'S MOM Press the brake. What are you doing? Press it! Harder! ❿ ______________!
브레이크를 밟아요. 뭐 해요? 밟으라고요! 더 세게! 도로를 봐요!

B | 다음 빈칸을 채워 문장을 완성해 보세요.

1 모든 단어에는 분명 그 나름의 존재 이유가 있을 것이다.
Every word ______________ there for a reason.

2 넌 분명 정신이 나간 것 같다.
______________ out of your mind.

3 그 요리 안에 들어간 것들은 분명 최고의 재료들일 것이다.
The things that go in that dish ______________.

4 저 남자가 네가 반한 남자로구나.
That ______________ crush.

5 저 아이는 네 학생들 중 하나로구나.
That kid ______________ your students.

정답 A

❶ that's the wrong way
❷ Are you sure
❸ turning us around
❹ Turn. Right
❺ Must be broken
❻ What's happening
❼ Slow down
❽ trying
❾ is wrong with
❿ Watch the road

정답 B

1 must be
2 You must be
3 must be the best
4 guy must be your
5 must be one of

Day 28

Gabby Gabby Meets Millie

개비개비 밀리와 만나다

회전목마 방향으로 이동하다가 개비개비와 장난감 친구들은 길을 잃은 아이를[a lost child] 보게 됩니다. 개비는 그 아이에게 다가가고[approach] 싶어 하지만 한편으론 또 외면당하지 않을까 걱정이 앞섭니다[concern]. 친구들은 이에 진심으로[sincerely] 개비를 응원하며 그 아이에게 다가가길 바랍니다. 다행이[luckily] 밀리라는 이름의 그 아이는 개비개비 인형을 좋아하고 또한 그녀의 목소리도 좋아하는 것 같네요. 밀리는 부모님을 찾고 개비개비는 드디어 마음이 통하는[understand each other] 아이를 만나게 됩니다.

오늘 등장하는 표현들입니다. 어떤 표현이 들어가야 할지 생각해 보세요.

* __________. 이것이 장난감이 할 수 있는 가장 고귀한 일이라고.
* __________ a bit into the light. 불빛 속으로 조금씩 이동해 봐.
* __________, too? 너도 길을 잃었니?
* We'll __________. 우리가 그들을 찾을 수 있도록 도와줄게.

바로 이 장면!

오디오 파일을 듣고 3번 따라 말해보세요. 28-1.mp3

GABBY GABBY 개비개비	I don't know if I can do this... 내가 해낼 수 있을지 모르겠어…
WOODY 우디	Gabby, it's just like you said... **this is the most noble thing a toy can do.**[1] 개비, 네가 말한 대로잖아… 이것이 장난감이 할 수 있는 가장 고귀한 일이라고.
BO 보	Okay. **Just edge yourself** a bit into the light[2] – Not too far... That's it... 좋아. 불빛 속으로 조금씩 이동해 봐 – 너무 멀리 가지 말고… 바로 그거야…
BO 보	Perfect. 완벽해.
BUNNY 버니	Winner, winner... 이겨, 이겨...
DUCKY 덕키	Chicken dinner. 치킨 먹어.
MILLIE 밀리	....**Are you lost**, too?[3] …너도 길을 잃었니?
GABBY GABBY VOICEBOX 개비개비 소리 상자	"I'm Gabby Gabby. Will you be my friend?" "난 개비개비야. 내 친구가 되어 줄래?"
MILLIE 밀리	I'll help you. 내가 널 도와줄게.
MILLIE 밀리	Excuse me, can you help us? 실례지만, 우리를 도와주실 수 있나요?
SECURITY GUARD 보안요원	Oh, honey, what's wrong? 오, 얘야, 왜 그러니?
MILLIE 밀리	I can't find my mom and dad. 엄마 아빠를 찾을 수가 없어요.
SECURITY GUARD 보안요원	It's okay. We'll **help you find them.**[4] I'm sure they're not far. 안심해라. 우리가 찾아줄 테니. 아마 엄마 아빠가 멀리 계시진 않을 거야.

장면 파헤치기

구문 설명과 예문으로 이 장면의 핵심 표현을 완벽히 이해하세요.

❶ This is the most noble thing a toy can do. 이것이 장난감이 할 수 있는 가장 고귀한 일이라고.

〈This is the + 최상급 형용사 + thing + (대)명사 + can do〉 형식은 '이것은 ~이 할 수 있는 가장 ~한 일/행동이다'는 뜻으로 패턴으로 만들어서 쓸 수 있는 표현이에요. 끝에 나오는 do를 다른 동사로 바꿔주면 내용을 더 다양하게 만들어 볼 수 있을 테니 그런 방식으로도 패턴 연습을 해볼게요. ★영화 속 패턴 익히기

❷ Just edge yourself a bit into the light. 불빛 속으로 조금씩 이동해 봐.

edge는 '모서리, 가장자리'라는 의미의 명사로 주로 쓰이지만, 위의 문장에서처럼 '조금씩 (살살) 움직이다/이동시키다'라는 의미의 동사로 쓰이기도 한답니다.

* The gas price is **edging** up a little. 휘발유 가격이 조금씩 오르고 있어.
* I saw Mark **edging** towards the door. 마크가 문 쪽으로 조금씩 이동하는 걸 봤다.

❸ Are you lost, too? 너도 길을 잃었니?

lost는 '길을 잃은' 또는 '(물건이) 분실된/잃어버린'이라는 의미의 형용사예요. 예를 들어, a lost toy라고 하면 '분실된 장난감'이라는 의미랍니다. 상황에 따라서는 lost가 '뭐가 뭔지 도통 알 수 없는' 또는 '어떻게 할 줄을 모르는' 이라는 뜻으로 쓰이기도 하는데 이 경우에는 명사 앞에는 쓰지 않는다는 것도 알아두시면 좋아요.

* I'm **lost** without you. 난 네가 없으면 인생을 어떻게 살아야 할지 모르겠어.
* We are **lost** in this society. 우린 이 사회에서 길을 잃은 사람들이다.

❹ We'll help you find them. 우리가 그들을 찾을 수 있도록 도와줄게.

〈help someone + 동사〉는 '~하도록 도와주다'라는 의미인데, 보통 구어체에서는 이러한 형식의 표현을 쓸 때 동사 앞에 to를 넣지 않는데, 가끔 넣는 경우도 있답니다. 그래서, help를 '준사역동사'라고 부르는데, 그렇게 문법적으로 접근하면 괜히 더 복잡해질 수도 있으니, 대체로 to를 넣지 않지만, 가끔 넣는 사람들이 있을 수도 있다고만 생각하면 편할 것 같아요.

* I'll **help you clean** your room. 네 방 청소 나도 도와줄게.
* Please, **help me get out** of here! 제발, 내가 여기에서 벗어날 수 있게 도와주세요!

영화 속 패턴 익히기

오늘 배운 장면에서 뽑은 핵심 패턴으로 다양한 표현을 만들어 보세요.

28-2.mp3

This is the + 최상급 형용사 + thing + (대)명사 + can do

이것은 ~이 할 수 있는 가장 ~한 일/행동이다.

Step 1 기본 패턴 연습하기

1 **This is the best thing we can do.** 이것은 우리가 할 수 있는 최고의 일이다.

2 **This is the most unselfish thing you can do.** 이것은 네가 할 수 있는 가장 사심이 없는 행동이다.

3 **This is the bravest thing anyone can do.** 이것은 세상에서 가장 용감한 행동이다.

4 ______________________. 이것은 네가 할 수 있는 최악의 일이다.

5 ______________________. 이것은 세상에서 가장 멋진 일이다.

Step 2 패턴 응용하기 | This is the + 최상급 형용사 + thing + (대)명사 + can + 동사

1 **This is the most dangerous thing I can imagine.** 이것은 내가 상상할 수 있는 가장 위험한 일이다.

2 **This is the most wonderful thing you can say** to your girlfriend.
이것은 네 여자친구에게 할 수 있는 가장 아름다운 말이다.

3 **This is the most perfect thing you can give** your special someone.
이것은 네 특별한 사람에게 줄 수 있는 가장 완벽한 선물이다.

4 ______________________ about me.
이것은 나에 대해 말할 수 있는 세상에서 가장 좋은 말이다.

5 ______________________. 이것은 네가 할 수 있는 가장 큰일이다.

Step 3 실생활에 적용하기

A I accidentally read your diary.
B 이건 네가 할 수 있는 가장 끔찍한 짓이야.
A But I didn't do that on purpose.

A 우연히 네 일기장을 읽게 됐어.
B This is the most terrible thing you can do.
A 하지만 일부러 그런 건 아니라고.

정답 Step 1 4 This is the worst thing you can do 5 This is the coolest thing anyone can do Step 2 4 This is the nicest thing anyone can say 5 This is the biggest thing you can do

확인학습

문제를 풀며 오늘 배운 표현을 완벽히 내 것으로 만드세요.

A | 영화 속 대화를 완성해 보세요.

GABBY GABBY I don't know ❶ ______ this...
내가 해낼 수 있을지 모르겠어…

WOODY Gabby, it's just like you said... ❷ ______.
개비, 네가 말한 대로잖아… 이것이 장난감이 할 수 있는 가장 고귀한 일이라고.

BO Okay. ❸ ______ a bit into the light – Not too far... ❹ ______... 좋아. 불빛 속으로 조금씩 이동해 봐 – 너무 멀리 가지 말고… 바로 그거야…

BO ❺ ______. 완벽해.

BUNNY Winner, winner... 이겨, 이겨...

DUCKY Chicken dinner. 치킨 먹어.

MILLIE .... ❻ ______, too? …너도 길을 잃었니?

GABBY GABBY VOICEBOX "I'm Gabby Gabby. Will you ❼ ______?" "난 개비개비야. 내 친구가 되어 줄래?"

MILLIE I'll help you. 내가 널 도와줄게.

MILLIE Excuse me, can ❽ ______?
실례지만, 우리를 도와주실 수 있나요?

SECURITY GUARD Oh, honey, what's wrong? 오, 얘야, 왜 그러니?

MILLIE I can't find my mom and dad. 엄마 아빠를 찾을 수가 없어요.

SECURITY GUARD It's okay. We'll ❾ ______. I'm sure they're ❿ ______. 안심해라. 우리가 찾아줄 테니. 아마 엄마 아빠가 멀리 계시진 않을 거야.

B | 다음 빈칸을 채워 문장을 완성해 보세요.

1 이것은 세상에서 가장 용감한 행동이다.
______.

2 이것은 네가 할 수 있는 최악의 일이다.
______.

3 이것은 세상에서 가장 멋진 일이다.
______.

4 이것은 나에 대해 말할 수 있는 세상에서 가장 좋은 말이다.
______ about me.

5 이것은 네가 할 수 있는 가장 큰일이다.
______.

정답 A

❶ if I can do
❷ this is the most noble thing a toy can do
❸ Just edge yourself
❹ That's it
❺ Perfect
❻ Are you lost
❼ be my friend
❽ you help us
❾ help you find them
❿ not far

정답 B

1 This is the bravest thing anyone can do
2 This is the worst thing you can do
3 This is the coolest thing anyone can do
4 This is the nicest thing anyone can say
5 This is the biggest thing you can do

Day 29

Bo or Bonnie?

보인가 보니인가?

장난감들의 방해로[interference] 보니 아빠가 운전하는 캠핑카가 휘청휘청하며[lurching] 도로를 달리다가 경찰차에 딱 걸렸네요. 보니 아빠가 경찰관에게 자초지종을 설명하는 동안[while] 장난감 친구들이 회전목마에서 기다리고 있던 우디와 드디어 재회합니다[reunite]. 그리고 그들의 옛 친구[old friend] 보도 만나게 되죠. 반가운 만남도 잠시 곧 캠핑카가 떠날 테니 다시 작별 인사를[farewell] 해야 할 시간이에요. 안정된[stable] 가정에서 오랜 장난감 친구들과 함께할지, 보와 새로운 세계로 모험을 떠날지[get into adventures] 우디는 큰 갈림길에[a forked road] 섭니다. 자, 과연 우디의 선택은?

오늘 등장하는 표현들입니다. 어떤 표현이 들어가야 할지 생각해 보세요.

* ______ I got to see you again. 널 다시 만나게 돼서 반가웠어.
* ______? 정말 그럴까?
* ______ – 무엇 때문에 이렇게 오래 –
* ______! 세상에 이럴 수가!

바로 이 장면!

오디오 파일을 듣고 3번 따라 말해보세요. 29-1.mp3

WOODY 우디	Take care of her, girls. 그녀를 잘 돌봐줘, 얘들아.
BO 우디	I'm, uh… 그녀를 잘 돌봐줘, 얘들아.
BO 보	**I'm glad** I got to see you again.[1] 널 다시 만나게 돼서 반가웠어.
WOODY 우디	I… I don't… 난… 그게 아니라…
WOODY 우디	Goodbye, Bo. 잘 가, 보.
WOODY 우디	Buzz… I– I… 버즈… 난 – 난…
BUZZ 버즈	She'll be okay. Bonnie, will be okay. 그녀는 잘 지낼 거야. 보니는, 잘 지낼 거라고.
WOODY 우디	**You sure?**[2] 정말 그럴까?
BUZZ 버즈	Hey. Listen to your inner voice. 이봐. 네 내면의 목소리에 귀를 기울여 봐.
DOLLY 돌리	**What's taking them so–**[3] 무엇 때문에 이렇게 오래 –
HAMM 햄	Is it really her? 저기 정말 그녀 맞아?
JESSIE 제시	Bo…? 보…?
MR. POTATO HEAD 포테토헤드	**I can't believe it!**[4] 세상에 이럴 수가!
REX 렉스	That looks like her. 그녀하고 비슷하게 생겼는데.
SLINKY DOG 슬링키 독	I don't believe it! It's Bo! 말도 안 돼! 보야!

장면 파헤치기

구문 설명과 예문으로 이 장면의 핵심 표현을 완벽히 이해하세요.

❶ I'm glad I got to see you again. 널 다시 만나게 돼서 반가웠어.

'I'm glad ~'는 '~해서 기쁘다/반갑다'라는 의미로 쓸 수 있는 패턴이에요. 뒤에 'to + 동사'로 연결할 수도 있고 that절로 연결할 수도 있으니 패턴 문장으로 연습을 해 볼게요. 거의 같은 어감으로 'I'm happy ~'라는 표현을 쓰기도 하는데, 이것도 같이 연습할게요.

★ 영화 속 패턴 익히기

❷ You sure? 정말 그럴까?

'확실해?'라고 물을 때 가장 흔히 쓰는 표현이 'Are you sure?'인데, 위에서처럼 구어체에서는 be동사를 생략하고 You sure? 이라고만 쓰는 경우도 많답니다.

* Are **you sure** about that? 그거 확실해?
* **You sure?** He really said that? 확실해? 그가 정말 그렇게 말했어?

❸ What's taking them so– 무엇 때문에 이렇게 오래–

기다리고 있는 사람 생각은 안 하고 상대방이 화장실에서 너무 오래 시간을 끌거나, 뭐를 하는지는 몰라도 나올 기미가 보이지 않을 때 쓰는 표현이 What's taking (you) so long? 이랍니다. 중간에 you 부분은 다른 대상으로 바꿀 수도 있고 아예 생략할 수도 있어요.

* **What's taking you so** long? 너 무엇 때문에 이렇게 오래 걸리니?
* **What's taking him so** long? 그가 왜 이렇게 오래 걸리는 거니?

❹ I can't believe it! 세상에 이럴 수가!

너무나도 터무니 없는 상황을 접하거나 깜짝 놀랄만한 소식을 들었을 때 쓰는 표현이에요. 상황에 맞게 '설마!' '세상에 그럴 수가!' '말도 안 돼!' '믿기지가 않아' 등의 뜻으로 해석하면 좋겠네요.

* **I can't believe** he's here! 그가 여기에 왔다니 믿기지가 않아!
* **I can't believe** we won! 우리가 이겼다니 말도 안 돼!

영화 속 패턴 익히기

오늘 배운 장면에서 뽑은 핵심 패턴으로 다양한 표현을 만들어 보세요.

29-2.mp3

I'm glad ~

~해서 반갑다/기쁘다.

Step 1 기본 패턴 연습하기

1 **I'm glad** to meet you. 만나서 반가워요.

2 **I'm glad** to hear that. 그 얘기를 들으니 기쁘다.

3 **I'm glad** to work with you. 당신과 같이 일하게 되어 반가워요.

4 ______________ be of help to you. 당신에게 제가 도움이 되었다니 기쁘네요.

5 ______________ it. 맛있게 드셨다니 기쁘네요.

Step 2 패턴 응용하기 | I'm happy ~

1 **I'm happy** to hear from you. 네가 연락해 줘서 기쁘다.

2 **I'm happy** to be with you. 당신과 함께 해서 기뻐요.

3 **I'm happy** that you are happy. 당신이 기쁘다니 저도 기뻐요.

4 ______________ back. 네가 돌아와서 기뻐.

5 ______________ remember me. 저를 아직도 기억하신다니 기쁘네요.

Step 3 실생활에 적용하기

A How do you like it?
B It's awesome.
A 마음에 드신다니 다행이에요.

A 마음에 들어요?
B 정말 멋져요.
A I'm glad you liked it.

정답 Step 1 4 I'm glad that I could 5 I'm glad you enjoyed Step 2 4 I'm happy you are 5 I'm happy that you still

확인학습

문제를 풀며 오늘 배운 표현을 완벽히 내 것으로 만드세요.

A | 영화 속 대화를 완성해 보세요.

WOODY	❶ __________ her, girls. 그녀를 잘 돌봐줘, 얘들아.
BO	I'm, uh... 그녀를 잘 돌봐줘, 얘들아.
BO	❷ __________ I got to ❸ __________. 널 다시 만나게 돼서 반가웠어.
WOODY	I... I don't... 난… 그게 아니라…
WOODY	Goodbye, Bo. 잘 가, 보.
WOODY	Buzz... I– I... 버즈… 난 – 난…
BUZZ	❹ __________. Bonnie, will be okay. 그녀는 잘 지낼 거야. 보니는, 잘 지낼 거라고.
WOODY	❺ __________? 정말 그럴까?
BUZZ	Hey. Listen to ❻ __________. 이봐, 네 내면의 목소리에 귀를 기울여 봐.
DOLLY	❼ __________– 무엇 때문에 이렇게 오래 –
HAMM	❽ __________ her? 저기 정말 그녀 맞아?
JESSIE	Bo...? 보…?
MR. POTATO HEAD	❾ __________! 세상에 이럴 수가!
REX	❿ __________ her. 그녀하고 비슷하게 생겼는데.
SLINKY DOG	I don't believe it! It's Bo! 말도 안 돼! 보야!

B | 다음 빈칸을 채워 문장을 완성해 보세요.

1 당신과 같이 일하게 되어 반가워요.

__________ to work with you.

2 당신에게 제가 도움이 되었다니 기쁘네요.

__________ be of help to you.

3 맛있게 드셨다니 기쁘네요.

__________ it.

4 네가 돌아와서 기뻐.

__________ back.

5 저를 아직도 기억하신다니 기쁘네요.

__________ remember me.

정답 A

❶ Take care of
❷ I'm glad
❸ see you again
❹ She'll be okay
❺ You sure
❻ your inner voice
❼ What's taking them so
❽ Is it really
❾ I can't believe it
❿ That looks like

정답 B

1 I'm glad
2 I'm glad that I could
3 I'm glad you enjoyed
4 I'm happy you are
5 I'm happy that you still

Day 30

Making It Happen for Toys

장난감들 소원 들어주기

보와 그녀의 친구 장난감들과 함께하게[join] 된 우디, 또 만담 커플 덕키와 버니까지 축제 행사장의 장난감들과 아이들 소원을 들어주며 즐거운 시간을 보냅니다[have a good time]. 한편, 보니가 학교 갈 때는 이제 우디 대신[instead of] 제시가 그녀의 가방에 들어가 보니를 지켜주는데[protect], 오늘은 보니가 학교에서 또다시 새로운 친구를 만들었나 봐요. 제시가 친구들에게 소개해 주려고 제시의 가방에 대고 어르고[coax] 달래며 새 친구를 나오라고 하자, 포키와 비슷하게[similar] 생긴 장난감이 모습을 드러냅니다[reveal]. 드디어 포키에게도 운명의[destiny] 상대가 나타난 걸까요?

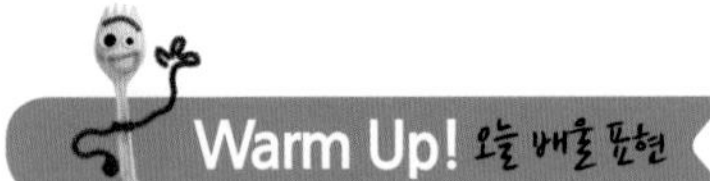

오늘 등장하는 표현들입니다. 어떤 표현이 들어가야 할지 생각해 보세요.

* ______ another one. 저기 또 하나 지나간다.
* ______. 레인보우 커넥션.
* We can ______. 원하면 우리가 해 줄 수 있는데.
* ______? 이젠 어떻게 하지?

바로 이 장면!

오디오 파일을 듣고 3번 따라 말해보세요.

30-1.mp3

CARNIVAL PRIZE FROG #1
축제 상품 개구리 1
There goes another one.❶
저기 또 하나 지나간다.

CARNIVAL PRIZE FROG #2
축제 상품 개구리 2
We're never getting out of here.
우린 절대 여기서 못 벗어나.

BUNNY
버니
Psst, Frog legs.
잠깐, 개구리 다리들.

DUCKY
덕키
Up here, **Rainbow Connection.**❷
여기 위야, 레인보우 커넥션.

BUNNY
버니
You Mr. Toads wanna take a wild ride with a kid?
이봐 두꺼비 양반, 아이와 같이 신나게 타고 싶나?

DUCKY
덕키
We can **make that happen**...❸
원하면 우리가 해 줄 수 있는데…

CARNIVAL PRIZE FROG #1
축제 상품 개구리 1
You CAN?!
너희가 할 수 있다고?!

CARNIVAL PRIZE FROG #2
축제 상품 개구리 2
Really?
진짜?

DUCKY
덕키
Oh, yeah! Leave it to us, Jeremiah.
오, 당연하지! 우리에게 맡겨보라고, 속고만 살았군.

WOODY
우디
Alright, nice job, gang!
좋아, 잘했어, 얘들아!

BO
보
Every prize with a kid.
아이들 모두에게 상품 하나씩.

GIGGLE MCDIMPLES
기글 맥딤플즈
What's next?❹
이젠 어떻게 하지?

DUCKY
덕키
Leave that to us.
그건 우리에게 맡겨.

BUNNY
버니
We know EXACTLY what to do.
무엇을 해야 할지 우리가 정확하게 알고 있지.

DUCKY
덕키
MmmHmm.
그럼 그럼.

장면 파헤치기

구문 설명과 예문으로 이 장면의 핵심 표현을 완벽히 이해하세요.

❶ There goes another one. 저기 또 하나 지나간다.

There goes는 문자 그대로 '저기 ~가 간다'라는 뜻으로 쓰이기도 하고, 때로는 기회 따위가 사라지는 것을 표현할 때 '이제 끝장이다/수포가 되다/허사가 되다'라는 의미로 쓰이기도 한답니다.

* **There goes** your little brother. 저기 네 남동생이 지나간다.
* **There goes** my life. 저기 내 인생이 날아가 버리네.

❷ Rainbow Connection. 레인보우 커넥션.

Rainbow Connection은 1979년에 개봉된 'The Muppet Movie'라는 어린이 영화에서 Kermit the Frog라는 개구리가 부른 노래 제목이에요. 통기타 반주에 나오는 노랫소리가 약간은 구슬프기도 하고 순수한 매력이 있는데, 미국에서는 아주 유명한 노래랍니다.

* "**Rainbow Connection**" is a song from the 1979 film "The Muppet Movie."
  '레인보우 커넥션'은 1979년 영화 '머펫 영화'에 나온 노래예요.
* "**Rainbow Connection**" is my favorite song. '레인보우 커넥션'은 내가 제일 좋아하는 노래예요.

❸ We can make that happen. 원하면 우리가 해 줄 수 있는데.

make something happen은 '~을 해내다/완수하다/실현시키다'라는 의미를 가진 숙어예요. 주로 make it happen 또는 make that happen의 조합으로 많이 쓰이기 때문에 여기에서는 이 표현들로 연습하도록 할게요. 추가로 〈주어 + be동사 + not going to happen〉은 단호하게 '~는 (절대) 일어나지 않아'라고 말할 때 쓰는 표현인데 패턴 문장으로 같이 공부해 볼게요.

★ 영화 속 패턴 익히기

❹ What's next? 이젠 어떻게 하지?

어떤 일을 경험하거나 마치고 난 후 '이제 다음에 할 일은 뭐지?'라는 의미로 쓰는 표현이에요. 조금 더 풀어서 쓰면 What do I/we do next? 라고 표현할 수도 있겠어요.

* So, **what's next?** We just stay here and do nothing?
  그래, 이젠 어떻게 해야 해? 여기에서 그냥 가만히 아무것도 안 하고 있으면 되나?
* **What's next?** Am I done? 이젠 뭘 하지? 난 다 끝난 건가?

영화 속 패턴 익히기

오늘 배운 장면에서 뽑은 핵심 패턴으로 다양한 표현을 만들어 보세요.

30-2.mp3

Make it/that happen (힘든 상황임에도 불구하고) ~을 해내다/완수하다.

Step 1 기본 패턴 연습하기

1 Let's **make it happen**! 해내자고!

2 I'm going to **make that happen** no matter what. 무슨 일이 있어도 해내고 말 테야.

3 You can **make it happen** if you put your mind to it. 마음먹고 전념하면 해낼 수 있어.

4 How are you going to ______________? 그 일을 어떻게 완수하려고 하니?

5 Help me ______________! 이 일을 해낼 수 있도록 도와줘!

Step 2 패턴 응용하기 | 주어 + be동사 + not going to happen

1 It's **not going to happen**. 그런 일은 일어나지 않아.

2 Impeachment is **not going to happen**. 탄핵은 일어나지 않아.

3 The war is **not going to happen**. 전쟁은 일어나지 않아.

4 Those changes ______________. 그러한 변화들은 일어나지 않을 거야.

5 Global warming ______________. 지구 온난화는 일어나지 않을 거야.

Step 3 실생활에 적용하기

A Do you really think we can save Ryan?

B 최선을 다한다면, 우린 해낼 수 있을 거야.

A Okay, let's do it!

A 정말 우리가 라이언을 구할 수 있을까?

B If we try our best, we can make it happen.

A 그래, 한번 해보자고!

정답 Step 1 4 make that happen 5 make it happen Step 2 4 are not going to happen 5 is not going to happen

확인학습

문제를 풀며 오늘 배운 표현을 완벽히 내 것으로 만드세요.

A | 영화 속 대화를 완성해 보세요.

CARNIVAL PRIZE FROG #1 ❶ ________ another one.
저기 또 하나 지나간다.

CARNIVAL PRIZE FROG #2 We're ❷ ________ here.
우린 절대 여기서 못 벗어나.

BUNNY Psst, Frog legs. 잠깐, 개구리 다리들.

DUCKY Up here, ❸ ________. 여기 위야, 레인보우 커넥션.

BUNNY You Mr. Toads wanna ❹ ________ with a kid? 이봐 두꺼비 양반, 아이와 같이 신나게 타고 싶나?

DUCKY We can ❺ ________... 원하면 우리가 해 줄 수 있는데…

CARNIVAL PRIZE FROG #1 You CAN?! 너희가 할 수 있다고?!

CARNIVAL PRIZE FROG #2 Really? 진짜?

DUCKY Oh, yeah! ❻ ________, Jeremiah.
오, 당연하지! 우리에게 맡겨보라고, 속고만 살았군.

WOODY Alright, ❼ ________, gang! 좋아, 잘했어, 얘들아!

BO Every ❽ ________ a kid. 아이들 모두에게 상품 하나씩.

GIGGLE MCDIMPLES ❾ ________? 이젠 어떻게 하지?

DUCKY Leave that to us. 그건 우리에게 맡겨.

BUNNY We know ❿ ________.
무엇을 해야 할지 우리가 정확하게 알고 있지.

DUCKY MmmHmm. 그럼 그럼.

정답 A

❶ There goes
❷ never getting out of
❸ Rainbow Connection
❹ take a wild ride
❺ make that happen
❻ Leave it to us
❼ nice job
❽ prize with
❾ What's next
❿ EXACTLY what to do

B | 다음 빈칸을 채워 문장을 완성해 보세요.

1 무슨 일이 있어도 해내고 말 테야.
I'm going to ________ no matter what.

2 그 일을 어떻게 완수하려고 하니?
How are you going to ________?

3 이 일을 해낼 수 있도록 도와줘!
Help me ________!

4 그러한 변화들은 일어나지 않을 거야.
Those changes ________.

5 지구 온난화는 일어나지 않을 거야.
Global warming ________.

정답 B

1 make that happen
2 make that happen
3 make it happen
4 are not going to happen
5 is not going to happen

30장면으로 끝내는

스크린 영어회화 – 라푼젤

구성
- 전체 대본
- 훈련용 워크북
- mp3 CD

라이언 강 해설 | 324면 | 18,000원

국내 유일 ! 〈라푼젤〉 전체 대본 수록 !

21미터 금발 소녀의 짜릿한 모험!
〈라푼젤〉의 30장면만 익히면 영어 왕초보도 영화 주인공처럼 말할 수 있다!

난이도 첫걸음 | 초급 중급 | 고급

기간 30일

대상 영화 대본으로 재미있게 영어를 배우고 싶은 독자

목표 30일 안에 영화 주인공처럼 말하기